DESCIFRANDO PROYECTOS ARQUITECTÓNICOS: DOCE INSTRUCCIONES

María Carreiro Otero

La presente edición ha sido revisada atendiendo a las normas vigentes de nuestra lengua, recogidas por la Real Academia Española en el *Diccionario de la lengua española* (2014), *Ortografía de la lengua española* (2010), *Nueva gramática de la lengua española* (2009) y *Diccionario panhispánico de dudas* (2005).

Descifrando proyectos arquitectónicos: doce instrucciones

Primera edición: Septiembre 2023

Depósito legal: A 514-2023
ISBN: 978-84-19894-01-4

Impresión: Editorial Club Universitario

© Del texto: María Carreiro Otero
© Maquetación, corrección y diseño: Editorial Club Universitario

Editorial Club Universitario. Telf.: 965 676 133
www.editorialecu.com
editorial@ecu.fm

Impreso en España - Printed in Spain

ÍNDICE

En *La Callejuela*, he sustituido los personajes de Vermeer por las personas que, cada una a su manera, me ofrecen estabilidad y fuerza, José (†), Iria y Cándido.

Detrás de los muros permanecen otras, muy presentes. Sara, Remedios y Jaime (†).

Gracias

PRÓLOGO

«¡Buaaaa! ¡Buaaaa! ¡Buaaaa!».

Cuando nació nuestra hija Iria, el llanto fue el primer lenguaje que utilizó para comunicarse. Esta llorera inicial, además de abrir sus vías respiratorias expulsando secreciones diversas y permitirle respirar por sí misma, se desató sin duda al salir a un espacio nuevo, de mayor dimensión, tras nueve meses en el útero materno. Es evidente que las personas comunicamos constantemente, tanto con nuestra actitud y comportamiento, comunicación no verbal, como con las palabras, comunicación verbal. La destreza comunicativa es un arte que se aprende y puede mejorarse a través de la práctica y con la experiencia.

Igualmente, es el proceso más importante de la interacción humana, una necesidad personal y la forma más completa de crear la realidad. El esquema clásico de la comunicación se compone de siete elementos: el emisor, el receptor, el canal, el código, el mensaje, el contexto y el referente.

Todos ellos son necesarios. El emisor, que codifica el mensaje, ha de utilizar tanto un lenguaje preciso y ordenado con un orden lógico como un tono expresivo que revele su sentimiento íntimo. Asimismo, el destinatario, que descifra el mensaje emitido, con su actitud es tan protagonista como el emisor. Por otra parte, el medio físico por el que circula el mensaje, el sistema de señales empleado, la información que se transmite, las circunstancias que rodean el acto de comunicar y la realidad extralingüística a la que alude el mensaje son componentes fundamentales en la relación estímulo-respuesta.

En el campo arquitectónico, la preocupación por y cómo transmitir el hecho de proyectar no es un asunto ajado. Se mantiene vivo en el tiempo con distintos actores. Todavía hoy se puede considerar una asignatura pendiente en muchas de nuestras escuelas de arquitectura, y cuando se aborda provoca controversias varias. Incluso entre los propios docentes, que lo entienden como un intento de control de sus competencias.

Algunos de ellos, los más, se manifiestan con un discurso muy socorrido. Que si el maestro con sus discursos sobre los arquitectos contemporáneos y sus obras ha de suscitar el apasionamiento entre los discípulos, que si el alumnado ha de investigar en los temas que se proponen, que si el espacio físico de las aulas actuales es inapropiado, que si los contenidos de las materias han de adecuarse a las demandas de los estudiantes, que si las actividades extracurriculares han de resultar atractivas, que si... He de decir que estos alegatos, con el transcurrir del tiempo, me resultan cada día más vacuos.

Otros docentes, los menos, hablan de orden, estructura, jerarquía, cuantificación, límite, vacío, rigor, estudio, disposición, método, sistematización, disciplina, técnica, proceso... Dicha predilección por estos conceptos no es una rareza ni tampoco una novedad. Todos ellos, términos clásicos que despiertan el interés y la reflexión, sugieren el valor de la belleza. Las siguientes líneas de un artículo del profesor Antonio Miranda sobre las aproximaciones al tema de la enseñanza de la arquitectura, de hace ya más de cuatro décadas, así lo evidencia:

> Se trata de que esta (la enseñanza) necesita ser disciplinada, en lo disciplinar, en lo discursivo, en lo cuantificable, en lo cualificable y, por el contrario, necesita ser libertaria en lo simbólico, en lo poético, en lo más profundamente artístico. Es decir, necesita llegar a ser algo exactamente contrario a lo que con frecuencia acontece: rigidez escolástica -escuela de escuelas- en las formalizaciones poéticas y abandono teórico de contenidos, funciones, tipologías, topologías, escalas, dimensiones, usos, geometrías y demás conceptos por los que de verdad se podría comenzar una verdadera ruta en la especificidad escolar del lenguaje arquitectónico. Pienso que sólo así podrá hacerse realidad el acceso a la belleza integrada para todos, lo contrario sólo da lugar al capricho banal, la cosmética y la estética desintegrada y yuxtapuesta de cartón-piedra... porque la Historia, menos que nadie, justificará el historicismo en este siglo precisamente.

Contagiar la afición por proyectar no parece ser un fenómeno predecible, múltiples circunstancias la condicionan. En la mayoría de los casos, aflora en el instante más insospechado, e incluso auspiciada por quien menos se espera. Proyectar requiere de una destreza disciplinada. Pero si esto es así, ¿por qué resulta tan difícil hablar del oficio de proyectar? Tal vez, y entre otras razones, porque mientras no se es capaz de ponerle nombre a las operaciones que se llevan a cabo con los dibujos y/o maquetas, no es posible que se tenga conciencia de lo que hacemos mientras proyectamos. En nuestra escuela, y seguramente en algunas más, el alumnado analiza, analiza y analiza..., pero, cuando ha de interiorizar ese conocimiento acumulado, lo desconsidera y abandona para entregarse a la aparición en su mente de una idea feliz, de una «ocurrencia». En ese momento, el proceso de creación sufre un *coitus interruptus*, del cual únicamente sale cuando se acierta con la expresión de la imagen que el profesorado promueve.

La autora, en el texto elaborado, huye de estas clásicas alusiones de los arquitectos a las supuestas significaciones y anhelos personales. El universo de ejemplos utilizado se presenta como el resultado del ejercicio de un oficio, de un trabajo de aproximaciones continuas que ofrece cobijo a las múltiples actividades humanas. Con el libro que tiene entre sus manos, la profesora María Carreiro persigue, sin pretender ser dogmática, poner a disposición un caudal de conocimientos que en algún momento pueda resultarle útil para proyectar. Estructurado mediante doce instrucciones, se propone superar la imprecisión de los discursos sobre lo que se hace cuando se proyecta. Una tentativa de sistematización del quehacer proyectual que explicita parte de los procesos de ideación que se recorren de manera consciente o inconsciente.

Para ello, asocia a cada una de las instrucciones respectivas una intención que es necesario entrenar. A la primera instrucción, el conocer y adoptar el lenguaje arquitectónico como mecanismo propio del campo de trabajo. A la segunda, el establecer estructuras jerárquicas que proporcionen orden al conjunto de elementos arquitectónicos. A la tercera, el explorar los límites del vacío considerando las dimensiones. A la cuarta, el ejercitar la mirada mediante el estudio y análisis de obras y proyectos. A la quinta, el narrar y reconocer las partes y el todo del objeto arquitectónico a través del uso de la expresión gráfica. A la sexta, el aproximarse a una obra de arquitectura considerando tres factores condicionantes: lugar, tiempo y motivación. A la séptima, el determinar los tres modos de emplazamiento de las piezas construidas y su capacidad para contaminarse entre ellas en grados diversos. A la octava, el aprehender la capacidad estética y funcional de los elementos de circulación vertical como parte de un recorrido. A la novena, el fijar las funciones simbólicas y de uso de las escaleras, atendiendo a su disposición y orden. A la décima, manejar el recinto como elemento de proyecto, atendiendo a las fronteras como elementos de fricción que protagonizan la transición de los espacios. A la undécima, el operar con herramientas arquitectónicas y técnicas propias de la arquitectura. Y finalmente, a la duodécima, el asumir la respuesta a las necesidades de las personas como la clave de la respuesta formal.

Ejercitarlas, sirviéndose de un instrumental claro, conciso y comprensible, según una secuencia estructurada, fomenta la heterogeneidad, la variedad y la diversidad. El conjunto de herramientas que en este libro se ponen a disposición del lector o lectora busca estimular su curiosidad, apuntando caminos diversos, configuradas las sugerencias como el arma fundamental que emplear. En definitiva, las doce instrucciones persiguen optimizar el proceso de aprendizaje desatado cuando el o la proyectista se enfrenta al acto de proyectar.

Fruto de más de veinte años impartiendo docencia en la materia de proyectos de primer curso en la ETS de Arquitectura de la Universidade da Coruña, la profesora María Carreiro presentó estas instrucciones como programa docente en la oposición a una plaza de profesor titular en dicha escuela.

Para finalizar, una ineludible acotación. El sesudo tribunal se encontraba formado por los profesores Carmen Espegel, Patricia Sabín, Xabier Monteys, Juan Creus y Josefa González Cubero. Su decisión, desestimando la candidatura, nos privó de conocer en las aulas el contenido elaborado, sin embargo, alimentó la formalización y su publicación.

[A María]: «Lo siento. No me he podido resistir». Hago mías las palabras que el Dr. King Schultz le dirige a Django en la película *Django Unchained* tras rechazar la sugerencia del terrateniente Calvin Candie de darse un apretón de manos para cerrar el trato que los ha llevado hasta su hacienda, y le dispara causándole la muerte.

Ahora sí: apreciada lectora, apreciado lector, les invito a sumergirse en los explícitos textos, ¡*sapere aude*!

Cándido López,
junio de 2023

QUÉ, POR QUÉ, PARA QUIÉN, CÓMO

La Modernidad combate las falsas apariencias, el idealismo y la irracionalidad en cualquier registro y, por tanto, también en arquitectura. Porque para la arquitectura poética es más importante la verdad estructural y constructiva total de la obra que la obra misma. Porque esa arquitectura no es hija de las «ideas» —como dicen los peores profesores— sino del conocimiento concreto, material y científico de nuevas verdades provisionales en marcha.

Antonio Miranda, *Diccionario de la Modernidad*, 739

En 1949 se estrenó *El manantial*, una película dirigida por King Vidor, en la que Gary Cooper interpretaba al arquitecto Howard Roark, un individuo de gran talento en lucha contra el mundo. Roark se convirtió en el arquetipo de «arquitecto»: innovador e incomprendido por su absoluto compromiso con «la arquitectura moderna», convertida en una misión. Un cometido que le conduce a preferir pasar penalidades antes que renunciar a desarrollar las ideas de sus proyectos. Por supuesto, acaba triunfando en su empeño y además se queda con la chica, según los cánones de entonces, no tan distintos de los de ahora.

El manantial muestra sin ambages el mito del «ejercicio romántico» de la arquitectura, análogo al mito del «amor romántico». Si por amor sufro, ¡cómo no voy a penar por la arquitectura!

Este enfoque se relaciona con la forma tradicional de aprendizaje de la materia de proyectos arquitectónicos[1]. En sus primeros cursos, se presentaba

[1] Proyectos arquitectónicos marca la diferencia entre la arquitectura y otras titulaciones de su misma rama y con empeños similares, como la ingeniería civil o la de caminos, canales y puertos. Clásicamente, de naturaleza práctica, se imparte en formato de taller, en el que se elaboran proyectos. Las escasas sesiones de teoría proporcionan el soporte para el desarrollo de los ejercicios planteados.

apelando a alguno o a todos estos lemas: «En esta materia no existen libros», «Proyectos no se estudia», «A proyectar no se enseña, sino que se aprende», «El objetivo de todo curso de proyectos es que se hagan buenos proyectos». Unas frases que calaban hondo entre el alumnado. Un prolegómeno de lo que vendría en los meses siguientes: un trabajo intenso sometido a continua crítica por parte del profesorado.

Como eslogan, esas expresiones encerraban argumentos incompletos. En el transcurrir del curso se iban aclarando paulatinamente: «Proyectos se aprende proyectando-dibujando», «No existe un único libro de texto, se nutre de todos aquellos que difunden la obra de los grandes arquitectos, especialmente los de los padres de la arquitectura moderna, Frank Lloyd Wright, Eduard Jeanneret-Le Corbusier, Ludwing Mies van der Rohe, Alvar Aalto y Louis I. Kahn». De igual modo, se acompañaban de una exigencia elevada: un buen proyecto responde a un concepto difuso pero incuestionable. Por entonces aún no había «madres» en la arquitectura. Al igual que en otras ciencias, oficios y profesiones, los varones gozaban del rol creativo en exclusiva, correspondiendo a las mujeres el papel de colaboradoras y espectadoras.

Iniciado el siglo XXI, se atisba un cambio en los modos de afrontar la asignatura de proyectos arquitectónicos, y ello sin abandonar el método tradicional, el taller. Este, además, se ha convertido en una metodología docente conocida bajo la nomenclatura «aprendizaje basado en proyectos», ABP (Salido López, 2020). A este «aprender haciendo» se le comienza a incorporar una mirada heterodoxa que aúna en distinto grado docencia, ejercicio profesional e investigación. Incluso una visión interdisciplinar procedente de otros campos de conocimiento. Sin embargo, esa transformación incipiente se produce de forma lenta. De una parte, frenada por la inercia de las escuelas y, de otra, por la resistencia de buena parte del cuerpo docente a asumir los cambios. Sobre todo por parte de quienes se aferran a un perfil convencional, el «arquitecto que da clase».

El abandono del enfoque romántico frente al enfoque científico, artístico-literario y técnico radica en la sistematización de los conocimientos inherentes al proyecto arquitectónico. Sin duda, un enfoque metódico y ordenado recogido por profesores como Javier Seguí, Antonio Miranda o Helio Piñón de una u otra forma en sus escritos. Un planteamiento que el poeta José Hierro explica claramente cuando expone que no puede haber poesía sin el dominio de la técnica de la escritura y, por tanto, sin un profundo conocimiento del lenguaje. Unos saberes que se agrupan bajo la nomenclatura de «técnica proyectual», imprescindible soporte para el ejercicio práctico, y por supuesto para el desarrollo fructífero de la creatividad.

Este libro nace bajo la convicción de que el proyecto arquitectónico posee un corpus de conocimiento propio, al margen de las aportaciones de otras áreas como la construcción, la estética y la historia, la expresión gráfica, las instalaciones, la mecánica o la urbanística.

Dicho corpus se condensa en la «técnica proyectual». Esta introduce objetividad y desarrolla las herramientas propias del proyecto arquitectónico, dando fundamento con ello al desarrollo de los aspectos subjetivos y personales, insoslayables en todo proceso de ideación. No hay creatividad sin conocimiento.

Adopté dicha expresión tras el debate surgido entre un grupo de investigadores y parte del equipo de gobierno de la universidad de la que formo parte, la Universidade da Coruña. Unos pretendían alojar en la planta baja, libre y abierta, de un edificio construido y en uso un equipamiento de investigación necesitado de una superficie amplia: se antojaba la alternativa más cómoda y la menos costosa. No obstante, considerando la imagen y la vida en el campus, la opción de ocuparla y cerrarla dotándola de un uso complementario semejaba bastante desafortunada. Tras varias discusiones aduciendo argumentos utilitarios y de técnica estructural y constructiva, el asunto se resolvió al apelar a las razones del proyecto: esa superficie era fundamental no solo para los usuarios del edificio, sino para las personas que podían acudir al campus. Proporcionaba espacio libre, y además cubierto. Podía ser usado como refugio y estancia durante los días de lluvia, pero también durante las jornadas de sol intenso. Ricardo Cao, vicerrector de investigación en aquel momento, lo expresó muy bien: «Por supuesto, si hay razones técnicas que lo justifiquen no se podrá ocupar». Un matemático de reconocida valía internacional definió con rigor y claridad lo que arquitectas y arquitectos no nos atrevíamos a hacer.

Tras este inciso, y antes de afrontar la lectura, secuencial o selectiva, de las doce instrucciones, conviene reseñar su contenido y estructura. Y para ello nos valdremos de las preguntas qué, por qué, para quién y cómo.

Qué

Descifrando proyectos arquitectónicos versa sobre la «técnica proyectual». Se aborda a través de doce instrucciones, entendidas como la acción de instruir, es decir, de comunicar sistemáticamente conocimiento. Su contenido responde al saber acumulado durante unos cuantos años de docencia. Incluye una parte del material elaborado en ese período de tiempo. La estructura de las instrucciones y el material gráfico constituyeron el fundamento del programa docente preparado para la prueba de profesor titular de Proyectos 1 en la Escuela de Arquitectura de A Coruña que tuvo lugar en febrero del año 2022[2].

---

[2] El programa docente presentado no fue del agrado del tribunal. Este buscaba una forma de docencia que «ilusionase». Un aspecto en el que insistieron especialmente los dos miembros «de la casa», integrantes de mi área de conocimiento dentro de la Escuela de Arquitectura de la UDC. Desconozco la opinión al respecto del resto de colegas.
Se ve que nos movemos en planos divergentes. Como docente me interesa instruir. Creo que la ilusión está en uno mismo y en aquello que va descubriendo a lo largo del propio camino.

Se parte de la idea de que el proyecto puede devenir en arquitectura en cuanto obra de arte, pero a la vez tiene que conformarse como una acción «entendida como parte de la tarea de humanizar el entorno, de habilitarlo para la actividad humana» (Luxán, 1996). Para ello debe satisfacer un programa de necesidades coherente con el objeto, disponer de una estructura formal legible y responder a los condicionantes del lugar.

Por qué

Las instrucciones buscan proporcionar una base sólida para enfrentarnos al aprendizaje del proyecto arquitectónico y desarrollar la creatividad precisa. Se enmarcan en un corpus producido desde la disciplina proyectual, desterrando el lema «En esta materia no hay libros». Como en todo saber, los textos contribuyen a aproximarse a ella, paso previo para comprenderla después, en el sentido de «hacerla propia» (Miranda, 2018, p. 612), porque «el examen abstractamente explicativo, ordenador y consecutivo de fenómenos o verdades reconocidas resulta imposible sin la escritura y la lectura» (Ong, 1987, p. 4).

Además, en este momento de vorágine, parece indispensable disponer de un conocimiento acumulativo para manejar las herramientas que el futuro inmediato nos anuncia: la inteligencia artificial y la robótica, aun cuando, intencionadamente, este aspecto queda fuera del ámbito de este libro.

Es evidente que otros textos han abordado previamente el proyecto arquitectónico desde la disciplina. Sin embargo, son claramente minoritarios frente a los elaborados desde el área de composición[3]. Cabe citar entre los escritos referidos al proyecto arquitectónico tanto programas docentes (White, 1979) como textos de contenido conceptual y gráfico (Ching, 2010/1979; Piñón, 1998; Unwin, 2003). También tratados clásicos como los de Vitrubio o de León Battista Alberti. O ensayos de arquitectos premodernos, como Adolf Loos; modernos como Le Corbusier, Louis I. Kahn o Marcel Breuer; y contemporáneos como Aldo Rossi, Deborah Berke, Lina Bo Bardi, Juhani Pallasmaa, o como Alejandro de la Sota, Antonio Miranda, Inés Sánchez de Madariaga o Xavier Monteys[4].

---

[3] El área de Composición desarrolla la teoría de la arquitectura desvelada como una expresión de cada época. Muestra sus aportaciones y evolución a lo largo del tiempo, realizando una lectura de las obras del pasado. Casi podríamos decir que se dedican a la «arquitectura forense». A los proyectistas nos ha de interesar la transformación del presente, considerando, desde una lectura contemporánea, las múltiples capas precedentes.

[4] La selección no pretende ser universal. Es intencionada, la mía. No dudo de la existencia de otros autores con otros enfoques. Cada uno irá confeccionando su propia selección a lo largo de su camino. Tampoco las arquitectas han escrito sobre el proyecto de arquitectura. Los artículos y memorias de Margarette Schütte-Lihotzky (sin editar en español), los escritos de Beatriz Colominas, Carmen Espegel, Despina Stratigakos, Elia Gutiérrez Mozo o Elizabeth Denby abordan temas que pertenecen principalmente al campo profesional, de la composición, de la crítica o de los estudios de género. Las cito en esta nota porque considero que son referencias de interés. Sus textos y los de otras muchas mujeres no se incluyen habitualmente como bibliografía de las materias constitutivas de las titulaciones referidas a la arquitectura. En cualquier caso, son documentos leídos y recomendados por una minoría integrada principalmente por mujeres y escasamente por varones.

PARA QUIÉN

Las doce instrucciones se dirigen a quienes se interesan por el proceso de conformación de los objetos, al margen de la imagen que muestran a la vista. Un colectivo del que forma parte el alumnado de proyectos arquitectónicos, en especial los de primer curso. Aunque para tranquilidad de estos, diré que en un cuatrimestre difícilmente se puede abarcar todo el contenido aquí plasmado con idéntica profundidad. No todos los temas planteados se abordan con la misma intensidad a la vez, si bien todos ellos están presentes en los ejercicios desarrollados durante las sesiones de proyectos, desde el primer al último curso de los estudios de arquitectura. Se da prevalencia a unos frente a otros conforme los objetivos perseguidos con los ejercicios del taller. Por este motivo, pueden leerse las instrucciones de manera lineal o bien alterando el orden fijado en el índice.

CÓMO

Es preciso referenciar dos aspectos relativos a este documento: el formal y el conceptual. Formalmente se ha dotado a todas y cada una de las instrucciones de un armazón similar: planteamiento del tema, estructura organizada en epígrafes y subepígrafes, síntesis en forma de corolario y bibliografía, finalizando en cada caso con un apartado de cinco actividades como refuerzo del tema.

Se ha incorporado la tecnología complementando al texto mediante códigos QR. Al inicio de los capítulos, incluida esta introducción, unos enlazan con breves vídeos, mientras otros, en la bibliografía, facilitan el acceso a textos *online*, como por ejemplo los depositados en los repositorios académicos digitales.

En cuanto a los contenidos, se ha procurado dotarlos de rigor y método, sin eludir opiniones y reflexiones personales. Estas se introducen esporádicamente como incisos, claramente diferenciadas del texto principal, cambiando la letra y el formato de los párrafos. El texto se ilustra con dibujos, esquemas, imágenes, planos y tablas, indispensables para explicar los conceptos y términos relativos al proyecto de arquitectura. Tal y como se ha señalado anteriormente, estamos ante una materia práctica que requiere del lenguaje gráfico incluso en los aspectos teóricos, eludiendo el contagio de la oralidad propia de la sociología, la filosofía o la composición, útil sin duda en la preparación de los programas de necesidades y en la definición funcional, pero tangenciales al hecho proyectual.

El orden dado a las instrucciones responde a una seriación progresiva que se inicia con la aproximación a los aspectos compositivos básicos y al vocabulario con el que se expresa la arquitectura, común a otras áreas como las matemáticas y la geometría. Se continúa con la estructura que ordena el proyecto; con el reconocimiento del entorno a través de las dimensiones; con las diversas formas de estudiar y analizar proyectos; con el significado de las plantas, secciones y alzados en el relato de las propuestas; con la disposición de los objetos con relación al terreno; con el estudio de los elementos de circulación vertical, fundamentalmente la escalera; con el de la entrada y los espacios intermedios; con el análisis de los ejes, mallas y módulos como base del proyecto. Se termina con unos fragmentos que sitúan a las personas en el centro del proyecto, avanzando temas en los que se profundizará con posterioridad: la luz, el hueco, la habitación, los espacios cotidianos y la perspectiva de género en arquitectura y urbanismo.

Como suplemento a estas instrucciones, unas apostillas recuperan frases y citas que, extraídas del texto principal, se consideran de interés. Aun así, sueltas y descontextualizadas, persiguen incitar a la reflexión.

Llegado este punto, solo me queda invitarles a su lectura. Y en esta época de hiperconectividad, ponerme en disposición para recibir sus sugerencias y comentarios. Seguro que en la red encuentran cómo.

María Carreiro,
junio de 2023

BIBLIOGRAFÍA

- Ching, Francis D. K. (2010). *Arquitectura: forma, espacio y orden*. Barcelona: Gustavo Gili.
- QR_I-1. Luxán García de Diego, Margarita de (1996). «Arquitectura integrada en el medio ambiente». *Cuadernos de investigación urbanística*, 41:73-88.
- QR_I-2. Miranda, Antonio (2018). *Diccionario de la modernidad*.
  <https://diccionariodelamodernidad.files.wordpress.com/2018/07/diccionario-de-la-modernidad-antonio-miranda-2018.pdf>.
- Ong, Walter J. (1987). *Oralidad y escritura*. México: Fondo de Cultura Económica.
- Piñón, Helio (2023). *Observaciones elementales sobre el proyectar*. Madrid: Ediciones Asimétricas.
- QR_I-3. Salido López, Pedro (2020). «Metodologías activas en la formación inicial de docentes: aprendizaje basado en proyectos (ABP) y educación artística». *Profesorado*, 24(2).
- Unwin, Simon (2003). *Análisis de la arquitectura*. Barcelona: Gustavo Gili.
- White, Edward T. *Sistemas de ordenamiento. Introducción al proyecto arquitectónico*. México DF: Trillas.

QR_I-1   QR_I-2   QR_I-3

VOCABULARIO.
VOLUMEN, PLANO, LÍNEA, PUNTO

Entes abstractos y entidades concretas: de la geometría y las matemáticas al objeto arquitectónico – El volumen como germen del objeto – El plano – La línea y el punto – El objeto arquitectónico: de la caja compacta a la caja abierta y a la caja sin cubierta – Corolario – Bibliografía – Actividades

I-1

En las artes visuales en general, y en la arquitectura en particular dominan las formas básicas —el círculo, el cuadrado, el triángulo, así como las orientaciones básicas y los números— ya sea de manera explícita o como imágenes ocultas de orden y organización debajo de la superficie de la observación consciente.

Juhani Pallasmaa. *La imagen corpórea: imaginación e imaginario en la arquitectura*, p. 71

Como habitantes de un mundo construido, tenemos la experiencia de lo concreto: vivimos en una casa, asistimos a un centro docente, acudimos al centro sanitario, vamos a un auditorio, a una librería, al centro comercial; transitamos por la calle, quedamos en el jardín o en la plaza.

Habitamos lugares cuyos nombres dependen de sus usos. Si fuese posible eliminar la materia que los conforman —los materiales de construcción—, quedarían unas formas muy similares a las piezas de los juegos de construcción infantiles. Se identifican con cuatro vocablos: volúmenes, planos, líneas y puntos, y se acompañan de un quinto: objeto, elemento que se construye a partir de los cuatro anteriores.

Estos cinco nombres forman parte del vocabulario específico de la técnica proyectual —la que corresponde al proyecto arquitectónico— integrado por palabras comunes tanto a otros campos de conocimiento, en este caso a las matemáticas y la geometría descriptiva, como al lenguaje cotidiano.

Como término técnico del campo arquitectónico y urbanístico, el objeto abarca todo vacío habitable tanto cerrado —con límites físicos— como abierto —con límites imaginarios—. Las construcciones de nuestro hábitat, sean edificios de todo tamaño y uso, incluso un aseo público, por ejemplo, son objetos arquitectónicos. También lo son las calles, reconocibles por sus alineaciones, sean fachadas, cierres o cambios de pavimento; los parques,

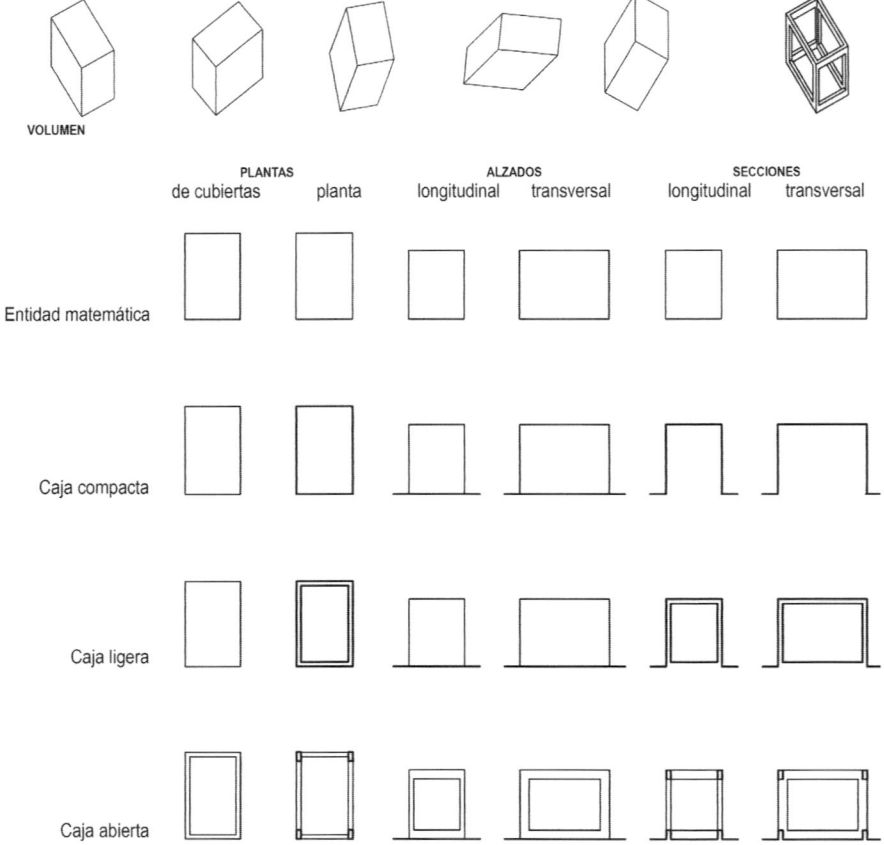

Figura 1-1. Un mismo volumen como entidad matemática, como caja compacta, como caja cerrada ligera y como caja abierta.

plazas o jardines, limitados por calles o edificios; e incluso lo son las agrupaciones urbanas, como suma del espacio libre y del tejido edificado.

Se comenzará definiendo volumen, plano, línea y punto, ligando el significado matemático y geométrico con el proyectual. A continuación, se analizarán sucesivamente dichos términos como gérmenes activos en la ideación formal de los objetos.

Cada uno de ellos se ilustrará con ejemplos de diferentes épocas y funciones. Esto permitirá comprobar cómo toda obra y/o proyecto se fundamenta en un orden geométrico, del que emana la estructura formal del objeto, anticipo de la estructura portante.

1.1 ENTES ABSTRACTOS Y ENTIDADES CONCRETAS: DE LA GEOMETRÍA Y LAS MATEMÁTICAS AL OBJETO ARQUITECTÓNICO

> El estudio de objetos mentales con propiedades reproducibles se llama matemáticas.
>
> Philip J. Davis y Reuben Hersh[1], *Experiencia matemática*, p. 284

La geometría descriptiva opera con dibujos y su proyección sobre los diedros en las tres direcciones del espacio. Desarrolla la descripción de los entes abstractos matemáticos y de las entidades complejas arquitectónicas en dos acciones complementarias. Mediante la primera, traslada un ente a una superficie bidimensional, sea en el papel o en la pantalla, a través de las vistas de planta, alzado y sección. Con la segunda reconstruye la tridimensionalidad de dicha entidad y su posición en el espacio a partir de la interpretación de las vistas bidimensionales.

A su vez, las matemáticas dan nombre a una ciencia deductiva que estudia las propiedades de los entes abstractos, sean números o figuras geométricas. De igual modo, a partir de notaciones básicas exactas y a través del razonamiento lógico, estudian las propiedades y relaciones cuantitativas entre dichos entes. Operan con números y ecuaciones.

El proyecto arquitectónico, por su parte, aborda la ideación de los objetos arquitectónicos, unas entidades complejas que se configuran con materia y vacío. Se formalizan a partir de los entes abstractos y sus relaciones entre ellos, mediante el lenguaje arquitectónico, tanto analógico como digital, con el apoyo de la geometría descriptiva.

La diferencia fundamental entre los entes abstractos y las entidades complejas (tabla 1-1) radica en la infinitud-finitud y en la inmensurabilidad-mensurabilidad. Un volumen genérico —regular— queda definido por la superficie de la base y por la altura, o por el diámetro de la esfera, careciendo de propiedades físicas. Tanto puede ser sólido como hueco. Los planos y las líneas carecen de espesor y son infinitos. Los puntos son adimensionales.

Las entidades complejas del campo proyectual son finitas y con espesor (fig. 1-1). Los volúmenes interiormente son —o tienen— huecos. Y en cuanto a los planos y líneas, siempre son mensurables, de tal modo que en los planos predominan dos dimensiones respecto de una tercera; y en las líneas y los puntos predomina una respecto de las dos restantes.

---

[1] Para Davis y Hersh las matemáticas son estudios humanísticos en tanto que tratan de objetos cuya existencia reside de modo compartido en los cerebros de los humanos. Objetos que, a su vez, emparentan a las matemáticas con la ciencia al ser sus propiedades reproducibles.

Tabla 1-1. Definiciones de volumen, plano, línea y punto

	GEOMETRÍA Y MATEMÁTICAS	PROYECTOS ARQUITECTÓNICOS
VOLUMEN	GEOMETRÍA • Espacio ocupado por un cuerpo. • Magnitud física de un cuerpo. • Sólido: espacio limitado por superficies. MATEMÁTICAS • Magnitud escalar que mide la capacidad de un cuerpo. Se define a partir de una distancia. • Cantidad de espacio ocupado por un objeto tridimensional en el vacío. • Volumen $V = A_{base} \times h$. • En un ente complejo: $V_{total} = nVi$.	• Objeto o parte de un objeto. • Cualquier construcción. • El conjunto exterior de un edificio que encierra el espacio interior. • Poliedro o esfera habitable. • Volumen geométrico. • Vacío delimitado por planos opacos, translúcidos o transparentes. • Vacío delimitado por columnas. • Entidad compuesta por: planos/superficies, que limitan el volumen. Líneas/aristas, intersección de los planos. Puntos, intersección de las aristas. El volumen arquitectónico se forma a partir de uno o más volúmenes geométricos, por la combinación de una serie de planos o por la composición de líneas y/o puntos.
PLANO	GEOMETRÍA • Caso particular de superficie. • Superficie: configuración geométrica que posee dos dimensiones. • Intersección de dos volúmenes. MATEMÁTICAS • Superficie plana que carece de la tercera dimensión, que se extiende infinitamente en todas direcciones. π: $ax + by + cz + d = 0$	• Cada uno de los paramentos que delimita un volumen. • Elemento en el que predominan dos dimensiones respecto de la tercera. Tipos: Horizontales (suelos/ techos). Verticales (paredes). Inclinados (suelos, techos, paredes). Los planos arquitectónicos forman parte de los objetos arquitectónicos, sean volúmenes abiertos o cerrados.
LÍNEA	GEOMETRÍA • Objeto ideal que solo posee unas dimensiones y contiene infinitos puntos. • Intersección de dos planos. MATEMÁTICAS • Sucesión continua e indefinida de puntos, recta o curva. $y = mx + n$	• Elemento en el que predomina una dimensión respecto de las otras dos. • Intersección entre dos planos arquitectónicos. • La arista que resulta del encuentro de dos paramentos. • Herramienta gráfica empleada en el dibujo de los objetos arquitectónicos.
PUNTO	GEOMETRÍA • Intersección de dos líneas. • Representación de una posición fija en el espacio. Carece de forma y dimensiones. MATEMÁTICAS • Elemento geométrico adimensional, cuya posición viene dada por sus coordenadas, tanto en el plano (a,b) como en el espacio (a,b,c).	• Intersección entre dos aristas. • Elemento en el que prevalece la altura frente al largo y al ancho. Se identifica habitualmente por un círculo, una cruz o un polígono regular. • Herramienta gráfica utilizada para el dibujo de partes del objeto arquitectónico.

Los volúmenes se transforman en polígonos, abiertos o cerrados, cuando se dibujan sus vistas. Los planos horizontales asoman su espesor en los alzados y secciones; los verticales lo muestran en el dibujo de sus plantas. Los puntos se identifican como tales en función de la escala del objeto; poseen forma y espesor. La sucesión de puntos define una línea discontinua en planta y una sucesión de líneas en alzado y sección, y viceversa. Si los puntos se muestran en alzados o secciones, su planta es una línea continua, salvo que el punto sea una esfera, un prisma o un poliedro, en cuyo caso se verá siempre igual, independientemente de la vista.

1.2   EL VOLUMEN COMO GERMEN DEL OBJETO

La condición arquitectónica del volumen lo transforma en objeto cuyo interior, vacío, se ocupa con nuestros cuerpos, con nuestros enseres, con nuestras actividades.

El objeto queda constituido por uno o por varios volúmenes que se relacionan entre sí por medio de la macla, la adición/sustracción, la seriación o el enlace. En cualquier caso, exteriormente la agrupación se percibe como una unidad. En su interior, por el contrario, la percepción es parcial y fragmentada.

Se relaciona con el entorno de diversas maneras. Ambientalmente, a través de la escala, entendida como la proporción del objeto con el resto de entidades de dicho entorno. Físicamente, a partir del encuentro con el terreno. Y, visualmente, por medio de sus huecos —puertas y ventanas—, los cuales establecen una interacción dual entre objeto y contexto: de fuera a dentro y de dentro afuera.

Al objeto se entra y se está en él. E inversamente, tras estar, se sale. Desde él se mira hacia el exterior y desde este se vislumbra el interior. Vemos y somos vistos. Entra la luz natural y se emite luz artificial.

En relación con el entorno puede disponerse al menos de tres formas. La primera, exento, de tal modo que se puede rodear completamente. La segunda, conectado, mostrando su forma, aunque su perímetro no sea circundable completamente. Y la tercera, encajado, asomando parcialmente al estar integrado dentro de una entidad mayor, como sucede con la mayoría de los edificios de la ciudad, de los que percibimos solamente una de sus fachadas.

El objeto arquitectónico más elemental se asocia a una caja, cuyas caras actúan simultáneamente como cierre y estructura portante, al modo de la arquitectura tradicional, sea culta, vernácula o popular. Pese a que desde finales del siglo XIX se ha disociado soporte y envolvente, en la arquitectura

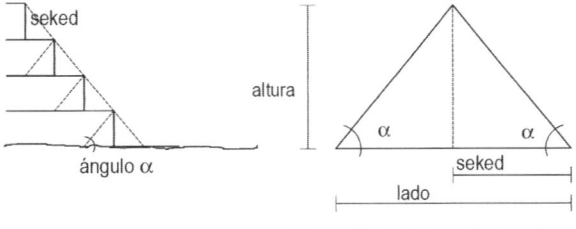

Seked   Proporción de la pirámide de Keops

Seked	Angulo	Lado/Altura
3	66° 48' 05"	6/7
3 ¼	65° 05' 42"	13/14
3 ½	63° 26' 05"	1/1
3 ¾	61° 49' 17"	15/14
4	60° 15' 18"	8/7
4 ¼	58° 44' 10"	17/14
4 ½	57° 15' 53"	9/7
4 ¾	55° 50' 25"	19/14
5	54° 27' 44"	10/7
5 ¼	53° 07' 48"	3/2
5 ½	51° 50' 34"	11/7
5 ¾	50° 35' 57"	23/14
6	49° 23' 55"	12/7
6 ¼	48° 14' 23"	25/14
6 ½	47° 07' 16"	13/7
6 ¾	46° 02' 30"	27/14
7	45° 00' 00"	2/1
7 ¼	43° 59' 41"	29/14
7 ½	43° 01' 30"	15/7
7 ¾	42° 05' 21"	31/14

Proporción de la pirámide de Keops
Proporción de la pirámide de Kefrén

Figura 1-2. Las pirámides funerarias del Antiguo Egipto. El *seked*: relaciones gráficas y numéricas (Martínez Ortega, 2008).

Figura 1-3. La pirámide de Keops, hito territorial: visión en la lejanía.

contemporánea se siguen proyectando volúmenes, aunque las técnicas tradicionales se hayan sustituido por el sistema de cerramientos ligeros superpuestos a una estructura portante independiente.

Veamos a continuación los casos de varios objetos exentos de distinta época, escala y configuración estructural, generados a partir de tres volúmenes geométricos: la pirámide, el cilindro y el prisma.

1.2.1 LA PIRÁMIDE

La pirámide como entidad construida deriva de la trasposición del montículo de tierra a una construcción en piedra a la escala humana, en referencia al tamaño de la persona. Y a partir de ahí, de su réplica a la escala divina. Se constituye en una montaña sagrada, en «un hito geográfico en el horizonte» (Vegas y Mileto, 2006), símbolo del poder, conexión entre la vida terrenal y la vida de ultratumba. De ahí que este tipo de construcciones estén presentes en civilizaciones asentadas en territorios de grandes llanuras.

En Egipto, la construcción de la pirámide funeraria abarcaba el tiempo de reinado del faraón: comenzaba tras su coronación y terminaba con su fallecimiento, sin que se conozca ninguna tumba inacabada. El tamaño era proporcional a la duración de cada reinado. García Vereda (2011) sostiene una interesante teoría sobre su construcción:

> [...] en todo momento de la construcción se tiene una pirámide. Se parte de una pequeña pirámide, matriz base, en la que se fijan las proporciones y esta se va forrando por capas exteriores sucesivas que la hacen crecer y engrosar. Siempre es una pirámide. De esta forma, cuando tiene lugar la muerte del Rey, basta con rematar la capa que se está construyendo y la pirámide, mayor o menor, está acabada.

Esta teoría, plausible, explica la construcción de dentro afuera, ejecutando los vacíos interiores, sean cámaras, caminos o respiraderos a medida que se completaba la cáscara sólida.

En referencia al valle del Nilo, algunos autores toman como modelo para las pirámides los montículos de tierra depositados al pie de las tumbas. Unas elevaciones que se relacionan con el cadáver momificado[2]. Una dualidad que se hace visible tras los frecuentes saqueos de las tumbas nobiliarias[3]. De forma cónica, los montículos se replican en piedra como un cuerpo geométrico de base cuadrada, el *benben* piramidal, piedra sagrada ligada al culto al sol. Su vértice superior señala el punto original y primero de la

---

[2] La sequedad de esta zona geográfica, «unida a las cualidades secantes de la arena del desierto», provocaba la momificación natural de los cadáveres (Parra Ortiz, 2009).

[3] Los saqueos perseguían hacerse con el ajuar enterrado juntamente con el o la fallecida.

incidencia de los rayos de sol en la tierra, y sirve de apoyo al Bennu[4]. Las pirámides reproducen a gran escala este icono y, al igual que los obeliscos, rematan su cima con el piramidón, una réplica maciza del benben.

Las primeras pirámides, escalonadas, evolucionaron con el perfeccionamiento de la técnica hasta convertirse en los sólidos lisos construidos en Giza[5]. Múltiples teorías tratan de ligar las relaciones geométricas de estos sólidos con la sección áurea y el triángulo de Kepler. Sin embargo, los estudios matemáticos, lejos de esas elucubraciones, plantean una teoría, muy arquitectónica, relacionada con la ejecución de la obra. Se basa en tres factores: la seguridad, el módulo y la economía del material[6].

La pendiente de sus caras, definida por el cateto del triángulo central, se expresa en *seked*[7], unidad para medir la inclinación de las pirámides, en palmos/codo o dedos/codo (fig. 1-2). La pirámide de Keops, la primera en construirse en Giza, se levantó a partir de un *seked* de 5½, equivalente a 22 pulgadas. En las posteriores construcciones se continuó la búsqueda de un menor *seked* para lograr una forma más estilizada y un menor consumo de material. El resultado, la pirámide de Kefrén, responde a un módulo de 21 pulgadas, una proporción de 5¼ (Zlobec y Rubiano, 2016).

La elección de la meseta de Giza para la construcción de la pirámide de Keops obedeció a la existencia de una cantera en el lugar, lo que facilitaría su construcción. El acabado superficial, liso, en una caliza pulida blanca, refulgía con el sol. Un efecto que se ha perdido con los saqueos del material, que fue empleado en otras edificaciones, así como con la erosión natural.

En origen, Keops medía 440 codos reales de lado y 280 de altura, equivalentes respectivamente a 230 y 146 metros. En la actualidad la altura no alcanza los 140 m. La superficie en planta equivale a veinte piscinas olímpicas, ocho campos de fútbol, cinco plazas de María Pita (A Coruña) y veinte veces el edificio de la ETSA de A Coruña.

---

[4] Piedra fundacional en la que se transforma Atum, dios creador. El *benben* se ubica en el templo solar de Heliópolis, lugar en el que caen los primeros rayos del sol. De forma cónica inicialmente, se transformó en una pirámide de base cuadrada. La cúspide de esta piedra es el lugar de asiento del ave bennu, similar al ave fénix griego, que se genera de las cenizas de su antecesor.

[5] Las pirámides de cara lisa surgen como evolución de la construcción de las pirámides escalonadas. Durante el reinado de Snefrou, padre de Keops, se construyeron tres pirámides de caras lisas: la falsa pirámide de Meidum, empezada a construir por el padre de este faraón; la pirámide doblada, o romboidal, cuya forma obedecía a la rectificación que tuvieron que hacer los constructores para evitar el derrumbe de la obra, cambiando la pendiente de las caras a una determinada altura; y la pirámide roja, ejecutada con la misma pendiente que la parte superior de la pirámide doblada.

[6] La seguridad: influye en la pendiente; se buscaba la máxima pendiente sin que se derrumbase la construcción. El módulo: números enteros por facilidad de manejo. La economía: el equilibrio entre el resultado y la cantidad empleada de material, es decir, entre el tamaño de la pirámide y el máximo aprovechamiento de los bloques de piedra con el menor desperdicio posible.

[7] El *seked*, skd, se define como el número de palmos horizontales que corresponden a un codo de altura. Sus unidades son, por tanto, palmos/codo, aunque también podrían expresarse los palmos en dedos y tendríamos dedos/codo (Martínez Ortega, 2008).

En 1940, tras observar las sombras propias en las caras de esta pirámide, se detectó que no constituye un volumen puro. Una leve concavidad central divide cada triángulo en otros dos, haciendo que la pirámide se componga, en puridad, de ocho lados. Esta deformación es apenas perceptible, de tal modo que, desde el punto de vista compositivo y formal, prevalece la forma de los cuatro lados[8].

El objeto se conforma como un elemento topográfico (fig. 1-3). Y, como tal, representa un ejercicio de poder: la montaña artificial sobre una planicie. Responde a una metáfora eficaz: el cofre y el tesoro, la ostra y la perla, el capullo y la mariposa. Su función, exclusivamente simbólica, se desenvuelve a través de su presencia colosal, con un interior inane en comparación. Como tumba que envuelve el cuerpo, sus corredores y sus salas construidas a la luz del día quedan sumidas en la oscuridad una vez sellada la cámara. En la negritud no hay espacio.

La pirámide es un objeto arquitectónico que alberga el cuerpo en el tránsito de la vida terrenal a la de ultratumba a través de la muerte. Es un monumento en el sentido original del término latino *monumentum*: medio para el recuerdo o la memoria. Pero, desde una perspectiva contemporánea, ¿es la pirámide una obra de arquitectura?

Tal vez no lo sea en el sentido espacial, como lugar habitable, pero sí lo es en cuanto a los condicionantes manejados, que nos remiten a la tríada vitrubiana, enunciada mucho más tarde: *firmitas, utilitas* y *venustas*. Muestra firmeza y seguridad en su construcción, funcionalidad en el sentido utilitario y simbólico con respecto a las necesidades que cubre y belleza en cuanto al rigor formal con el que está concebida y ejecutada.

Pocas construcciones se han ejecutado en épocas posteriores con esta geometría. Tal vez la más conocida sea la pirámide del Louvre[9], que da acceso al museo, tras las obras de ampliación emprendidas en los años ochenta del siglo XX. Una búsqueda en internet recopila construcciones piramidales de vidrio y acero con distintos usos. Todas ellas comparten una análoga función icónica por contraste con las edificaciones que los rodean, sin que por ello se hayan llegado a convertir en referentes arquitectónicos[10]. Algunos rascacielos adoptan la geometría piramidal, aunque dada la esbeltez de sus proporciones se aproximan más al obelisco que a la pirámide funeraria.

---

[8] La integración que se aplica a la pirámide actúa en otras situaciones perceptivas: completar figuras regulares, prolongar e intersecar líneas visualmente o transformar polígonos en círculos en los cambios de escala, por ejemplo.

[9] París, 1988. Arquitecto: Ieoh Ming Pei.

[10] Ejemplos: el Palacio de la Paz y la Reconciliación de Astaná en Kazajistán; el hotel Luxor de Las Vegas o el recinto deportivo Pyramid Arena de Memphis, ambos en Estados Unidos.

Figura 1-4. Torre Pinta, Otranto (Italia).

Figura 1-5. Esquema de la tumba de Teodorico, Ravenna (Italia).

Figura 1-6. Biblioteca.
Escuela en Fagnano Olona (Italia). Aldo Rossi.

Figura 1-7. Iglesia en Urubo (Bolivia). Jae Cha.

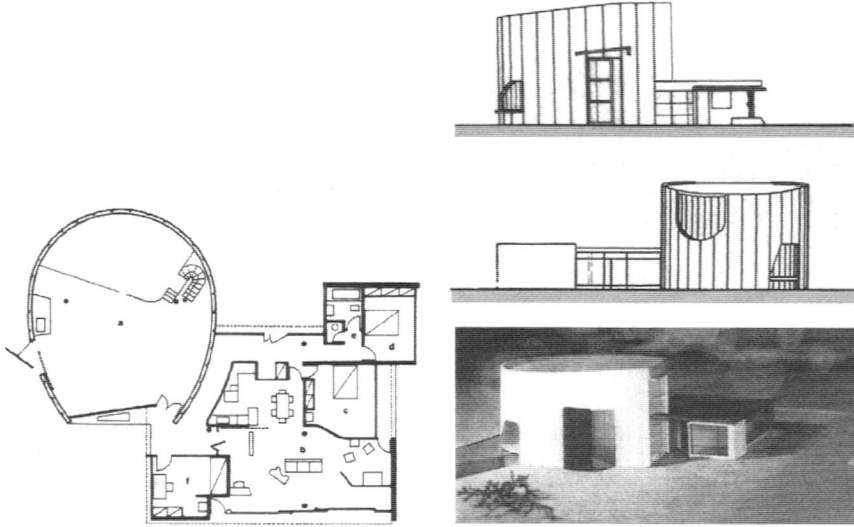

Figura 1-8. Vivienda para dos escultores: planta, alzados y maqueta. Eileen Gray.

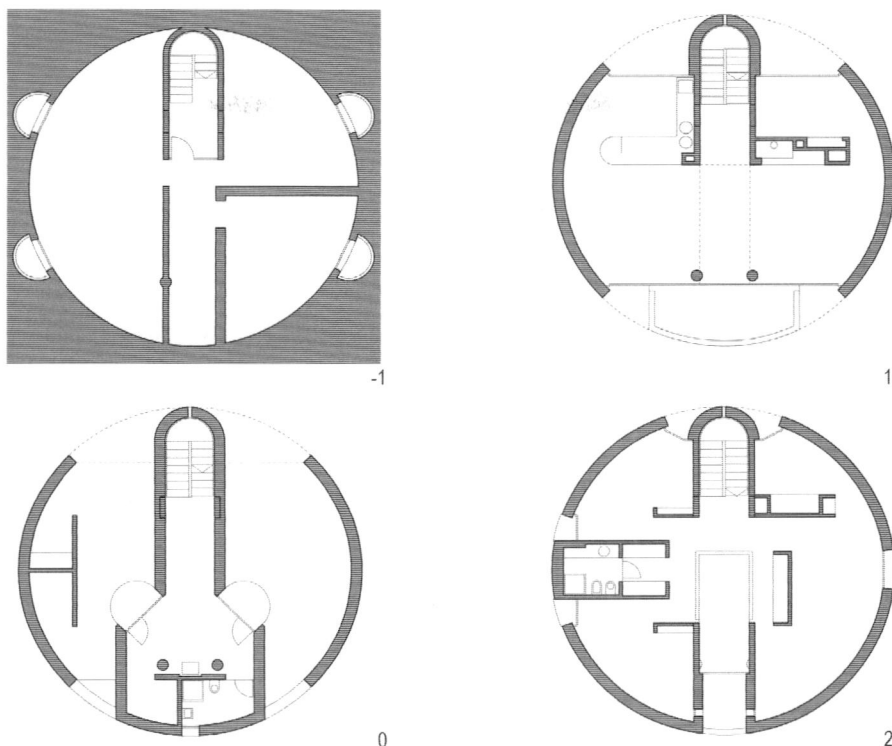

-1

1

0

2

Figura 1-9. Casa Redonda. Stabio, Suiza. 1982. Mario Botta.

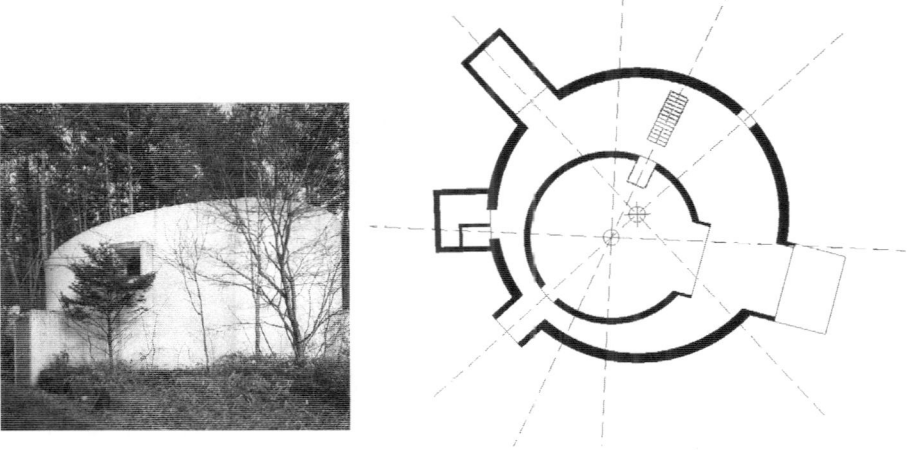

Figura 1-10. Casa en el bosque. Nagana, Japón. 1994. Kazujo Sejima.

1.2.2 EL CILINDRO

El cilindro, como volumen, carece de orientación definida. Puede rotar sobre su eje, o sobre sí mismo, e incluso trasladarse de un lado a otro para encontrar acomodo. Podemos extraerlo de su ubicación y colocarlo en un claro del bosque, en el desierto o en la llanura. De inicio podría pensarse que es de naturaleza exenta, como la pirámide. Sin embargo, son diversos los ejemplos de figuras cilíndricas macladas, seriadas o tangentes. En algún caso, también formando un vacío dentro de otros volúmenes, como en el hipogeo de la torre Pinta, en Otranto (fig. 1-4).

Salvando las cabañas y pallozas, o las linternas que dan soporte a las cúpulas, en arquitectura el cilindro se asocia a un ente singular, de carácter simbólico. La tumba de Teodorico en Ravenna (fig. 1-5), la biblioteca de una escuela en Fagnano Olona (fig. 1-6) o la capilla en Urubo (fig. 1-7) corresponden al cilindro como figura.

Menos frecuentes, sin embargo, resultan ser las construcciones residenciales con esta geometría. Aunque al indagar en los buscadores digitales con las palabras clave *round house*, *circle house*, casa redonda o casa circular nos devuelve un buen número de ellas. Exentas, cuasi esféricas o poligonales, se caracterizan por su autonomía con respecto del lugar. Lo mismo que sucede con la casa para dos escultores (fig. 1-8) de Eileen Gray, que es susceptible de disponerse en cualquier ubicación.

La Casa Redonda[11] de Mario Botta es un ejemplo de un volumen cilíndrico simple. En ella el círculo actúa como una envoltura, sin determinar la configuración de la vivienda (fig. 1-9). Esta asume el esquema de las villas palladianas, con un eje central y una perfecta simetría. Sin embargo, existen notables diferencias de concepto entre la obra palladiana y la propuesta que realiza Botta. La más evidente radica en el contenido del eje. En las villas de Andrea Palladio este se ocupa con un elemento simbólico-estancial, con las escaleras en los laterales, mientras que las casas de Botta incorporan la circulación vertical al eje principal. Aunque la más relevante proviene de la relación con el entorno. Palladio construye sistemas territoriales, con artefactos cuya geometría organiza el ámbito afecto a la villa. Botta construye objetos sobre parcelas.

A veces el cilindro deja de ser una figura autónoma para atarse al lugar a través de elementos intermedios, a modo de excrecencias, o de ramas que nacen de un tronco. La casa en el bosque de Kazujo Sejima, ubicada en el claro de una arboleda (fig. 1-10), constituye un ejemplo de esta forma de desarrollo. El volumen podría identificarse como un tocón de árbol, talado en oblicuo —el plano inclinado de la cubierta—, con muñones prismáticos rompiendo la simetría del volumen, en los que se sitúan los elementos de servicio: almacenaje, aseo, entrada, terraza. Como ocurre con los árboles añosos, el tocón es una cáscara de espesor variable, con un núcleo vacío, excéntrico, que desarma

---

[11] La Casa Redonda alcanzó cierta fama por la interpretación que el arquitecto suizo realizaba de la obra de Andrea Palladio, en pleno auge del posmodernismo arquitectónico.

la aparente rigidez geométrica. A diferencia de la casa redonda de Botta, el círculo no es una simple traza, sino que configura el orden espacial.

1.2.3 EL PRISMA

Podría decirse que la arquitectura, de manera genérica, se formula con figuras prismáticas ortogonales en planta y sección, dejando aquellas otras con superficies inclinadas para la cubierta. Semeja imposible ignorar la perpendicularidad y el paralelismo para imaginar y construir el rectángulo o el prisma recto, dos propiedades que emanan de la silueta humana sobre una superficie horizontal.

La composición arquitectónica primigenia parte de volúmenes prismáticos a los que se resta o se añade materia, compuestos de fachada y estructura portante inseparables. Se perforan lateral o cenitalmente tanto para dejar pasar la luz como para ventilar.

El paso del muro al soporte lineal desliga el cierre del esqueleto. En este tránsito se mantienen ciertas claves compositivas, como la sustracción o adición de materia, aunque otras se rompen, como la proporción de los huecos, la longitud del frente y del fondo o la altura.

Así sucede en la casa en Sovalado (fig. 1-11). Milagros Rey Hombre parte de un prisma de 9 × 7 × 6,50 m. Un volumen del que se va extrayendo material para vaciar parte de las fachadas, reemplazando las aristas con los pilares, cilíndricos y esbeltos. No se proyectan los alzados como lienzos autónomos, sino como partes de un volumen que se rodea. Es una propuesta moderna: frente a la estaticidad de la arquitectura tradicional, durante el proceso de ideación introduce el movimiento y el efecto de las aperturas en el interior, con una propuesta que nace de dentro afuera.

Frente a este volumen único, con el que se trabaja perforando, tallando o adosando materia, surge el objeto compuesto de diversos prismas que se van articulando, yuxtaponiendo, intersecando, deslizando... (una gran parte de la arquitectura se construye de esta manera). Sobre la línea de tierra se trabaja relacionando cajas iguales o distintas, algún cilindro, algún cubo... Incluso puede sustituirse el plano soporte horizontal por un volumen sobre el que se apilan otros, dando lugar a una composición en vertical, con un efecto análogo a la superposición de cajas durante una mudanza. Cada caja es autoportante, dando apoyo, a la vez, a las que se colocan encima. En este sistema, algunos prismas se desplazan e introducen unos vacíos que pueden ser cubiertos por otros.

El Nuevo Museo de Arte Contemporáneo de Nueva York, inaugurado en 2007, ejemplifica esta forma de proyectar (fig. 1-12). El objeto se dispone sobre un solar de una manzana de la trama neoyorquina, en un paisaje

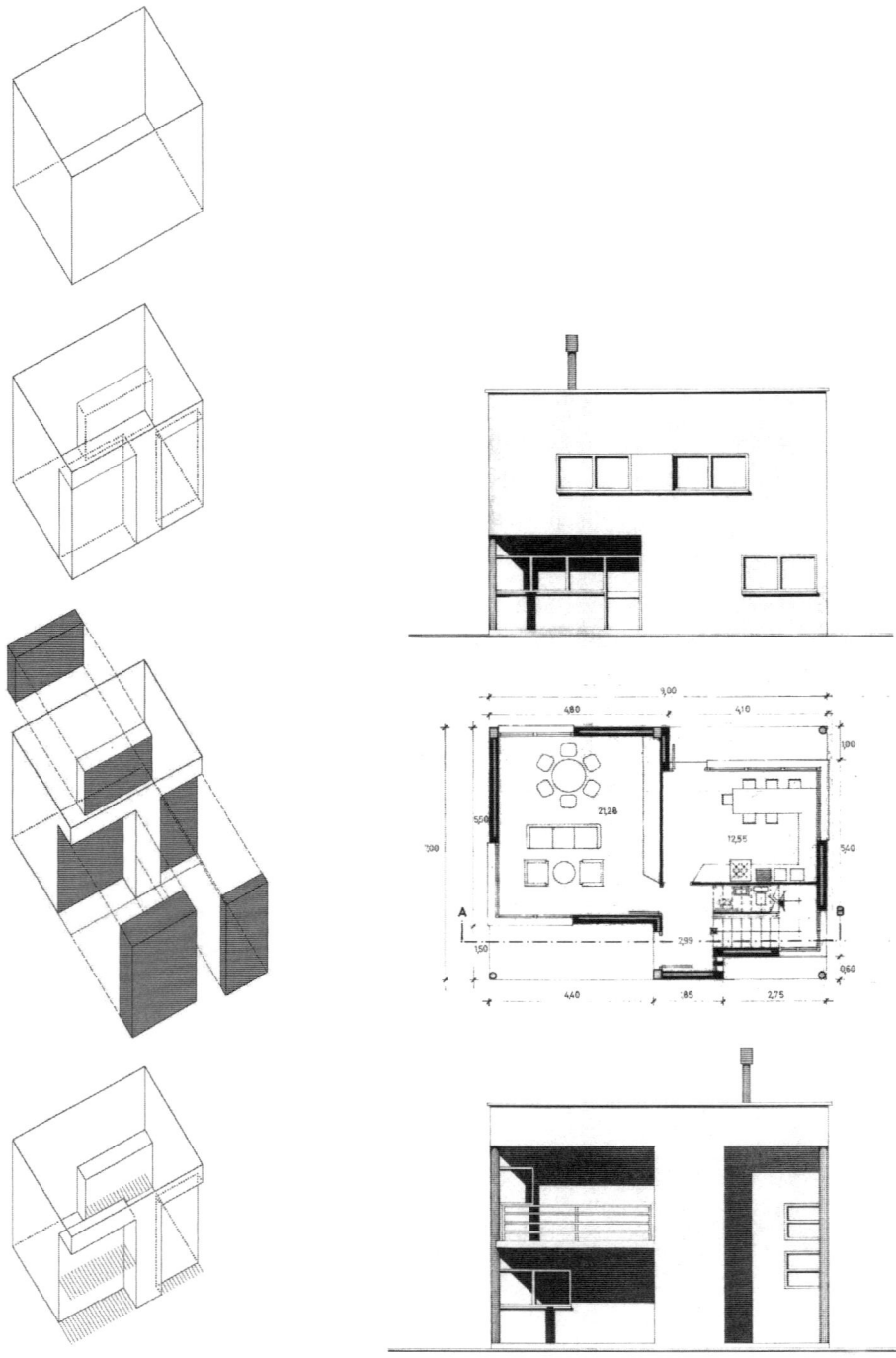

Figura 1-11. Casa en Sovalado (proyecto). 1977. A Coruña. Milagros Rey Hombre. Esquema volumétrico. Planta y alzados.

urbano conformado por edificios de altura variable, flanqueado en sus medianerías por uno de tres niveles y otro de seis.

El museo se singulariza mediante su crecimiento en altura, destacándose en la manzana como un hito. En la distancia se exhibe exento, como suelen hacerlo los edificios públicos porque, a pesar de no poder rodearse caminando, sí se circunda visualmente desde distintas orientaciones.

Establece una relación directa con el frente urbano a través de su basamento, el cual ocupa el equivalente a las tres alturas de las edificaciones vecinas, mientras que en su desarrollo vertical sigue un orden propio, desligado del entorno. Dicho basamento soporta el volumen superior apilando piezas de tamaño similar, al margen de los usos y subdivisiones interiores. De menor ancho que el frente de parcela, rompen la continuidad de las medianeras al moverse en sentido horizontal. Ese deslizamiento dota a las plantas de espacios exteriores e introduce luz natural en los laterales.

Todas las partes se cubren con una envolvente continua. Se refuerza con ello la idea compositiva, el apilamiento de volúmenes puros. Se perciben como auténticas cajas. Los huecos de las fachadas junto con cualquier otro elemento constructivo permanecen en un segundo plano.

Las cajas se apilan y se almacenan; también se trasladan, se abren y se vacían. Constituyen una *performance* efímera. Son ajenas al lugar. Y el museo, ¿también lo es?

1.3 EL PLANO

Se llama plano a cada uno de los paramentos que delimitan un volumen, identificado con una superficie geométrica de dos dimensiones. A pesar de que, como elemento arquitectónico, posee tres dimensiones mensurables, largo, ancho, alto: $a \times b \times e$, siendo e una parte infinitésima respecto de las otras dos.

El plano arquitectónico se identifica con los suelos, techos y paredes, con las láminas, muros y paneles. Se sitúa siempre con respecto de una referencia: la línea de tierra. Esta representa la superficie, natural o artificial, sobre la que se sitúa el objeto. Los planos apoyados, o elevados horizontal u oblicuamente sobre dicho soporte, definen uno o varios volúmenes por sí mismos. De igual modo, poseen la capacidad de separar ámbitos o dirigir los flujos de circulación que se producen en el objeto (fig. 1-13).

Si se considera un plano único, este intermedia entre el soporte y el contexto; si son varios, añaden a ese diálogo la relación entre ellos mismos. Cada uno puede mantener la dirección, girar, plegarse o curvarse... El

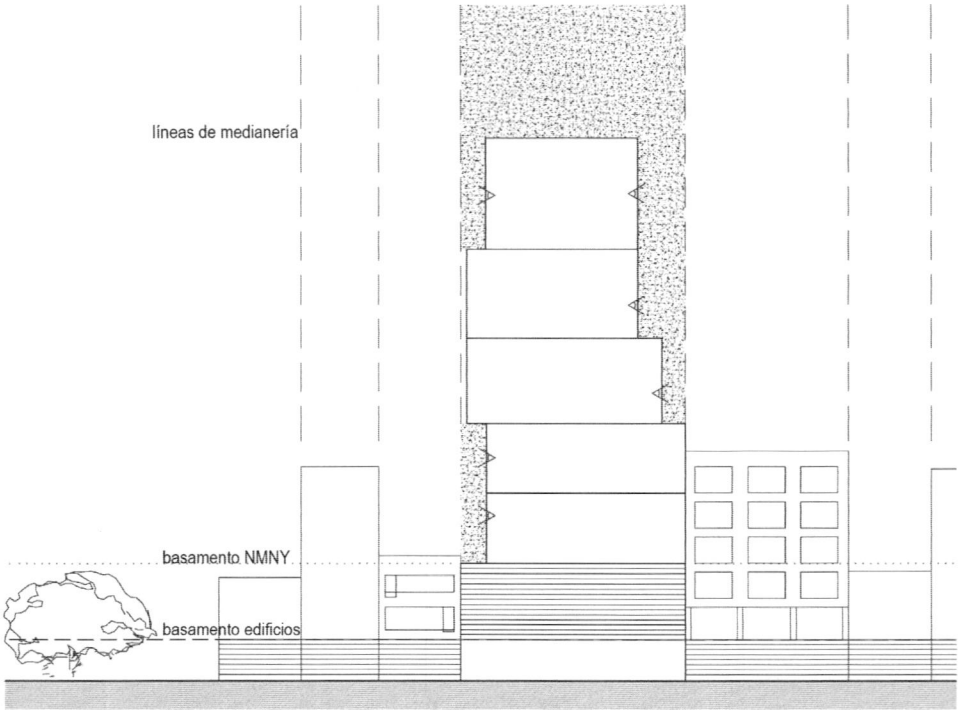

líneas de medianería

basamento NMNY

basamento edificios

Figura 1-12. Nuevo Museo de Arte Contemporáneo. 2007. Nueva York. SANAA.

resultado se puede materializar en un volumen tanto cerrado como abierto; autónomo y único o dependiente y seriado.

En él la relación dentro-fuera —los huecos de paso, y de iluminación y vistas— se establece con el movimiento de los planos, con la posición relativa de unos respecto de otros, con los no encuentros y las ausencias. Siendo percibido como una unidad, su interior evidencia la continuidad y la discontinuidad del vacío y de los propios planos.

Nos acercaremos a esta forma de generar volúmenes a través de tres ejemplos sustanciados en los paradigmas de la caja abierta, del plano como límite y de la caja sin cubierta.

1.3.1 LA CAJA ABIERTA

Bruno Zevi en *Saber ver la arquitectura* emplea un dibujo muy expresivo (fig. 1-14) para mostrar el paso de la caja cerrada a la caja abierta. Formada en principio por planos rectos, estos acaban por curvarse, en analogía con los organismos vivos.

El paradigma de la caja abierta quedó constituido por el pabellón alemán para la Exposición Internacional de Barcelona, proyectado por Mies van der Rohe y Lilly Reich. Un objeto meramente representativo. Desmontado en 1930, se reconstruyó en 1986. En la actualidad acoge la sede de la Fundación Mies van der Rohe.

Compositivamente, el volumen (fig. 1-15) se construye a partir de una retícula que coincide con el despiece del pavimento. Intervienen en el conjunto trece planos verticales, dos horizontales, ocho soportes metálicos cruciformes y dos láminas de agua. Los elementos verticales definen las áreas de circulación y estancia y los encuadres visuales. Los horizontales cubren parte de la superficie delimitada por los planos verticales. Los planos transparentes actúan como los cierres necesarios frente al vandalismo y a los efectos de la intemperie. Sin embargo, no son precisos para configurar el volumen arquitectónico. Este se forma con la lectura agregada de los elementos. Se prolongan los planos y se formalizan las aristas para completar mentalmente aquello que falta.

Despójese al objeto de su materialidad, reduciéndolo a su esquema formal: los paramentos verticales, la cubierta, la lámina de agua interior, el basamento, la posición del volumen de servicios... La estructura formal determina un volumen con funciones dispares. Desposeído de su valor iconográfico, su inutilidad permite el juego, incluso su traslado de lugar, sin pudor ni remordimiento. De ahí su validez didáctica —véase la instrucción 4— para los ejercicios de composición: planos que delimitan y dirigen, definen estancias, fuerzan visuales, determinan los flujos, jerarquizan el espacio.

El transcurso de los años va aproximando el pabellón Barcelona[12] a un templo, un Partenón contemporáneo. Volúmenes venerables para los creyentes. Para los descreídos, mantienen su valor como ejercicio de una perfección alejada de la condición humana.

1.3.2 EL PLANO COMO LÍMITE

Una fachada de ladrillo recio y huecos cuadrados evoca la caja de muros portantes. No obstante, la planta revela un volumen limitado por un plano sólido, ondulante, que abriga unas estancias que se vuelcan al jardín, a través de un cerramiento lleno de aberturas (fig. 1-16).

[12] El Pabellón Barcelona como ejemplo para primer curso genera debate. Un eminente catedrático deplora su uso como ejemplo, haciéndolo responsable de algunos males —o de muchos— de la arquitectura contemporánea; una notable profesora lamenta que se banalice, destinándolo a otras «cosas». Aunque no corresponda a esta instrucción ni a este libro debatir sobre esas cuestiones, ¿por qué es de mi interés el pabellón como ejemplo para el primer curso de Proyectos Arquitectónicos? Este objeto actúa como contrapunto del templo, con el que comparte la fascinación de lo etéreo y lo divino. Dada su falta de utilidad permite explicar el concepto de función más allá del utilitarismo. Por otra parte, el espacio inútil, sagrado o laico, contribuye a explicar la función simbólica del objeto y la capacidad de la arquitectura para despertar y manipular los sentidos y las emociones a través de las proporciones de los elementos arquitectónicos y del contraste luz-sombra.
Sobre el concepto de inútil, puede leerse el texto de Nuccio Ordine, *La utilidad de lo inútil*.

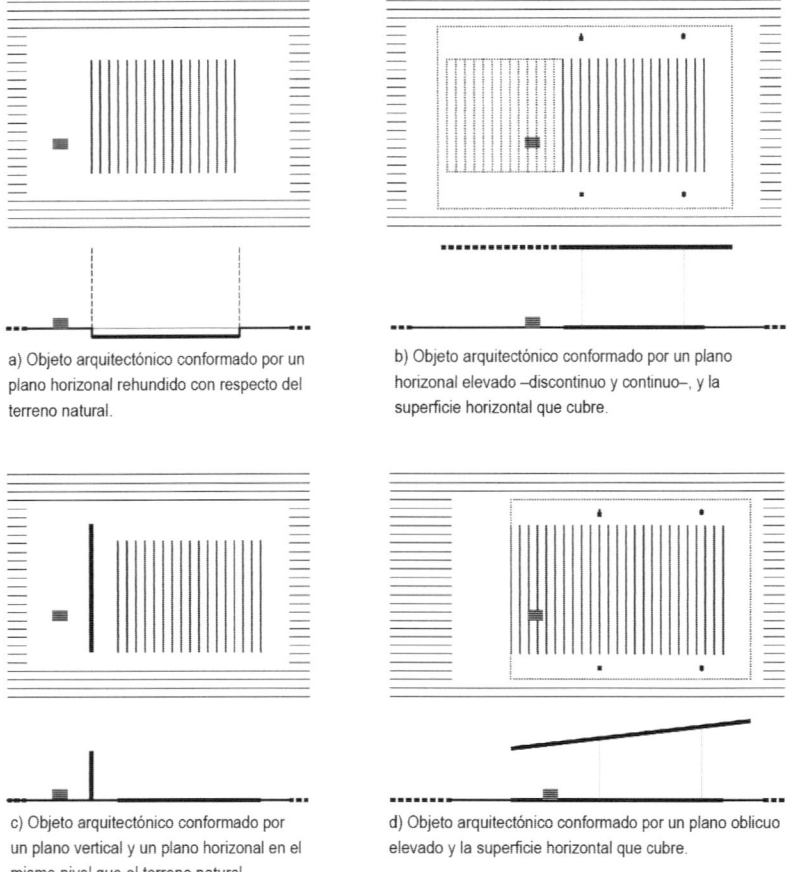

a) Objeto arquitectónico conformado por un plano horizonal rehundido con respecto del terreno natural.

b) Objeto arquitectónico conformado por un plano horizonal elevado –discontinuo y continuo–, y la superficie horizontal que cubre.

c) Objeto arquitectónico conformado por un plano vertical y un plano horizontal en el mismo nivel que el terreno natural.

d) Objeto arquitectónico conformado por un plano oblicuo elevado y la superficie horizontal que cubre.

Figura 1-13. El agregado de planos arquitectónicos y terreno conforma un objeto arquitectónico. Los planos horizontales u oblicuos, elevados, apoyados, o rehundidos respecto del terreno, definen un volumen arquitectónico, cerrado o abierto, mientras que los verticales delimitan y/o separan ámbitos.

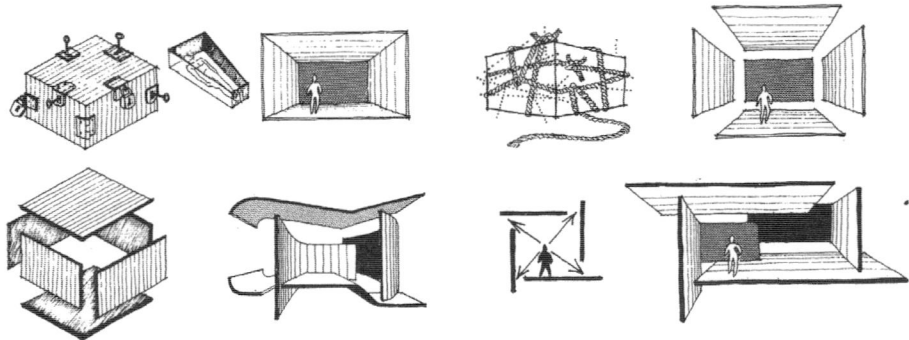

Figura 1-14. La ruptura de la caja según Bruno Zevi.

El elemento opaco y pesado resulta ser un plano moldeable que se curva. Una parte de él se gira para permitir el acceso al interior. El plano puro y recto de las composiciones «modernas» se encoge para ajustarse a la parcela, un polígono irregular, largo y estrecho.

El plano de la fachada hacia la calle de la casa Arvesú[13] delimita el espacio privado, formado por las estancias cubiertas —la casa en sí— y las descubiertas —el jardín—. El objeto resulta compositivamente ambiguo: ni caja abierta ni templete ordenado, pero tampoco la caja cerrada de la tradición. Dicho elemento actúa como contención de los espacios interiores. No importa lo que pase detrás. Los espacios habitables irradian del muro para construir el objeto arquitectónico. Sin él nada hay.

1.3.3 LA CAJA SIN CUBIERTA

Los objetos arquitectónicos pueden carecer de alguna superficie horizontal, como sucede con la Fuente de los Amantes. Una obra ubicada en la colonia Las Arboledas, en cuyo desarrollo participó como socio promotor el arquitecto Luis Barragán. Una urbanización —fraccionamiento— pensada para la convivencia, la vida diaria urbana con los caballos.

El espacio público proyectado ocupa una esquina (fig. 1-17) del fraccionamiento. Se organiza a partir de dos muros linderos, el plano del suelo y la fuente-acueducto que alimenta el estanque por el que pasan los jinetes con sus caballos durante sus paseos por el lugar.

El plano de la cubierta se sustituye por el cielo. Mientras, las texturas de los pavimentos acotan el objeto en el entorno más próximo, a través de la suavidad de la tierra, la rugosidad del canto rodado, el frescor de la hierba y el brillo del agua. Los planos verticales limitan la propiedad, dirigen los recorridos y limitan las visiones.

Los dibujos y las fotos de las publicaciones muestran una intervención sin contexto y sin historia. Si nos quedamos con esa información, podemos pensar que el proyecto es una obra de arte pura, sin uso ni función.

Al igual que en la ciudad se disponen plazas y jardines para el solaz de las personas de cualquier edad, el caballo necesita áreas similares. No estamos, pues, ante una escultura. La fuente nace como respuesta a una necesidad material, acompañada de otra intelectual y emocional. No es posible entender la una sin la otra. La primera desencadena la acción de proyectar, la segunda la dignifica. La Fuente de los Amantes es un lugar de paso para los caballos y los jinetes. Abrevadero y lugar de refresco. El caballo desciende por el fondo del estanque hasta que el agua le llega a la panza y vuelve a ascender para seguir su paseo... en un lugar pensado para

---

[13] La casa Arvesú, o casa en la avenida del doctor Arce, es un proyecto de Alejandro de la Sota construido en Madrid en 1966 y demolido en 1987.

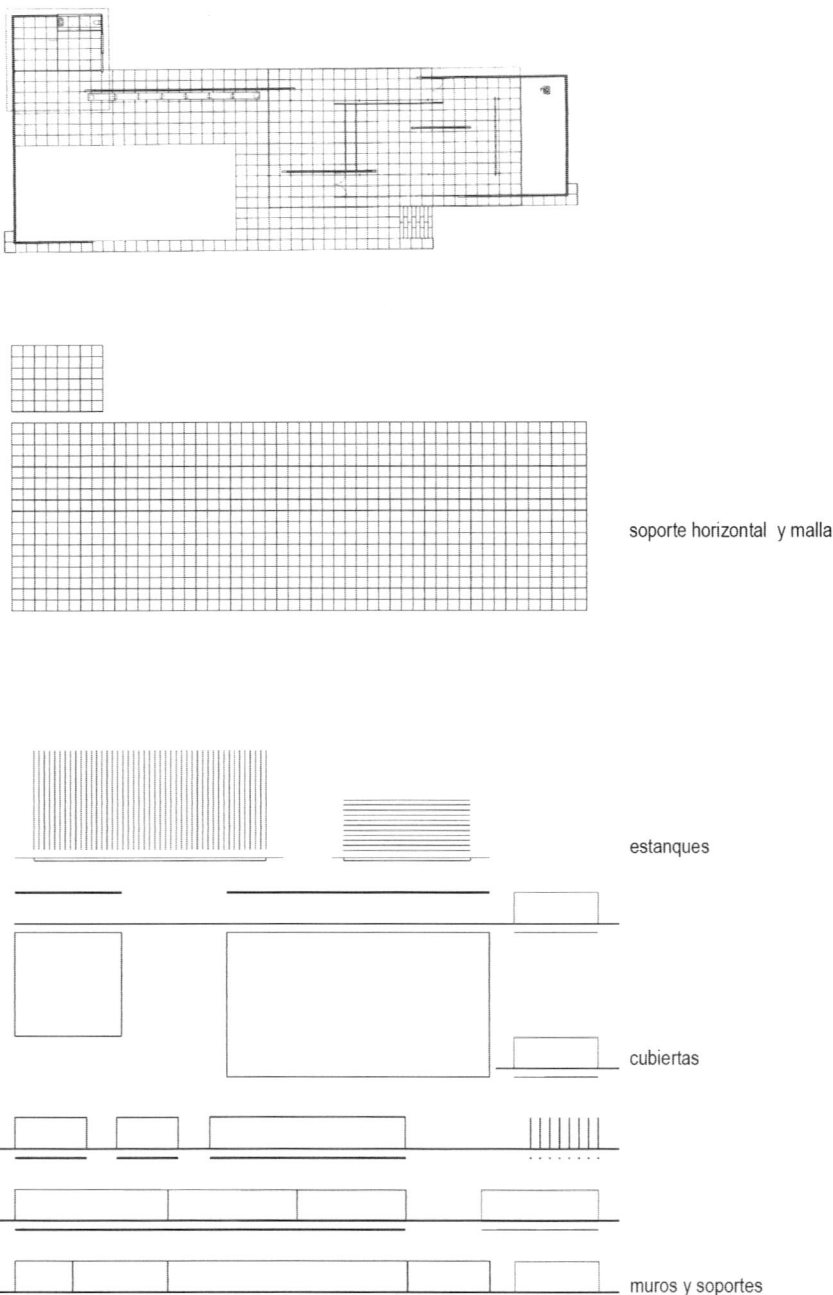

soporte horizontal y malla

estanques

cubiertas

muros y soportes

Figura 1-15. Pabellón Barcelona. Barcelona. 1929. Mies van der Rohe y Lily Reich. Elementos de la pieza.

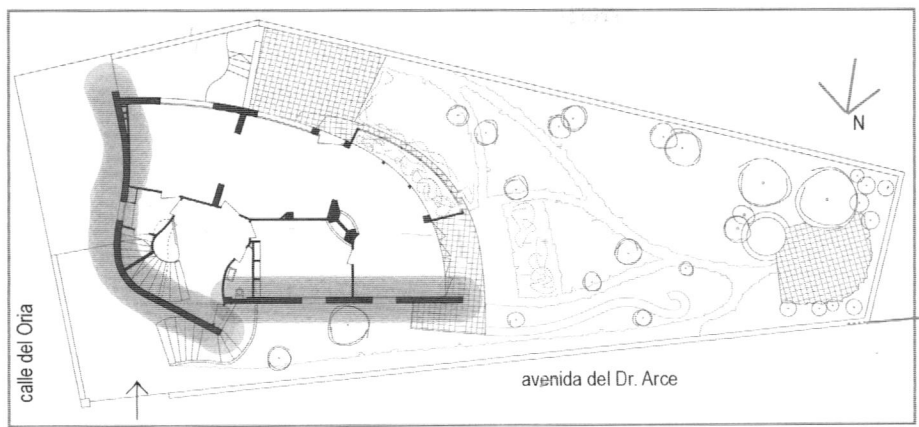

Figura 1-16. Casa Arvesú. Madrid. 1966-1987. Alejandro de la Sota. El muro, señalado con una sombra, se curva para formar la entrada. Actúa como un plano que protege el interior, abierto al jardín.

Figura 1-17. Fuente de los Amantes. Las Arboledas, Atizapán de Zaragoza, México. 1964. Luis Barragán. El dibujo recoge las texturas del suelo, así como los planos verticales que definen la fuente y delimitan el espacio con la propiedad colindante.

Figura 1-18. Ámbito urbano del Sarela, SUNP-8. Santiago de Compostela. 2010. mccl arquitectos. Se aprecian las líneas formadas por las curvas de nivel, el río, el viario, las edificaciones y las alineaciones de árboles con el tronco y la copa.

la convivencia de personas y equinos, para la práctica de la equitación y la cría de caballos de pura raza.

Frente al templete y al plano envolvente, los planos de Barragán acotan un espacio abierto, definido por diferentes texturas de suelo. Dan respuesta al dónde y para quién o para qué, preguntas que forman parte de todo propósito de un objeto arquitectónico.

1.4   LA LÍNEA Y EL PUNTO

Considerando la técnica proyectual, los vocablos línea y punto pueden definirse desde dos niveles. Uno, instrumental, como parte del lenguaje gráfico. Otro, metafórico, relativo a la agrupación de determinados elementos arquitectónicos —la línea— o a la síntesis de esos mismos elementos —el punto—.

NIVEL INSTRUMENTAL

El lenguaje arquitectónico se fundamenta en la línea, cuyo diestro manejo resulta imprescindible para transmitir el proyecto con toda su intención. Su trazado torpe dificulta la grafía rigurosa de los planos y, por tanto, su lectura.

Esa «grafía rigurosa» se denomina valoración de la línea. Esta cualidad equivale a aplicar coherentemente sus diferentes gradaciones: gruesa, en las secciones y en la intersección objeto-terreno; fina, en las proyecciones diédricas; a puntos, en las proyecciones que marcan ciertas situaciones que suceden sobre el nivel de la planta dibujada o en las curvas de nivel; a trazos, en elementos auxiliares.

Por su parte, el punto geométrico carece de contenido propio, salvo como parte de las líneas de proyección, «a puntos» y de las curvas de nivel, o como marcador, al fijar una referencia, como sucede con el centro de los círculos de la casa en el bosque (fig. 1-10).

NIVEL METAFÓRICO

El significado metafórico de la línea se desvela con su definición geométrica, la sucesión continua de elementos, sumada a la síntesis gráfica de dichos elementos. Por analogía, si la proyección sobre el diedro de un plano geométrico-matemático se convierte en una línea, cualquier paramento —plano arquitectónico— se transforma en una línea en la vista complementaria: un plano horizontal es una línea en un alzado o sección y uno vertical es una línea en una planta.

Figura 1-19. Museo de Bellas Artes. A Coruña. 1995. José Manuel Gallego Jorreto. Pórtico delimitador.

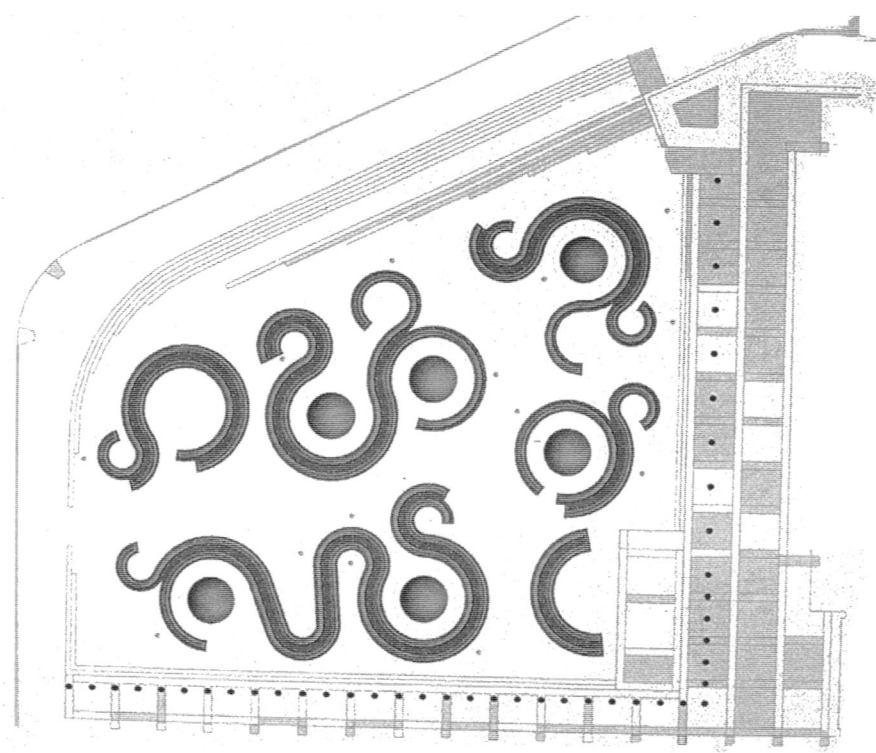

Figura 1-20. Plaza Jacob Javits. Nueva York. 1996 (demolida en 2010). Marta Swchartz.

Proyectualmente se interpretan como líneas los pasamanos, las barandillas, las plantas de los muros, los paneles deslizantes, los alzados/secciones de las losas de forjado, los cursos de agua y las vías (fig. 1-18), las hileras de árboles, de bancos, de farolas, de coches aparcados en las calles, los bordes, los cambios de rasante o el encuentro entre paramentos, también los troncos de los árboles y los soportes estructurales.

El punto, por su parte, se emplea como metonimia para designar entidades asimilables a un círculo o a cualquier otra figura de contorno ínfimo en relación con su altura. Proyectualmente representa un tronco, una columna, un pilar, una farola, un bolardo o una papelera, entre otros elementos.

La combinación de líneas o de líneas y puntos delimita recintos y acota el vacío. Como consecuencia, línea y punto adquieren categoría de elementos arquitectónicos, tal y como muestra la línea de pilares que cierran la parcela del Museo de Bellas Artes de A Coruña (fig. 1-19) o los círculos vegetales de la plaza Jacob Javits de Nueva York[14] (fig. 1-20).

1.5 EL OBJETO ARQUITECTÓNICO: DE LA CAJA COMPACTA A LA CAJA ABIERTA Y A LA CAJA SIN CUBIERTA

Cualquier objeto arquitectónico puede estar conformado por uno o más volúmenes de idéntica o diversa figuración, sean cilíndricos, piramidales o prismáticos. De manera general, se identifica el volumen con una caja susceptible de generarse según tres posibles alternativas: como caja compacta, a semejanza de la pirámide; como caja abierta, al modo del Pabellón Barcelona; y como caja sin cubierta, siguiendo el ejemplo de la Fuente de los Amantes.

En términos arquitectónicos, la caja compacta es una metáfora: si carece de vacío interior habitable es ajena a la arquitectura. Por tanto, la caja compacta nos remite a la unión indisoluble de estructura y cerramiento o a un agregado mixto, con elementos portantes y envolventes. La primera opción corresponde a objetos configurados con muros de carga, la segunda a la suma de estructura y cerramientos para generar volúmenes con planos que se intersecan físicamente para formar las aristas o por superficies continuas curvas. El posible tratamiento de las esquinas y la proporción de los huecos diferencian la caja indisoluble, con esquinas bien definidas, y huecos verticales, de la derivada del agregado mixto, con esquinas abiertas y huecos de proporciones variables.

[14] La plaza Jacob Javits, al pie de un edificio de oficinas federales en Nueva York, ha sufrido numerosas remodelaciones. El proyecto encargado a Marta Schwartz se ejecutó en 1996 y se modificó alrededor de 2010, con un proyecto redactado por otro estudio.

En la arquitectura tradicional, sea culta o sea vernácula y popular, con muros de carga, los alzados se trabajan como lienzos, pensados para la contemplación estática, como cuadros. Mientras que, en la arquitectura moderna, al desligarse el cerramiento de la estructura, la arista deja de ser necesaria para la estabilidad mecánica. Los alzados se proyectan —o pueden proyectarse— en continuidad, considerando la dimensión espacio-tiempo. Este binomio introduce el movimiento, la variabilidad de la percepción y la visión desde dentro hacia afuera.

La caja abierta es una aportación de la arquitectura moderna. Formada por planos discontinuos, en ella la estructura y la envolvente pueden coincidir o no. Los paramentos verticales y horizontales que la conforman equivalen a superficies con libertad de giro y de desplazamiento, en busca de un orden logrado con la estabilidad compositiva y organizativa. Los huecos se forman principalmente por la ausencia de materia o por el no encuentro entre planos, de los que proviene la luz, la ventilación y la relación visual dentro-fuera.

La caja sin cubierta es un volumen singular. Solo dispone de un plano horizontal: el suelo, acompañado, o no, por otros otros verticales o por elementos lineales. En cualquier caso, esta es una variante de las dos anteriores, de la caja compacta y la caja abierta.

1.6   COROLARIO

La introducción al proyecto soslaya la materialidad —materiales y acabados constructivos— para centrarse en la geometría y la dimensión, el espesor y la textura, el concepto y la metáfora. Para ello se ha abordado la definición, de los términos volumen, plano, línea y punto, propios de la geometría y las matemáticas. A estos se les añade un quinto vocablo, específico de la técnica proyectual: el de objeto arquitectónico. Este, definido por tres dimensiones, lleva implícito el ser habitable, de tal modo que ha de poseer un vacío para que las personas lo ocupen y desarrollen una actividad. Un requisito imprescindible al margen de su configuración como pieza compacta, abierta o sin cubierta.

El volumen y el plano generan por sí mismos objetos, mientras que líneas y puntos se hallan presentes en el proceso de ideación de manera metafórica o metonímica, con un significado que depende de la escala y las proporciones del objeto. La línea sintetiza una seriación de piezas dispuestas en continuidad, al igual que se identifica con cualquier elemento cuya altura o sección sea despreciable en relación con el largo. El punto, por su parte, se asocia a todo contorno cerrado de mínima dimensión en relación con la longitud o la altura.

I1   BIBLIOGRAFÍA

- Adam, Peter (2009). *Eileen Gray. Her life and work*. London: Thames and Hudson.
- Bonta, Juan Pablo (1993). *Mies van der Rohe, Barcelona 1929*. Barcelona: Gustavo Gili.
- Carreiro Otero, María y López González, Cándido (2014). «La escalera, elemento de la esencialidad: casa-estudio de Tacubaya, L. Barragán y casa Arvesú, A. de la Sota». En: Carreiro Otero, María y López González, Cándido (dirs.). *La arquitectura de la esencia. L. Barragán (1902-88), A. de la Sota (1913-96)*. Sevilla: Recolectores Urbanos, pp. 84-105.
- Constant, Caroline (2000). *Eileen Gray*. Londres: Phaidon.
- Davies, Philip J. y Hersh, Reuen (1988). *Experiencia matemática*. Barcelona: Ministerio de Educación y Ciencia, Centro de Publicaciones.
- García Vereda, Antonio (2008). *Constructores de montañas: estudio sobre la construcción de las pirámides egipcias*. Madrid.
- Kazuyo Sejima & Associates (2001). «Villa en el Bosque». En: El Croquis. *Sejima 1983–1995. Kazuyo Sejima+ Ryue Nishizawa 1995–2000*, pp. 74-85.
- Martínez Ortega, Alfonso (2008). «La forma de las pirámides egipcias. El *seked* y la inclinación de las caras». *Baede*, 18:137-160.
- Ordine, Nuccio (2013). *La utilidad de lo inútil*. Barcelona: Acantilado.
- Parra Ortiz, José Miguel (2009). *Las pirámides. Historia, mito y realidad*. Madrid: Complutense.
- Sanguinetti, Edoardo *et al.* (1983). *Mario Botta. La casa redonda*. Barcelona: Gustavo Gili.
- Siza, Álvaro *et al.* (1995). *Barragán. Obra completa*. Sevilla: Tanais.
- Sota, Alejandro de la (1989). *Alejandro de la Sota. Arquitecto*. Madrid: Pronaos.
- Vegas, Fernando y Mileto, Camila (2006). «La cultura de la montaña sagrada». *Asimetrías. Colección de textos de arquitectura*, 9:5-17.
- Zlobec, Borut Jurcic y N. Rubiano O., Gustavo (2016). «Dimensiones de las pirámides egipcias». *Boletín de Matemáticas*, 23 (1):7-19.

Textos clásicos

- Pallasmaa, Juhani (2014). *La imagen corpórea: imaginación e imaginario en la arquitectura*. Barcelona: Gustavo Gili.
- Zevi, Bruno (1978). *El lenguaje moderno de la arquitectura*. Barcelona: Poseidón.

URL

- QR_1-1. Carreiro Otero, María (2009). *Siete escaleras, siete casas*. Oleiros: Netbiblo, pp. 208-215. <http://hdl.handle.net/2183/11882>.
- QR_1-2. Tobalina, Eva. «Egipto y el Imperio Antiguo. Los grandes faraones y las pirámides». Ciclo Raíces de Europa. Antiguo Egipto. <https://www.youtube.com/watch?v=n-Zp4Ei9A-zQ> [23/10/2022].
- QR_1-3. Pabellón Barcelona: Fundación Mies van derl Rohe, Barcelona. <https://miesbcn.com/es/el-pabellon/> [23/10/2022].
- QR_1-4. «Proyecto de casa en Sovalado en el Espíritc Santo de Camelle (Camariñas)», Milagros Rey Hombre. <http://hdl.handle.net/2183/30772>.

QR_1-1   QR_1-2   QR_1-3   QR_1-4

A1   ACTIVIDADES

- Identificar en el espacio público elementos que correspondan a los conceptos de volumen, plano y línea. Dibujar los esquemas correspondientes apoyándose en la fotografía y en los buscadores de mapas e imágenes de satélite, tipo Maps.

- Reconocer los distintos modelos de esquinas en la ciudad, el período temporal de formación/crecimiento del barrio y de la construcción del edificio.

- Registrar objetos arquitectónicos en el entorno que correspondan a los conceptos:

   — de caja compacta,

   — de caja abierta,

   — de caja sin cubierta.

- Observar una plaza o jardín, fijando la atención en el pavimento, para determinar las pautas que sigue y la composición que lo define.

- A partir de la figura, interpretar el significado de los elementos que conforman líneas y puntos.

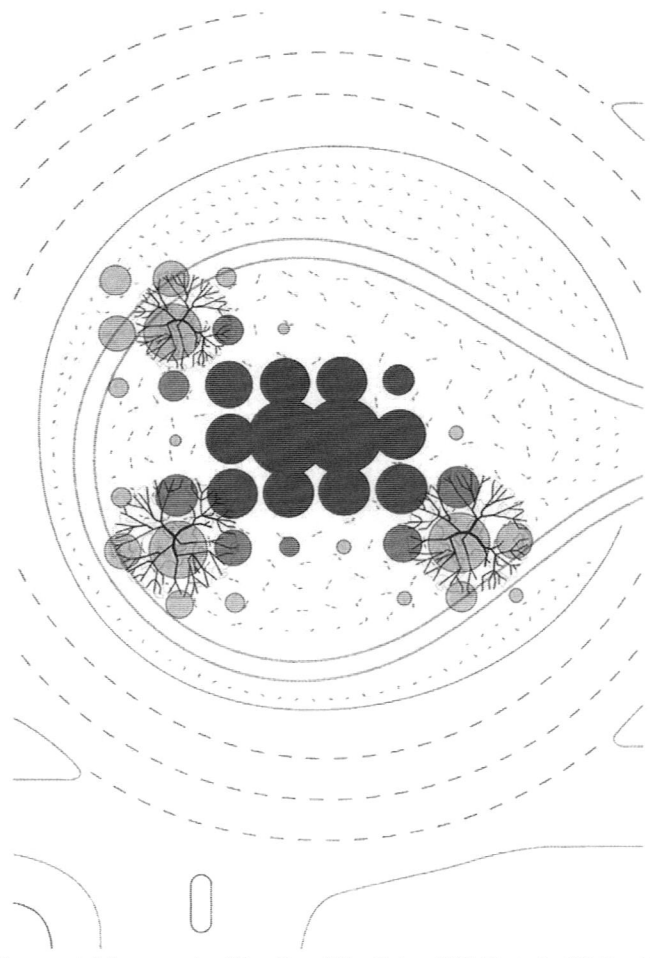

A1. Líneas y puntos para definir un espacio público. Round Blur, Torino. 2006. Nicole_fvr / 2ª+P architettura.

COMPOSICIÓN Y ESTRUCTURA

Composición plana – Estructura y composición arquitectónica – Corolario – Bibliografía – Actividades

Thousands of workers were engaged in building the Great Pyramid of Giza, which was constructed to stand roughly 756 feet. Through the use of cubit sticks, they were within 4-1/2 inches—an accuracy of 0,05%[1].

Stuart Kleven, Israel Vasquez y David Atkins, «Calibration for Nondestructive Testing»

La RAE, en su diccionario del español, define componer como el acto de «formar de varias cosas una, juntándolas y colocándolas con cierto modo y orden». El resultado, la composición, es una entidad que integra sus elementos primarios de una manera más o menos evidente. Desde el punto de vista gráfico, en toda composición interviene el soporte sobre el que se trabaja, habitualmente con unas proporciones determinadas *a priori*. De ahí los términos fondo y figura o soporte y composición.

Debe entenderse el término *composición* en el sentido de estructura subyacente o formal que da soporte a la forma. En este sentido, se asimila al esquema que organiza una serie finita de elementos, a los que ordena internamente, con respecto a ellos mismos y con respecto al contexto.

Con estas consideraciones, componer significa proporcionar orden a una serie de elementos, de tal modo que se genere un nuevo ente en el que pueden distinguirse o no los elementos iniciales a partir de unos criterios establecidos por quien compone.

En la composición arquitectónica se conjugan los criterios funcionales, geométricos, matemáticos y de entorno con la plástica. Varía la prevalencia de unos u otros según la finalidad del objeto proyectado, tal y como veremos seguidamente.

---

[1] «Miles de trabajadores se dedicaron a la ejecución de la Gran Pirámide de Giza, que fue construida con unas medidas de aproximadamente 756 pies. Mediante el uso de palos de 1 codo, alrededor de 4½ pulgadas, lograron una precisión del 0,05 %».

FIN Y PROCESO DE LA COMPOSICIÓN O ESTRUCTURA

¿Por qué es preciso componer? En un primer momento, sirve como medio para comunicar una idea, un estado, un hecho en el que intervienen diversas partes en relación con un tema, una materia, una necesidad.

De manera genérica, toda composición gráfica posee una intención y una estructura, que integran los elementos primarios, relacionan las partes y el fondo y vinculan las partes entre sí y con el todo. Asimismo, determinan la posición y orientación justa y precisa de cada elemento a través de enlaces tanto jerárquicos como equipotenciales y tanto entre ellos como de cada uno con el soporte.

Modulación, repetición y ritmo; yuxtaposición, adición y macla; desplazamiento, giro, rotación y traslación constituyen las herramientas empleadas en la composición, sea abstracta o figurativa, bi o tridimensional. Los acompañan los principios de atracción y agrupamiento, la asociación de conceptos espacio-vacío/tierra-cielo, el predominio del ángulo inferior derecho en un campo visual y la tensión visual al interrumpir una estructura o al introducir un elemento extraño al conjunto.

La composición bidimensional o plana, sea pictórica o gráfica, tiene como finalidad comunicar, expresar y describir. Su estaticidad y/o dinamismo depende de los recursos aplicados en la integración de sus componentes. Con ella se describen e idean las plantas, alzados y secciones, así como la estructura formal —subyacente y compositiva— del objeto arquitectónico.

A su vez, la composición tridimensional o volumétrica está constituida por materia tangible que ocupa el espacio y lo modifica. En el caso de la escultura, la composición busca comunicar y transmitir sensaciones o reproducir gestas y siluetas. En el caso de la arquitectura, se encamina a dar forma y organizar los espacios con los que satisfacer las necesidades humanas materiales e inmateriales. Durante el proceso de ideación, la tridimensionalidad se define con las maquetas y con las recreaciones virtuales, sean perspectivas analógicas, modelados digitales o vídeos.

2.1 COMPOSICIÓN PLANA

El proceso proyectual se apoya en múltiples ocasiones en la composición plana y abstracta para dar forma a los espacios. Maneja elementos geométricos sometidos a reglas externas, definidas por el proyectista conforme a una intención. Esta puede ser una comunicación abierta, en clave personal, expresión de la propia subjetividad, o cerrada, en clave colectiva, en el caso de las composiciones publicitarias.

La composición comunicativa abierta, personal, permite experimentar con las formas, las proporciones y el color, sin pretender emitir un mensaje comprensible de una manera idéntica para un colectivo. En general, ofrece una interpretación abierta para quienes la contemplan, variable con el contexto social y cultural, sin que por ello se distorsione la obra.

Por su parte, la composición comunicativa cerrada, finalista, publicitaria, se emplea para transmitir un mensaje sobre un sujeto u objeto, que debe ser interpretado de manera similar por una colectividad.

A mayores, las páginas de revistas y libros constituyen otro ejemplo de la composición plana. Aunque, a diferencia del cuadro o el cartel, el soporte queda condicionado por los márgenes perimetrales en los que se disponen los grafismos informativos: número de página, pie de texto o encabezado. Esas bandas en blanco enmarcan el contenido gráfico o escrito, que solo excepcionalmente sobrepasa esos límites.

2.1.1 COMPOSICIÓN COMUNICATIVA ABIERTA. CLAVE: INTERPRETACIÓN PERSONAL

La composición personal atiende al fondo y a la figura, que interactúan entre sí. Es una manifestación individual sin una finalidad utilitaria. Si es figurativa recrea la mirada sobre un objeto o sujeto reconocible; si es abstracta, transmite una idea. Como espectadores lo interpretamos desde nuestra subjetividad.

Obsérvense dos obras de Sophie Tabuer-Arp. Dos cuadros de formato rectangular, con orientación vertical y proporciones similares (fig. 2-1), cuya altura en la realidad es de 1,30 m. Sin aparente estructura, la composición está formada por líneas negras, curvas en uno y rectas en otro, y por figuras de color, no regulares y regulares respectivamente. En ambos, la figura ocupa el centro, pero no está en el centro. La composición de las curvas y las figuras no regulares sigue la diagonal de lectura, de la esquina superior izquierda a la inferior derecha. La de las figuras geométricas busca el equilibrio, contraponiendo las masas circulares en los márgenes a los triángulos interiores.

La relación entre las líneas y las figuras sugiere dos interpretaciones. La primera, la superposición de unas respecto de otras, lo que otorga profundidad a la composición. La segunda, la intersección de las líneas con las figuras, quedando estas cortadas, o a la inversa: las figuras resultan de la integración de los fragmentos entre las líneas. En cualquier caso, se percibe la ligazón insoslayable entre figura y fondo. ¿Qué sucede si prescindimos de este último? Figuras y líneas no pierden su posición relativa, pero, uno y otro cuadro, ¿siguen existiendo como tales? Sin esos límites las figuras pueden continuar con su proceso de transformación, alterando las proporciones, e incluso girando sobre un punto o un eje para acomodarse a otro fondo. Serían ya otras obras.

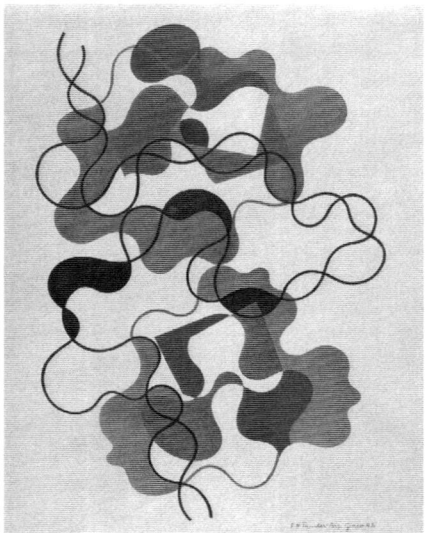

Figura 2-1. Dos cuadros de Sophie Tabuer-Arp.

Las líneas y las figuras curvas describen un movimiento nervioso, expresan inquietud —¿un estado mental?—. Las líneas rectas y las figuras poligonales transmiten la quietud que antecede o precede a un movimiento pautado. Todos los componentes se perciben de manera autónoma, aunque, en el conjunto, sean interdependientes entre ellos y con respecto al fondo. Las relaciones establecidas logran el equilibrio: cada parte ocupa su preciso lugar.

Ambas pinturas podrían tornarse materiales, convirtiéndose en la planta o en la sección o en el alzado de un objeto arquitectónico, en el que las líneas y las figuras asumieran la condición de elementos primarios al servicio de una estructura y una función.

2.1.2 COMPOSICIÓN COMUNICATIVA CERRADA. CLAVE: INTERPRETACIÓN COLECTIVA

Los dos cuadros de Sophie Tabuer-Arp responden a una comunicación abierta cuya estructura subyacente queda oculta por la expresión final. A diferencia de esta forma de comunicación abierta, personal, en la comunicación cerrada, se busca lanzar un mensaje claro para un colectivo determinado. Por tanto, la estructura de la composición, que debe garantizar su legibilidad, forma parte del resultado. Analizaremos someramente dos ejemplos, el cartel publicitario de una compañía ferroviaria y el cartel anunciador de una película.

El cartel publicitario difunde la imagen de la red española de ferrocarriles. Se prevé su difusión en periódicos en papel cuyas planas poseen un tamaño real de 280 × 430 mm, muy cercano al DIN A3. La composición (fig. 2-2) ocupa la totalidad de la hoja. Está integrada por unas figuras, una malla y unos logos. Las figuras, seis pictogramas, corresponden a una máquina de tren, un barco, el símbolo del hospedaje, el equipaje, el cine y el automóvil. La malla configura la estructura de la composición. Se ajusta a una base rectangular √2, de 20 × 21 celdas. Para facilitar la descripción del cartel se identifican sus lados con las letras N, E, O y S y los cuadrantes definidos por las diagonales con las combinaciones de dichas letras.

Cada celda está ocupada por la máquina del tren, salvo cinco, en las que se sustituye por alguno de los restantes iconos. Dos de estos se sitúan en la diagonal NO-SE. Otros dos se localizan en una perpendicular a esta, en dirección SE-NO. Ninguno ocupa el centro, ni el ángulo NE. Tres se disponen por encima del eje central horizontal y tres a la izquierda del eje central vertical. Solo dos, relacionados con otros medios de transporte, coinciden en la misma columna. El ángulo inferior derecho, punto significativo en la composición gráfica, se asigna al equipaje, un servicio intrínseco del tren.

La estructura formal resulta evidente, pero también eficaz, si la intención ha sido comunicar orden, rigor, precisión. Lo que viene a ser, en términos de viaje, puntualidad y confortabilidad. Sin sobresaltos ni improvisaciones.

El anuncio de *El hombre de Alcatraz* (fig. 2-3) recoge los elementos del filme: el rostro de un hombre, una cerradura en un entramado de rejas y los pájaros. Incorpora los créditos de la película, tratados como un elemento gráfico más. El cartel se apoya en una malla de 2 × 5 unidades, que se estructura a partir de los submódulos mitad, de tal modo que la base sigue la serie ½ a + a + a + ½ a y la altura, de abajo a arriba, sigue las proporciones ½ a +3 a + 1½ a.

El equilibrio se consigue a través de las masas de color, aplicando el contraste lleno-vacío como elemento compositivo. El texto se comporta como límite inferior —línea de tierra—, superior —el orbe— y como contrapunto del elemento que representa la cerradura. El rostro del protagonista se asoma, equilibrando las siluetas de las aves. El tamaño variable de las bandas, junto con la superposición de las líneas negras sobre el fondo rojo, aporta profundidad en la imagen. La vista diédrica actúa como metáfora de una historia.

Tanto en el caso del cartel del viaje en tren como en el del hombre de Alcatraz se aplica una composición que podría emplearse en la definición de un objeto arquitectónico, pero el resultado de la composición, tan atado a un mensaje, tiene una carga figurativa que lo separa totalmente de este último.

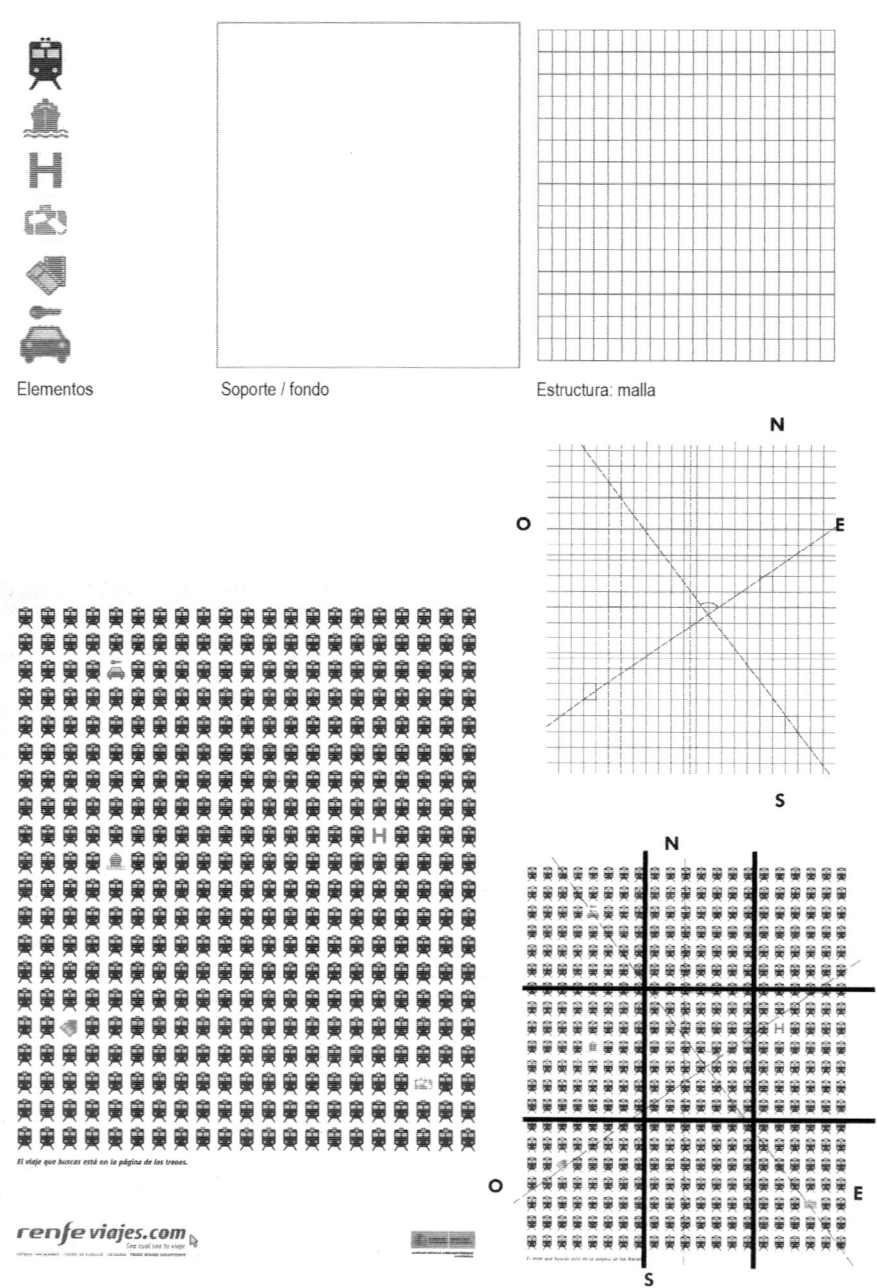

Elementos   Soporte / fondo   Estructura: malla

Figura 2-2. Cartel publicitario para RENFE, 2010.

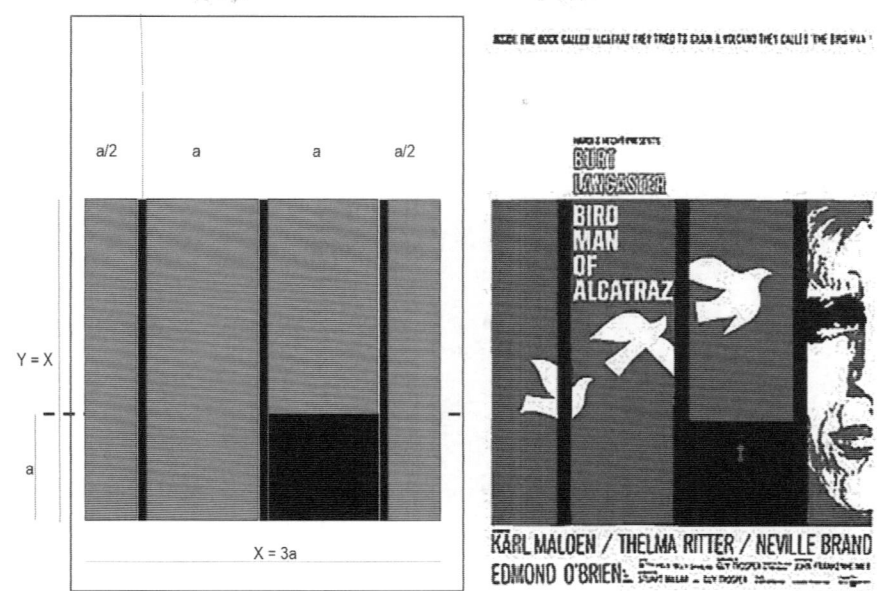

Figura 2-3. Cartel de la película *El hombre de Alcatraz*.

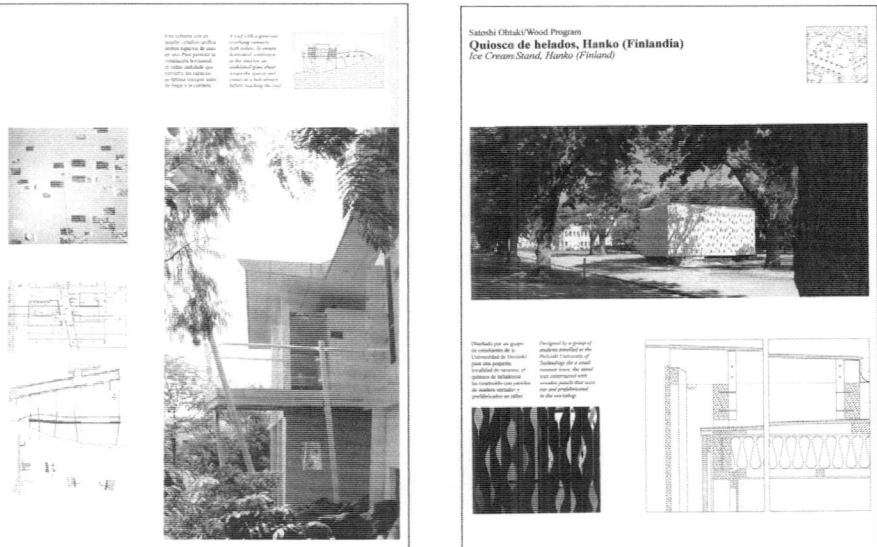

Figura 2-4. Páginas de una revista de arquitectura, *A&V*. Obsérvese a estructura: posición de los títulos y la leyenda, al igual que la estructura de las columnas. Estas se unen o se separan sin romper por ello el orden general.

2.1.3 LAS PÁGINAS

Las páginas de un libro o de una revista en las que la imagen es la protagonista y el texto un componente auxiliar parten de un esquema similar para el conjunto, con la flexibilidad de adaptar la estructura base a las posibles combinaciones de tamaños, colores y formas del contenido publicado.

Se han seleccionado las páginas par e impar (fig. 2-4) de una revista de arquitectura que describen dos obras diferentes. En las dos se combinan dibujos, fotos y texto, pero el tamaño y la posición de los elementos en la hoja otorgan relevancia a unos frente a otros.

Ambas páginas comparten una banda superior, aproximadamente de la misma altura, para el título, las figuras y los textos de apoyo. Mientras, las zonas destinadas al contenido principal se estructuran verticalmente en tres partes, de modo que se pueden ocupar uniendo las tres o formando una serie de 1 + 2. Y siempre respetando la diagonal de lectura.

La hoja par incide en la imagen, mientras que la impar cede el protagonismo al dibujo. Las cajas con los textos se incorporan como una figura más en el cuerpo de la página, completando así la composición.

2.2   ESTRUCTURA Y COMPOSICIÓN ARQUITECTÓNICA

La geometría se emplea para generar composiciones que, tras someterse a un cambio de escala y a una asignación de funciones, pueden derivar en objetos arquitectónicos. Estos se elaboran sobre una estructura formal que se plasma en diagramas y esquemas que, a su vez, constituyen composiciones planas abstractas.

Ciñéndonos al proyecto de arquitectura, figura y fondo se corresponden, respectivamente, con las proyecciones diédricas, con el plano de situación y las condiciones del entorno. El componer arquitectónico equivale a la elaboración formal o construcción. Como diría Antonio Miranda, la estructura, de naturaleza moderna, racional por tanto, sustituye o se contrapone a la composición, artística, y por tanto irracional. En otras palabras, «sin fiel estructura, la forma es basura» (Miranda, 2018).

El objeto ideado, tridimensional, se describe a través de sus proyecciones diédricas, bidimensionales, de cuya integración surge el volumen arquitectónico. En consecuencia, el proyecto requiere del dibujo de perspectiva y de las proyecciones. Al margen de la maqueta física o virtual previa y de los bocetos preliminares, de dimensiones más o menos precisas, el proyecto parte de la descomposición anticipada del objeto en sus partes: plantas, secciones y alzados. A veces prevalece la planta y en otras la sección, especialmente en topografías abruptas o en situaciones comprometidas por las visuales y la orientación solar.

El proyecto se desarrolla como un diálogo continuo entre integrar y analizar, entre componer y descomponer, entre la escala del objeto y la escala del contexto. Nace del interior —de la planta y/o de la sección—, dando lugar a unas figuras sobre un fondo delimitado, la parcela, y otro circundante, el entorno.

El proceso de ideación requiere dibujar, acción que incluye dimensionar, proporcionar, relacionar, conectar... y componer. Con esta última acción se empieza a bocetar la estructura formal y portante del objeto, en un proceso iterativo y no lineal. En su desarrollo se revisa la intención y se cotejan los objetivos con las sucesivas aproximaciones al resultado final. Una verificación imposible sin el dibujo descriptivo de plantas, secciones, alzados y volumetría, siempre en relación con el contexto, evitando la formulación de piezas ensimismadas, puramente objetuales, desarraigadas.

Se abordarán tres ejemplos de composición arquitectónica entendida como estructura formal. En el primero el contexto urbano actúa como fondo de la composición. En el segundo, el fondo se reduce a un recinto, con las cortapisas que ofrecen la extensión, los límites y la finalidad perseguida; no hay contexto ni necesidades estrictamente utilitarias. En el tercero se abordan mecanismos de composición como parte de la expresión gráfica de los objetos.

Tener una idea no es fácil. Y menos... feliz. Frecuentemente quienes tienen alguna, y han alcanzado una cierta habilidad en algún campo, han trabajado arduamente al menos durante un período mínimo de 10 000 horas[2] (Levitin, 2006; Gladwell, 2008).

¿Quiere decir esto que el resto de las personas carecemos de «ideas»? No exactamente. Al enfrentarnos a un proyecto —a un problema—, aplicando el método error-acierto, esbozamos aproximaciones más o menos afortunadas, necesarias para acumular experiencia y lograr adquirir pericia en nuestro oficio. A este conato de «idea» lo identificaremos como «intención». La diferencia entre una y otra quedan claramente patentes en las definiciones del diccionario de la RAE.

Idea	Intención
4.ª acepción Plan y disposición que se ordena en la imaginación para la formación de una obra.	1.ª acepción Determinación de la voluntad en orden a un fin.

La intención en arquitectura permite integrar los datos y los elementos proyectuales para lograr que la propuesta se adecúe al lugar, al programa y a todas sus dimensiones funcionales. Protagoniza el relato oral, un razonamiento pretendidamente lógico, con el que se justifican el proyecto y las decisiones que lo acompañan.

---

[2] Si hacemos el traslado a jornadas laborales, 8 horas diarias, 20 días al mes, obtenemos las siguientes equivalencias: 1250 días ≈ 62,5 meses ≈ 5 años. Cinco años de práctica en un aspecto concreto para lograr tener una «idea» al respecto.

Tabla 2-1. Composición y estructura en una intervención arquitectural

Composición plana	Estructura arquitectónica
Intención	
• El pensamiento íntimo de quien compone.	*Quienes proyectan* • Cómo interpretan el programa de necesidades. • Cómo lo transforman en objetos arquitectónicos. • Qué relación programa-objeto-usuario establecen. • Cómo se enfrentan al contexto.
Interpretación externa (otra/o):	
• Equilibrio de elementos geométricos regulares e irregulares.	• Elemento en el que predomina una dimensión. • Disposición de un objeto en relación con el entorno urbano y social. • Dotar de representatividad a un objeto cotidiano de uso colectivo. • Generar un espacio libre vinculado al objeto. • Incorporar la naturaleza en el proyecto como un elemento arquitectónico.
Fondo	**Contexto**
• Marco perimetral. • Rectángulo con las esquinas achaflanadas, color verde.	*Urbano* • Posición en la trama urbana: manzana rectangular con las esquinas achaflanadas, rodeada por una acera con los vados peatonales marcados. • Flujos de aproximación a la parcela. • Parcela verde (natural, sin pavimentar). • Orientación respecto de los puntos cardinales. • Topografía. *Social* • Quiénes van a acercarse y ocupar interior y exteriormente el objeto.
Elementos geométricos	**Elementos arquitectónicos**
• Cinco cuadrados de distintos colores y dimensiones. • Cuatro polígonos de distinto formato y traza, en varios tonos de gris. • Dos figuras curvilíneas en gris. • Dos superficies curvilíneas de tonos ocres. • Veintidós figuras estrelladas verdes. • Cinco polígonos regulares blancos. • Seis rectángulos oscuros.	• El espacio interior: los volúmenes que acogen el programa. • El espacio exterior: las estancias exteriores y su programa. • El límite externo: la banda perimetral, la acera. • El límite interno: la curvilínea que actúa como cierre del patio y de los propios los volúmenes. • Pavimento: a modo de alfombras extendidas sobre el fondo. • Mobiliario urbano: asientos dispuestos en los bordes, juegos infantiles visibles desde todos los asientos. No interrumpe las líneas de circulación para el acceso al edificio.

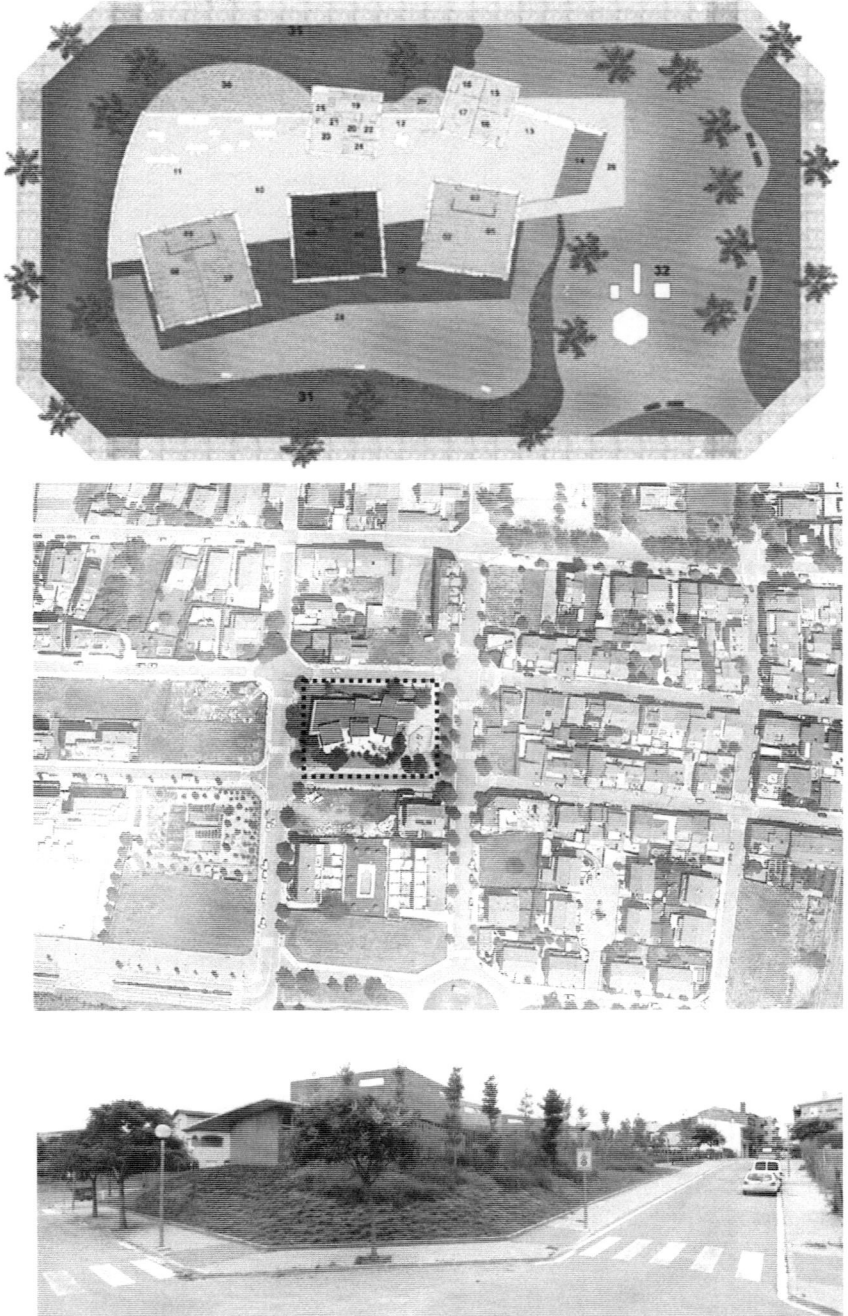

Figura 2-5. Escuela infantil Els Daus. Cardedeu del Vallés. Estudio AIA. Planta. Contexto. Fotografía O-E que permite observar la topografía del lugar.

2.2.1 EL CONTEXTO Y LA PARCELA COMO FONDO. EL OBJETO COMO ELEMENTO

La figura 2-5 podría interpretarse como una pintura, compuesta por un límite, un fondo y diversas figuras geométricas regulares y no regulares. Bajo mi irrenunciable mirada, considerando sus formas en términos arquitectónicos, identifico el fundamento de la composición: una escuela infantil[3]. Una lectura que solo es posible dentro del registro del lenguaje arquitectónico. Con ella somos capaces de asignar estructura y características espaciales a algo que no es más que grafismo. Se le confiere la tercera dimensión, transformando los polígonos en volúmenes; se reconoce el suelo y se le asigna una categoría conforme a sus respectivos tonos. Incluso se distingue el mobiliario lúdico y el arbolado. La composición, abstracta, se transforma en materia y forma.

La figura adquiere significado al incorporar el entorno. En ella confluyen la función de uso y la de representatividad a través de la relación con el contexto, de la forma y las dimensiones, de las proporciones y la jerarquía de los elementos.

La composición plasma con precisión la forma en la cual el objeto ocupa el espacio. Falta por reconocer la topografía, para lo que nos servimos de las fotografías del exterior. Con ellas se completan los datos para una lectura certera del objeto que permita comprender el programa general y las decisiones de proyecto relativas al lugar.

Al comparar dibujo y fotografías surgen varias cuestiones: ¿cómo se decide por dónde se accede al interior de la parcela?, ¿por qué se elige la rasante más elevada del solar para definir el plano de asiento del objeto?, ¿por qué el edificio no se adosa a los lindes?, ¿por qué se deja ese espacio vacío, con tierra, delante de la entrada?

Estas preguntas indagan en la relación entre el objeto y el lugar, así como en el valor que se otorga al espacio público, a los espacios intermedios y a las edificaciones —de uso particular o de uso colectivo— como elementos representativos de la ciudadanía.

Al situar el acceso se desencadena el proceso con el que se va respondiendo cada interrogante. Se accede desde la zona próxima a un mayor número de viviendas, que se corresponde con la parte plana, en el este de la parcela. Con esta rasante se genera la plataforma de asiento del edificio, también horizontal, para favorecer la estancia de las criaturas, el personal y las familias.

El edificio se desarrolla en la dirección este-oeste, la de mayor longitud, con su centro de gravedad en el eje, sin establecer simetría compositiva alguna. Una construcción que se desprende de las alineaciones urbanas con un talud verde. Este actúa como un borde de protección del recinto escolar frente a las vías públicas, formalizando, además, el encuentro entre la plataforma del edificio y la acera. En la entrada, un área libre intermedia en-

---

[3] Escuela infantil Els Daus, en Cardedeu del Vallés. Barcelona, Estudio AIA.

tre la calle y el interior. En ella se ubican los juegos infantiles, sin entorpecer los flujos entre los dos puntos de acceso y la entrada a la escuela. Los bancos se sitúan en el perímetro, con la espalda protegida, cerca de los árboles.

Aún queda una pregunta más: ¿cómo se muestra la representatividad del edificio?, ¿a través del tamaño del objeto arquitectónico?, ¿de su cualidad como obra de autor? En este caso, la representatividad viene del modo de ocupar el lugar y del respeto al entorno. El proyecto incorpora la naturaleza como un valor propio. Se anuncia mediante los cubos de colores, sin perder la escala del contexto, con presencia de mucha vivienda unifamiliar. El filtro estancial entre la entrada y la calle dota al equipamiento de un espacio libre, al modo reclamado por Camilo Sitte (1980/1889), al manifestar que «[...] el foro es para la ciudad lo que el atrio es para el hogar de una familia: la pieza principal ordenada con cuidado y lujosamente amueblada...».

La tabla 2.1 muestra la relación entre la composición plana y la composición arquitectónica. No se describe ni se analiza el objeto arquitectónico edificado en sí mismo, aisladamente, sino como simbiosis entre espacio edificado y espacio libre.

2.2.2 EL RECINTO COMO FONDO. LA VEGETACIÓN COMO ELEMENTO

Frente a la regularidad geométrica de la manzana de Cardedeu nos enfrentamos ahora a un fondo irregular, con quiebros. Sobre él, una malla regular cuyas direcciones aparentemente carecen de relación con los bordes (fig. 2-6). La composición logra el equilibrio entre el lleno, la acumulación de puntos dentro de una masa de color y el vacío, en el que se hace presente un mosaico formado por bandas que se intersecan y rodean a una pieza blanca. Representa un jardín doméstico en Utrecht. Se halla encerrado entre planos de distinta orientación y formato: ligeros o macizos, lisos o con un relieve de pilastras. Algunos son paneles de comunicación con otro jardín o las separaciones con el interior de la vivienda.

El jardín se conecta con la casa por uno de los lados cortos, al norte. La alineación definida en ese encuentro se toma como referencia para la composición del jardín. El fondo de la composición, el recinto, se considera un elemento natural, sobre el que se posa una malla que marca la extensión que desbrozar y fija los puntos para la elevación de columnas vegetales. La malla, con las bandas bidireccionales de tierra, encierra la retícula cuadrada, pavimentada. En la zona vacía, el módulo se pavimenta. En la superficie con vegetación la retícula desaparece, haciéndose presente la malla a través de los elementos verticales, cilindros de barras metálicas en los que crecen trepadoras, evocando el efecto de los troncos en una arboleda. El único árbol del jardín, un elemento singular, se yergue en la única cuadrícula pavimentada con tierra.

Tabla 2-2. Vacío-lleno

Término	Significado
Vacío	• Lo que no está ocupado; el aire contenido entre planos físicos o virtuales y/o la transparencia de un plano o de una porción de plano. En un alzado: los huecos. En una planta: un hueco practicado en un forjado, una doble altura. En una planta de un exterior: la superficie que no está construida ni ocupada por una masa arbórea o cualquier otro elemento que provoque sombra.
Lleno	• Las superficies ocupadas y/u opacas En un alzado: en el plano proyectado, la superficie ciega, opaca, que no está perforada. En una planta de un exterior: la superficie construida o la ocupada por una masa arbórea o una pérgola.

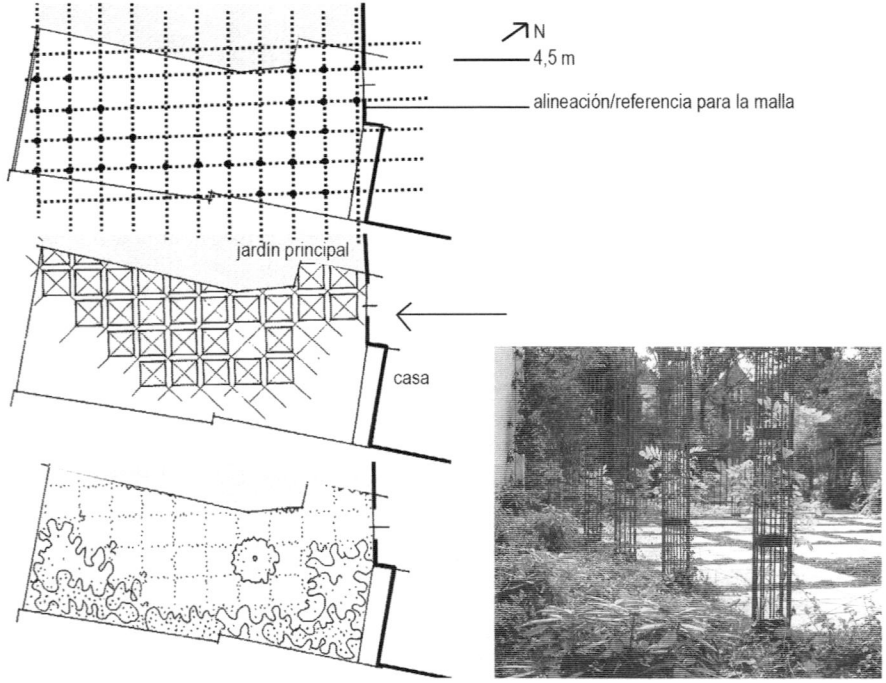

Figura 2-6. Jardín para la casa de invitados. Esquema de composición. Fotografía. Utrecht. 1990. Paulus v. Vlient, arquitecto, y Lodewijk Wiegersma, paisajista.

El efecto de la composición arquitectónica apela a las analogías y a la percepción visual. Lo que se ha identificado como lleno separa de los muros, distorsiona la capacidad de las personas de dimensionar los recintos a partir del recuerdo de otros análogos —por eso somos capaces de comparar estancias aún sin conocer sus medidas—. El vacío equivale al espacio estancial, el salón exterior, aquel que se ocupa con nuestros cuerpos y nuestros enseres.

¿Por qué esa disposición del lleno y el vacío? Viene definida por la orientación. El lleno recibe la sombra del muro, dejando que la estancia reciba la luz del sol, matizada por la sombra del árbol (tabla 2-2).

El esquema compositivo podría generar otra imagen. La inversa, por ejemplo. Pero su validez como objeto arquitectónico seguiría dependiendo de la relación entre la composición formal y el contenido funcional.

La tabla 2-3 muestra la relación entre las composiciones plana y arquitectónica del jardín. En este caso, desconocemos el contexto. Trabajamos con un espacio interior pese a que está a la intemperie.

2.2.3 LA ESTRUCTURA Y EL PROYECTO

Ser capaz de discernir la estructura que subyace bajo un objeto equivale a comprenderlo en sus aspectos conceptuales, tanto en la organización interna como en la relación con el lugar, con el dentro-fuera, con el exterior e interior. Significa entender que el proyecto comienza cuando la estructura se ha definido. Hasta entonces solo hay esbozos. Desvelar la estructura equivale a realizar una síntesis hasta llegar a ese esqueleto que soporta la materialidad y la funcionalidad y su diálogo con el contexto.

Dos proyectos del arquitecto danés Jorn Utzon permiten identificar claramente la estructura sobre la que se desarrollará la materialidad. Can Lis, la primera casa del arquitecto y su familia en Palma de Mallorca, y una propuesta para un orfanato en la misma isla.

El esquema de Can Lis (fig. 2-7) cuenta cómo se ordena el espacio y cómo dialoga con el entorno. Los muros y pilares —planos y puntos— y el movimiento de las cajas explican el sentido con el que se proyectó: un volumen delimitado por gruesos planos que se abre al vacío. Se han redibujado sintéticamente la planta y un alzado. Estos esquemas son un punto de llegada, permiten entender el objeto a quien lo estudia.

Podrían ser un punto de partida, reflejo de la intención, como el propio Utzon nos hace ver en uno de sus bocetos —no se reproduce aquí, pero se puede consultar en cualquier monografía sobre su obra—. Sin embargo, no es una opción al alcance de cualquiera. Se requiere mucho oficio y trabajo. Seguro que más de las diez mil horas de prácticas que, como mínimo, se consideran necesarias para el desarrollo de la creatividad.

Tabla 2-3. Composición y estructura en un recinto interior

Composición plana	Estructura arquitectónica
Intención	
• El pensamiento íntimo de quien compone.	*Quienes proyectan* • Cómo interpretan el programa de necesidades. • Cómo lo transforman en objetos arquitectónicos. • Qué relación establecen entre: programa-objeto-usuario. • Sin contexto exterior: objeto ensimismado.
• Equilibrio de llenos y vacíos.	Generar la ilusión de un claro en el bosque, mediante: • Traer la naturaleza a lo construido. • Recrear la arboleda y el bosque.
Fondo	**Contexto**
• Recinto de bordes con direcciones irregulares.	• Los muros que delimitan el recinto. • La conexión con el interior.
Elementos geométricos	**Elementos arquitectónicos**
• Bandas que definen las trazas de la malla. • Los módulos cuadrados de pavimento. • Los puntos que marcan la malla. • El árbol. • Una masa homogénea.	• Las bandas de tierra que limitan los módulos. • Los módulos cuadrados de pavimento. • Los cilindros metálicos que recrean los troncos. • El árbol. • La vegetación.

Figura 2-7. Can Lis. Palma de Mallorca. Jorn Utzon. El objeto actúa como el refugio frente a las inclemencias del tiempo, un lugar intermedio entre el horizonte, con el mar y la tierra, con la arboleda.

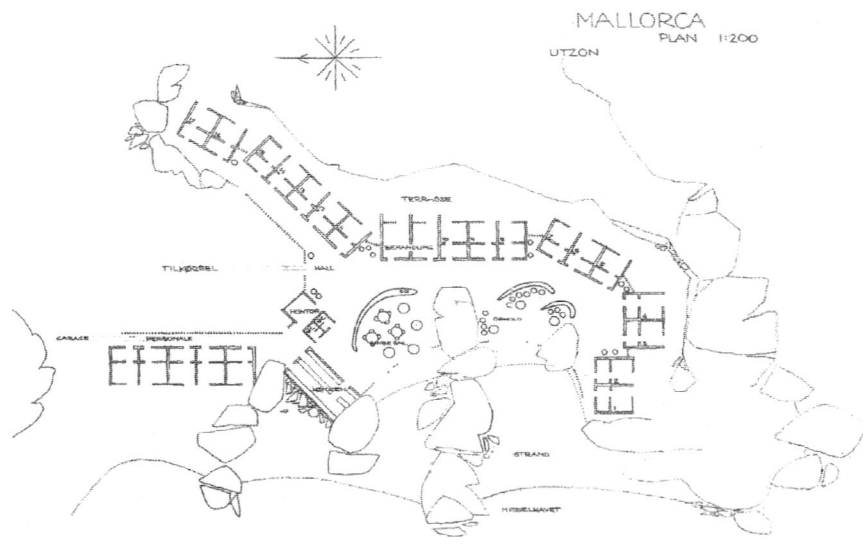

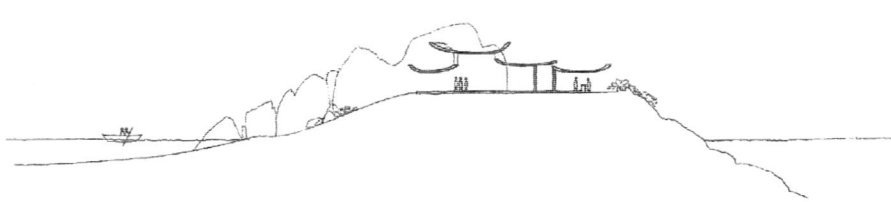

Figura 2-8. Propuesta para un orfanato en Palma de Mallorca. Jorn Utzon. El boceto refleja con claridad la estructura formal y portante del objeto, su intención y su relación con el lugar.

El objeto mira al mar e intermedia entre el bosque y el horizonte. Se formaliza como una roca tallada, asentada sobre el acantilado. Los planos y las fotografías de la obra desvelan la relación entre lo que la casa quiso ser y lo que es.

En el segundo de los proyectos presentados, un orfanato, se aplican recursos gráficos similares (fig. 2-8). Se recogen los muros, los elementos opacos, las rocas. Se omiten los cerramientos transparentes y ligeros. Nuestra mirada, sin embargo, enlaza las líneas, cierra los vacíos, fija los espacios. Somos capaces de dar volumen e imaginar el contenido de unos trazos que flotan sobre un plano horizontal perfectamente diferenciado del terreno natural circundante.

La planta se lee con fluidez. Se diferencian los espacios privados —dormitorios y aseos— de los comunes. Los primeros se organizan en líneas quebradas con vacíos entre los quiebros que introducen luz y vistas a lo que sería el corredor. Los segundos se delimitan con muros curvos de grosor variable. La sección muestra la diferencia entre ellos al variar su altura interior y la extensión de las cubiertas. El dibujo transmite la intención: acotar un espacio relacionado con la naturaleza, protegido de la intemperie por una cubierta y unos muros. Las geometrías puras integran los elementos naturales. Con ello el objeto se desliga, o parece desligarse, de la connotación negativa de tristeza y oscuridad que se asocia con frecuencia al orfanato. No se llegó a construir.

2.3   COROLARIO

El significado del término *composición* ha ido evolucionando para pasar de un significado con connotaciones puramente artísticas hacia el de estructura formal, construcción del espacio y la forma o integración de los componentes.

La composición, en cuanto estructura, genera el diagrama o síntesis del objeto que nos permite estudiarlo y comprender su relación con el entorno y con sus partes. En este sentido, condensa las necesidades, las relaciones físicas y los flujos. No se ciñe únicamente al diálogo entre las partes y un todo ideal, sino que abraza el contexto social y físico. Amplía el concepto de composición, pasando de las formas finitas y acabadas de la simetría a la seriación y la modulación, el ritmo y la sistematización formal. En esa transición de una composición hecha a semejanza del cuerpo humano, a una abstracta, permanece como invariante el concepto de *jerarquía*, empleado para formular el criterio que permita entender el objeto en dos niveles: el del proyecto y el del uso.

12   BIBLIOGRAFÍA

- Gladwell, Malcom (2008). *Outliers: the story of sucess*. Nueva York: Litte, Brown and Co.

- Kleven, Stuart; Vasquez, Israel y Atkins, David (2006). «Calibration for Nondestructive Testing». *Materials evaluation*, 64 (10):993-997.

- Levitin, David (2006). *Tu cerebro y la música. El estudio científico de una obsesión humana*. Barcelona: RBA.

- Weston, Richard (2002). *Utzon*. Hellerup: Blondal.

- Vroom, Meto J. (1995). *Outdoor space. Environments designed by Dutch landscape architects in the period since 1945*. Büsum: Thoth.

TEXTOS CLÁSICOS

- Sitte, Camilo (1980/1889). *Construcción de ciudades según principios artísticos*. Barcelona: Gustavo Gili.

URL

- QR_2-1. Guardería Els Daus.
  <https://www.aia.cat/es/projectes-installacions/llar-dinfants-els-daus/>.

QR_2-1

A2   ACTIVIDADES

- Manipular la composición del cartel *El hombre de Alcatraz* buscando tres alternativas diferentes.

- Dibujar de manera aislada los elementos geométricos que intervienen en la planta de la guardería Els Daus. Trabajar con ellos para generar diferentes composiciones, considerando el frente de acceso como una invariante de las posibles alternativas planteadas.

- Dibujar los elementos de la guardería Els Daus en alzado y trabajar con ellos para generar diferentes composiciones, considerando la disposición de la parcela en relación con las rasantes de las vías y la posibilidad de rehundir o elevar los componentes geométricos.

- Sobre una superficie rectangular de 9 × 15 m, realizar una composición plana, con siete círculos de 30 cm y un rectángulo de 0,45 × 1,5 m.

- Realizar la composición solicitada en el siguiente enunciado: unos muros, un suelo, un techo.

   Compondremos un volumen a partir de estos elementos, un volumen que se habrá de vincular al plano del suelo y que se ha de cubrir con el plano del techo para conformar un espacio interior.

   Las dimensiones de estos elementos serán las indicadas en las figuras que acompañan este texto. Se dibujarán las plantas, los alzados y las secciones necesarias para definir el volumen ideado.

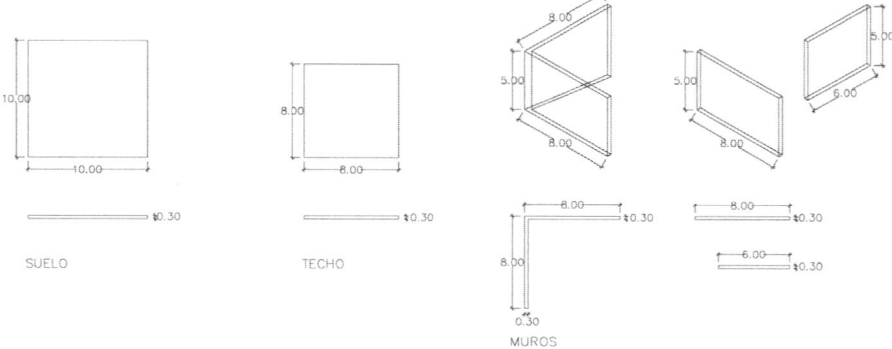

A2. Planos.

RECONOCER EL ENTORNO.
LAS DIMENSIONES Y EL HÁBITAT HUMANO

El contexto humano – El contexto funcional. La sistematización – Corolario – Bibliografía – Actividades

Sería inútil hablar de las dimensiones de mi nuevo cuarto. Se parece tanto al primero, que se les confundiría al pronto, si por una precaución del arquitecto no tuviese el techo una inclinación oblicuamente del lado de la calle, dando al tejado la dirección que exigen las leyes de la hidráulica para dar salida al agua de la lluvia.

Recibe la luz por una sola abertura de dos pies y medio de ancho por cuatro pies de alto, estando unos seis a siete pies aproximadamente por encima del piso, y se llega hasta ella por una escalerilla.

Xavier de Maistre, Viaje alrededor de mi habitación, 2011/1794, p. 11

Para reconocer nuestro entorno medimos los objetos presentes en él. Trasladamos las tres dimensiones al papel dibujando a escala las proyecciones diédricas. También medimos para organizar y ordenar nuestro espacio. Se mide la superficie disponible de la habitación para incorporar una mesa de trabajo. Se toman las medidas de tórax, cintura y cadera para elegir la talla de una prenda de vestir en la compra *online*. El ancho de la acera condiciona que dos, tres o más personas se crucen; el diámetro del paraguas determina si se puede cobijar o no al acompañante. Durante una merienda campestre, el tamaño de la manta tendida sobre la hierba hará que el grupo participante se disponga más o menos cómodo.

Se mide lo que está presente: la mesa, la silla, la ventana, los planos a escala... Se dimensiona el modelo y aquello que aún no se ha elaborado. Por ejemplo, las medidas genéricas de una mesa y las sillas contribuyen al dimensionado de la pieza en la que se ubicarán. La diferencia entre medir y dimensionar es sutil: se mide lo que existe y se dimensiona lo que se proyecta. De ahí que se hable de dimensiones y de dimensionar, de medidas y de medir como conceptos diferentes (tabla 3-1).

Dimensionar, en el sentido arquitectónico, equivale a explorar los límites del vacío, comenzando por tantear la superficie y el volumen necesarios

Tabla 3-1. Términos y definiciones

Términos y definiciones	
Las definiciones proceden del diccionario de la RAE, seleccionadas las acepciones relativas al campo del proyecto arquitectónico.	
Dimensión	• Aspecto o faceta de algo. • Medida de una magnitud en una determinada dirección. • Cada una de las magnitudes que fijan la posición de un punto en un espacio. • Cada una de las magnitudes fundamentales, tiempo, longitud, masa y carga eléctrica, con que se expresa una variable física.
Dimensionar	• Determinar las dimensiones de algo.
Magnitud	• Tamaño de un cuerpo. • Propiedad física que puede ser medida.
Medida	• Cada una de las unidades que se emplean para medir longitudes, áreas o volúmenes de líquidos o áridos. • Proporción o correspondencia de algo con otra cosa.
Medir	• Comparar una cantidad con su respectiva unidad, con el fin de averiguar cuántas veces la segunda está contenida en la primera. • Tener determinada dimensión, poseer determinada altura, longitud, superficie, volumen, etc.

para alojar un programa de necesidades. Se predimensionan las estancias, los elementos de circulación, la rasante interior, los huecos para ver. El proyecto avanza mientras se revisan las dimensiones, las proporciones, las relaciones entre superficies y límites, manejando simultáneamente escalas diferentes. La de conjunto, la de objeto y la de detalle, en este u otro orden.

La incidencia de las dimensiones es consustancial al proyecto. Se trabaja con ellas de principio a fin, persiguiendo la óptima correspondencia entre las necesidades enunciadas y la respuesta ofrecida. Esta ha tener en cuenta los contextos espacio-temporal, humano y funcional —el «yo y mis circunstancias», de Ortega y Gasset—. El primero de los términos se refiere a la manera de habitar y ocupar el espacio; el segundo, al modelo antropomórfico de dicha etapa; y el tercero, al ajuar que cada sujeto incorpora —el conjunto de enseres, equipamientos e instrumentos— para el desarrollo de la actividad diaria y extraordinaria. Sus medidas afectan y condicionan el dimensionado de los objetos que habitamos, sean exteriores o interiores.

El documento final resulta indispensable para la ejecución de la obra. A ella se trasladan las medidas de los planos. La obra representa lo que conocemos como realidad, escala 1/1 o escala natural. El objeto resultante no será probablemente un reflejo fiel del papel, ya que toda actividad, especialmente la humana, está regida por la incertidumbre, que introduce variables no previstas.

3.1 EL CONTEXTO HUMANO

El objeto arquitectónico afecta tanto a quienes están en él, lo ocupan y lo usan como a quienes lo perciben y se encuentran en su proximidad. La colectividad que lo habita y la que lo observa constituyen el contexto humano de cualquier objeto y, por tanto, del proyecto.

Las figuras poligonales o circulares capaces de contener el grano, la leña o de dar cobijo a personas y animales se levantaron seguramente sobre trazos marcados en el suelo. Su capacidad y extensión fueron dimensionadas con el cuerpo: tendido o sentado, de pie o acuclillado, de rodillas, en soledad o en compañía, apiñados o distantes.

El cuerpo se convierte en una unidad de medida con subdivisiones en unidades menores, fundamentalmente sus extremidades articuladas, y con movimiento. Las proporciones entre las partes, y entre cada una de ellas y la totalidad del cuerpo, guían la representación de la figura humana ideal, el modelo de la «norma» —lo correcto, lo bello, lo adecuado—, y las referencias para construir el hábitat colectivo e individual.

3.1.1 LOS MODELOS ANTROPOMÓRFICOS

> […] la cuadrícula sirvió para representar la figura humana siempre con la misma forma, algo fundamental en el antiguo Egipto, ya que incluso se llegaban a embalsamar los cadáveres para que se mantuvieran igual en la otra vida.
>
> Manuel García Piqueras, *Una historia de la proporción*, p. 87

Siendo el cuerpo medida y referencia original, conocer y reconocer las medidas corporales permite emplear toda una serie de parámetros numéricos. Una aplicación que se desarrolla tanto en el ciclo diario, material, de trabajo y descanso como en el inmaterial, de exploración de la naturaleza, de culto a quienes sean que protegen o castigan y de homenaje a las hazañas y hechos relevantes en la historia del grupo.

Todas las civilizaciones han desarrollado un sistema más o menos perfecto de medidas a partir del cuerpo y los enseres de trabajo. En Egipto, la figura humana se representaba seriada, empleando el trazado de una malla-guía a partir de un módulo, una técnica aún vigente. Este venía dado por la medida del puño a la altura del nudillo, llevado en sentido horizontal y vertical, para formar la cuadrícula[1]. Con ese método se dibujaba el cuerpo de hombres y mujeres según unas proporciones determinadas (fig. 3-1).

---

[1] Los egipcios conocían las propiedades del triángulo 3-4-5 para el trazado de líneas perpendiculares.

EGIPTO, módulo
malla   1 x 1 puño
altura humana 18 puños
                 el dibujo del cuerpo se proporciona a partir del puño
Obras del faraón
unidad   codo real
                 barra de granito negro
custodio   arquitecto real
capataces   encargados de calibrar las reproducciones en madera las
                 noches de luna llena
                 castigo por no hacerlo: pena de muerte

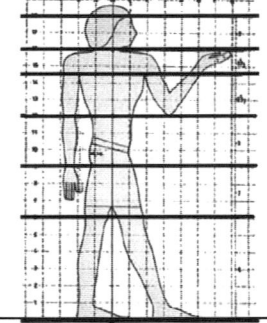

Figura 3-1. Módulo egipcio: soporte para el trazado de la figura humana.

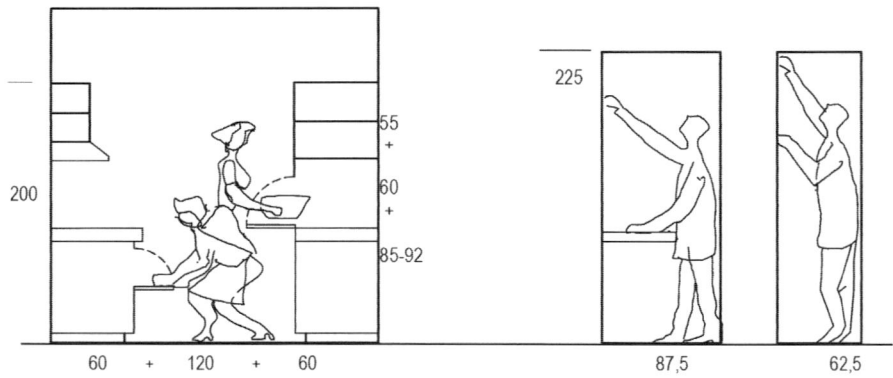

Figura 3-2. *El arte de proyectar en arquitectura*, E. Neufert (1936). Mujeres. Varones.

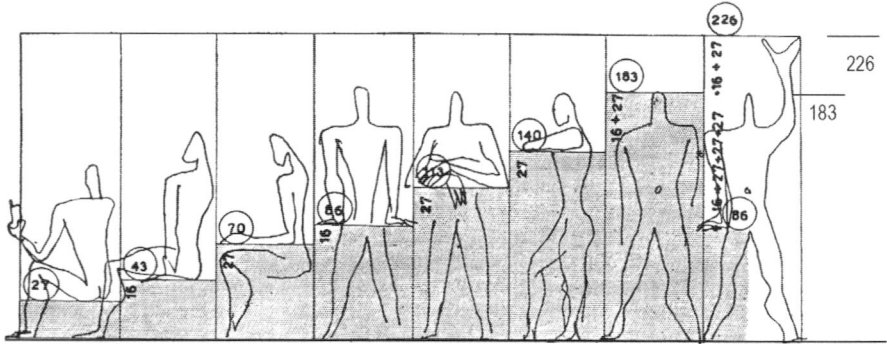

Figura 3-3. Modulor. Las dimensiones de los elementos del habitar. Le Corbusier (1942-1948).

84

No importaba el tamaño del módulo, variable según el puño del artesano, sino que las figuras mantuviesen la misma forma, incluso en su vida de ultratumba.

Frente al hieratismo de la figura egipcia, el canon griego simboliza la belleza. Los dioses se humanizan, se valoran los héroes y los individuos. La perfección se expresa en la armonía que emana de unos cuerpos atléticos, fuertes, con unas proporciones idílicas, derivadas de la razón entre la altura y la cabeza. En el siglo V a. C. el *canon* correspondía a la razón 1/7 del Doríforo de Policleto, evolucionando en el siglo IV a. C. hasta el 1/8 del Hermes de Praxíteles. Una proporción que dos siglos más tarde un escultor desconocido aplicaría a la Venus de Milo.

Más tarde, los romanos asumieron el canon 1/8, como se explica en *Los diez libros de arquitectura*. En el capítulo I del libro III, Vitrubio señala otras razones entre las partes del cuerpo y la altura. La palma de la mano, 1/24; el pie, 1/6 —idéntica proporción a la de la figura egipcia—; o el codo, 1/4. Un ideal aplicable a la arquitectura, puesto que:

> [...] si la Naturaleza dispuso el cuerpo del hombre de tal manera que se correspondan las proporciones de cada miembro con el todo, con razón quisieron los antiguos que existiera en las obras perfectas esa misma correspondencia con la obra entera.

En pleno apogeo humanista, Leonardo da Vinci trasladó la descripción del hombre ideal de Vitrubio al papel: una figura masculina con los brazos en cruz, conocida como *El hombre de Vitrubio*. Está circunscrita en dos figuras regulares: en un círculo cuyo centro coincide con el ombligo y en un cuadrado cuyo lado iguala altura y envergadura. El dibujo se acompaña de anotaciones con las proporciones del cuerpo, que coinciden prácticamente con las señaladas en los *Diez libros de arquitectura*, salvo en la dimensión del pie, al que se le asigna 1/7 de la altura corporal.

El dibujo de Leonardo se ha mantenido como referencia, con mayor o menor fidelidad, hasta finales del siglo XIX, a pesar de la eclosión de los avances técnicos y científicos que, desde el siglo XVIII, venían alumbrando la ruptura con la tradición. Llegado el siglo XX, alterado el concepto de belleza y de perfección, se cuestionó la condición de la arquitectura como bella arte. Esta se desvinculó de las élites sociales como comitentes y destinatarias exclusivas. Se transformó a través de la industrialización y la producción en serie. Los nuevos materiales la liberaron de los órdenes clásicos y del antropomorfismo. El lenguaje tradicional y las reglas compositivas se sustituyeron por la estandarización, las razones miembro-altura por las medias estadísticas y el hombre ideal por el varón estándar. El cambio de paradigma reflejaba el concepto moderno de arquitectura, en el que se vinculaba el espacio habitado con la actividad desarrollada y las posiciones relativas del cuerpo humano.

El orbe occidental asumió la normalización emprendida por el arquitecto alemán Ernst Neufert para la figura humana, en *El arte de proyectar en*

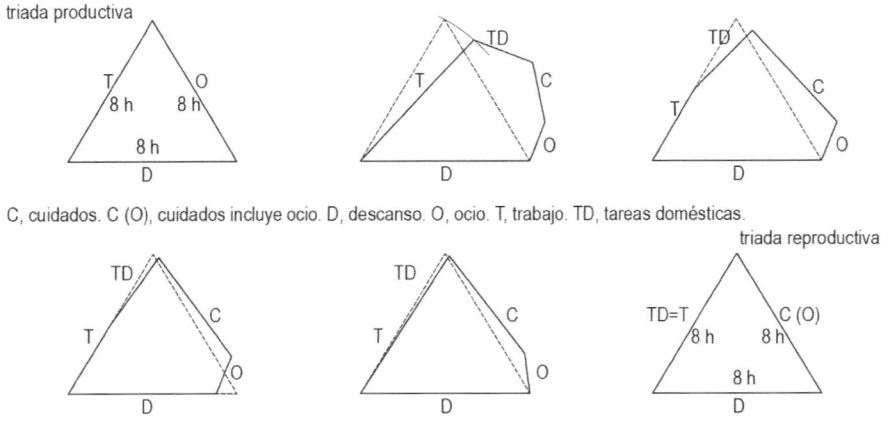

triada productiva

C, cuidados. C (O), cuidados incluye ocio. D, descanso. O, ocio. T, trabajo. TD, tareas domésticas.

triada reproductiva

Figura 3-4. Organización temporal: de la triada productiva a la reproductiva.

90 cm

Figura 3-5. Violeta. mccl arquitectos (2020).

Arquitectura, o «el neufert», como es conocido popularmente. Este manual ofrece datos sobre una enorme variedad de objetos arquitectónicos: desde un trastero a un museo, desde la cocina de una casa a un aparcamiento público. Asimismo, describe tanto herramientas —desde una carretilla de jardín a un camión— como menaje y mobiliario —desde un vaso a una cama—. Pero no se limita a los objetos, sino que recopila las referencias para la ocupación del espacio por un cuerpo-estándar, fundamentalmente representado por figuras masculinas[2] en distintas situaciones.

El varón-neufert[3], una figura masculina de 1,75 m, se adoptó como patrón para el dimensionado de los enseres y la ocupación del espacio.

---

[2] Solo aparece la figura femenina en los esquemas de los quehaceres domésticos, en los que se dibuja con todos los atributos de la imaginería convencional: falda de vuelo, mandil, pelo recogido.

[3] Una medida tomada como universal, sin serlo realmente: diez centímetros por encima de la altura del varón español medio, que en 1934 era de 1,65 m (Martínez Carrión y Puche Gil, 2010, p. 170), así como diez centímetros superior a la estatura-media universal de las personas, hombres y mujeres, establecida en 2014 también en 1,65 m.

No existe la mujer-neufert. La figura femenina aparece puntualmente en los esquemas de los espacios de circulación o en los gráficos de la cocina: una mujer-tipo de 1,70 m en el desempeño de las tareas domésticas (fig. 3-2). Este patrón era una excepción en realidad. Setenta años más tarde, las alturas establecidas en él se alcanzan, como media, en el caso de los varones, pero no en el de las mujeres[4]. En España, concretamente, los datos de 2014 marcan la estatura media de los hombres en 1,76 m y la de las mujeres en 1,63 m.

El éxito del varón-estándar no impidió a Le Corbusier desarrollar un nuevo canon (fig. 3-3), el *Modulor,* identificativo del varón moderno. Un personaje masculino cuyas proporciones dieron lugar a dos series, la roja y la azul. Ambas constituyen el sistema lecorbuseriano de medidas, destinado a dimensionar el entorno habitable. Y aunque no alcanzó el éxito y la difusión esperada por su autor, el Modulor se ha constituido en el referente humano para la arquitectura y el urbanismo modernos: un varón atlético cuyo ciclo de vida responde a la tríada propia del productor[5]: ocho horas de trabajo, ocho horas de ocio y ocho horas de descanso (fig. 3-4).

Entrado ya el siglo XXI, se cuestiona este ciclo, un triángulo en el que no se ha incluido el tiempo dedicado al trabajo de los cuidados, el reproductivo. Al incorporar las tareas domésticas y las labores de cuidado a la rutina diaria, el triángulo equilátero se transforma en un polígono irregular de cinco lados. Por ello se propone la sustitución de Modulor, varón atlético que camina sin cargas, por Violeta (fig. 3-5), silueta femenina[6] representada con adminículos comunes, el bolso y el carro de la compra —el bolso y el ordenador, el bolso y las bolsas de las compras—. En este modelo no importa tanto la altura como la ocupación del espacio. Violeta no transita sola, incorpora atributos que reconocen la dualidad del vivir: la vida personal y la laboral, la productiva y la reproductiva. Como modelo, Violeta no plantea un sistema propio de medidas, sino que reclama que las situaciones cotidianas protagonizadas por las mujeres, y también por los varones, en el desempeño de las tareas de cuidados se incluyan en la manualística, en los programas de los proyectos, en las regulaciones normativas y en todo cuanto afecte al programa urbano y arquitectónico (fig. 3-6).

---

[4] El trabajo desarrollado por el grupo NCD Risk Factor Collaboration, en el que se han incluido 200 países de todos los continentes, señala que la mayor estatura media femenina se localiza en Letonia, con 1,70 m. Solo en veintinueve países es igual o superior a 1,65 m.

[5] Productor: persona que ejerce el rol productivo, un varón en la tradición social. Frente al productor se sitúa la persona reproductora, que ejerce el rol reproductivo o de cuidados, una mujer. Las tareas productivas se asocian al trabajo remunerado y las reproductivas al trabajo no remunerado. Esta dicotomía marca la estructura social, habiendo incidido fuertemente en la organización del espacio arquitectónico y en el planeamiento urbano. La perspectiva de género estudia esta situación, aportando una visión que pretende el cambio de estructura social y los modelos de organización espacial que conlleva (véase instrucción 12. Fragmentos).

[6] Violeta rehúye servir de contrapartida a Modulor: ni atlética, ni supermujer, ni una Marylin. Una figura ambigua, de edad indefinida. Es una mujer, pero podría ser un varón o una persona transgénero...

El cambio de modelo busca incorporar «dimensiones» ausentes del programa proyectual, tanto arquitectónico como urbano. Estas se resumen en tres palabras: accesibilidad, inclusividad y perspectiva de género.

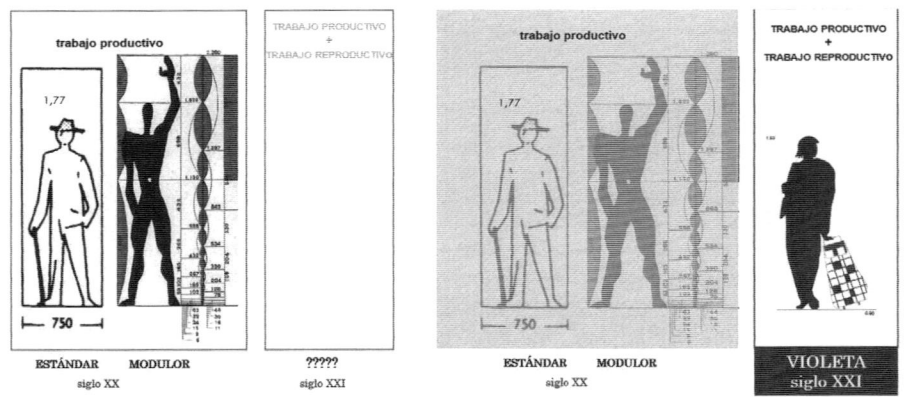

Figura 3-6. Modelos antropométricos contemporáneos. Del patrón productivo al patrón productivo y reproductivo.

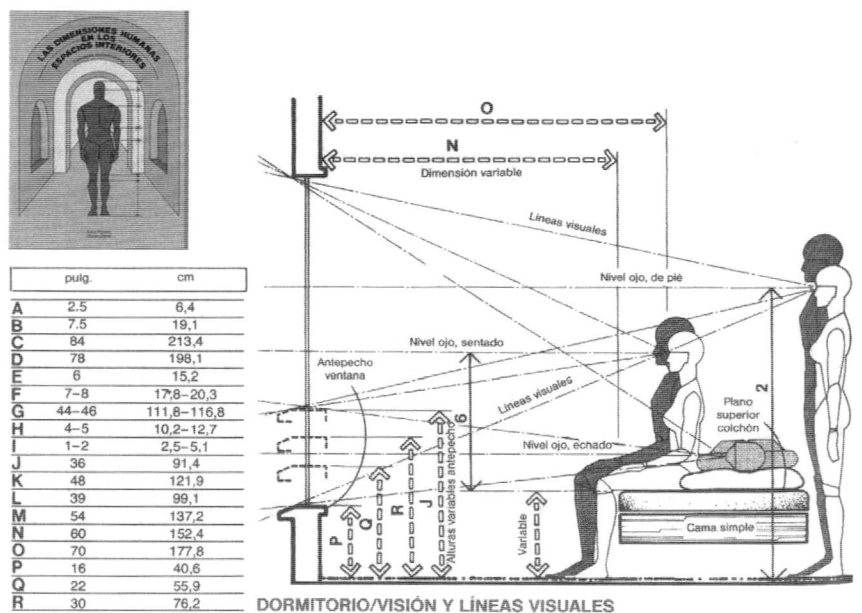

Figura 3-7. Dibujo y tabla extraídos del manual de Panero y Zelnnik.

Hasta aquí el recorrido por los modelos antropomórficos, que han pasado de ser una referencia formal a ser una referencia funcional en cuanto que aportan los datos necesarios —medidas— para el desarrollo del proyecto arquitectónico contemporáneo. Un proyecto que sin duda debe integrar referentes como Violeta, conforme a los valores de igualdad de género, inclusividad y equidad.

3.1.2 LOS ESTÁNDARES CORPORALES Y LA SISTEMATIZACIÓN

Cuerpo y enseres se relacionan a través de las dimensiones: la altura de la silla con la del cuerpo sedente, la de la mesa con la altura de la silla y de los codos, la longitud de la cama con el cuerpo yacente, la altura de la barra del autobús con el brazo en alto, la dimensión del menaje con la mano y el número de raciones de comida…

Salvo en ciertos períodos en que se sistematizaban las medidas empleadas para las obras de la realeza (López Díaz, 2020)[7], el entorno construido se rigió hasta el siglo XIX por medidas relacionadas con las partes del cuerpo, con el tiempo empleado en los desplazamientos y con la capacidad agrícola de los enseres o de los terrenos. Algunas de estas medidas se conocen como legua, milla, yarda, vara, pulgada, pie, palmo, codo y cuarta; moyo, cuartillo, cañado y cántara; acre, ferrado y cuartilla. Unidades que varían de una comunidad a otra, de una persona a otra, de unas localidades a otras, de unas culturas a otras.

Con toda su variabilidad, rigieron la actividad arquitectónica durante siglos. La Ilustración y su consecuencia política y social, la Revolución francesa, pusieron de manifiesto la necesidad de disponer de un sistema universal de medidas que facilitase el intercambio de conocimiento, cultura, comercio… Una propuesta que culminó en 1875 con la implantación en una gran mayoría de países del sistema métrico decimal, SMD. Mediante este artificio se homogeneizaron las medidas empleadas en la ciencia, las transacciones comerciales e incluso la descripción del entorno (López Díaz, 2020). A la aplicación del SMD, se añadió en los inicios del siglo XX el taylorismo, un método destinado a dotar de eficiencia a la industria, que se extendió a otros campos, entre ellos al diseño y a la arquitectura y el urbanismo.

Tal y como se ha señalado, aun cuando en el primer tercio del siglo XX el canon clásico se sustituyó por el varón-medio de los prontuarios, sobre todo por el ilustrado en distintas posturas y situaciones en el neufert, el paso del tiempo ha ido relegando este tipo de manual. En la actualidad, se emplea ocasionalmente para consultar algunos datos sobre estancias y

---

[7] En el Antiguo Egipto las obras promovidas por el faraón se construían tomando como medida de referencia el codo real, con sus múltiplos y submúltiplos. Para garantizar el valor empleado, se reproducía la medida del codo real en unas barras de granito negro, custodiadas por el arquitecto del faraón para garantizar que, a lo largo de toda la obra, se mantuviese una medida idéntica.

edificaciones. Las medidas del hombre-medio y su ocupación del espacio se van sustituyendo por intervalos dimensionales, obtenidos al aplicar la ergonomía, los percentiles corporales y la relación del cuerpo con el mobiliario con el espacio de circulación o con otros cuerpos.

También sucede otro tanto en lo que respecta a la figura humana. El manual «Panero-Zelnik», titulado *Las dimensiones humanas en los espacios interiores* (Panero y Zelnik, 1983), ha sustituido al neufert. En él ya aparecen cuerpos femeninos y masculinos sujetos a la variación de tallas y tamaños. Una diversidad proveniente del abanico de estadísticas y de percentiles respecto de los valores medios (fig. 3-7). Unas variables que combinándose llegan a definir las «dimensiones estructurales del cuerpo humano» diferenciando hombres y mujeres. La altura del varón-medio oscila entre 1,54 y 1,74 m y la de la fémina-media entre 1,43 y 1,628 m.

La divergencia entre los modelos expuestos no radica en la desigualdad objetiva de medidas, sino en el cambio que implica en la interpretación de los patrones antropométricos y en su aplicación en el diseño del hábitat. El varón-medio del neufert, al igual que el Modulor, unifica la diversidad en un modelo universal. Los patrones Panero-Zelnik se muestran abiertos e inclusivos, en concordancia con los valores que representa Violeta.

3.2   EL CONTEXTO FUNCIONAL. LA SISTEMATIZACIÓN

La irrupción de internet ha hecho que la consulta en papel de manuales y prontuarios decaiga. Hoy en día, prácticamente todos ellos están volcados en formato digital, y sus datos se completan, e incluso se sustituyen, con otros procedentes de catálogos, de normativas o de trabajos académicos.

Usando como término de búsqueda «dimensiones de una mesa de comedor», en la pestaña «Todos» del buscador se registran 305 000 resultados; en la pestaña «Imágenes», muchos más. La dificultad radica en discernir qué parte de la información es la adecuada o si toda lo es.

Volvamos a los manuales de papel o a su edición *e-book*. De inicio, ante esa misma búsqueda, «dimensiones de una mesa de comedor», los textos consultados muestran el proceso de dimensionado: cuánto ocupa una persona sentada con espacio suficiente para mover los brazos, cuántas personas se van sentar a ella y cuál es el ancho aconsejable para disponer las fuentes de servir, la vajilla y el menaje. Con las cifras que nos proporcionan, nos aproximamos a los valores que precisamos, pudiendo así seleccionar la imagen que nos resulte más conveniente. Otro ejemplo: las dimensiones de los cuartos de baño y de los aparatos sanitarios. Las primeras se han mantenido más o menos constantes. Varía el diseño de los sanitarios, pero sus medidas, las distancias a las paredes y a otros aparatos, así como la disposición de las piezas mantienen su vigencia o, al menos, constituyen una referencia sobre la que trabajar. No se trata de inventar de nuevo lo que ya está inventado.

Con estas consideraciones se indicarán a continuación las dimensiones de diversos elementos arquitectónicos, de algunos elementos urbanos básicos, así como de varios enseres y muebles.

3.2.1 ELEMENTOS ARQUITECTÓNICOS

En analogía con el lenguaje verbal, regido por unas convenciones ortográficas, semánticas y sintácticas, el lenguaje arquitectónico está sometido a unas convenciones gráficas que hacen legibles los dibujos de planta, alzado y sección en diferentes escalas. El dibujo del proyecto en las fases iniciales busca representar el vacío y el lleno, las sustancias con las se opera al proyectar. El vacío, el espacio; el lleno, los elementos constructivos.

La definición gráfica de lo ocupado sigue unos códigos que permiten identificar la naturaleza del material. Con ellos se expresa el tipo de elemento y su cualidad: pesadez/ligereza, transparencia/opacidad, robustez/esbeltez, límite/soporte, fijo/móvil, encajado en el terreno/sobrepuesto, el tipo de movimiento: abatible, corredero, deslizante, pivotante, plegable. O exploran su condición auxiliar: flechas de dirección, niveles de rasante, orientación solar, escalas gráficas.

Las características del material se interpretan aplicando las medidas estandarizadas de los elementos constructivos (tabla 3-2): muros, tabiques, suelos (forjados), falsos techos, hojas de puertas, armarios, escaleras (véanse instrucciones 8 y 9). La trasposición al dibujo de estas cualidades se realiza según unas convenciones prefijadas con unos espesores orientativos: 30 cm para muros, fachadas y suelos-techos; 10 cm para tabiques, la separación interior; y menos de 5 cm para paneles y falsos techos.

Por su parte, las hojas de las puertas interiores de paso se ajustan a las dimensiones normalizadas: 0,725-0,825-0,925, con una altura de 2,03 m y un espesor de 35 mm. Se trasladan al dibujo como 0,75-0,85-0,95, una altura de 2,00 m y un espesor inferior a 5 cm. Esto no impide abrir huecos con otras dimensiones, tanto de ancho como de alto, cuando el proyecto lo requiera, empleando hojas de puertas diseñadas específicamente o incorporando las hojas de paso estándar en los paneles de cierre.

Otros elementos usuales en el proyecto son las protecciones verticales: la barandilla y el peto, cuya altura respecto del nivel del suelo varía entre 90 y 110 cm. La toma de decisión respecto a qué altura sea la más adecuada depende de la posición relativa con respecto al nivel horizontal inferior y del carácter público o privado de los recintos. La diferencia entre barandilla

Tabla 3-2. Medidas aproximadas de algunos elementos arquitectónicos para emplear durante la fase de proyecto arquitectónico

Elemento	Espesor (cm)
• Cerramiento exterior	≥30 Incluye la estructura portante
• Cerramiento exterior ligero (metal/madera/sintético)	15 Envolvente de la estructura portante
• Cubierta	30
• Fachada ventilada	10 + 20
• Forjado + solado	30 / 40
• Muro (hormigón/piedra)	≥30
• Voladizo, marquesina	15
• Losa de escaleras	15 / 20
• Peldaño ligero	5
• Tabiquería interior	10
• Paneles sintéticos	5
• Carpintería exterior	5
• Vidrio	<3
• Hojas de puertas de paso	3,5 / 5
• Paneles fotovoltaicos, led	5
	Ancho (m)

• Escaleras interiores
uso privado o asimilable
    descansillo inicial, final, intermedio
uso público
    descansillo inicial, final, intermedio
	0,80 / 1,00[a]
	(0,80 / 1,00) × 1,00
	1,20 / 1,80[b]
	1,20 / 1,80[b]

• De paso entre estancias (mínimo)	0,80
	Paso × altura (cm)
• Paneles fotovoltaicos estándares	165 × 100
• Soportes lineales ligeros	≈ 10 × 10 cm / 15 × 15 cm
• Soportes lineales hormigón	≥ 30 × 30 cm / Ø30 cm
• Soportes lineales madera	≈ 15 × 30 cm
	Paso × altura (cm)
Escalones interiores	≈ 29 × 17
Escalones exteriores	≈ 35 × 15
[a] puede reducirse/ampliarse en circunstancias singulares [b] variará conforme a las dimensiones de las escaleras y la regla del paso (véanse las instrucciones 8 y 9)	

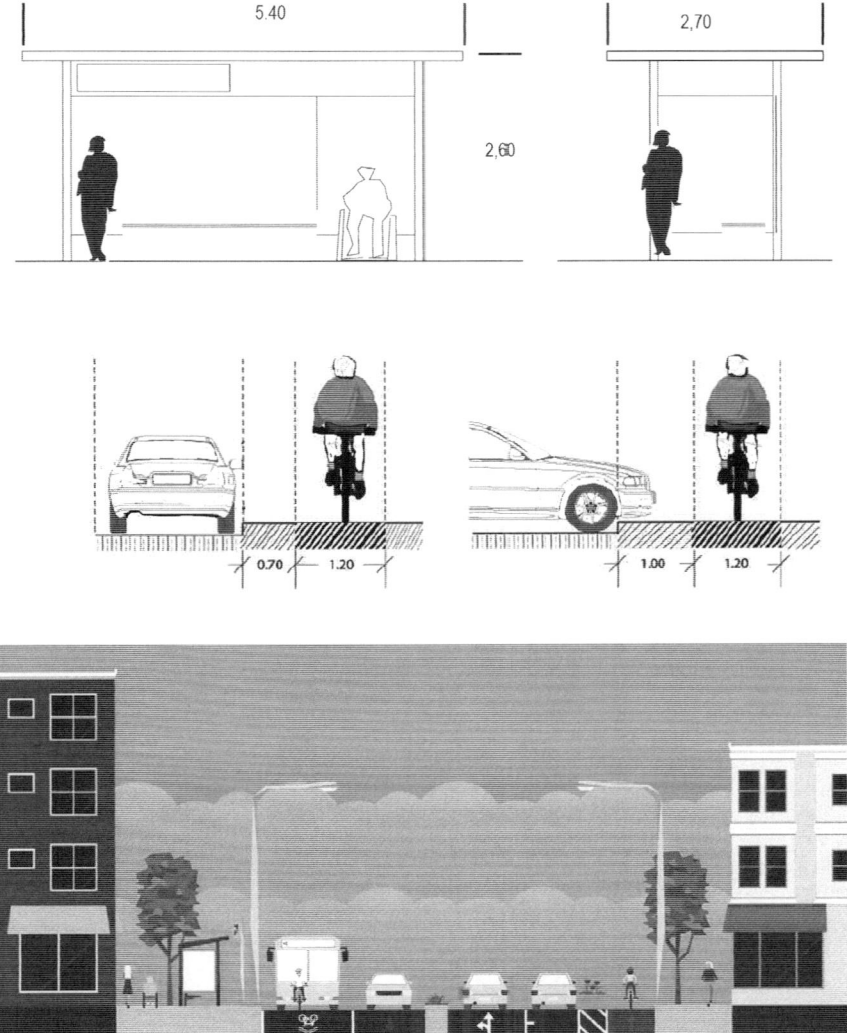

Figura 3-8. Elementos urbanos que intervienen en el dimensionado del espacio público.

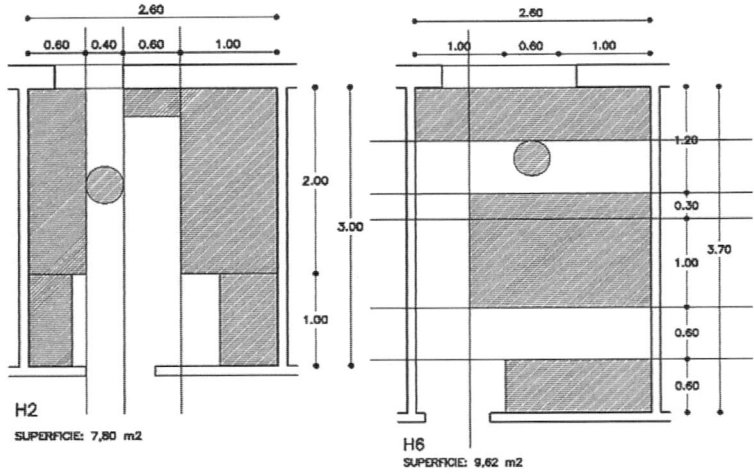

Figura 3-9. Dimensionado para una habitación propia a partir de medidas mínimas.

Mesa de trabajo de una arquitecta

•dimensiones en planta
  1,85 × 0,90 m = (1,50 + 0,35) × 0,90 m

•altura desde el suelo
  0,695 m

•cabida
  ordenador portátil
  pantalla secundaria
  material de escritura y dibujo

•asiento
  pelota de pilates

Figura 3-10. Mesa de trabajo y dimensiones.

y peto es semántica, referida a su materialidad. Mientras que la primera suele estar formada por piezas metálicas o de madera, de apariencia calada y/o transparente, con un espesor inferior a 5 cm, el peto es opaco y suele estar construido con ladrillo, bloque u hormigón, por lo que su espesor varía entre 10 y 30 cm, dependiendo de su similitud al tabique o al muro.

A los elementos enunciados deben incorporarse otros que ya forman parte del elenco constructivo, como los paneles fotovoltaicos, los generadores eólicos domésticos, las baterías para almacenar energía o las pantallas digitales empleadas como revestimiento tanto en el interior como en el exterior.

3.2.2 ELEMENTOS URBANOS

El espacio público como objeto que se proyecta desde el punto de vista arquitectónico está sometido igualmente a la sistematización. En el diseño viario la altura de los objetos que conforman las alineaciones determina la sección viaria, cuya proporción ancho-alto condiciona la confortabilidad urbana y la del interior de los edificios. La calle se dimensiona en función de la jerarquía viaria, conformada por aceras y calzada. En el subsuelo de ambas se disponen bandas de instalaciones urbanas. En la superficie, el mobiliario urbano, la pavimentación, el arbolado y otros elementos vegetales estructuran su forma física (fig. 3-8).

3.2.3 ENSERES Y MOBILIARIO

Durante el proceso de proyecto se trabaja con modelos genéricos de mobiliario —armario, mesa, silla, sofá, taburete…— para aproximarse a la ocupación de la estancia que les corresponde. Algunas piezas se identifican por su forma y el volumen capaz que las contiene, como los sofás, la tabla de planchar, las mesas, las sillas… Otras, por el ancho, ya que su longitud varía, acomodándose a las necesidades del momento. Es el caso de armarios y encimeras, con una profundidad de 0,60 m y una longitud variable o el de las estanterías y mesas auxiliares, cuya profundidad sigue la serie[8] 0,60-0,45-0,30-0,15.

La sistematización del mobiliario permite introducir y compatibilizar diversos usos en las estancias. Fijémonos en un dormitorio. Es un recinto para el descanso nocturno, pero puede satisfacer otros requerimientos más allá del dormir. Se dimensiona a partir de los mínimos necesarios conforme a las necesidades y la superficie disponible. La estancia debe proporcionar la superficie óptima, sin faltar ni sobrar (fig. 3-9).

---

[8] En ellas se parte de 1,20 m de ancho de los tableros de madera empleados habitualmente en la producción del mobiliario (1,22 × 2,44 m), una vez se desprecian los milímetros que corresponden a los cortes o a los defectos de sus bordes.

El diseño del objeto como centro de actividad forma, también, parte del proyecto. Véase el espacio de trabajo. Este no viene dado por la dimensión de la mesa o del pupitre, sino que se plantea para que se desarrolle en las condiciones adecuadas (fig. 3-10). La mesa del arquitecto o la arquitecta es un ejemplo. Del tablero inclinado con el paralex se ha pasado al tablero horizontal, con el ordenador y la amplitud precisa para los planos, papeles y cuadernos, en una tarea que combina el dibujo a mano con el digital, la nota manual con el procesador de textos, el archivo digital con el plano impreso. De la mesa orientada hacia la luz incidiendo en el tablero, sin sombras, y el flexo en el lateral adecuado a la mano dominante, diestra o siniestra, se ha pasado a la prevención del deslumbramiento que requiere el trabajo con pantallas y a la iluminación artificial regulable. Y a esto se suma la necesidad de levantar la cabeza y mirar a lo lejos, evitando la pared dura, sin horizonte. Ha de contemplarse la especialización de la estancia a la par que su flexibilidad funcional. ¡Qué difícil es definir una u otra situación sin el necesario conocimiento de las medidas!

3.3   COROLARIO

Al margen del apoyo de los manuales, la técnica proyectual requiere tener nociones de las dimensiones del entorno humano y construido, conocer:

- los estándares corporales;
- las medidas de nuestro propio cuerpo (podremos usarlas como unidad de medida si es preciso);
- las medidas y proporciones de los instrumentos de dibujo, el tamaño del papel, los ángulos de la escuadra y el cartabón;
- los enseres y mobiliario;
- las medidas comunes de los elementos arquitectónicos: paramentos, escaleras, puertas de paso, árboles, barandillas…;
- las dimensiones y superficies referenciales de los espacios y recintos cotidianos: corredores, locales de higiene personal y doméstica, de preparación de alimentos, dormitorios…

Una vez interiorizadas dichas medidas, podremos alterarlas según convenga al objeto, a la intención y al contexto.

I3   BIBLIOGRAFÍA

- García Piqueras, Manuel (2013). *Una historia de la proporción. Desde la prehistoria al número de oro*. Tres Cantos: Nivola.

- López Díaz, Ana Xesús (2020). «Un breve repaso, en tempos da COVID, á contribución galega no desenvolvemento do Sistema Métrico Decimal». En: Fraga Vázquez, Xosé A. y Dorotea Tarrío Tobar, Ana. *Testemuñas na pandemia da COVID-19*. A Coruña: Instituto José Cornide de estudios coruñeses.

- Maistre, Xavier de (1794/2011). *Viaje alrededor de mi habitación*. Funambulista.

- Martínez-Carrión, José y Puche-Gil, Javier (2011). «La evolución de la estatura en Francia y en España, 1770-2000. Balance historiográfico y nuevas evidencias». Dynamis 31 (2):429-452.

- Panero, Julius y Zelnik, Martin (1983). *Las dimensiones humanas en los espacios interiores*. Barcelona: Gustavo Gili.

TEXTOS CLÁSICOS

- Le Corbusier (1948/1962). *Modulor 1*. Buenos Aires: Poseidón.

- Le Corbusier (1953/1962). *Modulor 2*. Buenos Aires: Poseidón.

- Neufert, Ernst (1980/1936). *Arte de proyectar en arquitectura*. Barcelona: Gustavo Gili.

- Vitrubio (1980/I a. C.). *Los diez libros de arquitectura*. Trad. Agustín Blázquez. Barcelona: Iberia.

URL

- QR_3-1. Carreiro Otero, María (2006). *Los espacios cotidianos: la casa y el lugar*. <http://hdl.handle.net/2183/16920>.

- QR_3-2. Ortega y Gasset, José (1914/2018). *Meditaciones del Quijote I*. <https://www.gutenberg.org/files/57448/57448-h/57448-h.htm>.

QR_3-1   QR_3-2

A3   ACTIVIDADES

Desarrollar un «manual» propio que recoja:

- Gráficos con medidas del propio cuerpo: codo, envergadura, mano, palma, paso, pie.

- Gráficos con medidas del cuerpo humano según los manuales/prontuarios, identificando las fuentes bibliográficas.

- Esquemas y dimensiones de: armario, butaca, cama doble, cama simple, mesa de comedor (seis personas), mesa de estudio, estantería, silla, sofá, encimera de cocina, fregadero, placa de cocinar, frigorífico, lavavajillas, muebles bajos y altos, lavadero, lavadora, tabla de planchar, secadora, lavabo, inodoro, ducha, bañera, bidé, termo eléctrico (150 l), caldera de gas individual.

- Esquemas y dimensiones en planta y sección de un dormitorio doble, una habitación para una persona y un estar. Se debe situar la puerta y los huecos de iluminación y ventilación en cada pieza.

- Esquemas y dimensiones en planta y sección de una cocina, un baño, un lavadero-tendedero y el lugar destinado a planchar. Se deben situar la puerta y los huecos de iluminación y ventilación en cada pieza.

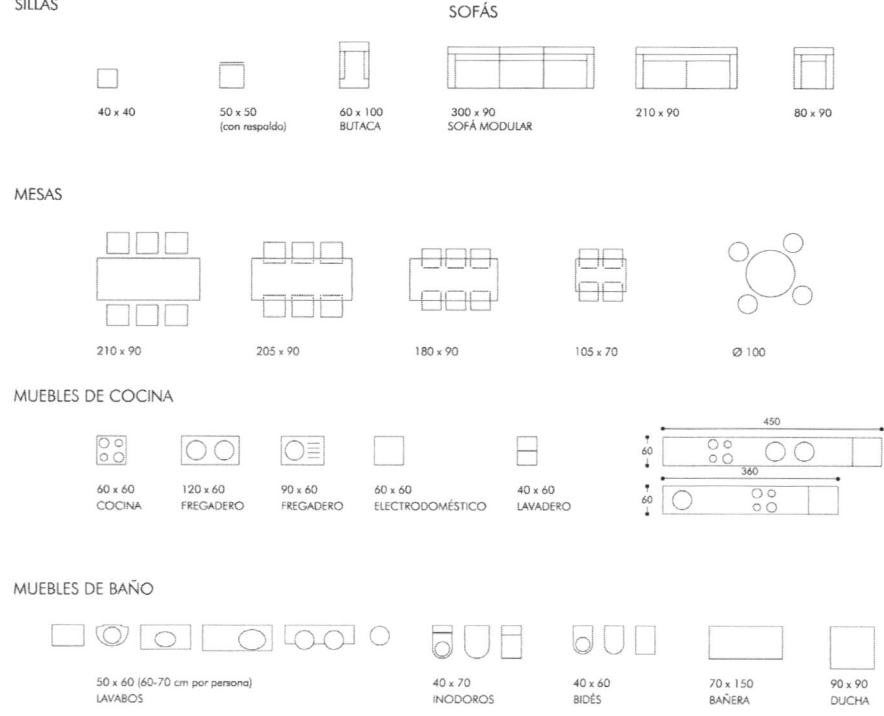

A3. Mobiliario.

Instrucción 4

ESTUDIAR (I).
DE LA TEORÍA AL PROYECTO

*El proyecto – Tres referencias – Ocho imágenes – Corolario – Bibliografía –
Actividades*

I-4

El desarrollo de la habilidad depende de cómo se organice la repetición. Por eso en la música, como en los deportes, la duración de una sesión práctica debe juzgarse con cuidado: la cantidad de veces que se repite una pieza depende del tiempo durante el cual se pueda mantener la atención en una fase del aprendizaje. A medida que la habilidad mejora, crece la capacidad para aumentar la cantidad de repeticiones.

Richard Sennet, *El artesano*, 2009, p. 54

El proyecto arquitectónico se fundamenta en dos acciones complementarias que requieren de técnica proyectual y de destreza gráfica: reflexionar y dibujar. Ambas se integran para transformar el pensamiento —abstracción— en recintos y vacío —concreción—. Los mecanismos y herramientas correspondientes se adquieren aunando estudio y entrenamiento.

Se estudia para proyectar y se proyecta estudiando. Con esto se cuestiona el tópico «proyectos no se estudia». Estudiar proyectos estimula y moldea el pensamiento arquitectural. Aporta mecanismos para proyectar. Fortalece la inexcusable relación entre la teoría, el aprendizaje que aplicar y la práctica, utilizar lo aprendido. Contribuye, asimismo, a formar criterio propio, acorde con la personalidad y la formación individual y grupal[1].

¿Cómo se estudia proyectos y qué proyectos se deben estudiar? Esta pregunta equivale a inquirir sobre qué libros leer o qué música escuchar. La arquitectura forma parte de nuestro día a día. Comencemos, pues, por observar nuestra casa y nuestro entorno. Para que esta observación sea pertinente y fructífera debemos aprender a pensar arquitecturalmente. A

[1] Como individuos no estamos aislados de nuestro entorno: el grupo condiciona nuestra propia singularidad.

diferenciar entre el plano, un documento dimensional, preciso y riguroso, y la imagen, adimensional, sugerente y evocadora. De los planos elaborados resultan las imágenes.

Hipotético diálogo entre E, estudiante, y D, docente en clase de Proyectos

Ejercicio: un refugio para X

E: [...] y estos son los alzados..., no sé..., ¿qué te parecen...?

D: [Mira el dibujo]. [Silencio..., levanta los ojos del papel, mira conmiserativamente a E].

E: Puse las ventanas...

D: Ya veo... Pero ¡cómo copias estas cosas...! ¡Uff...! Hay que mirar otras cosas, ¡no puedes incorporar en tus proyectos eso...! Quita, quita todas esas carpinterías...

Pero ¿¡qué miráis...!? ¿Para qué os damos las clases de teoría y todas esas referencias? Fuera carpinterías..., piensa en huecos, no en ventanas correderas...

E: Ya [*****]... Entonces..., ¿tengo que revisar los alzados...?

[*****] = «¿Qué he hecho mal?, ¿qué se esconde detrás del eso? Pero ¿quién puso esas ventanas en mi casa, que esta profesora me mira como si hubiese venido de medio de...?, ¡pero si todas las casas que conozco las tienen iguales!, ¡no entiendo nada...! ¡¿Qué voy hacer ahora...?!».

También puede sustituirse alzado por planta. Y ventana por cómoda, planta, alfombra...

Este ejemplo ilustra el comienzo del tránsito, doloroso a veces, de persona-común a persona-que-estudia-arquitectura.

En ese tránsito, escúchese y reflexiónese sobre los comentarios recibidos, procurando adquirir un criterio propio.

Evítese la servidumbre de la corrección-conforme-al-gusto-del-profesor y de la búsqueda del aprobado a través de la receta.

El/la docente D no es infalible y puede sugerir absurdos..., por eso es importante la reflexión tras una sesión de comentarios.

El/la estudiante E tiende a interpretar a su manera... Excusarse con un «usted me dijo que lo hiciera así...» no es una muestra de inteligencia.

Estimada alumna o alumno: esas ventanas no están ni bien ni mal, tampoco la cómoda con molduras ni la alfombra o la planta. El error no proviene de esas «cosas» que has incorporado porque forman parte de la cotidianeidad, sino de la falta de reflexión al tomarlas mecánicamente.

APRENDER A LEER, APRENDER A PENSAR

Aprender a pensar por uno mismo no es sencillo, ni siquiera cuando se acota el campo a una óptica disciplinar, en este caso, el proyecto arquitectónico.

Lectura y pensamiento caminan a la par. Si no leemos, si solo nos alimentamos de imágenes o solo nos nutrimos de una limitada experiencia directa, difícilmente podremos ampliar nuestro campo de pensamiento.

Como en la literatura, es preceptivo acudir a los clásicos[2], sean objetos producidos en las civilizaciones antiguas o los significados[3] en el siglo XX. ¿La finalidad? Conocer situaciones y aportaciones realizadas antes de nuestra irrupción en el mundo arquitectural, evitando el adanismo[4]. Aprender a reflexionar con el estudio de proyectos y obras ya realizados[5]. Porque aprendemos a proyectar al mismo tiempo que analizamos. Una actividad introspectiva que se realiza dibujando, midiendo y consultando fotos y textos, y, si fuese posible, con la experiencia directa o virtual[6].

> El aprendizaje a través de la experiencia directa comienza por despojar de los ropajes a los elementos que forman nuestro hábitat hasta reducirlos a elementos geométricos con dimensiones. También observando y tomando nota de la relación que establecemos con el recinto en el que estamos en una posición habitual, así como del diálogo que se genera entre los elementos presentes en él. En principio surgen varias preguntas:
>
> - Cuáles son las dimensiones y la superficie del recinto.
> - Por dónde se entra.
> - Desde dónde llega la luz.
> - Qué proporción corresponde al hueco y qué disposición adopta en el paramento.
> - Cómo me sitúo en el recinto habitualmente, ¿es apropiado, agradable?
> - ¿Por qué me sitúo de esa manera?, ¿existen otras posibilidades?
>
> Puede repetirse este ejercicio en distintos recintos y situaciones. Se anotan los resultados y se extrae al menos una conclusión: la conciencia de nosotros mismos en ese espacio.

Lo primero será, por tanto, tener noción de cómo y qué estudiar. No se busca el conocimiento erudito, sino ejercitar la forma de pensar sobre la organización y disposición de los planos, los volúmenes, los vacíos... Dicho de otro modo, aprender a analizar los objetos y a formar la mirada (Zevi, 1978).

---

[2] Referido a la literatura, para José Luis Borges: «Clásico es aquel libro que una nación o un grupo de naciones o el largo tiempo han decidido leer como si en sus páginas todo fuera deliberado, fatal, profundo como el cosmos y capaz de interpretaciones sin término». También afirma: «Clásico no es un libro (lo repito) que necesariamente posee tales o cuales méritos; es un libro que las generaciones de los hombres, urgidos por diversas razones, leen con previo fervor y con una misteriosa lealtad». Llevado a la arquitectura, clásica será aquella obra o aquel proyecto que trasciende su época, ofreciendo interpretaciones sin término en cualquier tiempo. De manera general, clásicas serán aquellas obras que recogen las formas posibles de estar en el mundo.

[3] Asignamos a los objetos significados con valor disciplinar. Dicho de un proyecto o de una obra significa que encierra una interpretación novedosa de la tríada vitrubiana: utilidad, solidez, coherencia formal. Dicha innovación se liga a los cambios técnicos y tecnológicos de un momento dado. Debe hacerse notar que los valores sociales —científicos, culturales, económicos, políticos— intervienen en la forma de afrontar la arquitectura, pero no en la arquitectura misma.

[4] Hábito o tendencia a comenzar cualquier actividad como si nadie la hubiese realizado anteriormente, normalmente por desconocimiento o ignorancia.

[5] Proyecto: propuesta gráfica que describe un objeto arquitectónico. Obra: todo objeto arquitectónico una vez construido.

[6] Vídeo recorridos de calles y de interiores de edificios, disponibles a través de visores y plataformas virtuales.

Tabla 4-1. Aspectos e ítems para el estudio de proyectos arquitectónicos

Sugerencias para el estudio de un objeto arquitectónico *No necesariamente se tienen que acometer todos los aspectos a la vez. Podemos seleccionar uno de ellos, un ítem o una combinación de varios.*	
Contexto	•Relación con el medio circundante, sea urbano o natural. •Relación con los límites de parcela: acceso, alineaciones. •Relación con la topografía. •Relación con el espacio exterior inmediato: la calle, la plaza, el jardín, el patio. •Aproximación al objeto: el acceso.
Organización interior	•Dimensiones y su relación con el entorno y con las personas. •Programa de necesidades. •Flujos de comunicación-lugares de estancia. •Disposición del programa de necesidades. •Espacios húmedos. •Estructura portante. •Pautas definidas por los paramentos. •Sistematización de los recintos. •Disposición de los huecos en la planta. •La entrada en relación con los elementos de comunicación.
Imagen externa	•Proporciones de los huecos con respecto a los planos de alzado. •Relación entre volúmenes. •Relación entre planos. •Plano de asiento y topografía.

El proceso de análisis es complejo, pero no ha de postergarse. Es finalista: se analiza con un objetivo, ya que de todo análisis deriva un diagnóstico y una prognosis o conclusión. Sin esta, no hay análisis: se habrá realizado otra cosa.

Cualquier objeto arquitectónico puede analizarse íntegramente, considerando el contexto, la disposición, la forma, la función, la estructura portante, la tipología... También de manera parcial, como se hará a lo largo de estas instrucciones. En un primer momento hemos de aproximarnos a los proyectos centrando la atención en una o dos partes para ir asentando el proceso de aprendizaje.

Los objetos se examinan en relación con el entorno, la organización interna o la imagen externa. Valorando la interpretación de las y los usuarios, su percepción de los vacíos, la transición entre estancias o el propio estar en ellos (tabla 4-1).

PROYECTO Y REFERENCIAS

En las instrucciones precedentes se han apuntado algunos caminos para estudiar proyectos a través de la geometría, de la composición y la estructura sobre la que se desarrollan o de sus medidas.

En esta instrucción se abordarán ahora las referencias aportadas por objetos e imágenes, tratando de discernir entre unos y otras. Con esta finalidad se plantea a continuación un ejercicio de proyectos cuya resolución podría alcanzarse recurriendo a múltiples objetos e imágenes. Expuesto el enunciado, se explican dichas referencias, comenzando por las primeras y finalizando por las segundas. La instrucción plantea interrogantes. Cada quien podrá aportar su propia reflexión libremente.

4.1   EL PROYECTO

El desempeño de la actividad proyectual se acompaña de un lugar, un programa funcional y una intención. El lugar y el programa funcional vienen dados, mientras que la intención corresponde a quien proyecta, lo que viene siendo en palabras del arquitecto Albert Viaplana (2016/1988): «La ley que se ha de cumplir para que ocurra determinada cosa».

Partimos de un plano y una foto aérea (fig. 4-1) con el enunciado siguiente:

> En el Campo da Fraga, un área situada entre facultades universitarias, existe una parada de autobús usada fundamentalmente por estudiantes, docentes y el personal administrativo que acude a dichos centros. Se pide proyectar un espacio cubierto que sustituya a la marquesina existente, mejorando la habitabilidad del área. Deberán respetarse todos los árboles.

Definido el lugar e identificado un programa genérico, cada cual establecerá su propia intención de proyecto. Se complementa el enunciado con referentes que, sin responder a la utilidad demandada, sugieran tanto posibles maneras de relacionar programa y lugar como diversas disposiciones y estructuras formales.

El enunciado señala los factores diferenciales respecto de cualquier otra parada. En primer término, el colectivo usuario, integrado por la comunidad universitaria, con el estudiantado como grupo más numeroso. Y en segundo, el emplazamiento, un espacio público entre facultades, con una parte pavimentada en hormigón, y otra, de mayor extensión, que posee un tapiz de hierba y está cubierta por las copas de unos árboles.

Estudiantes y docentes acuden a la escuela de arquitectura, a la de arquitectura técnica o a la facultad de ciencias portando una mochila o una bolsa con el ordenador, libros, material de dibujo... La ocupación individual del espacio en estas circunstancias difiere de la establecida para la parada estándar, a la que acuden supuestamente personas en tránsito,

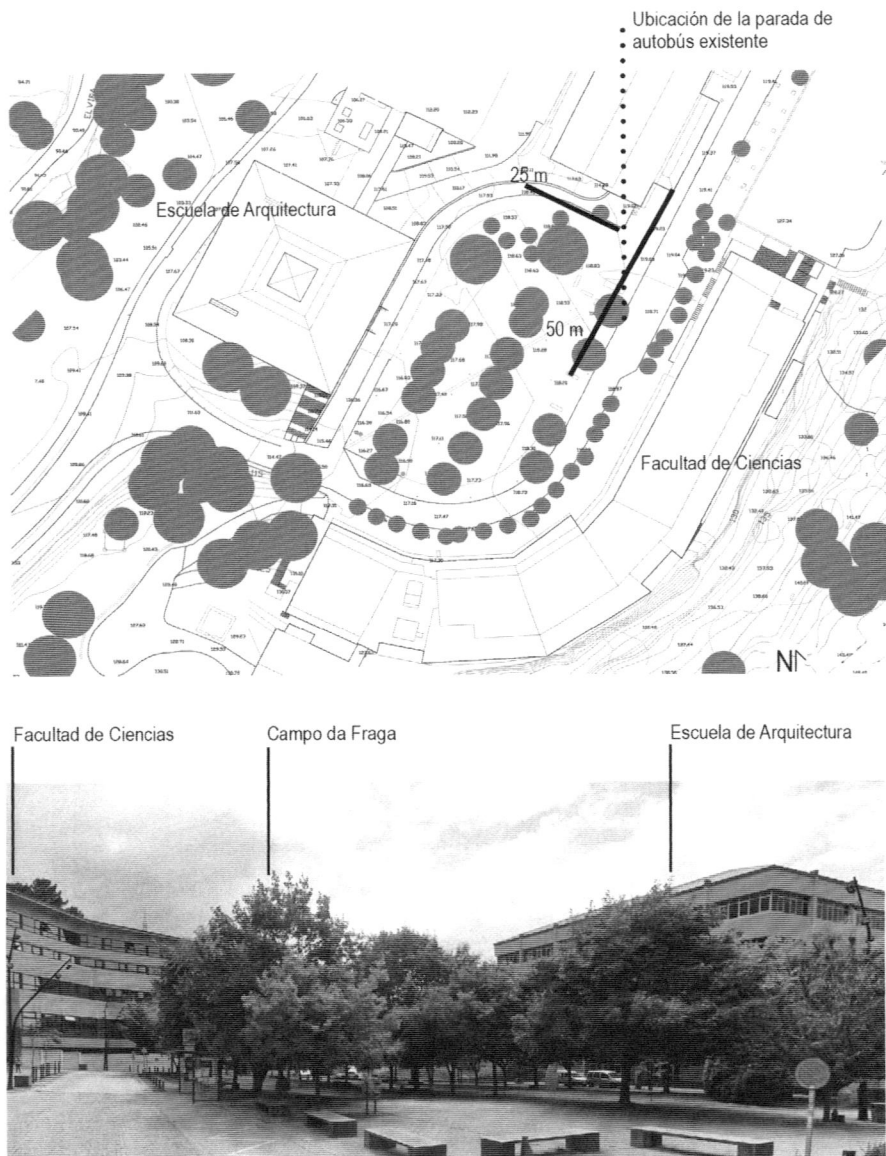

Figura 4-1. Campo da Fraga. En línea con los bancos se ubica la actual marquesina de la parada de autobús.

pertrechadas con un bolso o un paraguas[7]. No parece adecuada para esta ubicación una marquesina estándar.

El Campo da Fraga carece de otro cobijo para la lluvia o para el sol, salvo la reducida marquesina existente. No solo para la espera del autobús, sino para disfrutar del aire libre en cualquier momento. El objeto ideado puede, por tanto, solventar cualquier otra necesidad complementaria.

PREGUNTAS POR FORMULAR

La pregunta inicial, qué es una parada de autobús, se acompaña de posibles respuestas y de más cuestiones: ¿es solo un espacio a cubierto o una cubierta que permite alojar asientos?, ¿cuántas personas debe acoger?, ¿qué llevan consigo?, ¿se necesita un elemento de apoyo para la mochila o la bolsa…?, ¿es preciso algún panel informativo o un elemento de recarga de la tarjeta-monedero?, ¿azota el agua y el viento?

Al acotar la búsqueda de referentes a la función de uso, se encontrarán piezas seriadas o específicas, de diseño más o menos refinado… ¿Alguna responderá a una situación similar a la planteada? Si la marquesina estándar es suficiente, quizás no tenga sentido el enunciado y este deba reformularse negando la intervención. La hipótesis de partida sostiene, sin embargo, que la marquesina no responde a la demanda de cobijo para ese lugar. Y a ella deberemos ajustarnos.

El lugar propuesto queda definido por la imagen mental que obtenemos tras situarnos en él. El programa, al asumir el rol de quienes van a utilizarlo y ocuparlo. Conviene un alejamiento inicial de las formas conocidas para revisar la idiosincrasia de un objeto con un emplazamiento concreto, que será usado por un colectivo peculiar y que ha de servir, entre otras cosas, como parada de autobús.

4.2 TRES REFERENCIAS

Dejando a un lado los aspectos utilitarios, se da paso al estudio de referentes que aporten el concepto de *refugio* y *estancia*. Para iniciar dicho proceso, se han seleccionado tres obras. La primera albergó en su día una actividad puramente representativa, la segunda se usó como residencia temporal. Desmontada una y deteriorada la otra, ambas fueron

---

[7] La parada elemental se identifica por una señal vertical con información. A partir de ahí se despliega toda una panoplia de opciones, aunque en general el diseño se ciñe a un receptáculo con cubierta y banco, sin considerar las necesidades de usuarias y usuarios. Solo los días festivos o en ciertos horarios las personas van sin aditamentos. Con frecuencia portan bolsas de compra, acompañan a las criaturas o usan bastón o muletas… De igual modo, una marquesina es un refugio ocasional o un hito en una vía.

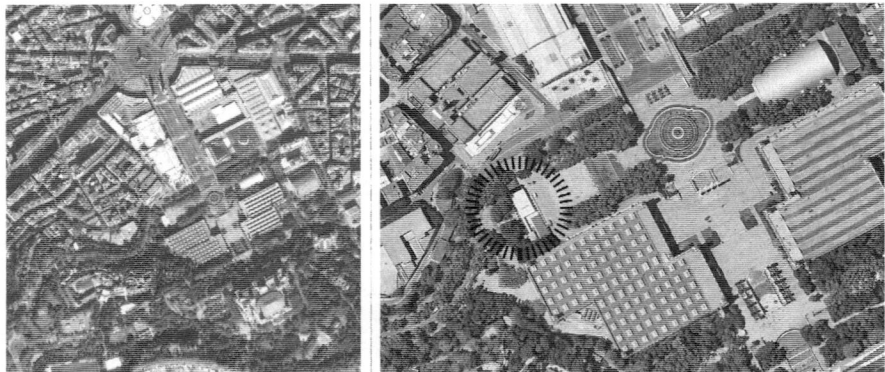

Figura 4-2. El Pabellón Barcelona en su contexto urbano y en relación con los pabellones de su entorno.

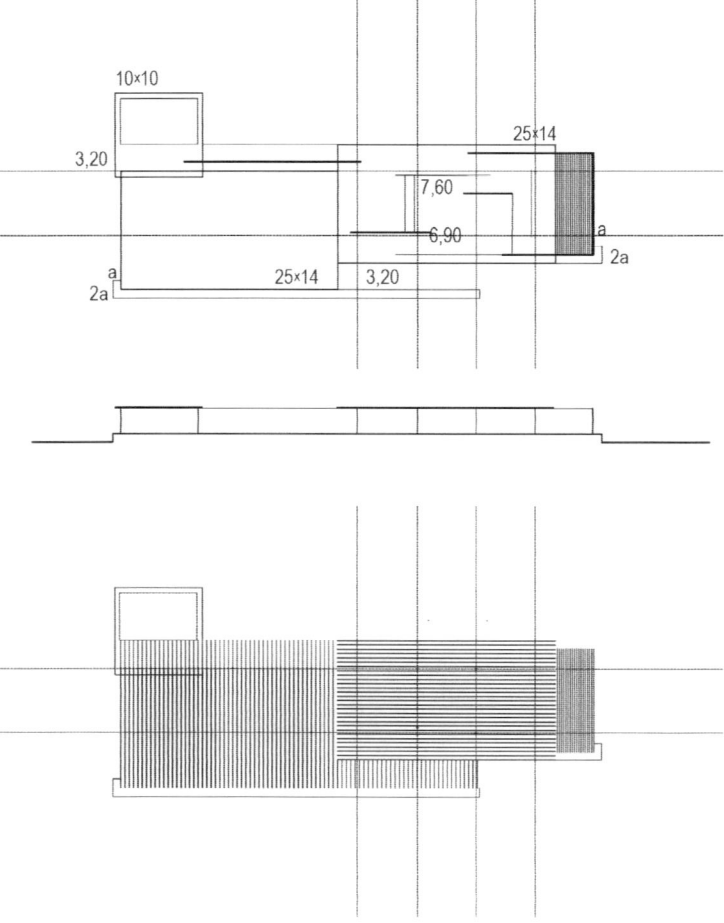

Figura 4-3. El Pabellón Barcelona. Esquema, dimensiones y proporciones.

reconstruidas para perpetuar su memoria, convirtiéndose en monumento. Las dos están investidas de un valor canónico dentro de la disciplina. No fueron piezas pensadas para durar, sino que el valor cultural que el tiempo les asignó las dotó de permanencia y provocó su recreación. Tal vez hasta el siglo XX no se haya producido este fenómeno: resucitar lo fenecido[8].

La tercera se ha elegido como muestra de la intervención mínima; podría ser el resultado de la puesta en obra de un ejercicio de Proyectos 1. La configuran dos elementos que responden a un fin análogo, aunque con características contrapuestas. Por un lado, una terraza que actúa como hito territorial y, por otro, una caseta que sirve como refugio en la montaña. Curiosamente, esta fue desmontada y trasladada temporalmente de su ubicación original.

El proceso de estudio propone una aproximación al contexto físico en el que estos objetos se levantaron. Observando su estructura y dimensiones, se pretende desencadenar una reflexión sobre cada uno y su hipotética transposición al Campo da Fraga.

4.2.1 EL PABELLÓN BARCELONA

En la instrucción 1 se realizó un acercamiento inicial al Pabellón Barcelona[9], que se amplía en esta instrucción, para abordar su contexto, junto con su estructura y dimensiones.

El Pabellón es una construcción apenas visible en las fotos aéreas del recinto ferial, debido a su escasa extensión y volumen, comparado con los edificios circundantes (fig. 4-2). Nacido como una pieza representativa, se ha convertido en una obra canónica de la Modernidad y en un icono cultural. Se emparenta de este modo con los templos de la Antigüedad e incide en su naturaleza objetual, sin raíces. Su traslado de emplazamiento y de geografía no modificaría su impacto en el entorno. Es un objeto ensimismado.

Ese mirarse a sí mismo y abstraerse del entorno le otorga fuerza didáctica. Ejemplifica cómo organizar y estructurar un espacio a partir de unos elementos primarios: una malla, un pedestal, planos verticales y horizontales, láminas de agua, soportes exentos, complementados con

---

[8] ¿Por qué se produce este fenómeno? Se reconstruyen unos objetos, mitificados, al mismo tiempo que se dejan morir otros..., ciudades enteras, por la barbarie, ¿turismo?, ¿economía?
En la Escuela de Arquitectura de A Coruña está expuesta una maqueta a escala 1/1 del Cabanon, la cabaña de Le Corbusier e Yvonne Gallis. Elaborada para una muestra sobre las obras de Le Corbusier, se acompaña de maquetas de otras obras. La recreación a tamaño natural, sin embargo, no contribuye a entender la obra al estar desarraigada, desposeída de su contexto.

[9] El estudio del Pabellón puede ampliarse a través de una extensa bibliografía. La búsqueda en Google académico «pabellón + Barcelona» arroja, al menos, dieciocho pantallas con referencias, muchas de acceso libre. Los registros en papel también son numerosos. A modo de ejemplo, en la biblioteca de la Escuela de Arquitectura de A Coruña se detectan veintiocho entradas con esas dos palabras clave.

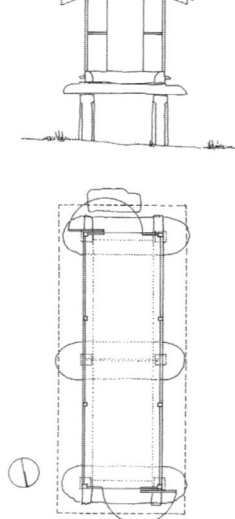

Figura 4-4. Hórreos. Una de las versiones de hórreo-marquesina de autobús, emplazadas en los años 90 en los municipios de Galicia. Planta y alzado de uno de los hórreos del conjunto de A Merca, rehabilitados (1996, mccl arquitectos).

láminas de vidrio, cortinas, alfombras, sillones, una escultura y un banco. El espacio generado sirve para cualquier actividad o para ninguna. Sugiere que podría ser... lo que nosotros decidamos.

Desde mi subjetividad, lo asocio al silencio.

No es un templo ni un espacio de culto, pero podría desempeñar esa función. Según sea grande o pequeño —¿para qué resulta grande, pequeño o adecuado?—, podría usarse como vestíbulo de otro espacio, como lugar de espera, como lugar de trabajo o como... Al carecer de referencias habituales, como puertas, ventanas, mobiliario, solo al incorporar algunas de las medidas de su contorno, se toma conciencia de su magnitud (fig. 4-3). Somos capaces de relacionarnos con él.

Una primera mirada nos aproxima a la proporción tanto entre la superficie pisable y la no pisable como entre la superficie cubierta y la descubierta. Su superficie y dimensiones resultan similares, próximas a 25 × 14 m. Sin embargo, se encuentran desplazadas entre sí 3,20 m para formar las bandas de acceso principal y posterior. La cubierta se apoya sobre ocho soportes metálicos cruciformes, dispuestos según una retícula de 6,90 × 7,60 m (fig. 4-3). Se eleva tres metros sobre el suelo. Su altura, de escala doméstica, responde a los estándares comunes en los recintos habitables. Su singularidad proviene de la precisión entre plano y obra, y del cambio de lenguaje con respecto a su época. Simboliza una forma diferente de definir el espacio y de relacionar las personas con el dentro y el fuera al sustituir los límites por el vacío y dejar fluir el aire y la vista. Además, se ha convertido en monumento al ser reconstruido.

Al situar el Pabellón en el Campo da Fraga, se observa el cambio de escala con respecto al contexto: frente a la tímida ocupación del suelo en el recinto ferial, prácticamente engulle la *carballeira*[10]. ¿Cómo se puede incorporar, pues?, ¿qué elementos deberían desaparecer, transformarse o reinterpretarse para convertirse en el objeto requerido?

La aplicación de referencias no conlleva una traslación directa, sino un acto reflexivo mediante el cual leer e interpretar el proyecto estudiado. Y aunque no aporta una solución ni directa, ni lineal ni evidente, cuando se sitúa el esquema sobre el emplazamiento se establece un diálogo a tres entre el lugar, el objeto y el yo pensante. Permite revisar la intención, estudiar alternativas de disposición, seleccionar elementos… Se inicia el proceso de ideación. Pero existen otras opciones, entre ellas, descartar el pabellón como referencia para buscar otras o bien incorporar aquello que contribuya a definir el paraje cubierto que se demanda en el enunciado.

El uso de ese objeto arquitectónico como elemento de juego puede resultar una acción totalmente disruptiva. Pero no menos que transformar una iglesia en un pub, en un auditorio o en cualquier otra cosa o que convertir un hórreo en una habitación de hotel… o tomar su forma para una parada de autobús… *kitsch* (fig. 4-4).

> ¿Qué es banalizar una obra de arquitectura? ¿Aprender a emplearla como referencia propia o apropiarse de una forma irreflexivamente? Trabajar con referencias en el proceso de ideación alterando el significado cultural no conlleva banalizar, sino reflexionar sobre la interiorización de las estructuras formales frente a la copia sin sentido de formas.
>
> No se plantea copiar el Pabellón para destinarlo a parada de autobús, sino ubicarlo en el lugar indicado para esta propuesta y analizar las relaciones que surgen en la búsqueda de una respuesta propia.

---

[10] En gallego, el vocablo *fraga* identifica los lugares con arbolado autóctono del clima atlántico, robles o carballos, castaños, encinas… La arboleda entre facultades está formada por múltiples carballos y un singular sauce. Este fue plantado por el arquitecto José Manuel Asorey en sus días de estudiante, en los años ochenta del siglo XX.

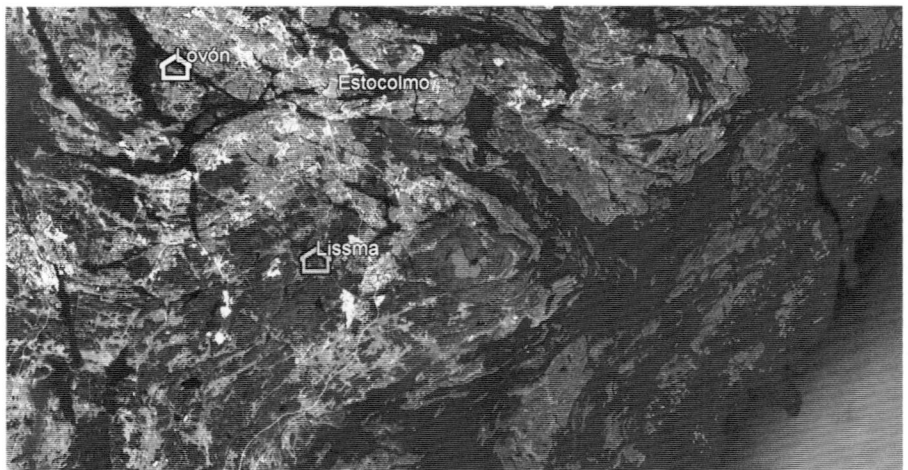

Figura 4-5. Las dos ubicaciones de la Caja con respecto a Estocolmo. En Lissma se ubica la Caja original; en Lövon, la réplica musealizada.

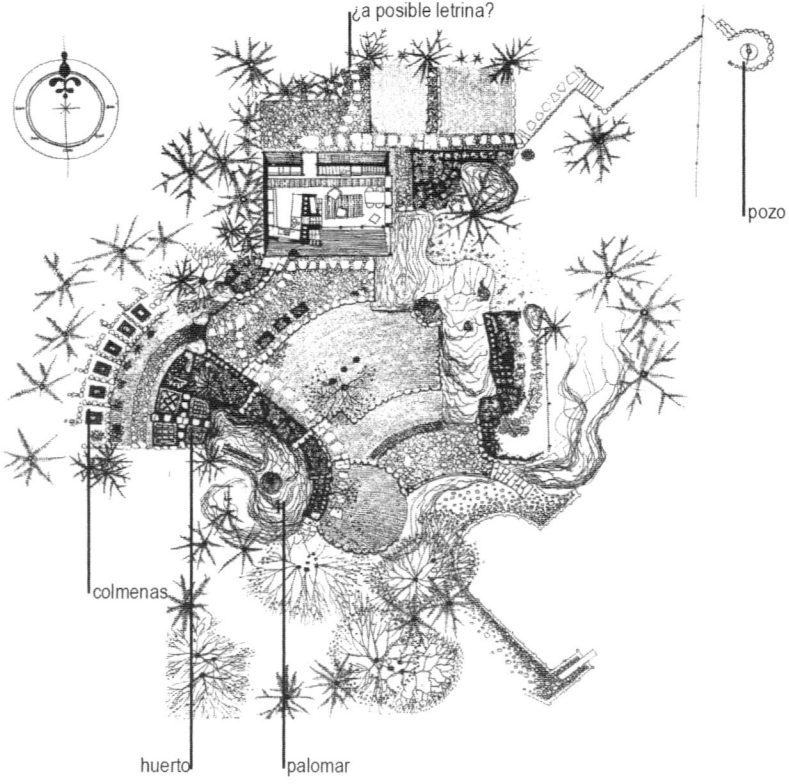

Figura 4-6. Plano general: la cabaña en su entorno.

Como obra culta no se plantearía su uso en términos expansivos para un objeto co-mún… Sin embargo, sí se copia el hórreo, un artefacto popular, con raíces, sin que esto suscite críticas rigurosas.

En Galicia, las administraciones autonómica, local y provincial reprodujeron la imagen «hórreo» para las marquesinas de autobús. Emplearon PVC para replicar la teja o pi-zarra, según las comarcas, y perfilería de aluminio color verde para la estructura. No se oyeron voces más allá de los chascarrillos de barra de bar. Sin embargo, desde hace algunos años, voces de la inteligentsia arquitectural se mesan las barbas y hablan de feísmo ante actuaciones espontáneas populares: el uso de sanitarios como maceteros o los somieres metálicos como cierres de parcela. Esas mismas voces callan cuando son las autoridades quienes alientan la «metáfora». Pura barbarie.

Al fin, ¿qué es un hórreo?

Un hórreo es un objeto del que aprender, fruto del tiempo y de la necesidad. Requiere más sensibilidad y destreza que las precisas para interpretar el Pabellón, un artefacto plagado de valores, pero de naturaleza autónoma, individual, lógica, sin raíces.

4.2.2 LA CAJA, *THE BOX, LÅDAN, A CAIXA*

La Caja, *the Box, Lådan, A Caixa* designan en castellano, inglés, sueco y gallego respectivamente la cabaña que Ralph y Ruth Erskine construyeron en el invierno de 1941/1942 en Lissma (Suecia), con la colaboración de Aa-gen Rosenvold, arquitecto danés, futuro socio de Erskine. La pareja habitó en la cabaña hasta 1946, año en que nació su segunda hija. Desde entonces, y durante un período indeterminado, se convirtió en residencia vacacional. Con la falta de uso llegó su deterioro y ruina.

En la actualidad puede visitarse la réplica, musealizada, construida en 1989 en Lövon, en terrenos de un organismo gubernamental. Forma parte del patrimonio del Museo de Arquitectura de Suecia, actual ArkDes. Este orga-nismo promovió su ejecución a instancias de un asociado, el arquitecto Olle Bengtzon. El propio Erskine participó en la reproducción emplazada al nor-te de Estocolmo, próxima a la isla en la que residía con su familia (fig. 4-5). Las publicaciones más recientes, con fotografías a color, reproducen la copia. La documentación de la cabaña original recoge los dibujos del arquitecto y algunas fotografías de época en blanco y negro.

Compositivamente, la Caja se plantea como un volumen rectangular. Consta de dos áreas interiores de distinto uso separadas por la chimenea. Los paramentos cortos ejercen como cerramiento y estructura, al igual que uno de los cierres largos. Sus paredes longitudinales se desvían de las alineaciones definidas por el sólido capaz, al igual que la cubierta, que se inclina hacia el lado norte.

El análisis compositivo del objeto reconoce la diversidad de la envolvente y la configuración de las fachadas e incide en la relación interior-exterior. Re-vela la contraposición entre la imagen, un objeto construido con materiales extraídos del lugar, y la realidad: el empleo, en su ejecución, de elementos industrializados de deshecho.

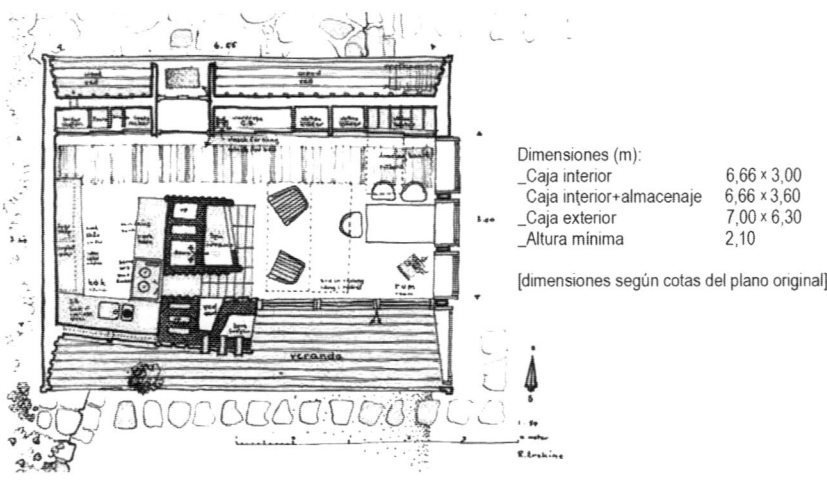

Dimensiones (m):
_Caja interior   6,66 × 3,00
 Caja interior+almacenaje   6,66 × 3,60
_Caja exterior   7,00 × 6,30
_Altura mínima   2,10

[dimensiones según cotas del plano original]

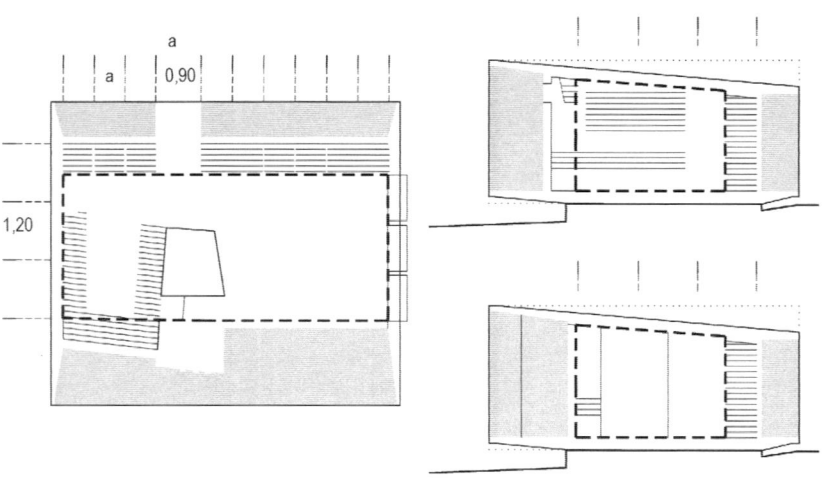

Figura 4-7. La Caja, *the Box, Làdan, A Caixa*. Plano de época. Esquema de planta y secciones, marcado el contorno identificado como superficie útil, equivalente a 21 m² y la modulación de la planta.
En una primera propuesta, la modulación era idéntica en ambas direcciones, con a = 1,20 m.

Frente al Pabellón, independiente del contexto, la Caja se liga al lugar, como refleja el minucioso dibujo que registra su posición y el tratamiento de su ámbito de influencia (fig. 4-6). Solo quedaría por definir la posición del baño, exterior a la vivienda, como era —y sigue siendo— costumbre en los países nórdicos. El plano transmite la estrecha relación entre el lugar y la cabaña, entre el lugar y la vida.

Es un objeto nacido de una necesidad perentoria: cobijarse. La respuesta arquitectónica se traduce en un objeto que busca la versatilidad del espacio, sin reductos estancos.

Realmente nadie, al margen del matrimonio Erskine, puede determinar cuál era el objetivo profundo —si lo hubiese y fuese necesario— de la cabaña. El primario es evidente: construir el soporte para su hogar. Ralph y Ruth no generaron una caja estándar al modo de las cabañas primitivas. Construyeron su cabaña, con toda la carga imbuida del ser-arquitecto de Ralph, pero, sobre todo, como personas cultivadas que, huyendo de la guerra, eligieron Suecia como destino al interpretar que su identidad como nación incluía valores que representaban la equidad y el respeto a las ideas de los individuos[11].

Erskine incorporó el impacto del clima en sus proyectos buscando el ahorro de energía y recursos materiales. Más recientemente, la crítica aporta otras interpretaciones. En algún caso, la dota de una trascendencia litúrgica, valorándola como «una arquitectura de renuncia voluntaria» (Espegel, 2014). Para otros, fue un ensayo que permitió a los Erskine contrastar sus propuestas arquitectónicas con la realidad del lugar. Propuestas que se modificarían al adaptarse, como señalan tanto Peter Collymore (1983) como Mats Egelius (1990). Incluso alguno contradice la tesis de 2014, como González de Canales (2005), que define la Caja como un experimento fallido que la familia no abandonó «por la fama que le estaba reportando [al arquitecto]». Al margen de estas lecturas, lo que sí parece cierto es que el experimento, habitar el propio proyecto, influyó en la actitud de Erskine[12] con respecto al hacer arquitectónico.

Las dimensiones de la Caja pueden deducirse de la lectura de los planos al identificar dos elementos que sirven como indicadores de escala: la profundidad de la encimera de la cocina y la altura de la puerta de acceso. Pero, si aún no se ha alcanzado el nivel suficiente de lectura la escala gráfica, el módulo de la planta (fig. 4-7) facilita su interpretación. El volumen interior, con una extensión próxima a los veintiún metros cuadrados, recoge el programa de una vivienda similar a las casas de la arquitectura popular, con el almacenaje reducido al mínimo[13], y sin el aseo, un cubículo en el

[11] Ralph y Ruth Erskine son ingleses de nacimiento y formación. Abandonaron Inglaterra en 1939 para trasladarse a Suecia, donde residieron hasta su fallecimiento en 2005 (Ralph) y 1988 (Ruth).

[12] Una de las derivadas de este experimento fue el rechazo a los grandes paños acristalados.

[13] La acumulación de enseres, menaje, ropa es una acción moderna, propia de la economía del consumo y de la hiperhigiene corporal y objetual.

exterior. Dicha superficie se aproxima a la superficie de la sala de estar de cualquier vivienda estándar de los años noventa del siglo XX y de comienzos del XXI.

La Caja adopta el contorno de un prisma que se deforma para atender a los requerimientos materiales. Debe evacuar el agua y la nieve, soslayando la presencia de canalones y bajantes. Esa deformación se traslada al interior para ajustar la altura en la zona de entrada y en la de apertura hacia el jardín. Se modela la sección de los cerramientos hasta reducir al mínimo el espesor en sus bordes para dar sensación de levedad. De igual modo, el volumen incorpora espacios intermedios, cubiertos y abiertos, como parte principal del habitar, a la vez que las piezas auxiliares, como el almacenaje o la evacuación de humos, se emplean para ordenar el interior.

Para acceder a su interior se atraviesa el muro norte, ciego, con una doble banda de almacenaje para la leña y para el ajuar doméstico y laboral. Una banda que refuerza la protección térmica del cerramiento y que queda interrumpida por el zaguán de entrada. Interiormente, el cuerpo de la chimenea divide el espacio en dos partes desiguales. A un lado la cocina y al otro la estancia-dormitorio-despacho. Una pieza que se amplía visualmente con los huecos al este, a la altura de la vista desde una posición sedente, y con la apertura al sur, hacia la parcela. El mobiliario incorpora soluciones de la arquitectura popular, como la mesa de encarte o como la cama-sofá colgada, que formaliza un falso techo durante el día. Todo en la cabaña está pensado para el uso cotidiano. Todo se encuentra adaptado a los cuerpos, a las necesidades diarias. Las tareas de arreglo y orden recaen en Ruth y Ralph, en tanto que la casa es a la vez hogar y lugar de trabajo.

He aquí el segundo ejercicio: tomar la Caja y someterla a un proceso de síntesis para que de ella pueda derivarse la parada de autobús solicitada para el Campo da Fraga. Despojada de toda materialidad,

¿cómo se dispondría?, ¿cómo habríamos de orientarla?, ¿qué elementos mantendríamos?, ¿cómo se accedería?, ¿sería precisa una o más Cajas?

Se aplica la técnica del *collage* para aproximarnos al proyecto arquitectónico, continuando con las intervenciones disruptivas. La Caja, tan personal y aparentemente alejada de los códigos formales de la Modernidad, sirve de contrapunto al simbolismo del pabellón y el templo. Ofrece una interpretación plenamente contemporánea de la cabaña, el refugio que todos precisamos, que en muchas ocasiones se reduce a una minúscula burbuja.

Resta realizar una reflexión final sobre este pequeño objeto nacido de una necesidad y convertido en un objeto museístico. Deteriorado, finalizada su vida útil, se reconstruye para enseñarlo como un paradigma de la arquitectura. La arquitectura del arte y de la historia.

Los iniciadores del movimiento moderno pretendían la disolución del arte al incorporar este a la cotidianeidad. El vocablo *arte* equivale a lo bien pensado y ejecutado, a lo racional y lógico, a lo ordenado. Si todo es arte,

¿este desaparece? El arte es una expresión individual y colectiva. Para que se transforme en lo común requiere una sociedad cultivada y formada. Es un ideal colectivo, difícil de alcanzar. La misma definición de lo que es arte va mutando a la par que los cambios sociales.

La Caja carece de vocación de artefacto artístico. Es pura vida y, como tal, efímera y limitada. Con el traslado, olvidado su lugar y su finalidad, ha pasado a ser un objeto contemplativo… y crematístico… Por otro lado, la tecnología permite su recreación virtual simultánea, ejecutando gestos cotidianos: sentarse en la mesa y mirar hacia el este o contemplar las terrazas verdes que se extienden hacia el sur. Incluso podría reconstruirse fidedignamente con el escaneado tridimensional con el que se recogen todas las hendiduras, los roces del tiempo, las grietas y relieves, las imperfecciones… Seguiría faltando el contexto, imprescindible para este objeto.

Aunque no cesamos de hablar de la arquitectura del lugar y del territorio, al final todo acaba reducido a un objeto trasladable de una ubicación a otra. Se convierte en un volumen, en una imagen, en una escultura. El uso de plataformas virtuales plagadas de imágenes no hace otra cosa que actualizar la fosilización de la arquitectura.

El ejercicio planteado no busca trasladar el objeto al Campo da Fraga y generar con él la parada, sino que persigue incitar a reflexionar sobre el lugar y el proceso de transformación que exige toda apropiación de cualquier objeto que se estudie.

> La casa de la pintora Maud Lewis y su marido, el vendedor de pescado Everett Lewis, ejemplifica la casa-artefacto-artístico. Ella convirtió todos los paramentos y elementos fijos de la casa en soportes de su obra. Años después de fallecer tanto ella como su marido, la Galería de Arte de Nueva Escocia se hizo cargo del inmueble. Restaurada, la cabaña forma parte de su exposición permanente. Como vestigio de su memoria se levantó una construcción conmemorativa con las mismas dimensiones de la casa a partir del proyecto del arquitecto Brian MacKay-Lyons.
>
> Este caso se diferencia claramente de la Caja o del Pabellón, puesto que el interés no se sitúa en la cabaña como objeto arquitectónico, sino pictórico. Su valor radica en dar soporte a una actividad realizada para ser contemplada.

4.2.3 LOS MIRADORES

Pasamos del siglo XX al XXI. De Europa a Sudamérica. De dos iconos de la órbita académica a otros producidos desde ella. Los dos miradores, una terraza y una caseta, son la «obra de título» de su autor, Rodrigo Sheward, alumno de la Escuela de Arquitectura de la Universidad de Talca, en Chile. Por ubicación y materialidad se acercan más a la Caja que al Pabellón, aunque comparten con este una funcionalidad ambigua. Coinciden en otro aspecto con las dos obras europeas: la intención de convertirlos en un

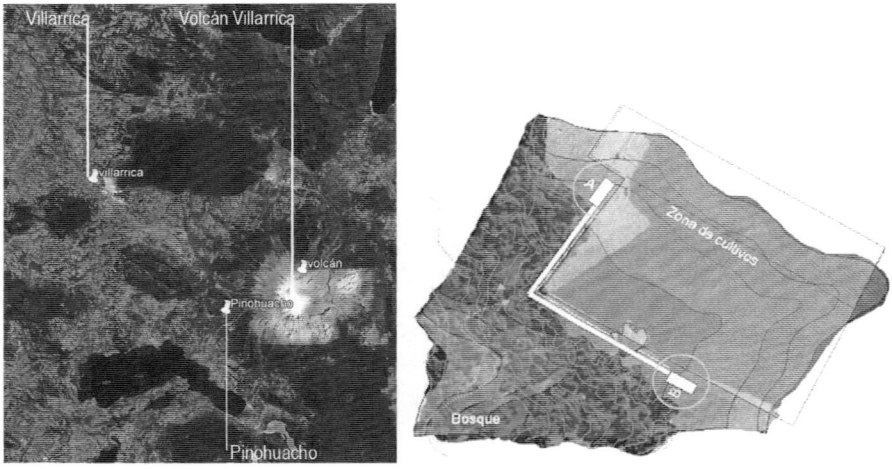

Figura 4-8. Contexto de los miradores. Situación de Villarrica, el volcán del mismo nombre y el enclave de los miradores. A. Caseta / B. Terraza.

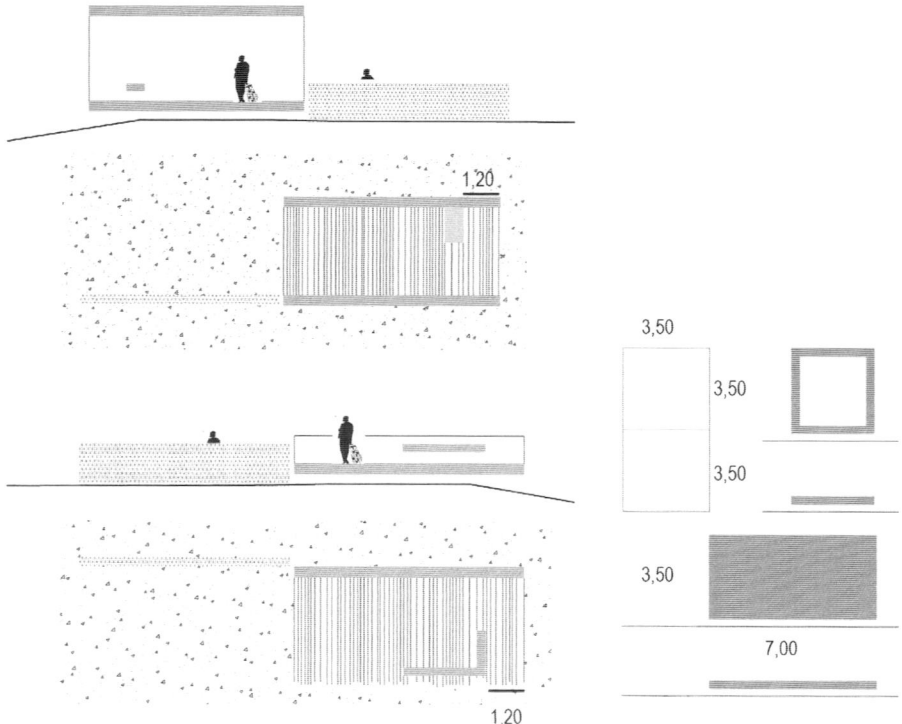

Figura 4-9. Caseta y terraza. Esquema.

hito, en este caso de la sostenibilidad y de la intervención sensible en un territorio antropizado.

Los miradores se disponen en un entorno geográfico y social inmerso en la naturaleza: un bosque en las proximidades de Pinohuacho, una comunidad formada fundamentalmente por leñadores asentada cerca de la ciudad de Villarrica (fig. 4-8). La situación condiciona totalmente el proyecto, tanto por la elección del material como por la implicación de la mano de obra. No se taló ningún árbol para la construcción, sino que se emplearon las piezas de coigüe disponibles en el entorno, trabajadas con un aserradero portátil llevado al lugar por bueyes. De la construcción se encargó la comunidad promotora de la iniciativa, la familia Vázquez.

Ambas piezas incorporan los valores sociales de una obra colectiva enfocada a mejorar las condiciones económicas de la zona. Como objetos desempeñan tanto una función simbólica como utilitaria. Intervienen en un ámbito territorial con un material sostenible en su procedencia, así como en su mantenimiento y obsolescencia. De ahí surge el plano horizontal posado sobre el terreno, empleado para ubicarse sobre dos puntos singulares desde los que mirar el paisaje, permitiendo el cobijo y el descanso en el camino (fig. 4-9).

Las medidas de las dos plataformas son idénticas, 7,00 × 3,50 m. Equivale a un rectángulo formado por dos cuadrados: 2 × (3,50 × 3,50). Una, la terraza descubierta. Otra, la caseta, con una altura pensada para que en su interior se refugien, si fuese el caso, un jinete y su caballo. Esta última pieza se asemeja a la Caja en sus medidas interiores, aunque, al contrario que en ella, son los lados menores los que enmarcan el paisaje.

Al igual que el Pabellón y la Caja, los dos miradores se levantan sobre un esquema formal que puede emplearse en otros lugares. En este caso, además, ni siquiera existen referencias de orientación solar, puesto que se atan al terreno orientándose a las vistas, una condición propia del lugar.

Se propone un ejercicio análogo a los ya planteados, ¿cómo se incorporan al Campo da Fraga? ¿Una, otra o las dos?, ¿con qué orientación?, ¿habría que considerar el efecto del viento o solo las vistas?, ¿cómo se dispondría con respecto de los recorridos peatonales que se producen entre las facultades y el Campo da Fraga?

La caseta se exhibió en la Bienal de Venecia de 2016, comisariada por Alejandro Aravena. Con tal motivo, se desmontó y se trasladó a Venecia, donde se volvió a montar. Participaron en la tarea dos de los leñadores que habían impulsado y participado en la construcción, Carlos y Pedro Vázquez. Finalizada la exposición volvió a su asentamiento. Una contradicción más entre el discurso y la acción: parece poco sostenible el doble traslado de la pieza y su exhibición en un contexto tan radicalmente diferente.

4.2.4 PABELLÓN, CAJA Y MIRADORES

Las tres referencias propuestas ofrecen diferencias y semejanzas evidentes. Todas ellas se manifiestan a través del diálogo con el entorno, la geometría y la manera de ocupar el espacio.

La relación con el entorno se limita al basamento en el caso del Pabellón. Pensado como elemento representativo, es un objeto autónomo, centrado en sí mismo. Por el contrario, la Caja y los miradores nacen ligados a un terreno, a un clima y a un contexto humano, individual uno, colectivo otro.

En cuanto a la geometría, dos piezas se conforman a partir de planos y otras dos a partir de cajas cerradas. El Pabellón y la caja abierta se definen mediante planos verticales y horizontales dispuestos en relación con un soporte. El mirador-terraza, un volumen imaginario, se genera partiendo de un plano horizontal, con una textura y un nivel claramente diferenciado con respecto del terreno. Por su parte, la Caja y el mirador-caseta se muestran como cuerpos compactos.

La ocupación del espacio se realiza de manera concentrada en Barcelona y Pinohuacho, mientras que en Lissma-Lövon la ocupación se extiende por la parcela, definiendo el acceso desde el exterior y la comunicación entre el dentro y el fuera.

Una significativa diferencia de la Caja con respecto al resto de propuestas viene dada por la definición del espacio interior-exterior. En el Pabellón y en la caseta-mirador, el dentro y el fuera de los cerramientos responden a una geometría similar, mientras que, en la Caja, el anverso y reverso de la envolvente no mantienen los contornos paralelos.

4.3   OCHO IMÁGENES

Llamamos imagen a la representación gráfica de una figura. Hemos estado viendo imágenes del Pabellón Barcelona, de la Caja y de los Miradores. Al dar dimensión a los dibujos los hemos transformado en planos. Se proporcionan para comprender los objetos en su justo tamaño y para ponerlos en relación con nosotros y con el contexto.

El primer paso para entablar un diálogo fructífero con el objeto implica, por tanto, conocer sus dimensiones. Sin ese vínculo los dibujos son solo imágenes. Atractivas y sugerentes, desagradables o mudas. Sin duda, podemos apropiarnos de ellas, interpretarlas e incorporarlas como soporte del proyecto. Incluso establecer analogías entre su presencia y nuestras propuestas, asignarles una escala conveniente a nuestra necesidad o convertirlas en intenciones gráficas.

Se presentan seguidamente ocho imágenes. No se describen, solo se traslada con palabras y frases cortas mi mirada de arquitecta. Lector, lectora, podrán ustedes hacer otras valoraciones, las suyas propias.

1. FIGURA 4-10. FOTOGRAFÍA (interpretación fotográfica de una composición de Piet Mondrian, Juan García Gálvez)

Una pintura. Una vidriera. Una fuente de cerámica. Una alfombra. El tablero de una mesa. La portada de un libro. Un fragmento de un plano catastral. Un fragmento de un plano urbano. Una planta de cubiertas. La planta de un espacio exterior. El despiece de un pavimento. Un alzado.

2. FIGURA 4-11. BOCETO 1

Una planta. Una sección. Un objeto enterrado. Un objeto rodeado de agua.

3. FIGURA 4-12. LOS DADOS Y UN INFANTE (referencia de la guardería Els Daus, Estudio AIA)

Un suelo de tablas con hojas caídas, unos cubos de color y... ¿un niño? ¿Son asientos? La figura infantil define la escala de los prismas. Sin ella, podríamos estar observando unas piezas de un juego de construcción o unos dados.

4. FIGURA 4-13. BOCETO 2

La forma circular nos remite a la planta de un objeto arquitectónico. No se asocia ni a una sección ni a un alzado: el círculo tiende a la estabilidad sin elementos que coarten su movimiento sobre la superficie de apoyo.

5. FIGURA 4-14. CUADRADO ROJO (Kazimir Malévich)

Al igual que la figura 4-11, esta podría ser una planta de cubiertas, la planta de un jardín o de una plaza, tal vez un estanque. Un alzado, una planta o una sección. ¿Representa el polígono central el vacío?

¿Qué relación existe entre esta imagen y el alzado del Mirador? ¿Qué diferencia? ¿Las proporciones? El cuadrado interior, deformado, ¿qué efecto tendría en la sección de un objeto arquitectónico? Todo objeto con cualquier uso, ¿podría adecuarse a un interior distinto de un exterior?

6. FIGURA 4-15. DIBUJO

El dibujo carece de dimensiones, pero posee escala. Viene dada por las figuras humanas. ¿Dónde pueden estar esas figuras? ¿A dónde van? ¿Podríamos generar un proyecto para ellas?

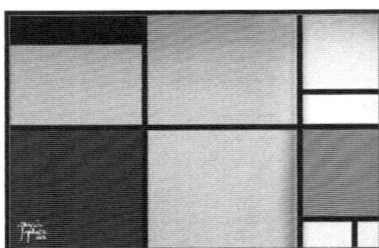

Figura 4-10. Fotografía.

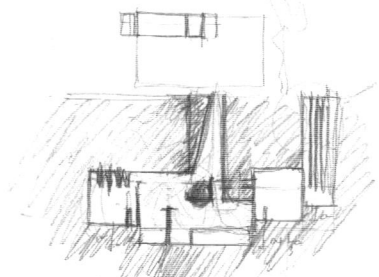

Figura 4-11. Boceto 1.

Figura 4-12. Los dados y un infante.

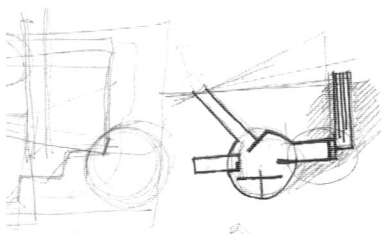

Figura 4-13. Boceto 2.

Figura 4-14. Cuadro rojo.

Figura 4-15. Dibujo.

Figura 4-16. Panel en un exterior.

Figura 4-17. San Miguel de Celanova.

Figura 4-18. ¿Qué imagen corresponderá a la parada que proyectemos?

7. FIGURA 4-16. PANEL EN UN EXTERIOR (Panel de cierre en el hotel Cret des Neiges. 1938. Charlotte Perriand)

Una imagen sugerente, pero ¿qué muestra? Un cerramiento con una puerta, ¿a dónde nos lleva? Y el entramado, ¿está acristalado?, ¿cómo se conjuga la puerta con lo que se trasluce tras las particiones transparentes?

8. FIGURA 4-17. SAN MIGUEL DE CELANOVA (c. 937-942)

San Miguel de Celanova es un singular edificio prerrománico de la provincia de Ourense declarado Monumento Nacional en 1923. Forma parte del Monasterio de San Salvador, fundando por San Rosendo y consagrado en el año 942.

Salvo que se conozca el monumento o se tengan conocimientos de historia de la arquitectura, la fotografía remite a un templo rural. Aunque, a menudo, los edificios de esa naturaleza respondan a un volumen con unas proporciones claramente diferentes. Por este motivo, la imagen, sin referencia de escala, resulta un engaño visual.

No se desvelarán las dimensiones del objeto. Se deja a la curiosidad de cada quien el buscarlas.

9. FIGURA 4-18. LAS IMÁGENES Y LA PARADA DE AUTOBÚS EN EL CAMPO DA FRAGA

Tras este paseo por ocho imágenes, ¿cuál elegiríamos como paso inicial para llegar a definir la parada de autobús en su entorno? ¿Qué imagen generaríamos a partir del objeto ideado?

4.4 COROLARIO

Retomando los proyectos comentados, el Pabellón Barcelona, la Caja y los Miradores, fotografías y dibujos los muestran como imágenes. Imágenes realizadas con la clara intención de enfatizar las cualidades plásticas (fig. 4-18).

En esta muestra se ha perdido la relación de escala. La disposición de estos elementos no tiene que ver con el tamaño del objeto en sí, sino con las proporciones de las propias imágenes. Los objetos se han desprendido de su naturaleza arquitectónica. Devienen en elementos de una composición plana. Nada que ver con la relación dimensional entre ellos.

Falta la incorporación una cuarta imagen, la que corresponde a la respuesta al enunciado propuesto: la definida por la parada de autobús que cada quien haya ideado.

Sin duda, las imágenes son grafismos sobre un fondo. Sin significado ni contenido dimensional. No obstante, sugieren referencias, apuntan posibilidades. Dotándolos de dimensiones y situándolos en el contexto adecuado, pueden transformarse en dibujos de un proyecto. Materializarse en una entidad concreta.

I4 BIBLIOGRAFÍA

- Bonta, Juan Pablo (1993). *Mies van der Rohe, Barcelona 1929*. Barcelona: Gustavo Gili.

- Collymore, Peter (1983). *Ralph Erskine*. Barcelona: Gustavo Gili.

- Egelius, Mats (1990). *Ralph Erskine, architect*. Estocolmo: Byggförlaget.

- González de Canales Ruiz, Francisco José (2005). «La autoconstrucción ambiental de Ralph Erskine». *Arquitectura*, 3341:80-89.

- Grupo Talca (2010). «Caseta y miradores turísticos». *AV Monografías*, 138:118-123.

- Lapuerta, José María de (2009). «Casas de maestros» (monográfico). *A&V Monografías*, 132.

- Sennet, Richard (2009). *El artesano*. Barcelona: Anagrama.

- Viaplana, Albert (1988/2016). *Proyecto docente. Albert Viaplana*. Barcelona: Estudi Albert Viaplana/David Viaplana ARQTS SLP.

TEXTOS CLÁSICOS

- Zevi, Bruno (1978). *Saber ver la arquitectura*. Barcelona: Poseidón.

URL

- QR_4-1. Espegel Alonso, Carmen (2014). «La casa como renuncia». <http://dpa-etsam.aq.upm.es/gi/arkrit/blog/> [29/10/2022].

- QR_4-2. Blundell Jones, Peter (2014). «Ralph Erskine: An organic architect?». *Architectural Research Quarterly*, 18(3):210-217. <doi:10.1017/S1359135514000566>.

- QR_4-3. «Mirador Pinohuacho / Grupo Talca» (2012). *Arch Daily*, 5 de noviembre. <https://www.archdaily.com/4160/pinohuacho-observation-deck-rodrigo-sheward?ad_source=search&ad_medium=projects_tab>.

- QR_4-4. Mora, Pola (2016). «Bienal de Venecia 2016: "Reporting from Chile" (o desde Chile para el mundo)». *Arch Daily*, 27 de mayo. <https://www.archdaily.com/788468/from-chile-to-the-world-reporting-from-the-venice-biennale-2016?ad_source=search&ad_medium=projects_tab&ad_source=search&ad_medium=search_result_all>.

QR_4-1 QR_4-2 QR_4-3 QR_4-4

A4   ACTIVIDADES

- Dotar de escala a las imágenes del apartado 4.3, asignarles usos y convertirlas en una planta, un alzado o una sección.
- Reflexionar sobre los elementos que forman —o pueden formar— parte de la parada de autobús del ejercicio planteado al inicio de la instrucción.
- Definir un boceto de la parada con los elementos reconocidos a partir del Pabellón Barcelona.
- Definir un boceto de la parada con los elementos reconocidos a partir de la Caja.
- Definir un boceto de la parada con los elementos reconocidos a partir de uno de los dos miradores.

A4. Parada de autobús en Umea, Suecia. <https://youtu.be/GsdXOyJvnZM>.

Instrucción 5

RELATAR EL PROYECTO.
PLANTAS. SECCIONES. ALZADOS E IMÁGENES

Ocupar el espacio. Plantas y secciones – Relación con el contexto. Alzados e imágenes – Corolario – Bibliografía – Actividades

Poética

Poiein. Acción creadora, productora, siempre sometida a reglas.

1. Disciplina que se ocupa de la elaboración de un sistema de principios, conceptos generales, modelos y metalenguaje científico para describir, clasificar y analizar las obras de arte verbal o creaciones literarias.

https://www.lexico.com/es/definicion/poetica

Para Aristóteles la poética contempla la producción literaria, que abarca desde el principio generador o mímesis hasta los efectos que provoca en los receptores o catarsis. Se divide en tres géneros: narrativo, lírico y dramático. El primero relata unos hechos, sean verdaderos o ficticios, exponiendo y describiendo las situaciones que dan lugar a la narración. El segundo transmite sensaciones y sentimientos suscitados por algo o alguien. El tercero presenta un hecho a través del diálogo entre los personajes implicados en él.

Por analogía, se pueden trasponer los tres géneros al lenguaje gráfico, de tal modo que el narrativo corresponda al dibujo técnico —con herramientas de apoyo o a mano alzada—, el lírico a la pintura y el dramático a la viñeta gráfica.

Según esto, la narrativa sería el género paradigmático de la arquitectura —y de la ingeniería— en cuanto actividad que pretende transformar la realidad a través del conocimiento e imitación de esta. Conforme a ello, el dibujo se convierte en el instrumento de ideación y de expresión del proyecto arquitectural. La mímesis adopta la nomenclatura de representación y también la de expresión, categorizada en cuatro sistemas gráficos.

El primero, el sistema acotado, relaciona los dibujos con los números, tanto para el reconocimiento de terrenos naturales —topografía— como para definir las normas de acotación de los dibujos arquitectónicos. Se

Tabla 5-1. Contenido gráfico de los planos

Elementos	Situación	Planta	Cubierta	Sección	Alzado de conjunto	Alzado	Imágenes
Límites							
Cerramientos verticales	▼	▼		▼	▼	▼	▼
Huecos plano vertical				▼	▼	▼	▼
Huecos plano horizontal	▼	▼	▼				▽
Muros de cierre	▼	▼	▼	▼	▽	▼	▽
Forjados				▼	▽		
Particiones interiores	▽	▼		▼	▼	▼	▽
Puertas de paso		▼		▼	▽		▽
Contorno	▼		▼	▼	▼	▼	▽
Cambios de nivel							
Escaleras exteriores	▼	▼	▼	▼	▼	▼	▽
Escaleras interiores	▽	▼		▼	▼	▼	▽
Escalones		▼	▼	▼	▽	▼	▽
Plataformas	▼	▼	▼	▼	▼	▼	▽
Otros							
Proyección s/ planta		▼					
Pavimentos exteriores	▼	▼	▼				▽
Pavimentos interiores		▼					▽
Mobiliario		▼		▼			▽
Topografía exterior	▼	▼	▼	▼	▼	▼	▽
Vegetación	▼	▼	▼	▼	▼	▼	▽
Agua	▼	▼	▼	▼	▼	▼	▽

▽ Presente en casos particulares, atendiendo a la escala y al caso particular.

▼ Presente de manera general.

Aplica fundamentalmente en los documentos ejecutivos del proyecto, pero también se emplea en los bocetos, sometidos a la rutina continua del dimensionado, mediante las anotaciones numéricas que acompañan a los esquemas sin escala. El segundo, el sistema diédrico, da pie al relato del objeto, «el proyecto»[1]. El tercero y el cuarto, el axonométrico y el cónico, recrean la tridimensionalidad del objeto[2]. La axonometría, considerando

---

[1] Las voces *representar* y *expresar* muestran dos maneras de aproximarse al dibujo del entorno y del proyecto desde una posición objetiva-neutra. Representar lleva implícita la idea de escenificar o actuar en «sustitución de». Al representar, bajo una premisa de objetividad, parece que queremos dejar oculta toda la subjetividad y la intención de la mirada propia, muy significativa tanto al «imitar» como al proponer. Complementariamente, el vocablo *expresar* contiene de manera tácita la subjetividad propia al trasladar la realidad al dibujo o al trazar los planos del objeto. Esta palabra está tan ligada al género lírico que se usa escasamente cuando hablamos del proyecto arquitectónico, salvo para aludir al manejo personal del dibujo, esto es, al modo en que se realiza la representación al interpretar las convenciones del lenguaje arquitectónico.
Al dibujar el proyecto, representamos el objeto con nuestra expresión propia y dentro de las convenciones comunes. Los dibujos adquieren la personalidad de quien los realiza.

[2] El *software* de modelización 3D ha venido a sustituir a la axonometría analógica, pero no así a la perspectiva a mano alzada, eficaz en el proceso inicial de ideación.

al objeto como una pieza autónoma, aislada del contexto. La perspectiva cónica exterior, situándolo en el entorno; la cónica interior, definiéndolo como un vacío habitable.

Relatar o narrar el proyecto equivale a describirlo, darlo a conocer detalladamente. Esta acción se realiza fundamentalmente por medio de las plantas, secciones, alzados y las imágenes, sean perspectivas analógicas o recreaciones digitales. La descripción incluye el objeto en sí —interior y exterior—, junto con su disposición en el entorno.

Leer el objeto significa interpretar el relato —el contenido gráfico— expresado mediante líneas y símbolos (tabla 5-1). Las vistas diédricas informan sobre los aspectos funcionales, sean utilitarios, formales y/o simbólicos, así como de su estructura y orden.

La planta y el alzado se configuran como parte de los mecanismos de comunicación convencional. La planta informa sobre la distribución de las viviendas en las agencias inmobiliarias, sobre los recorridos de evacuación, sobre la ubicación de usos en los centros comerciales, en las dependencias administrativas o en los museos. El alzado avanza lo que será la fachada, la imagen percibida en el tránsito cotidiano. La sección resulta ser el elemento más técnico: los usuarios la perciben, pero no la identifican con «los cortes», denominación de las secciones en las materias de dibujo técnico de las enseñanzas media y secundaria.

De las tres vistas, la planta y la sección expresan el modo en que el objeto estructura el espacio ocupado. Leyéndolas se deducen las relaciones que se establecerán entre las personas y el objeto y entre ellas y el contexto. El alzado y las imágenes —dibujos, infografías y maquetas— recrean la expresión sensible del objeto: cómo se percibirá, cómo se interpretará y qué aportará al entorno físico.

Se abordan seguidamente estos elementos narrativos para profundizar en su significado y adiestrar en su lectura siguiendo la secuencia definida por la ocupación del espacio y la relación visual con el contexto: plantas, secciones, alzados e imágenes.

5.1 OCUPAR EL ESPACIO. PLANTAS Y SECCIONES

Plantas y secciones son obtenidas tras cortar el objeto arquitectónico horizontal y verticalmente, según corresponda. Se descubre el interior con la tabiquería, los huecos de paso y los de iluminación, el mobiliario, los conductos de instalaciones… Ambas proyecciones describen el interior arquitectónico, la intersección con el terreno y su relación con el entorno.

En el lenguaje coloquial «el plano» se refiere a la planta o plantas resultantes de un corte, puesto que nosotros proyectamos el espacio interior, el vacío,

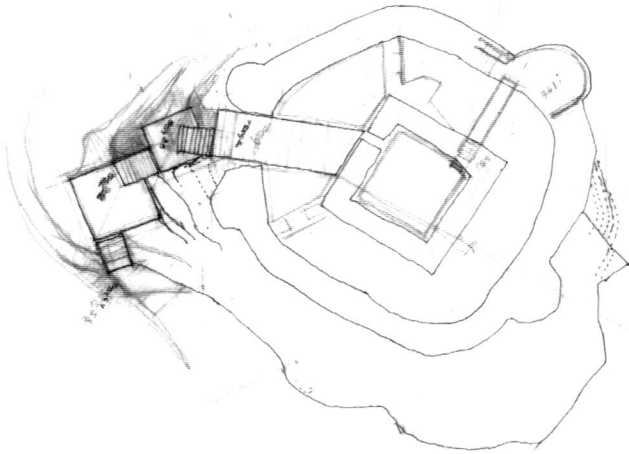

Figura 5-1. Boceto. Fortaleza de A Peroxa, Ourense.

lo ordenamos para ser ocupado. Otro tanto sucede con la sección. Ni planta ni sección son visibles, sino que se recorren, se usan y se está en ellas. Transmiten el orden proporcionado en el dibujo. El buen funcionamiento, las sensaciones agradables o la confortabilidad de las piezas quedarán definidas mediante las dos proyecciones.

5.1.1 PLANOS Y PLANTAS

Figura que forman sobre el terreno los cimientos de un edificio o la sección horizontal de las paredes en cada uno de los diferentes pisos.

DRAE, 11.ª acepción

En un sentido general, la planta resulta de la proyección de un objeto sobre el plano horizontal (fig. 5-1). Geométricamente, se define como la proyección resultante del corte del objeto por un plano horizontal a una altura dada. En términos arquitecturales, es la proyección de cada nivel contenido en un objeto sobre el plano horizontal. Para ello se realizan otros tantos cortes mediante planos horizontales.

El plan [planta] necesita la imaginación más activa. También necesita la disciplina más severa. El plan es la determinación del todo; es el momento decisivo. Un plan no es tan lindo de trazar como el rostro de una madona; es una abstracción austera, una algebrización, árida a la vista.

Le Corbusier, *Hacia una arquitectura*, p. 36

A semejanza de Le Corbusier, el profesor Rafael Baltar[3] tenía muy presente la importancia de la planta en el proyecto de arquitectura. Durante la clase con él, empezábamos a relatar nuestras intenciones y aportaciones a la Arquitectura —con mayúscula, porque así lo creíamos—. Enseguida nos hacía posarnos en el terreno menos glamuroso de la técnica cuando decía: «Sí, sí…, todo esto está muy bien, ¿y las plantas?».

La planta tiene como finalidad describir la organización interior del objeto, por lo que se definen tantas plantas como niveles pisables existan. Actúa como generatriz y elemento narrativo del proyecto. Refleja la superficie ocupada en el entorno y muestra la proporción entre las partes del objeto. Contiene los principios de la estructura formal y portante.

El corte horizontal debe aportar la mayor información posible, por lo que se suele practicar a la altura intermedia de los huecos de los alzados o a la de los ojos de la persona, según convenga. En el caso de que existan huecos posicionados a diferentes cotas en una misma pieza, el plano de corte se establece por los que están a la altura de los ojos.

Debe hablarse de plantas, en plural, puesto que los objetos arquitectónicos tienen al menos tres: la planta de emplazamiento, con el objeto en el contexto; las plantas, con su orden interior y exterior; y la planta de cubiertas, que desaparece al trabajar con un objeto a cielo abierto. Comenzaremos por describir el plano o planta de conjunto y la de cubiertas antes de pasar a la planta, generatriz y expresión del proyecto.

Plano-planta de conjunto (situación y emplazamiento)

Tanto el plano de emplazamiento como el de situación ligan el objeto arquitectónico a su exterior. Se emplea la palabra *plano*, en lugar de *planta*, aplicando el vocabulario urbanístico-arquitectónico, en el que los planos se refieren a un contenido general, sea urbano o territorial, mientras que las plantas connotan el detalle y la ordenación de un programa[4].

En los primeros cursos se prioriza el trabajo con el plano de emplazamiento frente al de situación (fig. 5-2). No obstante, conviene indicar que existen diferencias entre uno y otro. Habitualmente en un mismo plano —papel— se dibujan ambos, yendo de lo general a lo particular. Cada uno obedece a una finalidad precisa y se expresa con su propia escala (tabla 5.2).

---

[3] Rafael Baltar, catedrático de Proyectos Arquitectónicos, impartió docencia en esta materia en el tercer curso de los estudios de arquitectura. Fue director del Departamento de Proyectos Arquitectónicos y Urbanismo de la ETSA de A Coruña desde 1990 hasta su jubilación en 2003. Varias promociones de estudiantes le llamaban «el Jardinero» debido a su querencia por solicitar al alumnado las plantas de los proyectos. Un apelativo cariñoso para una entrañable persona y profesor.

[4] Es frecuente que las y los estudiantes en sus primeros cursos empleen el término *mapa*, ligado a los planos de situación y emplazamiento, e incluso a las plantas de arquitectura. El mapa es un término geográfico, ajeno a la práctica arquitectónica y urbanística.

Figura 5-2. Zona de juegos en el paseo fluvial. Bertamiráns, Ames. 2009. mccl arquitectos. Plano de situación.

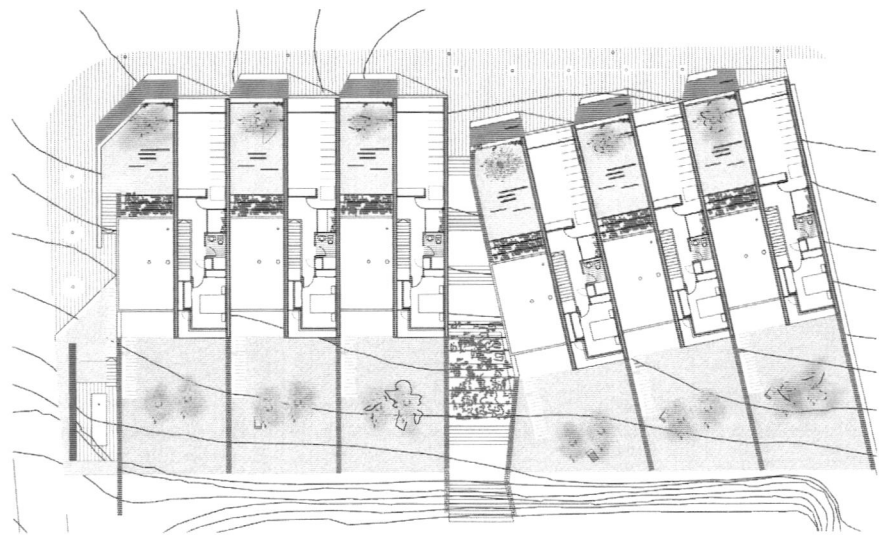

Figura 5-3. Proyecto de viviendas en Beariz. 2009. mccl arquitectos. Plano de emplazamiento.

La planta de emplazamiento (fig. 5-3) permite decidir por dónde se entra, qué cota es la adecuada para definir las rasantes interiores y exteriores, dónde han de situarse los huecos —dónde no—, según el soleamiento, la exposición a los vientos dominantes o las vistas. Con ella se verifica si las vistas y la orientación son coincidentes o qué condicionantes introducen las edificaciones del entorno... El plano-planta de emplazamiento resulta indispensable en el proceso de ideación[5]. Debe mostrar los ítems señalados en la tabla 5-2.

PLANTA DE CUBIERTAS

Geométricamente participa de la naturaleza de la planta y del alzado. Generada como proyección del objeto sobre el plano horizontal, refleja la apariencia externa. Se ha convertido en la quinta fachada al ser perceptible a vista de pájaro con una función análoga a la de los alzados: envolvente y límite del objeto, especialmente en la actualidad, cuando satélites y drones han puesto al alcance de la ciudadanía la fotografía aérea y la imagen a vista de dron (pájaro electrónico).

PLANTAS

Todas las plantas son necesarias para describir la pieza, pero no todas gozan de la misma representatividad. Para explicar la intención del proyecto se elige aquella que sintetiza el alcance del objeto, así como el diálogo que entabla con el lugar. Durante el proceso se dibujan sucesivas aproximaciones hasta llegar a la propuesta final. De las plantas afloran:

- El orden geométrico y formal.
- La categoría del objeto, sea doméstico o colectivo, privado o público.
- La relación entre el programa de necesidades y las estancias, que se agrupan atendiendo a la zonificación de uso, la flexibilidad y/o diversidad funcional, la privacidad o la representatividad.
- La proporción entre los usos y su superficie.
- La proporción entre el objeto y su entorno inmediato, la parcela; su gravidez o ligereza.
- La escala: objetual, doméstica o monumental.
- La relación entre interior y exterior: la iluminación, las vistas.
- La incorporación de la naturaleza en el proyecto.
- La relación con el ambiente circundante.

---

[5] En los proyectos profesionales se incorpora habitualmente la cubierta en el plano de emplazamiento. En él se señalan las redes de instalaciones urbanas a las que se conecta el edificio. Debe tenerse en cuenta que el «proyecto» de obra es un documento de síntesis, destinado a la ejecución, en el que se omiten las expresiones aclaratorias y justificativas del proceso de ideación. La sustitución de la planta de acceso por la de cubierta en el emplazamiento no significa que este haya estado ausente durante el proceso de ideación.

Tabla 5-2. Planos de situación y emplazamiento: finalidad, escalas y soporte cartográfico

PLANO	SITUACIÓN	EMPLAZAMIENTO
FINALIDAD	• Ubicar el proyecto, de modo que se pueda localizar su posición físicamente. • Recoger el viario de acceso, la edificación circundante, los equipamientos próximos o cualquier otro elemento que influya en el proyecto y que constituya una referencia necesaria para su localización.	• Proporcionar la lectura conjunta del proyecto en relación con el entorno inmediato. • Recoger los accesos y las instalaciones urbanas. • Reflejar la posición y la relación del objeto con el contexto. Según la escala se incorpora la planta de cubiertas o la planta de acceso en caso de explicar el objeto en relación con el entorno. • Aportar una mirada general para determinar las disfunciones que puedan surgir en la relación objeto-lugar, tanto en los aspectos funcionales como en la escala de uno respecto de otro. • Reflejar las condiciones urbanísticas en el caso del documento profesional.
ESCALA	• 1/5000. • 1/2000. • 1/1000.	• 1/1000 (objetos de gran superficie cuya parcela, a escala 1/500, ocupa, al menos, un DIN A2). • 1/500. • 1/200. • 1/100 (pequeños objetos cuya planta de conjunto cabe en un DIN A3).
BASE	• La cartografía urbanística o la catastral. De no disponer de cartografía: —la fotografía aérea, —esquema, identificando la parcela.	• Plano topográfico y/o levantamiento gráfico de la parcela.

Tabla 5-3. Contenido de las plantas

ELEMENTOS DEL DIBUJO	LECTURA	NOMENCLATURA

Agua
Calles
Cambio de nivel
Cerramiento
Cierres
Entorno construido
Escaleras
Huecos
Mobiliario
Puertas
Pavimentos
Vegetación
	Acceso
	Iluminación y vistas
	Ocupación sobre el suelo:
	   huella y superficie
	Orden geométrico
	Orientación
	Proporción superficies / usos
	Relación interior / exterior
	Relación entre espacios:
	   dinamismo
	   estaticidad
	   fluidez
	Ventilación
		Planta
		Planta de situación
		Planta de emplazamiento
		Planta de conjunto
		Planta sótano
		Planta semisótano
		Planta baja
		Planta de acceso
		Entreplanta
		Planta primera
		Planta tipo, segunda, tercera...
		Planta bajo cubierta
		Planta de cubiertas

Las escalas empleadas usualmente en los planos incorporan los números 1, 2 y 5: 1/5000, 1/2000, 1/1000, 1/500, 1/200, 1/100, 1/50... La técnica proyectual relega el uso de otras escalas. La escala «hasta ajustar» de la impresión digital o aquella seleccionada en función del tamaño del papel carecen de rigor «profesional».

Solo los dibujos empleados en publicaciones, memorias o documentos que combinen textos e imágenes admiten otras escalas. En esta situación conviene acompañar la escala gráfica en vez de la numérica o incorporar alguna cota para facilitar la lectura y comprensión del objeto.

Pero ¿cómo surge la planta? Un proceso sencillo de enunciar, pero complejo de interiorizar y de poner en práctica. El trazado de una planta integra los datos provenientes del programa y del lugar bajo el hilo narrativo de la intención. En esta última entran en juego la subjetividad propia y la empatía, el ponerse en otra piel, la de habitante, para transformar unas necesidades utilitarias en grafías. No se proyecta para una misma, sino para otros. Somos responsables de interpretar unas demandas que sintetizan la complejidad de una actividad humana y plasmarlas en unos dibujos.

> Se dimensionan grosso modo las partes del programa: escalera, estancias, corredores, agregados de locales húmedos, agregados de escalera y locales húmedos..., se considera la manera de organizarlo, según la intención. Esta, conceptual, debe trasladarse a una intención gráfica, pautada por ejes, mallas, redes, disgregaciones, yuxtaposiciones, maclas u otras relaciones.

> La planta empieza a esbozarse, desde dentro hacia fuera. Se predimensionan las piezas, se buscan relaciones proporcionales entre ellas. Se considera la dirección del acceso, aquellos elementos que dan sentido a la intención por representatividad conceptual o por carácter estructurante...

La planta aflora de dentro afuera en un proceso que, al menos, se desenvuelve considerando dos situaciones:

- De volúmenes preestablecidos, como la edificación entre medianeras y las alineaciones urbanas. Se opta por definir una dirección dominante o traza jerárquica, coincidente o no con alguna de su perímetro.

- De volúmenes configurados durante el propio proceso de generación del proyecto. La planta surge de la relación entre programa y contexto con la intención como catalizador.

Los volúmenes sin emplazamiento prefijado constituyen un caso particular. Este sería el caso del mobiliario urbano, aunque sea habitable —las marquesinas, los aseos públicos, las carpas, las casetas...—. Al carecer de ubicación geográfica, la actividad proyectual se transforma en diseño, ya que el proyecto de arquitectura siempre se liga al terreno.

El proceso inverso, de fuera hacia dentro, da lugar a lo que se llama «resolver el crucigrama», que no es otra cosa que «distribuir» o «encajar». Esto es, disponer las estancias, corredores y otras partes con más o menos acierto, siguiendo el contorno predefinido y con predominio de lo (falso) utilitario, sin un orden que integre los límites ni las interacciones entre personas y estancias.

En un volumen exento no cabe «el encaje». La acción de organizar, como método, frente a distribuir, como mecánica, es una de las señas diferenciales del proyecto arquitectónico. Ordenar constituye una de las metas de arquitectas y arquitectos. El resto es delineación, independientemente de la pregnancia de la grafía o de lo sugerente de la envoltura[6].

El dibujo de las plantas requiere fijar la altura de corte para que se aporte la mayor información posible. Genéricamente se toma como nivel la altura intermedia de los huecos. Es un nivel intuitivo y aproximado, convencional. En cualquier caso, se busca describir de la manera más sintética y completa cómo es el espacio y cómo se percibe.

Los elementos que forman parte de la planta se enumeran en la tabla 5-3. Con ellos se interpretan los planos, se infiere la intención del proyectista en relación con el lugar, y al modo de habitar el objeto, que puede o no coincidir con el de sus moradores y usuarios.

Qué se lee en una planta:

- Por dónde y cómo se accede al interior.
- Cómo y en qué proporción se ocupa el suelo disponible.
- Qué orden geométrico organiza el espacio.
- Cómo se orienta: de manera obligada o elegible, según las condiciones de la parcela.
- Cómo se relaciona con el exterior público o privado.
- Cómo son las conexiones entre las estancias.
- Qué proporción de superficie se asigna a cada uso.
- Cómo se ilumina y se relaciona visualmente con su entorno.
- Cómo se ventila.
- Cómo se incorpora la naturaleza al proyecto.

La cota del acceso exterior, la rasante, determina la referencia para nombrar las plantas. Las situadas bajo ella se llaman sótanos, identificadas según el orden de los números negativos; si sobresalen lo suficiente de dicho nivel para ventilar o si están enterradas por un lado y comunicadas con el exterior por otro, formalizan los semisótanos. Las que resultan del aprovechamiento del vacío generado entre el último forjado y la cubierta se llaman plantas bajo cubierta. Las plantas situadas entre la rasante y el último plano horizontal se nombran según el orden de recorrido. Si son dos, se suelen identificar como planta baja y planta alta. La planta en contacto con el acceso es siempre planta baja, aunque esté sobreelevada mediante unas escaleras o una rampa.

Como muestra de la información que las plantas aportan para la comprensión de las piezas arquitectónicas, se estudiarán dos objetos de

---

[6] Arquitectura y escultura participan de principios formales comunes, como la proporción, el ritmo o la llamada activación del espacio, un término con el que se pretende explicar la transformación del vacío al ocuparlo con un volumen, sea este cerrado o abierto.

No obstante, la arquitectura, género narrativo, produce volúmenes habitables, mientras que la escultura, género lírico, genera volúmenes no habitables, independientemente de su tamaño y del hecho de ser penetrables.

pequeña superficie, alejados de los códigos de la arquitectura moderna más ortodoxa. Con un uso análogo, responden a situaciones contrapuestas: la residencia circunstancial frente a la necesaria.

EL CABANON (ROQUEBRUNE-CAP MARTIN, FRANCIA, 1951. LE CORBUSIER)

La ideación de esta obra fundamenta el mito de la inspiración y la servilleta de papel desde el momento en que Le Corbusier relata que hizo los planos en cuarenta y cinco minutos mientras estaba en un bar de la Costa Azul, probablemente l'Étoile de Mer[7].

En el Cabanon el plano —la planta— describe los elementos de separación, el pavimento, el mobiliario y la apertura de las contraventanas y las ventanas. La cabaña está concebida de tal modo que cada mueble tiene su ubicación justa y precisa. Las camas son el único elemento móvil y sus posibles ubicaciones se muestran con las líneas a puntos. Igualmente existe una proyección en el entorno del armario y del escritorio que introduce un cambio en la altura interior para poder acceder al almacenamiento bajo cubierta.

La planta del Cabanon se generó a partir de un rectángulo y un cuadrado: acceso y estancia. El primero ocupa 0,70 × 3,66 m, incluye el vestíbulo y el inodoro. La segunda, de 3,66 × 3,66 m, el descanso y el trabajo. Por adaptaciones normativas estas medidas se transformaron en 0,70 × 4,00, y en 4,00 × 4,00 m. Exteriormente alcanza los 4,70 × 4,00 m. Los variados huecos siguen las series roja y azul, adoptando como módulo 0,70 m: 0,70 × 2,00 / 0,70 × 0,70 / 0,70 × 0,43 / 0,16 × 1,40.

La superficie de la pieza, de 18,80 m^2, contiene la estancia y el área de circulación y de higiene. La habitación, con 16 m^2, incluye diversas funciones, dormir, trabajar y estar, cuidando la relación con el exterior a través de los huecos practicados, pensados desde las vistas dentro-fuera y el oreo de la pieza.

La orientación de la pieza condiciona el orden interno. Mirando al mar y en contacto con la terraza, la zona de trabajo; protegidas de las vistas, mirando al talud verde, la de dormir y estar.

El mobiliario fijo, constituido por el armario, el escritorio y el lavabo, nace de los paramentos, sin reproducir el perímetro (fig. 5-4). Vacía el centro. De este modo, se ordena el espacio generando llenos y vacíos, delimitando cada ámbito sin necesidad de tabiques ni paneles de separación. El escritorio nace de la pared y se gira levemente para proteger el área de trabajo;

---

[7] Le Corbusier llega a este enclave a través de Jean Badovici y Eileen Gray, autora de la casa vecina, la E-1027, ejecutada entre 1926 y 1929. Gray dejó de usar la casa tras la construcción de Tempe à Pailla, en 1932.
Entre 1936 y 1939 el arquitecto suizo pintó unos murales en la E-1027, una invasión en la propiedad y la intimidad de Gray al modificar sin su consentimiento el blanco de sus paredes. Este hecho, que seguramente fue aplaudido en su momento, se ha interpretado posteriormente como una violación intelectual de la arquitecta.

La disposición de las camas se adapta al uso del momento. Desplegadas las dos, recogidas ambas o una desplegada y otra recogida, sirviendo de asiento.

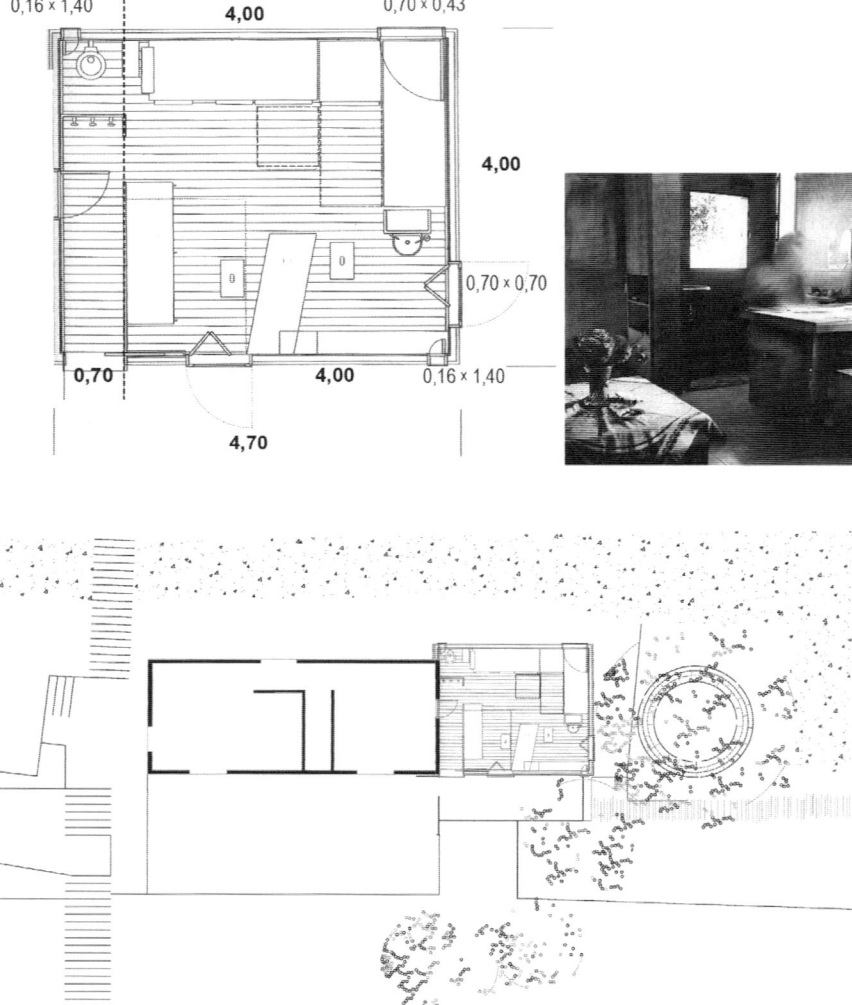

Figura 5-4. El Cabanon.1951. Roquebrune-Cap Martin, Francia. Le Corbusier. Planta con las medidas exteriores y las de los huecos, remarcada la franja destinada a vestíbulo y aseo. Foto de época, tratada, con el paño y las flores de Yvonne Gallis en primer plano. La pieza en su entorno.

amplía la superficie para acceder al armario y al falso techo e incluso para sentarse a la mesa. La zona de dormitorio-estancia queda limitada entre las áreas higiénicas, con el inodoro a un lado y el lavabo al otro. El equipamiento, dos camas, se usa para dormir o para estar según se desplieguen o se recojan.

La altura de los huecos con respecto del suelo se ajusta a la posición del cuerpo en cada situación. Alta en el aseo, donde se permanece de pie, y en la zona de trabajo, en la que el antepecho sirve de protección y apoyo. Baja en la zona de las camas y del taburete para disfrutar de la visión directa del exterior. La apertura de los dos huecos verticales en la diagonal de la pieza, muy estrechos, favorece la ventilación cruzada, una constante en las estancias proyectadas por Le Corbusier.

La fotografía que acompaña los dibujos (fig. 5-4) se ha elegido por un detalle inusual en las imágenes de arquitectura, que tienden a omitir todo signo de individualización que contradiga el discurso dominante en la crítica. El paño con las flores[8]. Un anatema y una muestra de vulgaridad, según los elevados ideales de los críticos y académicos[9]. Yvonne Gallis personaliza el regalo que le ha hecho su esposo y cubre lo que le resulta inconveniente. Mira con los ojos de una mujer común, no con los de una diletante rendida a los afanes del afamado arquitecto.

El Cabanon no es un objeto aislado. Más que una cabaña, es la habitación propia que Le Corbusier construyó para Yvonne Gallis, su esposa, y para él como lugar de vacaciones. Una ampliación del bar l'Étoile de Mer, «la estrella de mar»[10], cuya superficie apenas duplica la de la habitación. Un local que le procura los servicios de cocina, comedor y ducha, además del acceso, bien atravesando su interior, bien cruzando su terraza delantera.

Vivienda social, PREVI 6 (Lima, Perú, 1967. Aldo van Eyck)

Frente al Cabanon, un refugio estacional destinado al trabajo y al descanso, el Proyecto Experimental de Vivienda, PREVI, contempla un programa de residencia permanente con unas piezas de mínima superficie destinadas a vestíbulo, cocina, estancia, dormitorios, aseo y circulaciones.

---

[8] Al tapete con flores se le han asignado ubicaciones diversas. Esta anécdota se convirtió en un chascarrillo con el que se pretendía desacreditar la altura intelectual de Gallis, cuyo demérito consistía en cuestionar al arquitecto haciendo valer su mundo común, de «ama de casa», frente al lecorbuseriano. Yvonne Gallis (1892-1957), una mujer normal, modelo de profesión, se casó en 1930 con un varón de nombre Charles-Édouard Jeanneret, conocido públicamente como Le Corbusier. LC construyó el Cabanon como un regalo para ella. Colin Bisset (2016) la transformó en la protagonista de *Loving Le Corbusier*.

[9] Considérese el masculino como genérico, dado que la interpretación que se hace de estos detalles viene a menudo definida por la mirada varonil que las mujeres adoptamos al ser educadas en ambientes masculinizados.

[10] Thomas Egildo Rebutato, Robert, cedió a Le Corbusier el terreno para la construcción de la habitación. En 1956, LC, a cambio, realizó el proyecto de las *unités* de *camping*, cinco *bungalows* para veraneantes.

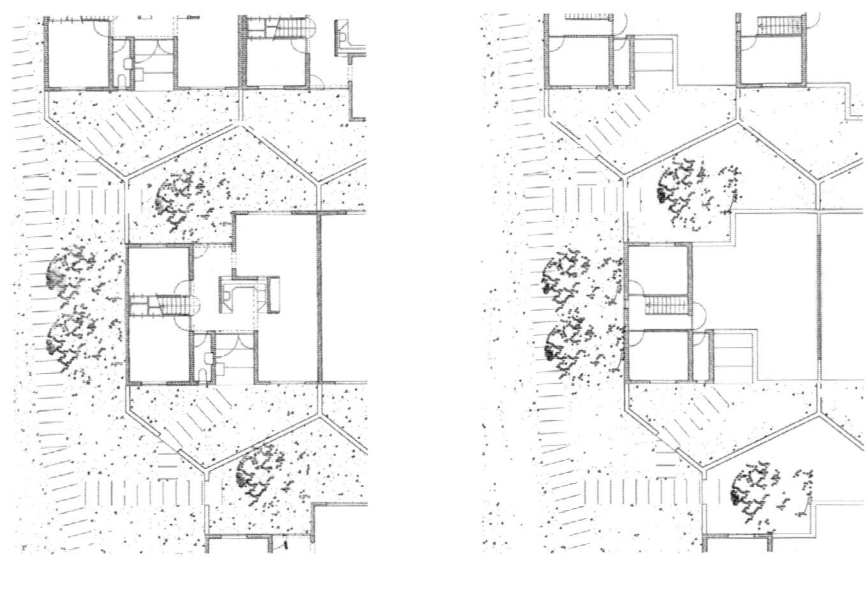

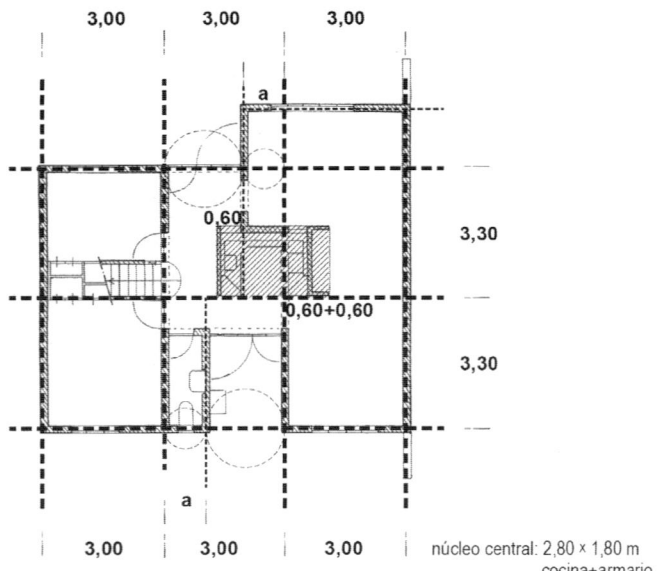

Figura 5-5. PREVI 6. Proyecto de Aldo van Eyck, 1965. Plantas baja y alta. Esquema y relaciones de ejes. Obsérvese la escalera: el peldaño de arranque, semicircular, invade el corredor, marcando la subida.

La propuesta de Aldo van Eyck (fig. 5-5) contemplaba la agrupación de viviendas de dos plantas, baja y primera, con dos patios, delantero y trasero. La construcción en planta baja, 65 m², se materializaba aproximadamente en la mitad de la parcela. La planta alta se encontraba ocupada parcialmente, con una terraza abierta, previendo ampliaciones futuras. La superficie construida total no superaba los 90 m².

La lectura del proyecto comienza con el plano general, cuya morfología recuerda a una almazuela, dada la aparente irregularidad de los recintos parcelados. Al contrario que en el Cabanon, las plantas aportan la mínima información sobre su uso. El dibujo identifica los cerramientos y la tabiquería, los armarios de fábrica, las puertas y la escalera, los huecos, el acceso con el pilón, la cocina y el baño, sin describir el amueblamiento del resto de estancias. Formalmente la planta se ajusta a una malla de 3,00 × 3,30 m. Su contorno consta de tres módulos de frente y dos de profundidad. El primero con el acceso y el aseo; el segundo, desfasado con respecto de la malla, con el núcleo central formado por la cocina y un armario.

La sencillez del esquema no impide que la vivienda contenga ámbitos intermedios que le proporcionan calidad espacial. Se entra por el módulo central, atravesando una hendidura, a modo de zaguán abierto. Tras la puerta, el vestíbulo, al que se abre la cocina, actúa como distribuidor para las habitaciones, la salida al patio posterior y la escalera. Esta se reduce a la mínima dimensión posible.

El corredor central atraviesa la casa y comunica los patios delantero y trasero. La cocina, ubicada en el núcleo central, sin cerrar, se separa de la estancia al mirar hacia el zaguán. Se desliza y quiebra dicho corredor, por lo que las puertas delantera y trasera no se enfrentan. Este gesto favorece la ventilación cruzada conveniente en cualquier situación y aún más con el clima húmedo y caluroso.

La teoría dice que no importa el desorden de la pieza, que se debe convivir con él... como siempre se ha hecho[11]. Que se debe abrir para que mujeres y hombres compartan las tareas cocinerales. Bien, en la práctica diaria los olores y las grasas acaban impregnando la ropa y los enseres y, en consecuencia, se incrementa la necesidad de una limpieza más frecuente y profunda. Deben considerarse, asimismo, los preceptos sociales: la visión de una cocina desordenada se asocia a descuido y falta de pericia. Para el ama de casa, al margen del sexo, el orden doméstico es motivo de orgullo y de un trabajo bien hecho. Por este motivo, la propuesta de van Eyck para la cocina es radicalmente moderna. Se liga a la entrada y al patio,

---

[11] Debe reflexionarse el porqué de la cocina como estancia única. No parece que fuese una decisión elegida, sino obligada, al ser la única estancia con una temperatura agradable, al carecer de calefacción las casas. La mejora de la confortabilidad térmica ha permitido que la cocina deje de ser el centro de la casa al mismo tiempo que los electrodomésticos han ayudado a reducir las tareas cocinerales, incluso en los núcleos familiares más modestos (véase «La cocina», en *La casa. Piezas, ensambles y estrategias*).

Tabla 5-4. Contenido de las secciones

ELEMENTOS DEL DIBUJO	LECTURA	NOMENCLATURA
	Acceso	
	Rasante interior y exterior	
	Altura:	
Agua	respecto del terreno	
Calles	en referencia al entorno	Sección X-X'
Cambio de nivel	interior de cada planta	Sección X-Y
Cerramiento	Escala respecto del contexto	Sección 'n'
Cierres	Gravidez-ingravidez	....
Entorno construido	Iluminación y vistas	Sección N-S
Escaleras	Orden geométrico	(según orientación)
Huecos	Altura de los huecos:	....
Mobiliario	exteriores e interiores	Sección longitudinal
Puertas	Relación dentro-fuera	Sección transversal
Pavimentos	Relación entre espacios:	Sección de conjunto
Vegetación	dinamismo	
	estaticidad	
	fluidez	
	Ventilación	

que completa su reducida superficie. Es el corazón del objeto, sin cerrarse ni esconderse, pero manteniendo su autonomía. Se evita que la casa se convierta en una cocina habitada, una circunstancia que ya se ha vivido en otras épocas, y que no parece la más adecuada para reivindicar las tareas domésticas como un trabajo y su dignificación colectiva.

A menudo se idealiza la cocina abierta con el argumento de compartir las tareas, cocinar todos juntos… o ser el recinto en el que la unidad familiar confluye, compartiendo desde el estudio a ver la televisión… Ciertamente cualquier miembro de la entidad familiar puede participar de las taras cocinerales y en cualquier recinto puede realizarse cualquier actividad. Pero debe recalcarse la naturaleza de la cocina como centro de trabajo, no como un lugar de ocio[12]. Un área que se despliega y recoge al menos tres veces al día. De ahí la necesidad de que sea aislable o acotable, aunque no llegue a cerrarse totalmente.

---

[12] El acto de cocinar como ocio se ha extendido entre ciertos sectores de la profesión y de la sociedad. Sobre todo, entre aquellos en los que la cocina y los cuidados han dejado de ser o aún no son una actividad diaria preceptiva.

5.1.2 SECCIONES

> Dibujo del perfil o figura que resultaría si se cortara un terreno, edificio, máquina, etc., por un plano, con objeto de dar a conocer su estructura o su disposición interior.

DRAE, 5.ª acepción

La expresividad y capacidad de comunicar de las plantas no son suficientes para comprender el objeto en su complejidad. Debe recurrirse a la sección para conocer la altura y la relación en vertical entre los diversos niveles. Geométricamente se define como la proyección resultante del corte del objeto por un plano vertical. En términos arquitecturales la sección tiene como finalidad describir la organización interior del elemento, por lo que es preciso trazar tantos cortes como situaciones distintas se registren en el plano vertical. En analogía con las palabras de Le Corbusier sobre la planta podría decirse: sin la sección se carece de la relación entre el interior y el exterior. La sección alberga la esencia de la percepción.

Para la disciplina proyectual la sección no es únicamente el resultado de cortar las plantas. Constituye una herramienta de ideación, además de un elemento narrativo. En ella se recoge nuestra relación con el horizonte y con el suelo o la voluntad de transformar unas condiciones desfavorables de parcela, derivadas del acceso, la topografía o la orientación solar, entre otras. El proceso proyectual requiere el trabajo sistemático de la sección con aproximaciones sucesivas —lo que puede ser, lo que va siendo— hasta llegar a la propuesta final (tabla 5-4). La sección puede constituirse en la generatriz del proyecto, relegando el diseño de la planta a un papel secundario desde el punto de vista de la intención. Muestra la proporción en altura entre las partes del objeto y entre este y el entorno. Contiene los principios geométricos de la estructura definida en planta y aquellos otros que aporta el diálogo dentro-fuera, los cuales condicionarán los alzados.

Los dibujos de sección describen la organización interior en el plano vertical: el encuentro entre el terreno y la planta baja, así como las relaciones de las diversas estancias entre sí. Con ellas se determina la altura de los huecos de fachada, así como de los huecos interiores de paso, la oportunidad de introducir luz cenital, el valor de las dobles alturas o la fluidez del espacio. Se establece el modo en que la luz llega al interior: directamente por un hueco abierto en la fachada o deslizándose por los paramentos, como la «luz mágica» de las cárceles de Piranesi o de la londinense casa-museo de John Soane.

El trabajo en sección nos lleva a plantear la conveniencia de matizar la altura y la forma del espacio interior, de disociar el volumen externo del interno. Establece aquellos paramentos verticales que no alcanzan el techo, introduce transparencias o induce a rasgar los huecos interiores en toda su altura. Fija las visuales dentro-fuera y fuera-dentro; la iluminación,

La topografía de la parcela lleva a organizar las viviendas en dos plantas. Se accede desde el frente norte, en la cota ±0,00, en el que un banco y una banda vegetal señalan la alineación viaria y protegen el patio de las vistas directas desde la calle, matizadas por un árbol. En este nivel se dispone el garaje, el vestíbulo y un dormitorio con baño. La planta en la cota -3,75 —zona común y dos dormitorios— se relaciona directamente con el jardín y el patio. La estancia-cocina-comedor disfruta de ambos a la vez, como elemento intermedio entre ellos.

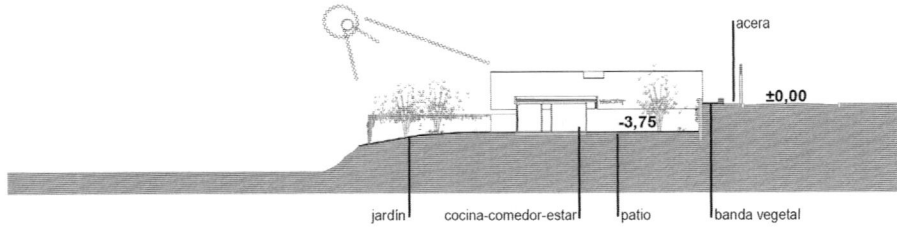

Figura 5-6. Proyecto de viviendas en Beariz. Sección general.

Acabados e interejes. Se muestra la alternancia de vacíos y llenos, conformados por la pista polideportiva, la zona de juego infantil, el césped, mesas y bancos de estancia, cuyos usuarios principales han resultado ser preadolescentes y adolescentes.

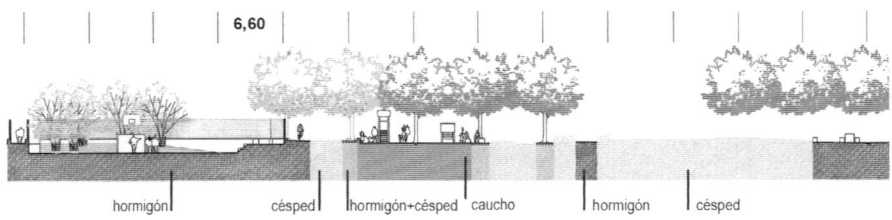

Figura 5-7. Zona de juegos en el paseo fluvial. Bertamiráns. Sección general (fragmento).

Referencia a tres patrones antropomórficos. La sección, al igual que la planta original, se ajusta dimensionalmente a la serie Modulor. La altura interior, 2,26 m, viene dada por este modelo con el brazo en alto.

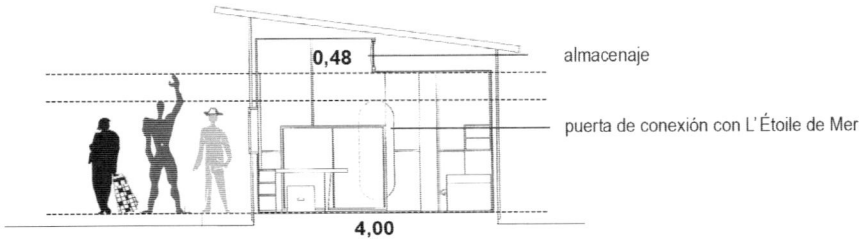

Figura 5-8. El Cabanon. Sección.

Referencia a tres patrones antropomórficos. El mobiliario se incorpora en la sección. No se corta ningún hueco, puesto que el plano de corte va de una a otra medianera y, en la planta alta, en la zona de la escalera, se secciona por esta y no por la puerta de salida a la terraza. La sección muestra cómo el peldaño inicial de la escalera avanza e invade la zona de circulación.

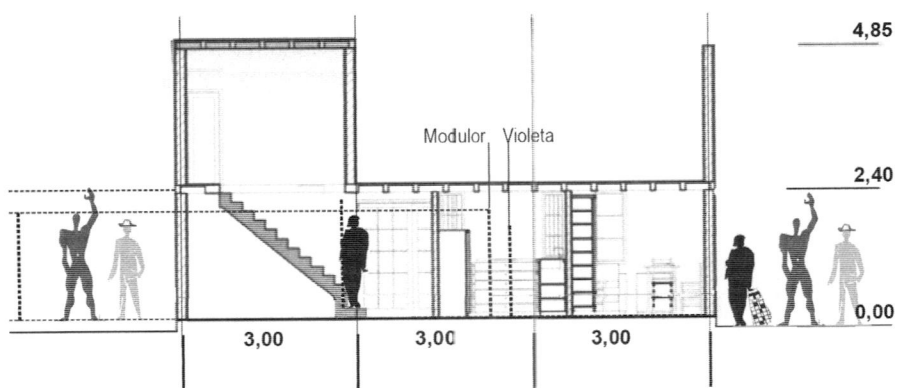

Figura 5-9. Casa PREVI 6. Sección.

asoleamiento y ventilación de las estancias; la protección de los huecos de fachada respecto del sol o las vistas. También la gravidez o ligereza del objeto y el modo de dialogar, o no, con el ambiente circundante, sea edificado o natural (fig. 5-6). En síntesis, si un objeto posee tantas plantas como niveles pisables, necesita para su comprensión tantas secciones como particularidades reúna en el plano vertical. Y siempre requiere de aquellas que definan los recorridos por las escaleras.

Al seleccionar los planos de corte se busca la «economía» para obtener y proporcionar la mayor información posible en cada sección. Dichos planos atraviesan el objeto de un lado a otro por los huecos de fachada y del interior, extendiéndose más allá de los límites del objeto, apuntando el entronque dentro-fuera y las propiedades del ambiente exterior.

Esa condición también es válida para los espacios abiertos (fig. 5-7). Los huecos y los cerramientos se sustituyen por las texturas del pavimento, el mobiliario urbano y la vegetación, que introduce el efecto de cubierta mediante las copas de los árboles.

Debe hablarse de secciones, en plural, puesto que al menos se definen dos, una longitudinal y otra transversal. Ambas son necesarias para describir el objeto, aun cuando la intención del proyecto puede recaer fundamentalmente en una de ellas.

Cualquiera de ellas aporta el orden geométrico del plano vertical: la proporción entre el alto y el ancho de la estancia. Sitúa el objeto con respecto al plano del suelo, estableciendo la transición del interior al exterior. Define la escala del objeto —objetual, doméstica, monumental— con respecto a las personas y el entorno. Fija las alturas de las diferentes plantas y las relaciona a través de los huecos abiertos en las plantas y las dobles alturas. Observaremos estos aspectos en las secciones del Cabanon y la vivienda PREVI.

La seccción del Cabanon y de la vivienda PREVI 6

La sección del Cabanon (fig. 5-8) nos permite entender la proyección que se recogía en la planta: un cambio de nivel en el plano del falso techo que facilita el acceso al almacenaje situado entre este y la cubierta. Por su parte la sección de la vivienda PREVI 6 (fig. 5-9) revela la escala de las viviendas, cuya altura se aleja de los estándares europeos contemporáneos. Modulor y el varón estándar alemán tendrían dificultades para moverse en el interior de estas viviendas y no tropezar con la viga que delimita el hueco de la escalera.

En uno y otro ejemplo se han incorporado el mobiliario y los huecos interiores. En la casa PREVI, los muros laterales no muestran huecos. Al ser medianeras, no existen. La medianería lleva a limitar la terraza superior por un muro alto que separa las propiedades y las miradas de una sobre otras. El dibujo de sección refuerza la importancia del núcleo central como centro de la casa al seccionar los muebles de la cocina y el aparador anexo, mientras que, por el contrario, no se definen los armarios bajo la escalera.

5.2 RELACIÓN CON EL CONTEXTO. ALZADOS E IMÁGENES

Si las plantas y las secciones dan cuenta de la ocupación del espacio y de la organización interna del objeto arquitectónico, los alzados determinan su apariencia externa. Forman parte del paisaje circundante, sea urbano o natural.

Frente al ámbito privado de las plantas y las secciones, los alzados constituyen la imagen transmitida para que sea percibida por el vecindario y la ciudadanía. A través de esa imagen se entablan las relaciones objeto-contexto, en las que intervienen las proporciones externas de la pieza, el tratamiento de los huecos —disposición, proporciones y ritmo—, la forma de la cubierta y la disposición con respecto de la alineación y los límites o cualquier otro elemento de referencia.

La dualidad objeto-contexto se relaciona a través del diálogo o del monólogo, deriva de una imagen acomodada o de una estridente, de una mimética o de una icónica. Con todos los matices posibles entre unos y otros extremos.

En los siguientes apartados se hablará de la definición proyectual de los alzados e imágenes, de su autonomía compositiva y de su dependencia de las plantas y secciones.

5.2.1 ALZADOS

Diseño que representa la fachada de un edificio.

Geom. Diseño de un edificio, máquina o aparato, en su proyección geométrica y vertical sin considerar la perspectiva.

DRAE, 5.ª y 6.ª acepción

El término *alzado* identifica cada una de las vistas que describen los objetos arquitectónicos desde el exterior y en paralelo a cada una de sus caras. Se presenta como la parte pública de los objetos arquitectónicos. Integra planta y sección, con las aperturas que introducen luz, vistas y ventilación al interior. La existencia de los huecos o la falta de ellos no dependen del ser del alzado, sino de lo que pase en el interior. No así sus proporciones geométricas, que se definen al trabajar dichas vistas.

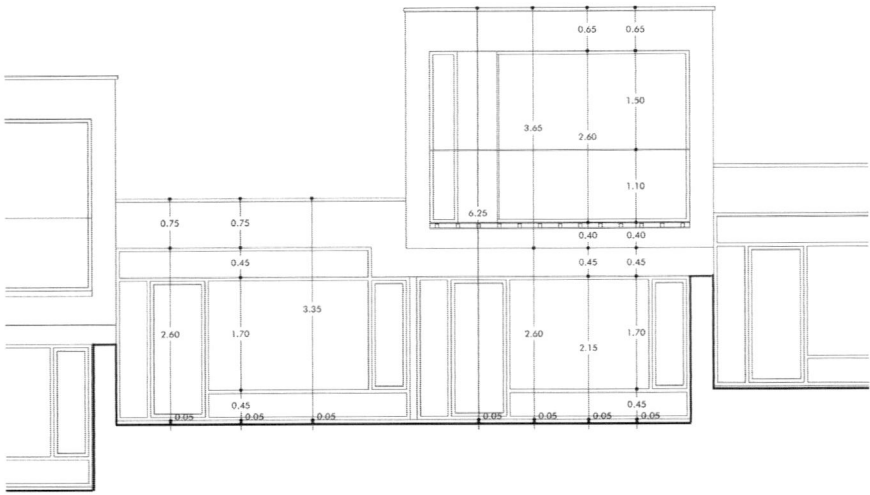

Figura 5-10. Viviendas en Beariz, Ourense (proyecto). 2008. Detalle de alzado con cotas.

El alzado de conjunto muestra la relación lugar-objeto a través de los alzados. Unos figurativos, con huecos diferenciados según la planta y el uso, y cubierta a dos aguas. Otros, abstractos, con paños ciegos y otros acristalados, que no permiten reconocer el uso de las estancias.

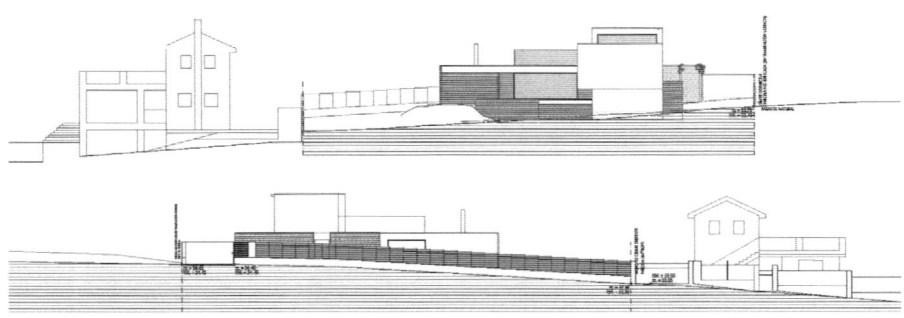

Figura 5-11. Vivienda Vega. Mera, Oleiros. 2020. mccl arquitectos + mgutierrez. Alzados de conjunto.

Geométricamente se define como la proyección sobre el plano vertical de cada una de las caras que limitan el objeto. Al igual que la planta de cubierta, el alzado recoge la apariencia externa, además de definir el encuentro de dicho objeto con el terreno. En el sentido proyectual, la expresión se acota a los límites situados en cada cara del contenedor capaz[13] del objeto. Existen tantos alzados como lados visibles sobre el terreno tenga este —los sótanos carecen de alzado— y al menos siempre uno, el de acceso.

El dibujo del alzado queda definido por los cerramientos, la cubierta, los huecos, las carpinterías, por las barandillas y petos cuando sean precisos, por los salientes y entrantes respecto del plano de referencia, sean balcones, galerías, volúmenes cerrados o marquesinas y por las escaleras exteriores. En el proceso de ideación, la figura humana se incorpora para dar escala, mientras que en el proyecto de ejecución se acota, fijando la altura total de los paños, así como la de sus elementos: huecos, petos y antepechos (fig. 5-10).

Un caso singular viene dado por los alzados de conjunto. Con ellos se describe y analiza el entorno antes de intervenir, se verifica el efecto de la intervención durante el proceso de ideación y se describe el resultado final (fig. 5-11). Completan la información de las plantas de conjunto y las de emplazamiento.

En analogía con las palabras de Le Corbusier sobre la planta, podría decirse que el alzado representa la parte pública de un objeto. La ciudadanía percibe el alzado, parte del paisaje, sea urbano o rural, sea construido o natural. Pertenece tanto o más a los viandantes que a los usuarios y moradores.

La arquitectura tradicional sometía a los alzados a unas rigurosas normas. Entre otras, la estructura vertical establecida según el orden de la columna: basamento, cuerpo, capitel y entablamento. El basamento, el encuentro con el suelo, se resolvía con un elemento interpuesto entre la rasante del espacio público y la cota horizontal de la planta principal, como sucede en el Pabellón Barcelona. La arquitectura moderna sustituye en ocasiones el basamento por la sombra, como en la Caja, elevada del suelo y con intención de desprenderse de él. Pero también opta por apoyarse, reduciendo el basamento al mínimo o eliminándolo, como se observa en el Cabanon o en las casas PREVI.

El cuerpo constituye la parte de mayor dimensión del alzado. En él se incluye la totalidad de los niveles del edificio. Las proporciones de los huecos practicados en esta parte pueden ser idénticas o no, pero mantienen una jerarquía clara: las plantas principales se distinguen por un mayor tamaño de los huecos. El cuerpo finaliza con el capitel, reinterpretado de diversas formas: por una sucesión ritmada de huecos de menor tamaño y mayor número que forman una banda horizontal por una galería continua

---

[13] Todo objeto es inscribible en un volumen capaz, sea una figura regular o irregular. Los planos que conforman cada alzado se sitúan en un mismo lado de dicho volumen.

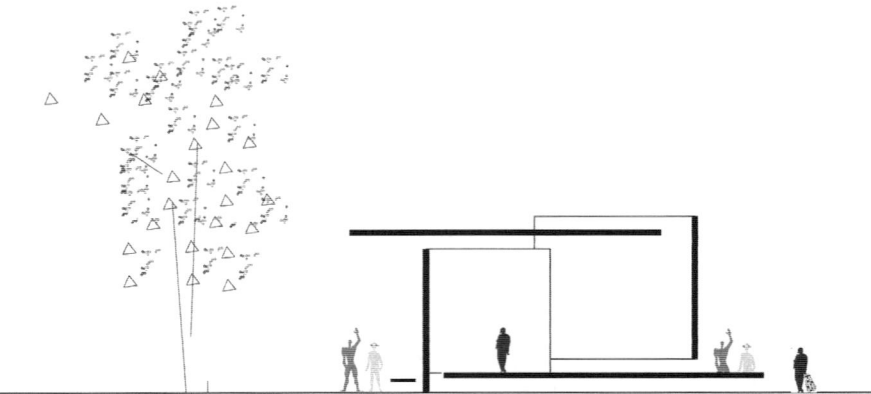

Figura 5-12. Caja abierta. Alzado.

Figura 5-13. Cabanon. Alzado.

La geometría de la planta está presente también en el alzado. Este se modula con los bloques de hormigón empleados para la construcción, 20 × 40 × 20 cm.

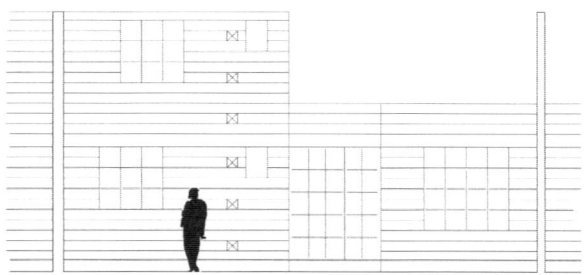

Figura 5-14. Vivienda Previ 6. Alzado.

en la última planta, por una cornisa que unifica todos los elementos que intervienen en el alzado, sean huecos, entrepaños o pilastras, o por un peto que soporte los faldones de la cubierta. Y sobre el capitel, el entablamento, la cornisa que recoge el frontón o los faldones de la cubierta, según corresponda.

El lenguaje moderno de la arquitectura altera este código. Se omiten algunas de esas partes, y aunque se continúa recurriendo al módulo y a la sistematización como base compositiva, se prescinde de la jerarquía de los huecos[14], primando la proporción figura-fondo en el orden exterior. De igual modo se rompen las aristas, con huecos que se prolongan en los alzados contiguos.

También es posible incorporar la tercera dimensión en el alzado mediante hendiduras o salientes. Para ello se rehúnde el plano del alzado, formando terrazas; se proyecta hacia afuera, con elementos volados, o se alarga con cuerpos superpuestos, como prismas acristalados o galerías. De igual modo muestra la ruptura de la caja con la desmaterialización de las esquinas al no intersecarse los planos que cierran el objeto (fig. 5-12).

El alzado se convierte en una imagen pautada y rítmica o libre y aleatoria. Puede revelar los usos de cada pieza por el tamaño de los huecos o, por el contrario, mantenerse hermético, evitando la tríada uso-pieza-hueco. No deja por ello de proporcionar la luz, las vistas y la ventilación que necesita internamente el objeto. Dentro de esa abstracción, los huecos pueden llegar a desaparecer bajo una envolvente que los vela. Únicamente se manifiestan durante las horas nocturnas al irradiar desde su interior la luz artificial.

Mirando el entorno urbano más próximo hallamos ejemplos claros. Por un lado, los edificios en los que se identifica la posición de los salones, los dormitorios o las escaleras comunes por el tamaño de los huecos. Por otro, aquellos en los que los usos de las estancias no se reflejan en el tamaño de las aperturas ni en el ritmo con el que se disponen.

En cualquier caso, el alzado se origina al integrar planta y sección según un principio compositivo —en el sentido estructural— en el que influyen la orientación y las vistas. El criterio adoptado contribuye a fijar los huecos, los salientes y/o entrantes, las marquesinas y los parasoles, los despieces de material, los zócalos, las cornisas y las juntas estructurales, las bajantes, chimeneas y tubos de ventilación. Con él se fijan la dimensión y posición precisa de todos estos elementos.

El resultado es más que la suma de las partes. Como herramienta proyectual mantiene la lógica formal de la planta a través de la estructura

[14] En la arquitectura tradicional los huecos atienden a la representatividad de los usos y estos varían con el nivel de la planta. Por otro lado, todos ellos respondían a una proporción vertical, dados los condicionantes técnicos derivados de la estructura portante y el sistema constructivo. Al desligarse cerramiento y esqueleto, las aberturas de los alzados pueden adquirir cualquier otra proporción, tal y como nos enseña Bruno Zevi en *El lenguaje moderno de la arquitectura*.

Figura 5-15 Cabanon. Maqueta 1/1 en el vestíbulo de la ETS Arquitectura de A Coruña (2023). Fotografía, 2016.

Figura 5-16. Viviendas PREVI, van Eyck. De 1978 a 2003 (García-Huidobro, Torres Torriti yTugas, 2008).

compositiva. Esta será figurativa o abstracta, según las convicciones del proyectista. Se adaptará a la secuencia basamento, fuste y entablamento, sea literal o reinterpretada, o la eludirá, priorizando otros criterios, como se observa en el dibujo de conjunto de la figura 5-11.

La lectura de esta vista externa forma parte del estudio del objeto. Completa la información proporcionada por la planta y la sección. Trasmite su propio orden geométrico mediante la proporción lleno/vacío, la presencia y/o ausencia de los huecos y a través de las proporciones y relaciones entre estos. Igualmente, permite interpretar la relación con el contexto y la escala del proyecto al desentrañar las manipulaciones con las que se distorsiona el tamaño convencional de los huecos.

Incluso si se observan los huecos y la resolución de las esquinas se revela la época de ideación del edificio. Si hasta el siglo XX cada alzado quedaba claramente delimitado por las aristas entre dos caras, el empleo del hormigón y el acero propiciaron el tratamiento singular de esquina, la transición de un plano de alzado al otro, con el chaflán, y el desvanecimiento de la arista.

El alzado en el Cabanon y la vivienda PREVI

Ni los alzados del Cabanon ni los de las viviendas PREVI introducen aspectos distintos a los ya comentados, ni en su estructura ni en su formalización final.

Sorprende el lenguaje de los alzados del Cabanon, tanto por la textura de los cerramientos como por la cubierta, un plano inclinado que sobresale respecto del volumen. Su pendiente es paralela a la de la cubierta del objeto matriz, el bar l'Étoile de Mer, aunque ligeramente más baja. Más allá de las formas y los materiales, busca el diálogo con el contexto sin renunciar a sus principios estructurales y geométricos, tal y como se deduce del dimensionado de los alzados, la planta y las secciones conforme a las series roja y azul del Modulor (fig. 5-13). Los alzados completan la información sobre la obra, indicando que es una pieza adosada al disponer solo de tres alzados. Falta el cuarto, la medianería, que aparece como alzado interior en una de las secciones.

En las viviendas PREVI el rigor geométrico de la planta se traslada a los alzados. Esos se modulan a partir del bloque de hormigón empleado en la construcción, de 40 × 20 × 20 centímetros. Unas medidas a las que se adaptan los tamaños de los huecos e incluso las particiones de la carpintería. La simplicidad constructiva hace que los forjados interrumpan la continuidad vertical de los muros (fig. 5-14). Los nervios de hormigón no se cubren, puesto que el cerramiento consta de una única capa: el muro estructural de bloque, que actúa a la vez como fachada y envolvente interna.

5.2.2 IMÁGENES: DIBUJOS, FOTOGRAFÍAS E INFOGRAFÍAS

En la instrucción precedente —instrucción 4— se ha definido el término *imagen* como la representación gráfica bidimensional de una figura. Una herramienta empleada para corregir, revisar y confrontar las intenciones del proyecto con el resultado obtenido. Abarca las perspectivas, las infografías, los fotomontajes y el *collage*, las maquetas físicas y las virtuales, que emplean la abstracción volumétrica como una manera eficaz de verificar la relación del objeto con la topografía, el lugar y con su propia configuración. Recrean el conjunto. Sin duda, puede reemplazar a la planta de emplazamiento y de cubierta.

La imagen forma parte de los primeros tanteos. En ocasiones, puede preceder a la sección y la planta. Es susceptible de convertirse en el desencadenante del proceso proyectual. Una primera figuración, una ensoñación inicial que tal vez deba abandonarse —o no— para trabajar con rigor y precisión, sin requerimientos vacuos. Al fin y al cabo, no es más que una sombra de lo que está en proceso. Debe procurarse que su pregnancia no esclavice el raciocinio y llegue a imponerse sobre los aspectos funcionales y organizativos e incluso sobre la escala y la proporción del objeto.

En cuanto a las dos obras de referencia, el Cabanon y el proyecto PREVI 6, existe una gran disparidad de las imágenes disponibles sobre su proceso de ideación. Extensa en el Cabanon, reconocido como patrimonio mundial, a cuyos bocetos y planimetría originales se accede a través de la web de la Unesco y de múltiples plataformas digitales (fig. 5-15). Más limitada, sin embargo, la del PREVI 6, recogida en las publicaciones de los años setenta, en alguna monografía de van Eyck o en el libro *El tiempo construye*; en todos ellos se reproducen las mismas imágenes y planos, sin más referencias a otros dibujos del arquitecto y su equipo (fig. 5-16).

5.3 COROLARIO

Todo objeto arquitectónico se describe a partir de una serie de dibujos: las vistas o planos de plantas, secciones y alzados. No existe un número prefijado de ellos. Deben realizarse tantos como requiera la pieza.

Desde la óptica estrictamente proyectual, el relato se identifica con la descripción contextual y autónoma del objeto. Comienza con la grafía del contexto físico de la propuesta, mediante el plano de situación y emplazamiento, y los alzados y secciones de conjunto. A continuación, siguen el resto de dibujos, citados en orden alfabético, sin que presuponga un orden correlativo ni secuencial: alzados, imágenes, perspectivas, plantas y secciones. Se emplean dibujos a escala. El de situación con la escala urbanística, el emplazamiento con la escala del proyecto urbano y los alzados, plantas y secciones con una escala objetual, siempre la misma, para poder relacionarlos.

El proceso de ideación se produce de dentro afuera, por aproximaciones sucesivas. Conceptual y geométricamente, se va desarrollando a medida que vamos introduciendo la organización general a través de la planta, la disposición del espacio interior a través de la sección y la formalización de su imagen a través de los alzados. No es posible plantear el proyecto linealmente: planta-sección-alzado, sección-alzado-planta, maqueta-sección-planta-alzado o cualquier otra posible combinación de esas vistas. Cada una de ellas introduce una variable que deriva de la interrelación entre las propias partes del objeto, de su acomodo a la topografía, del diálogo con el entorno e incluso de la imagen que se desee transmitir. El proceso de creación se retroalimenta de un ir y venir continuo en una interacción incesante.

En este proceso, las imágenes no solo dan cuenta del resultado final, sino que permiten verificar la relación entre intención y proyecto en las fases intermedias, entre el objeto y el contexto, y sobre todo entre el objeto y las personas.

I5   BIBLIOGRAFÍA

- Bisset, Colin (2016). *Loving Le Corbusier*. ebook. Book Baby.

- Carreiro, María y López, Cándido (eds.) (2016). *La casa. Piezas, ensambles y estrategias*. Málaga: Recolectores Urbanos.

- García-Huidobro, Fernando; Torres Torriti, Diego y Tugas, Nicolás (2008). *El tiempo construye. El proyecto experimental de viviendas (PREVI) de Lima: génesis y desenlace*. Barcelona: Gustavo Gili.

- Ligtelijn, Vincent (com.) (1999). *Aldo van Eyck. Works*. Basel, Boston; Berlin: Birkhäuser.

Textos clásicos

- Le Corbusier (1978). *Hacia una arquitectura*. Buenos Aires: Poseidón. [*Vers une architecture*, Crès, París, 1923; reimpresión con prefacio, 1958].

URL

- QR_5-1. «El Cabanon». <https://lecorbusier-worldheritage.org/es/cabanon-de-le-corbusier/>.

- QR_5-2. «Cabanon». <http://www.fondaticnlecorbusier.fr/corbuweb/morpheus.aspx?sysId=1 3&IrisObjectId=4659&sysLanguage=fr-fr&itemPos=8&itemSort=fr-fr_sort_string1%20&itemCount=79&sysParentName=&sysParentId=64>.

- QR_5-3. «Thomas Rebutato et sa belle aventure». <https://capmoderne.monuments-nationaux.fr/Explorer/L-etoile-de-mer/THOMASREBUTATO-ET-SA-BELLE-AVENTURE>.

- QR_5-4. Casa PREVI 6. <https://cammp.ulima.edu.pe/edificios/casa-previ-6/>.

- QR_5-5. «PREVI Experimental Housing Project, Lima, Peru. Part III». <https://iqbalaalam.wordpress.com/2013/02/03/previ-experimentalhousing-project-lima-peru-part-iii/>.

QR_5-1   QR_5-2   QR_5-3   QR_5-4   QR_5-5

A5   ACTIVIDADES

- Realizar los croquis de la casa familiar: planta y sección —de uno de los niveles en caso de tener varios— y un alzado exterior.

- Describir el portal de un edificio urbano que se frecuente habitualmente a través de la planta, la sección y el alzado exterior.

- Dibujar la planta y las secciones que corresponden al centro de trabajo de la imagen, ubicado en una parcela forestal.

- Interpretar la zona de la construcción, realizando los bocetos de la planta y dos secciones, una longitudinal y otra transversal.

- A partir de los bocetos anteriores, elaborar dos perspectivas, una desde la cerca exterior mirando hacia dentro y otra desde las proximidades de la edificación mirando hacia la zona de los árboles.

A5. Centro de trabajo en una explotación forestal. Propuesta, mccl arquitectos (2021).

ESTUDIAR (II).
EL CENTRO PARROQUIAL DO ESPÍRITO SANTO DO CERRADO

Sobre la arquitecta – Por qué estudiar la iglesia del Espíritu Santo do Cerrado – Iglesia del Espíritu Santo do Cerrado – Otras iglesias – Corolario – Bibliografía – Actividades

I-6

Hemos establecido, así, una base de trabajo: estudiaremos las producciones extranjeras modernas y antiguas, partiendo de la base de nuestro mundo y nuestro ambiente, teniendo siempre como norma la convicción de que es más importante que muchos hombres se convenzan de la bondad y belleza de una solución arquitectónica honesta, ya sea una casa, el trazado de un barrio o un edificio público, que del hallazgo, por parte de un genio, de formas nuevas que se convertirán en el patrimonio de un pequeño grupo de satélites intelectuales de la arquitectura.

Lina Bo Bardi, «Teoría y filosofía de la arquitectura», 1958.

Entre 1975 y 1981 se llevaron a cabo el proyecto y la obra para el centro parroquial del Espíritu Santo do Cerrado (fig. 6-1), en Uberlândia[1]. Un proyecto participativo, destinado a ser autoconstruido, dirigido por la arquitecta Lina Bo Bardi, junto con los arquitectos y colaboradores de su estudio Marcelo Ferraz y André Vainer.

El encargo partió de los frailes franciscanos, propietarios de una parcela ubicada en el extremo de una manzana de formato rectangular. Pretendían levantar una capilla, una residencia y una sala de reuniones. Constituido el consejo de construcción, del que formaban parte los parroquianos, el programa fue evolucionando hasta definir un espacio litúrgico, susceptible de usarse como sala de reuniones, una vivienda para tres monjas, un cobertizo para las reuniones y fiestas de la comunidad y un campo de fútbol de tierra.

[1] Avenida dos Mógnos, 355 - Bairro Jaraguá de Uberlândia, Minas Gerais, Brasil.

Figura 6-1. Centro parroquial Espírito Santo do Cerrado. Estado actual.

6.1 SOBRE LA ARQUITECTA

Achillina Bo, conocida como Lina Bo Bardi (Roma, 1914-Sao Paulo, 1992), pasó su infancia y juventud en Roma. En 1935 se graduó en la Facultad de Arquitectura de la Universidad La Sapienza, de Roma, con el proyecto fin de carrera *Centro asistencial para la maternidad e infancia*. Entre 1940 y 1946 se trasladó a Milán, donde desarrolló una actividad profesional volcada en el mundo editorial, dirigiendo, coordinando y colaborando con revistas de arquitectura, arte y diseño. Comprometida políticamente, era militante del partido comunista.

En 1946 contrajo matrimonio con Pietro María Bardi (La Spezia, 1900-Sao Paulo, 1999), periodista y crítico de arte y arquitectura. Ese mismo año emigraron a Brasil, país en el que Bo y Bardi desarrollarían su actividad profesional. Ella como arquitecta y él, desde 1947, como director del Museo de Arte de Sao Paulo, MASP, cuya actual sede fue proyectada y dirigida por la arquitecta entre 1957 y 1968.

A lo largo de su ejercicio profesional, Bo Bardi fue incorporando a las personas y su raigambre con el lugar como centro del proyecto, abriéndose al lenguaje de la arquitectura popular, aplicando formas, materiales y técnicas que la llamada arquitectura internacional había desechado.

El centro parroquial del Espíritu Santo forma parte de esa línea de trabajo. Refleja un proceso ya interiorizado y presente en su manera de ver la arquitectura. De ahí el vigor presente en la obra. No es una impostación ni una asimilación. Nace del pensamiento de la arquitecta.

Junto con Zaha Hadid y Kazujo Sejima, Bo Bardi pertenece al elenco de las arquitectas que han obtenido un mayor reconocimiento en la historia de la arquitectura. Ha habido y hay más, pero quizás con una difusión mucho menor de sus obras y de sus escritos. Decimos en la historia de la arquitectura porque la participación efectiva y reconocida de las mujeres en esta disciplina comienza en el siglo XX, siendo escaso el número de las que han estudiado y ejercido profesionalmente hasta ya entrados los años ochenta de dicho siglo[2]. Su aportación a la arquitectura contemporánea es merecedora de estudio por la autenticidad y honestidad de sus propuestas, más allá de modas y tendencias. En 2021, la Bienal de Venecia concedió a Bo Bardi el León de Oro. Un homenaje póstumo merecido, sin lugar a duda.

6.2 POR QUÉ ESTUDIAR EL CENTRO PARROQUIAL DO ESPÍRITO SANTO DO CERRADO

El contexto socioeconómico del centro parroquial impuso unas restrictivas condiciones al proyecto, cuya ejecución, asumida por el comitente-gestor-constructor, se desarrollaría dentro de los márgenes de un limitado presupuesto. Unas circunstancias que no le han restado valor, más bien al contrario. La obra refleja la impronta de los valores del lugar y la comunidad. El interés del proyecto arquitectónico se sustenta en los siguientes trece puntos que la arquitecta asumió y desarrolló:

1. Hace suyas, interioriza las necesidades de la comunidad.

2. Atiende a las necesidades utilitarias y a las simbólicas. Entre las primeras, un recinto para los actos litúrgicos, una vivienda para las cuidadoras del centro y una techumbre para celebraciones comunitarias. Y entre las segundas, un lugar de encuentro para la comunidad, un referente urbano, por tanto.

---

[2] Paulatinamente se van desvelando los nombres de mujeres que ejercieron como arquitectas con anterioridad al siglo XX, aunque hasta el momento el de ninguna española. Algunas francesas, como Katherine Briçonenet (s. XVI) y Catheine de Vivonne (s. XVII); inglesas, como Bess de Hardwick (s. XVI), Elizabeth Wilbraham (s. XVII) o Mary Townley, Jane Parminter y Mary Parminter (s. XVIII-XIX); e italianas, como Plautilla Bricci (s. XVII).
En el siglo XX comenzaron las mujeres a incorporarse a la práctica arquitectónica formalmente, aunque han permanecido ausentes de los textos de historia y de crítica de la arquitectura, caso de la alemana Emilie Winkelmann y de la norteamericana Julia Morgan. O se las ha nombrado como colaboradoras de sus maridos, parejas o jefes, como ha sucedido, entre otras, con Marion Mahony Griffin, Eileen Gray, Margarete Schütte-Lihotzky, Charlotte Perriand, Aino Marsio-Aalto, Elisa Mäkiniemi-Aalto, Anne Tyng o Denise Scott-Brown. Ha sucedido y aún ocurre. Es difícil que sus nombres se incorporen en un plano de igualdad con el de sus compañeros de trabajo, sean o no pareja sentimental. A partir de los años ochenta del siglo XX se ha ido incrementando el número de las estudiantes y las profesionales. En la actualidad, las alumnas alcanzan el 70 % del alumnado de primera matrícula en algunas escuelas. Esta circunstancia, sin embargo, no ha alterado la formación arquitectónica, muy masculinizada, y con gran resistencia a incorporar los valores y patrones que aportan herramientas como la perspectiva de género a la práctica profesional y a la cultura arquitectónica.

Figura 6-2. Centro parroquial Espírito Santo do Cerrado. Urbelândia. 1975. Lina Bo Bardi. Ampliación y restauración, 2009, acometida por Marcelo Ferraz y André Vainer. La manzana en el contexto urbano actual y el emplazamiento.

3. Muestra la coherencia entre forma y función, entre lenguaje, materialidad y programa. Este comprende las estancias, la disponibilidad económica y la manera de abordar la construcción.

4. Procura la inserción en el lugar.

5. Renuncia al lenguaje arquitectónico normalizado como prestigioso en la época para interpretar las raíces culturales de la comunidad.

6. Integra, mediante una compleja respuesta arquitectónica, la tradición culta con la popular.

7. Rompe los códigos visuales de la arquitectura académica.

8. Armoniza el lenguaje y la geometría con la economía de medios.

9. Idea un objeto perfectible: permite cambios sin alterar su estructura formal.

10. Trasciende el tiempo y el lugar a través de su estructura compositiva.

11. Rechaza la vocación de icono, sin embargo, se metamorfosea en un paradigma arquitectural.

12. Admite lecturas contrapuestas: resulta simultáneamente figurativo y abstracto.

13. Y, además, constituye un ejemplo de perspectiva de género aplicada a la arquitectura.

6.3 IGLESIA DO ESPÍRITO SANTO DO CERRADO, 1975

Siendo Lina Bo Bardi la autora reconocida de esta obra, es preciso nombrar también a los arquitectos que colaboraron con ella en el inicio de la construcción, Marcelo Ferraz y André Vainer, quienes, entre 2009 y 2014, se encargarían de su restauración y de la ampliación del centro parroquial.

La propiedad que en 1975 los franciscanos pusieron a disposición de la parroquia del Espírito Santo se emplazaba en una zona periférica de la ciudad, a día de hoy totalmente consolidada. Posicionada en el extremo de una manzana alargada de 175 × 70 m, ocupaba un rectángulo de 60 × 30 m, con los lados largos descendentes en la dirección SO-NE y los cortos SO y NE (fig. 6-2), manteniendo la horizontalidad. Con dicho acto se iniciaba un proceso que culminaría en 1982 con la inauguración del centro parroquial. La adaptación del edificio a la topografía llevó a estructurar la parcela en cuatro plataformas, cada una de las cuales recogía una función específica. La más alta, la iglesia; la siguiente, la zona residencial; después, el espacio comunal; y, finalmente, el campo de fútbol, de tierra. Esta parte no edificada hizo posible la ampliación de las dependencias del centro entre 2009 y 2014 mediante la construcción de un semisótano con una pista de fútbol en el plano de cubierta.

La geometría del proyecto nos remonta a las primitivas reuniones grupales: personas en círculo, en una disposición participativa de igualdad. Pero también a espacios de la arquitectura culta, iluminados cenitalmente. Un tipo reconocible, por ejemplo, en la arquitectura paleocristiana (fig. 1-4 de la instrucción 1), en la romana (fig. 6-3) o en la renacentista (fig. 6-4).

¿Qué significan estas referencias? ¿Disponía Bo Bardi de un catálogo con soluciones para cada situación? ¿Tenemos que elaborar un catálogo propio para aplicar discrecionalmente? Estas cuestiones rayan lo absurdo[3]. Tanto que ni siquiera es preciso plantearse si estas u otras obras análogas estaban en la mente de la arquitecta.

El estudio y conocimiento de la arquitectura, la vivencia y entendimiento de lugares y los espacios refuerzan la capacidad de trascender el lenguaje formal y la época histórica. Alimentan el imaginario, el bagaje propio que,

---

[3] Que rayan lo absurdo en el caso de Bo Bardi es indudable, pero no generalicemos. Lo absurdo supera lo racional en múltiples circunstancias: no existe la ficción sin una base de realidad.

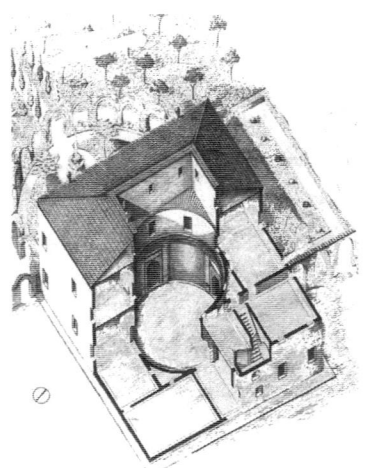

Figura 6-3. El Panteón. Roma, Italia.   Figura 6-4. La casa de Andrea Mantegna. Mantova, Italia.

interiorizado, fructifica en analogías, en interpretaciones, en soluciones que afloran de un poso que se va nutriendo día a día.

La planta y la sección del Espírito Santo (fig. 6-5) definen la figura del conjunto. La propuesta se sintetiza a través de tres elementos dispuestos sobre una plataforma escalonada. El volumen cubierto y abierto perimetralmente, pleno de luz, en contacto con el exterior; el volumen parcialmente vaciado, con una relación acotada con el exterior, a través de la visión directa del orbe celeste; y el volumen cubierto y cerrado, con la luz filtrada a través de un triángulo sobre el altar (fig. 6-6).

El centro parroquial permanece cerrado al exterior, excepto en la parte comunitaria. El lateral sureste se enfrenta a la medianería con un muro sinuoso, con pocas aberturas. Entre ellas la de acceso al campanario, con lo que se da utilidad al vacío posterior, que adquiere sentido y relevancia como zona de servicio.

Pero ¿cómo accedemos al recinto?, ¿cómo se relaciona con la calle? El alzado noroeste muestra el acceso mediante las escaleras que conducen al plano intermedio, a la puerta de ingreso al círculo central, con la vivienda y las dependencias administrativas. Miran hacia el exterior los corredores y algunas estancias comunes. Las privadas, ocupadas por las monjas, toman la luz y el aire de un círculo menor, a modo de claustro sin pórtico, con un verde central.

La planta descubre el vacío generado por el no encuentro entre las habitaciones y el templo. La iglesia ocupa la plataforma más alta, con la entrada formalizada con una pieza prismática, que puede entenderse como una reinterpretación del cuerpo de entrada al Panteón de Roma, conforme a la escala, la dimensión y la condición espacio-tiempo del objeto. En el interior centra la atención la luz cenital sobre el altar, como una linterna moderna, plana.

Al situarnos en la plataforma intermedia y dirigir los pasos hacia la izquierda, se desciende a la cota del cobertizo, con la barbacoa. Bajando el siguiente tramo de peldaños, se llega al campo de fútbol.

Una vez completado el proceso de proyecto, se interpretan intuitivamente las operaciones que se han ido realizando, llegando a la síntesis de la propuesta. Se pasa del objeto concreto al ente abstracto, que enlaza con la composición plana abordada en las primeras instrucciones. Se recupera la relación fondo/figura, actuando la parcela-plataforma como el fondo en el que se posa la figura, el objeto final (fig. 6-7).

Una intencionada lectura de este objeto arquitectónico permite relacionar una serie de consideraciones presentes en el proceso creativo:

1. La obra de arquitectura, incluso aquella que parece absolutamente personal, resulta siempre de un trabajo en equipo, en el que participan con distinta responsabilidad e implicación arquitectas y arquitectos, comitentes, habitantes y otras y otros técnicos y profesionales.

2. El papel de la arquitecta es escuchar, entender, interpretar las palabras de los comitentes y proponer soluciones que perfeccionen y completen el programa para trasladarlo a una estructura arquitectónica.

3. El hipotético presupuesto y las condiciones materiales en que se desarrollará la obra constituyen un aspecto primordial en el proceso de ideación.

4. Lo más económico es lo más experimentado. Y, sobre todo, lo más económico es aquello que incorpora la mano de obra y el contexto cultural en el cual se ejecutará el proyecto.

5. La escasez de recursos no resta importancia a la arquitectura. Con ella cobra sentido la expresión «lo importante es el espacio», frente a la perfección constructiva o la nobleza o singularidad de los materiales.

6. La concepción perfectible preside el proceso de ideación desde su inicio. Posee la cualidad de evolucionar con las necesidades de la comunidad y mejorarse materialmente sin alterar la estructura y la forma. La disposición del objeto en la parcela, con un extremo en tierra —la plataforma del campo de fútbol—, permite completar funcionalmente el centro, sin invadir o modificar el objeto en sí mismo. Materialmente podrían tratarse las fachadas, los cierres, incluso la accesibilidad de movimientos, sin modificar la pieza.

7. La coherencia geométrica acompaña a la estructura formal sin que por ello la configuración condicione o someta el orden funcional. Un ejemplo viene dado por el uso del círculo, sin organizaciones radiales ni simetrías forzadas. Cabe combinar la forma circular con la malla ortogonal, como en el templo, y con los elementos excéntricos, como en el centro parroquial.

   Los no encuentros y las tangencias contribuyen a configurar el enlace y las transiciones de unas estancias a otras, evitando rincones o encuentros constructivos y geométricos forzados.

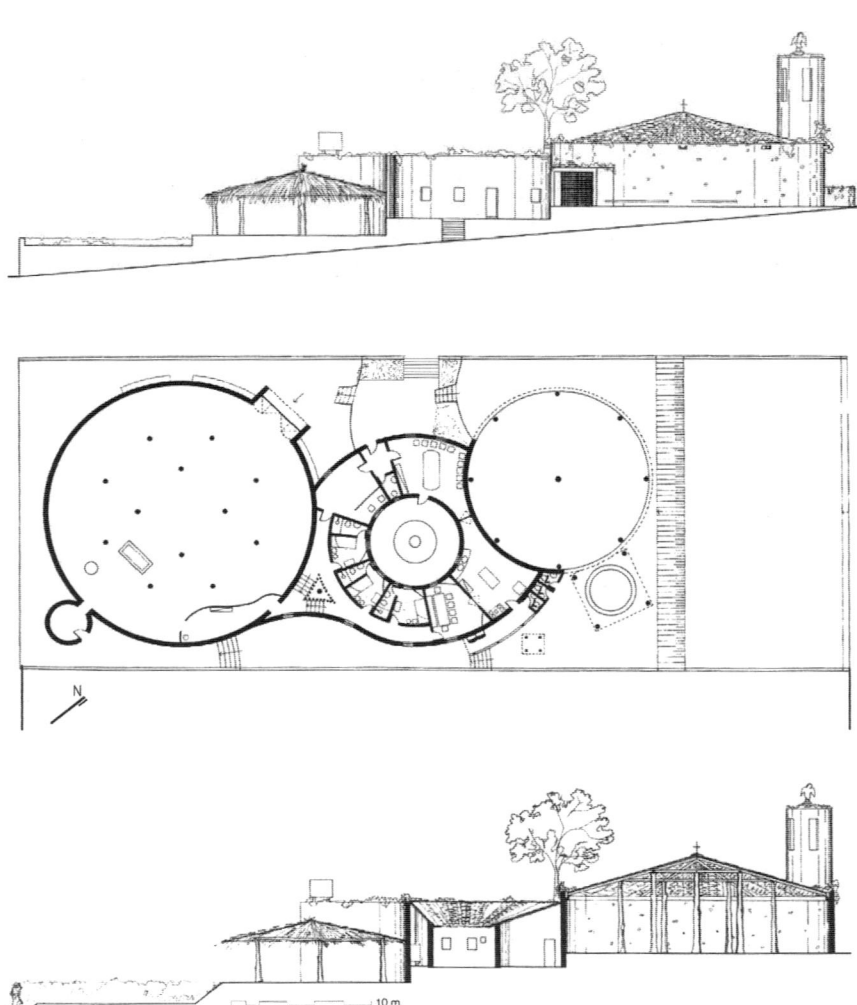

Figura 6-5. Centro parroquial Espírito Santo do Cerrado. Sección y planta. Alzado noroeste, con el acceso al centro.

Figura 6-6. Centro parroquial Espírito Santo do Cerrado. Entrada a la iglesia. Lucernario sobre el altar.

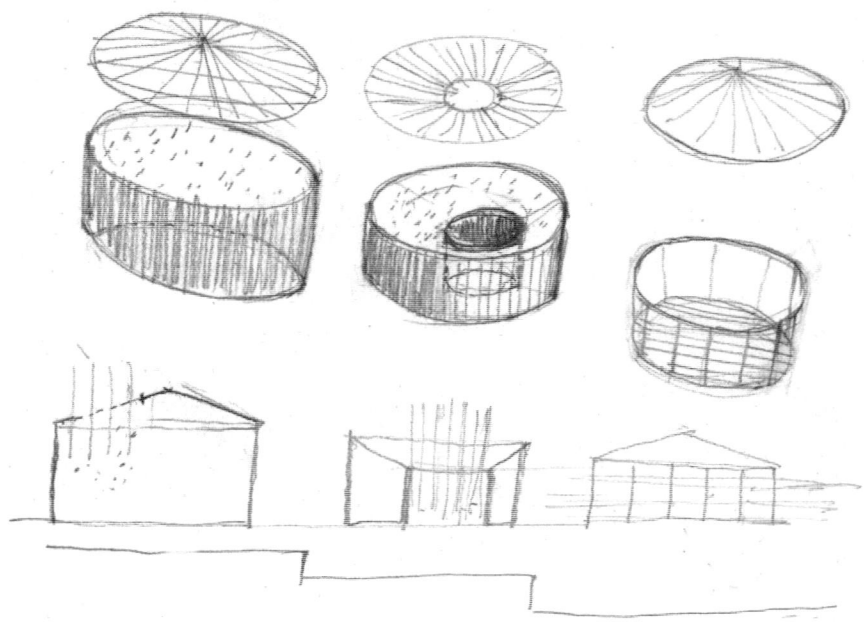

Figura 6-7. Centro parroquial Espírito Santo do Cerrado. Esquemas: la plataforma y los tres cilindros.

8. Los accesos y entradas constituyen una parte singular del proyecto, permitiendo una lectura intuitiva del objeto.

   Se tratan como áreas particulares. Su forma y dimensión se adecúan a cada zona. En la capilla, una caja que interrumpe el cilindro en el plano horizontal y el vertical; en el centro parroquial, una apertura a un vestíbulo.

9. La iluminación y las vistas de las piezas no se ligan al espacio público. Se construyen exteriores propios, como el patio, al que dan las habitaciones, para dotarlas de intimidad. Una revisión del patio del claustro conventual, con un tratamiento similar de la cubierta. La pendiente hacia el interior les resta altura a los paramentos del patio, potenciando su luminosidad.

10. El proceso creativo engloba tanto la organización interior como la exterior, destinando la franja entre el centro parroquial y el lindero sureste, hipotética zona muerta, a circulación interna, para alcanzar el campanario desde el centro parroquial, así como el templo. Los usos se ordenan según la privacidad y representatividad —lo que se conoce como jerarquía— de tal modo que el volumen comunitario, cubierto pero abierto en sus laterales, intermedia entre los usos lúdicos y ruidosos del campo de fútbol y los privados y recoletos de la zona residencial, que a su vez se conectan con la zona asamblearia y de culto.

El proyecto hace posible el paso de la composición plana, abstracta, a la arquitectónica, ligada al lugar y sus moradores. Sea cual sea la intención o la manera de afrontar la arquitectura, los mecanismos de composición responden a las relaciones geométricas, las proporciones, el rigor en el planteamiento y la coherencia en la toma de decisiones.

El Espíritu Santo guarda más recursos de aprendizaje. Desde su relación con el espacio exterior, con las calles circundantes, con la conformación de las plataformas y su tratamiento hasta los detalles de la construcción, la recogida de aguas o la incorporación de la vegetación... Un paradigma con el que abordar el estudio de otros objetos. A continuación, se expondrán sucintamente algunos de ellos.

6.4 OTRAS IGLESIAS

Intención, lugar y tiempo condicionan la arquitectura. En este orden. Con la voluntad de ver otras maneras de entender el culto religioso reseñaremos otras iglesias construidas entre los años sesenta y setenta del siglo XX en Europa. Las tres seleccionadas se distinguen por la singularidad de forma y por la diferente relación de sus proyectistas con el hecho religioso. Entre ellas, se observan significativas diferencias formales derivadas de la intención y del lugar. El tiempo, entendido como momento en el devenir histórico, es apenas relevante en los ejemplos, puesto que no existe un cambio de mentalidad o de cultura significativo entre sus fechas de construcción.

La primera, la iglesia Pastoor van Ars, en La Haya, de Aldo van Eyck. La segunda, el centro parroquial de Santa Ana, de Miguel Fisac, en Madrid. Y la tercera, la iglesia de Saint-Pierre de Firminy de Le Corbusier.

6.4.1 IGLESIA PASTOOR VAN ARS, LA HAYA

La construcción de una iglesia católica en La Haya (fig. 6-8), encargada al arquitecto Aldo van Eyck, de fe protestante, se data entre 1964 y 1969. Su proceso de proyecto se inició, por tanto, once años antes que el de la iglesia brasileña. Pese a las diferencias culturales y la distancia espacio-tiempo entre un lugar y otro, se observa una posición análoga ante la arquitectura por parte de van Eyck y Bo Bardi. De ella se desprenden, al menos, las siguientes similitudes conceptuales entre los dos centros:

- Nacen como un lugar al servicio de la colectividad.
- Satisfacen diversas funciones al atender tanto a los actos litúrgicos como a la relación entre los miembros de la colectividad. Incorporan para ello áreas lúdicas, como el bar o el cobertizo.
- Trascienden el utilitarismo y la simplicidad a través de la estructura formal y funcional.
- Emplean una escala humana y doméstica, sin pretender convertirse en iconos.
- Tratan de entender las formas y la forma, con las cuales los usuarios se apropian del espacio para transformarlo en un lugar.
- Valoran la expresividad de los materiales al margen de su calidad y suntuosidad.
- Se construyen con materiales propios de la cultura popular. Mientras que en Urbêlandia se emplearon ladrillo, barro, madera y tierra, en La Haya se usaron bloque de hormigón, hormigón pulido, lucernarios prefabricados y lámparas de papel.
- Se posicionan claramente frente a una concepción autorreferencial de la arquitectura[4].

---

[4] Autorreferencial: término que define la actitud de quienes analizan todo en función de sus gustos, necesidades y experiencias, sin admitir otros planteamientos que pudieran poner en crisis sus esquemas mentales. La arquitectura, como el sacerdocio o la política, imprime carácter (Ramoneda, 1998). Esto quiere decir que los arquitectos tendemos a actuar como tales en cualquier circunstancia, y por ello caemos fácilmente en la ilusión de que la arquitectura, la ciudad y todo lo que concierne al habitar es una competencia que nos corresponde en exclusiva, desechando en muchos casos cualquier aportación ajena a la propia disciplina.

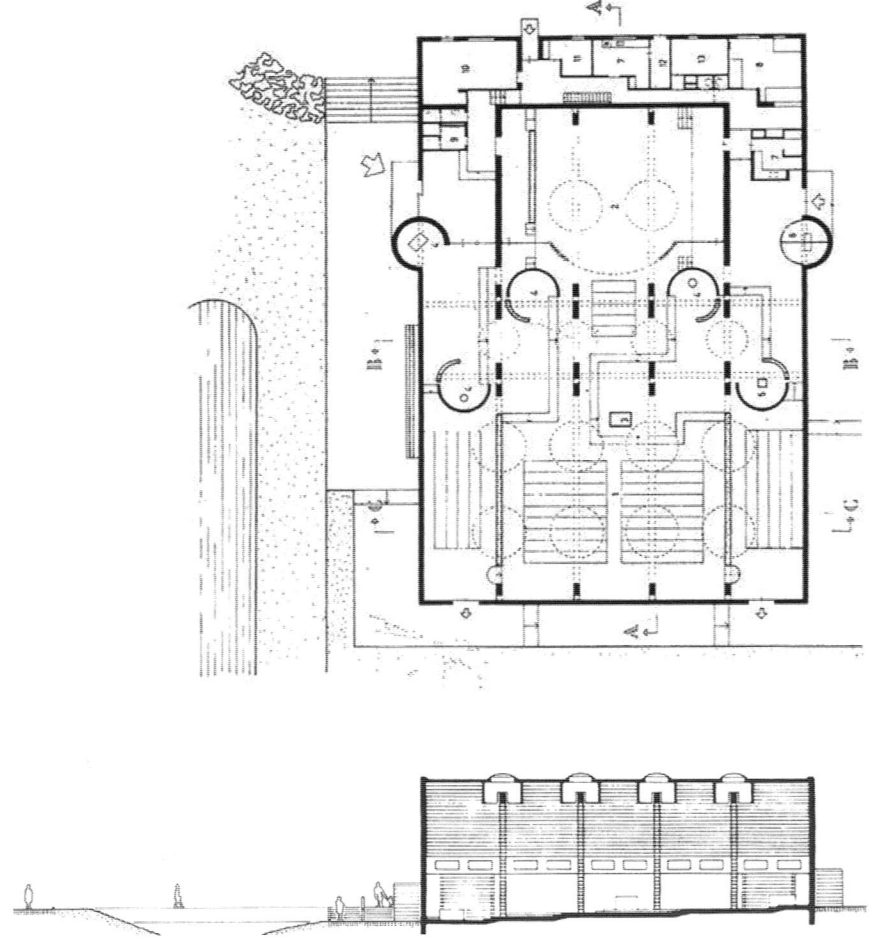

Figura 6-8. Iglesia Pastoor van Ars. La Haya. 1964. Aldo van Eyck. El dibujo incorpora elementos del entorno próximo, así como la figura humana. Transmite con claridad el arraigo con el lugar.

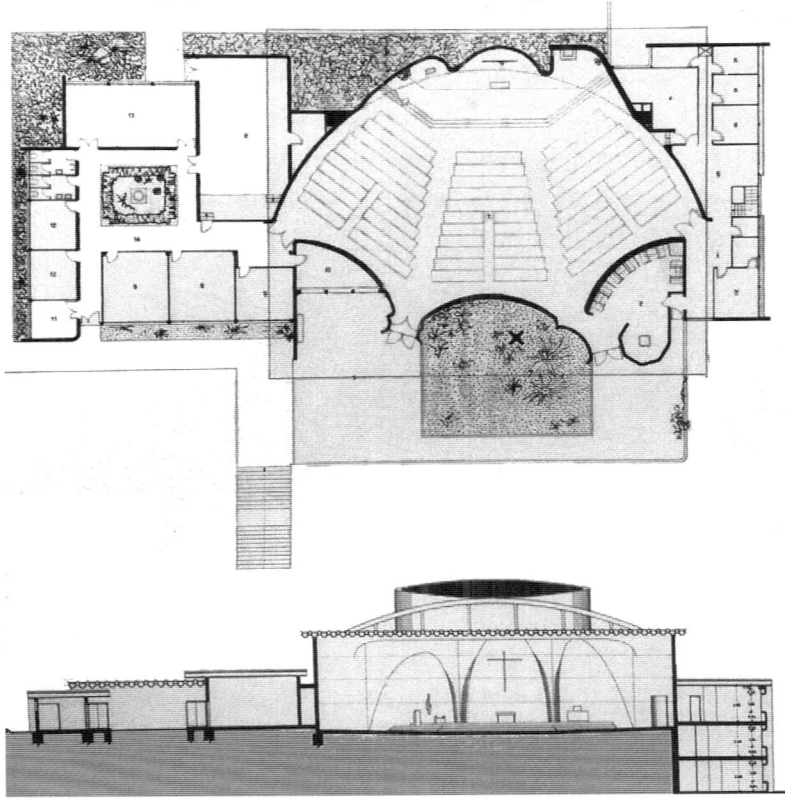

Figura 6-9. Centro parroquial Santa Ana y la Esperanza. Moratalaz. 1965. Miguel Fisac. Un conjunto compuesto por la edificación y las áreas libres, con la sección mostrando la adaptación a las condiciones topográficas de la parcela.

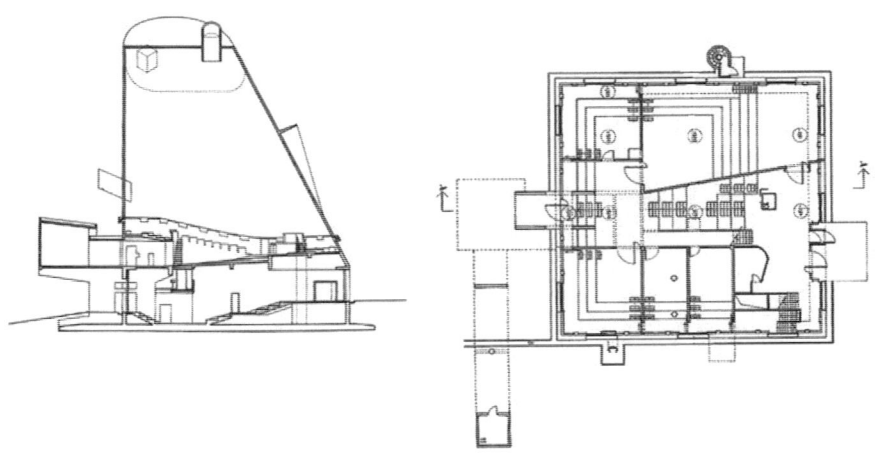

Figura 6-10. Iglesia Saint Pierre. Firminy. 1971. Le Corbusier. Sección y planta.

173

6.4.2 CENTRO PARROQUIAL DE SANTA ANA, MADRID

Miguel Fisac desarrolló la obra del centro parroquial de Santa Ana y la Esperanza entre 1965 y 1971, con la peculiaridad de incorporar en la iglesia los cambios litúrgicos introducidos por el Concilio Vaticano II (fig. 6-9). El conjunto reúne las características propias de la arquitectura religiosa tradicional: reconocible por sus invariantes, a la par que simbólica; singular en sus formas, como expresión de su época, en busca de la excelencia y la perfección como corresponde al lugar de encuentro con la divinidad y, por tanto, con la perfección.

La obra se explica desde los conceptos disciplinares: la luz, la materialidad, la interpretación de la liturgia, la perfección constructiva. Muestra con claridad la impronta de Fisac en la estructura portante, con las vigas-hueso. Unas piezas prefabricadas con un diseño particular del arquitecto, recurrentes en sus obras.

Pese a las diferencias conceptuales y formales entre este centro parroquial y el proyectado por Lina Bo Bardi, existen recursos comunes, propios de los edificios eclesiales. En esta instrucción nos fijaremos en dos de ellos, dejando para otro momento un análisis más amplio. El primero, la luz cenital que cae sobre el altar, magnificando la presencia de lo sagrado. El efecto luminoso singulariza el espacio, pasando a un segundo plano todo lo que sucede alrededor, en una nave sombría. La suntuosidad material o su austeridad, el ornato o la limpieza de los planos son circunstanciales frente a la fuerza que emana de ese gesto.

El segundo, la presencia del patio, aun con evidentes diferencias de uso. En Santa Ana se liga al claustro, como vacío de naturaleza contemplativa durante el paso de unas estancias a otras del centro. Por el contrario, el patio brasileño es un reducto privado para uso de las monjas que viven allí.

6.4.3 IGLESIA DE SAINT-PIERRE, FIRMINY

Saint-Pierre, la iglesia para Firminy de Le Corbusier, ha tenido una vida azarosa. Esta obra pone en pie un proyecto redactado en 1961 (fig. 6-10), basado, a su vez, en los croquis de un proyecto anterior, fechado en 1929. La construcción se inició en 1971, ya fallecido el arquitecto, y se inauguró en 2006.

Conceptualmente tal vez sea la propuesta más lejana a la del Espíritu Santo do Cerrado. Muestra otra manera de enfrentarse con la arquitectura, de definir su relación con el entorno físico y humano.

El centro lecorbuseriano se desarrolla en altura con una rampa como camino de acceso al templo. Una vez en su interior, el espacio se modula con el graderío en el que se asientan los bancos. La iluminación se reparte entre las distintas caras del volumen, pero incide en el altar como el foco sustantivo de los actos que en él se celebran.

En el proyecto prevalece la carga simbólica no solo en el tratamiento de la luz, sino en la propia formulación estructural, que hace del edificio una escultura habitable. Un aspecto que en ningún caso está presente en los ejemplos reseñados anteriormente.

6.5 COROLARIO

Con el recorrido realizado para estudiar la obra del Espíritu Santo se define un proceso que se puede aplicar para el estudio de cualquier objeto, concretándose en dos apartados de análisis, el contexto cultural y la estructura formal, y uno de conclusiones propias. En síntesis:

1. El contexto cultural
   - Datos
     Información bibliográfica, textos explicativos, entrevistas, textos de crítica.
     Información gráfica.
   - Epígrafes
     a. Por qué me interesa de inicio. Expectativas.
     b. Antecedentes: dónde, cuándo, para quién, para qué, quién (autoría).
     c. El objeto en su contexto:
        Otros objetos análogos, próximos en el tiempo. Relación entre ellos y con el objeto.
     d. El objeto en la trayectoria de la autora o autor.
     e. Referencias tipológicas

2. Análisis compositivo: la estructura formal
   - Datos: planos, dibujos, fotografías, vistas aéreas
   - Epígrafes
     a. La parcela en el entorno: planos y/o fotos aéreas. Situación, forma, dimensiones y superficies. Aproximación elemental a la topografía
     b. El objeto en el entorno: acceso al recinto y al objeto.
     c. El objeto: dimensiones, situación en la parcela. Acceso al objeto
     d. Entender el programa.
     e. Aproximación a la estructura formal: relación con los referentes composición y estructura subyacente, desentrañar el proceso de proyecto a partir de la geometría, síntesis y esquema.

3. Conclusiones: ¿qué he aprendido?
   - Sobre la autoría, la época y el lugar
   - Sobre la tipología y su relación con otras obras análogas
   - Sobre la relación con el entorno
   - Sobre la estructura del objeto
   - Expectativas: entiendo mejor el proyecto, no lo entiendo en absoluto, interesante, pero como otros tantos…
   - ¿Conozco algún centro parroquial o eclesial, de cualquier religión?
   - ¿Puedo poner el Espírito Santo do Cerrado en relación con ejemplos cercanos, de la misma manera que se ha puesto en relación con otros ejemplos de centros parroquiales?

16   BIBLIOGRAFÍA

- Bo Bardi, Lina (1958). «Teoría y filosofía de la arquitectura». En: Rubino, Silvana y Grinover, Marina (2014). *Lina Bo Bardi por escrito. Textos escogidos 1943-1991*. México: Alias, pp. 95-100.

- Bo Bardi, Lina y Almeida, Edmar de (1999). *Lina Bo Bardi. Igreja Espírito Santo do Cerrado. 1976-1982*. Lisboa: Blau, e Instituto Lina Bo e P. M. Bardi.

- Fisac, Miguel (2003). «Parroquia de Santa Ana, 1965-1971». *AV Monografías* [Miguel Fisac], 101:72-77.

- *Le Corbusier. Ouvre complete. 1887-1965*. Basel: Birkhäuser

- Ligtelijn, Vincent (com.) (1999). *Aldo van Eyck. Works*. Basel, Boston; Berlin: Birkhäuser.

- Vaccari, Andrea y Micotti, Luca (ed. Lit.) (2014). *José Oubrerie e Le Corbusier: Saint-Pierre de Firminy-Vert, ¿continuitá o tradimento?* Milano: Skira.

URL

- QR_6-1. Ramoneda, Josep (1998). «Los testigos y la víctima». *El País*, 25 de junio de 1998.
  <https://elpais.com/diario/1998/06/25/espana/898725603_850215.html>.

- QR_6-2. «202 Complejo Parroquial Santa Ana».
  <http://fundacionfisac.com/complejo-parroquial-santa-ana/>.

QR_6-1   QR_6-2

A6   ACTIVIDADES

- Buscar a cinco arquitectas españolas que hayan trabajado a partir de los años cincuenta e identificar al menos una obra suya. Tratar de explicar formalmente dicha obra.

- Nombrar a cinco arquitectas de tu entorno y reconocer una obra de cada una. ¿Cómo trabajan, solas o asociadas? En caso de trabajar asociada, ¿el estudio está formado por mujeres o es mixto? ¿El nombre del estudio responde al orden alfabético o jerarquiza a un integrante sobre el resto?

- Reconocer algún edificio o manzana, con un patio interno accesible. ¿Cómo se relaciona edificio y patio?, ¿existe algún vínculo directo con la calle?

- Visitar un edificio religioso construido antes de 1800: ¿cómo se ilumina?, ¿existe alguna parte con una entrada de luz singular? ¿cómo es el acceso: a través de un atrio abierto, directamente desde la acera, desde una plaza...? Dibujar esquemáticamente, con tu impresión, el esquema que relaciona los accesos con la luz.

- Analizar un edificio religioso construido a partir de los años noventa del siglo XX. ¿Incluye servicios complementarios: residencia, centro comunitario?, ¿cómo se ilumina?, ¿cómo es el acceso: a través de un atrio abierto, directamente desde la acera, desde una plaza...? Dibujar esquemáticamente, con tu impresión, el esquema que relaciona los accesos con la luz.

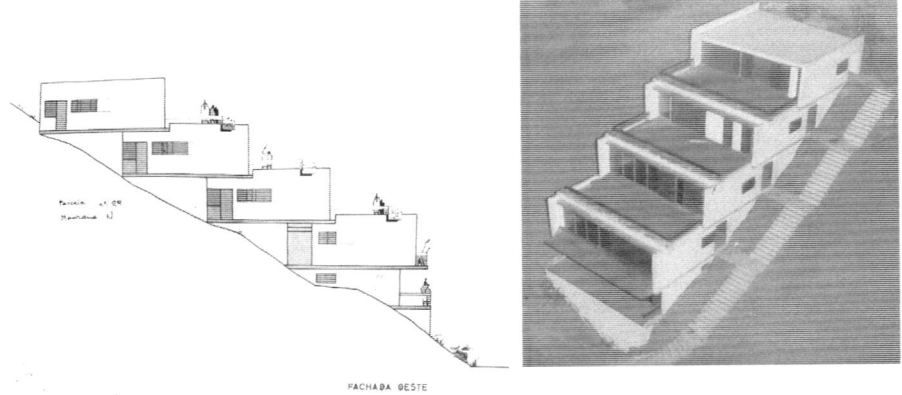

A6. Cinco viviendas de verano. Calonge, Gerona (proyecto 1965). Mercedes Serra Barenys (archivo Serra Barenys).

Instrucción 7

EL PROYECTO EN EL LUGAR.
OBJETO Y TOPOGRAFÍA

El dibujo del lugar – Objeto y topografía – Relación lugar y objeto – El proyecto en el lugar. Semejanzas y disparidades – Corolario – Bibliografía – Actividades

Mientras tanto deberemos separar el concepto de Proyecto
—siempre geográfico—, del de Diseño cuya geometría —en parte proyectual— es atópica: se proyecta un estadio y se diseña un
helicóptero.

Antonio Miranda, Diccionario de la modernidad, p. 17

Todo proyecto consta de tres esferas: el contexto, el sujeto y el objeto. Las
tres se relacionan y se condicionan biunívocamente. Forman un triángulo
equilátero en cuyos vértices se sitúan el lugar, el sujeto y el contexto. La
figura puede deformarse para priorizar una relación sobre otra, pero, en
cualquier circunstancia, son ineludibles las tres esferas (fig. 7-1).

El contexto aporta las necesidades. El lugar, los condicionantes físicos. El
sujeto representa a las personas a quienes se destina el objeto, plantea las
demandas y los requerimientos. El objeto, definido a través del proyecto,
establece los determinantes, dando satisfacción a necesidades, demandas,
requerimientos y condicionantes.

Al hablar del proyecto en el lugar conviene repasar la definición de algunos
términos que, de una u otra manera, han ido ya apareciendo en las instrucciones anteriores (tabla 7-1).

7.1   EL DIBUJO DEL LUGAR

Todo proyecto arquitectónico obedece a un objetivo primario: la transformación del lugar mediante un objeto para ser habitado. Y el lugar, cada lugar, posee su *genius loci*, expresado con las cualidades que le son propias.
Al dibujar se reconocen esas cualidades y se delimita su alcance.

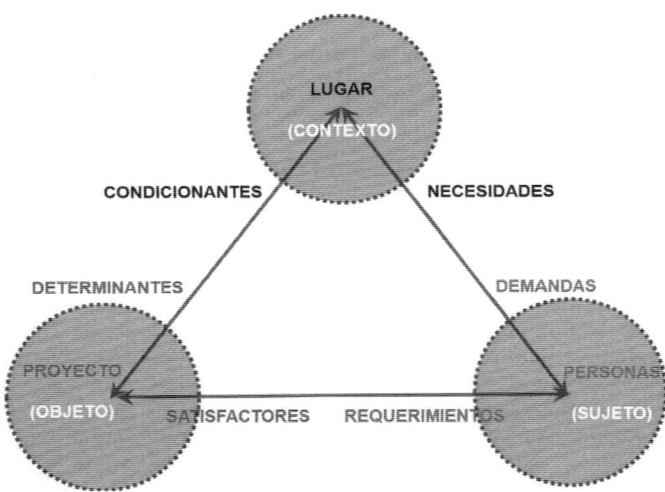

Figura 7-1. Relación entre objeto, contexto y sujeto.

Tabla 7-1. Términos

Término	Definición
Lugar	• Porción de espacio. • Lugar geométrico. Línea o superficie cuyos puntos tienen alguna propiedad en común. • Espacio que ocupa un cuerpo. Todos los cuerpos ocupan su lugar. • Espacio en el que acontece un hecho cualquiera.
Espacio	• Extensión que contiene toda la materia existente. • Parte de espacio ocupada por cada objeto material. • Conjunto de elementos entre los que se establecen ciertos postulados. • Medio físico en el que se sitúan los objetos y cuerpos y se producen los movimientos. Se concibe como homogéneo, continuo, tridimensional e ilimitado. Cualquier recinto delimitado por planos reales o imaginarios susceptible de ser habitado.
Objeto	• Todo lo que puede ser materia de conocimiento o sensibilidad de parte del sujeto, incluso este mismo. • Cualquier volumen real o imaginario que es habitable y ocupable en un sentido arquitectónico.
Topografía	• Conjunto de particularidades que presenta un terreno en su superficie.
Términos auxiliares (véase instrucción 1)	
Curva de nivel	• Línea formada por los puntos de terreno que se encuentran a la misma altitud. Dibujo de la curva de nivel: línea de puntos o trazo muy fino.
Línea de tierra	• Intersección entre el objeto y el terreno. Dibujo de la línea de tierra: trazo grueso.

La intervención en el lugar comienza con la descripción gráfica para interiorizar la topografía y la orientación, la vegetación y las huellas que permanecen de transformaciones anteriores, las llamadas preexistencias. Requiere entender la forma de llegar, las vistas, el viento y la lluvia dominante; identificar el viario, los equipamientos[1] próximos u otros elementos singulares.

El dibujo del lugar se identifica con la fase de reconocimiento del entorno. Con él se valoran, seleccionan e integran las variables para analizarlo y describirlo. Una acción que nunca es neutra al estar mediatizada por la propia experiencia y/o las expectativas. Descripción y análisis confluyen en el diagnóstico, iniciándose así el proceso de ideación. El análisis del ámbito de intervención sin conclusiones, sin aportar los fundamentos del objeto, es un acto vacío desde la óptica proyectual.

Tras identificar y trasladar al dibujo las variables presentes tanto en el entorno social, recogidas en notas y apuntes —los posibles usuarios y otras personas afectadas— como en el entorno físico (tabla 7-2), se elabora el diagnóstico. Las variables físicas, propiamente arquitectónicas, incluyen el espacio parcelado y el espacio público, la edificación y la vegetación —setos, tapizantes, los árboles con sus copas, troncos y estructura—, las calles y caminos, la topografía, la orientación, el soleamiento, los vientos dominantes, los flujos de agua y, de una manera particular, las instalaciones urbanas[2].

EL GRAFISMO EN EL DIBUJO DEL LUGAR

El dibujo del lugar muestra sus componentes, para lo cual se recurre a la valoración de la línea. No se diferencia por su grosor —siempre fino—, sino por el trazo: continuo o a puntos, con soporte de regla y plantilla o a mano alzada, con punteados o con trazos irregulares. Solo se emplea la línea gruesa para marcar las sombras y dar profundidad, considerando, por convención, el soleamiento desde el este.

El soporte cartográfico empleado para dibujar el lugar se compone de información muy diversa. Desde el parcelario y la edificación a las instalaciones urbanas, señalización viaria o delimitaciones normativas

---

[1] Equipamientos: edificios e instalaciones públicas y/o privadas que alojan usos colectivos. Los centros de salud, centros sociales, bibliotecas, colegios y guarderías, centros de día son un ejemplo de equipamientos públicos. Pero existen otros equipamientos desarrollados por la iniciativa privada que se deben considerar: tiendas, oficinas bancarias, quioscos, gimnasios, templos, bares, peluquerías...

[2] Instrumental que procura agua, energía, salubridad y comunicación a los objetos arquitectónicos. Las instalaciones se distribuyen mediante conductos que recorren todo el edificio, conectadas a las conducciones urbanas que los alimentan. Aportan confort por medios técnicos/tecnológicos. En analogía con el cuerpo y el sistema metabólico, las instalaciones constituyen el metabolismo urbano, en la escala de la ciudad, y el metabolismo objetual, en la escala del edificio.

Tabla 7-2. Aspectos presentes en el dibujo del lugar

El espíritu del lugar plasmado en el dibujo
• La topografía.
• La presencia del agua.
• Los límites del ámbito: cierres perimetrales, calles, viarios u otros.
• El arbolado como masa que cubre el suelo, marcando las copas o la agregación de copas.
• El arbolado como elemento arquitectónico, señalando el tronco.
• El espacio parcelado y el espacio público.
• Elementos preexistentes en el lugar de intervención: muros, ruinas, edificaciones, senderos...
• El espacio ocupado y construido, mediante el dibujo de las cubiertas de las edificaciones próximas, y el espacio libre, vacío.
• La relación entre la extensión ocupada por las construcciones dentro del espacio parcelado con el espacio libre disponible en este, expresada mediante el dibujo de las plantas bajas y los accesos de las edificaciones próximas.
• El viario, recogiendo las calles, los caminos o las carreteras de acceso y circundantes.
• La hipotética estructura que generan las construcciones sobre el terreno.
• Las sombras arrojadas por edificaciones próximas o arbolado en referencia a la ubicación del objeto.
• El campo de dibujo: hasta dónde y por qué se dibuja.
• Influencia y relación del entorno con el contexto.
• La distancia para definir el recorrido: 15 minutos a pie, 500/600 metros, área de influencia.
Soporte del dibujo
• Cartografía urbanística, topográfica y/o catastral.
• Recorridos virtuales aéreos y paseos virtuales.
• Visitas presenciales.

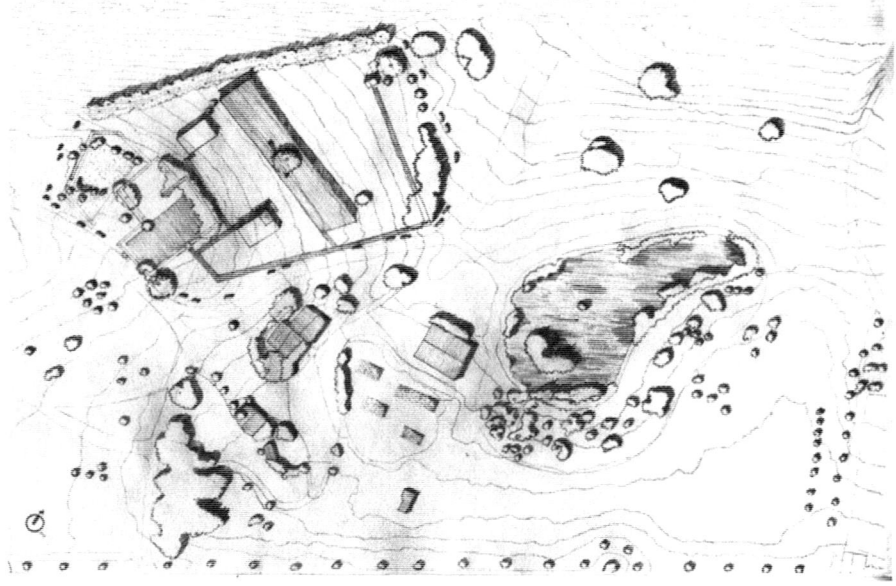

Figura 7-2. Dibujo del lugar.

sectoriales y urbanísticas[3]. Con el dibujo se seleccionan aquellos datos que tendrán incidencia en el proyecto: la posición aproximada del arbolado —los troncos—; los cambios de pavimento; la presencia del agua, sea un curso fluvial, las huellas de las escorrentías o el mar con unos acantilados y/o una playa; la topografía, los muros, la edificación y el parcelario; el espacio libre, con el viario compuesto por acera/arcén y calzada; las vistas y la orientación.

El dibujo va dando cuenta de todos estos elementos, formalizando el plano del lugar. Con él se empieza a elaborar la intervención. Como todo plano, reviste un carácter técnico y objetivo, pero singularizado por la interpretación que haga cada quien.

En los terrenos en los que se ubica actualmente el parque de Oza, en A Coruña, se incorporó como soporte el lugar de trabajo en un ejercicio de Proyectos Arquitectónicos (fig. 7-2). El objetivo del ejercicio se centraba en la implantación de una vivienda en una extensión de tres hectáreas, con los accesos localizados al sur y al este. Para ubicar el objeto, debían considerarse las preexistencias —edificaciones y caminos—, la topografía, la vegetación, el agua… El dibujo fija la importancia del agua, los muros, los cercados vegetales y las hileras de pequeños árboles. El siguiente paso sería conocer el proyecto… Queda el interrogante. Que cada quien escoja su «lugar».

7.2 OBJETO Y TOPOGRAFÍA

El análisis del lugar enfocado al proyecto semeja una labor ardua en el inicio de la disciplina de proyectos arquitectónicos. El lugar es más que la topografía, pero esta influye de manera relevante en la posición y disposición del objeto con respecto a él. Sobre todo, cuando el soporte no es una planicie, sino que define un relieve que tensa la relación con el objeto. Así ocurre en el territorio gallego, por ejemplo, en el que difícilmente los suelos presentan una horizontalidad constante, salvo en las zonas costeras o en la Terra Chá lucense.

Por ello, y como una primera aproximación, se plantea el estudio de las hipotéticas disposiciones del objeto con respecto del suelo. Una presencia sustancial para el proyecto, sobre todo si la pendiente de la superficie del terreno es variable en el ángulo y dirección.

La posición erguida, connatural al ser humano, requiere planeidad para lograr el equilibrio. Todas nuestras actividades se desarrollan sobre

---

[3] Sectorial: específicas de un ámbito muy concreto, como el aéreo-espacial, la delimitación de la zona de litoral afectada por la protección de aguas, los terrenos afectados por las servidumbres viarias y ferroviarias o por la protección patrimonial, natural u otras posibles.

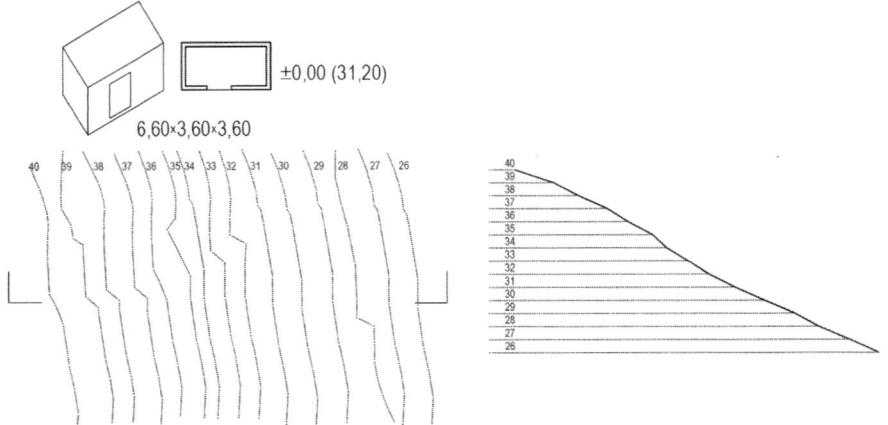

Figura 7-3. Objeto y terreno en ladera.

En la planta se recogen dos formas de solucionar el triángulo que se forma en el vaciado. La primera con un pliegue y un muro. La segunda con la rectificación progresiva de las curvas de nivel.

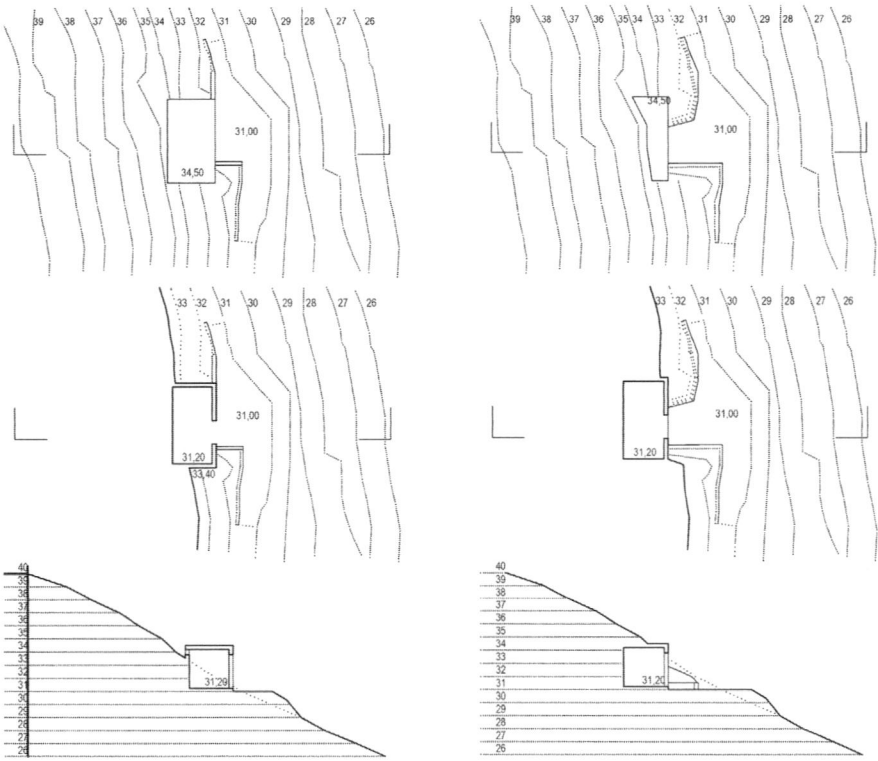

Figura 7-4. Objeto encajado en el terreno. Izquierda: se perciben todos los paramentos verticales. Derecha: se percibe el frente y mínimamente los laterales.

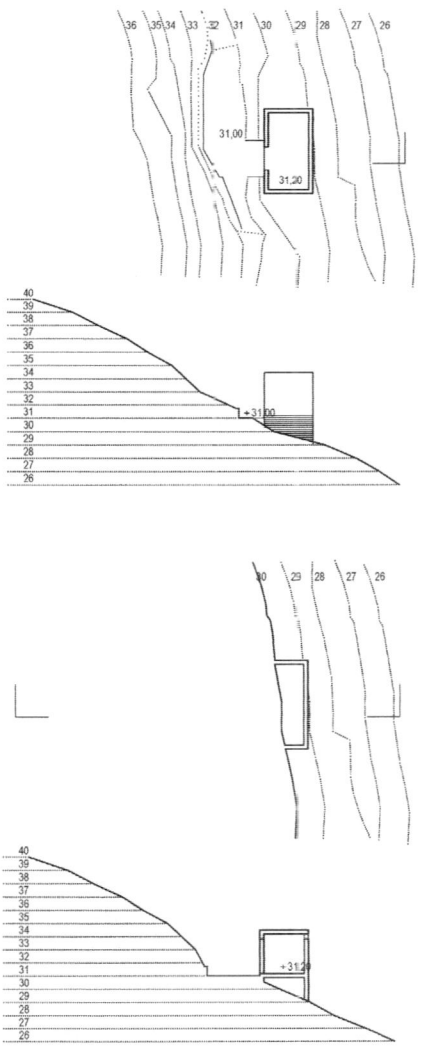

Figura 7-5. Objeto con zócalo.

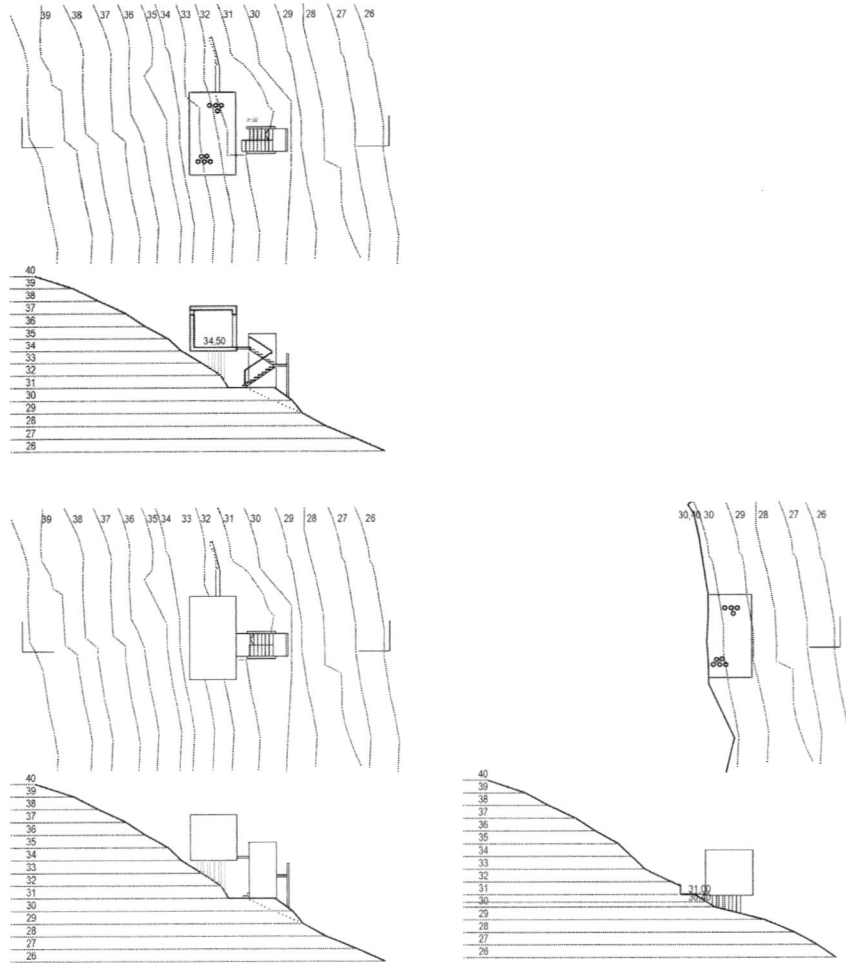

Figura 7-6. Objetos elevados sobre la ladera.

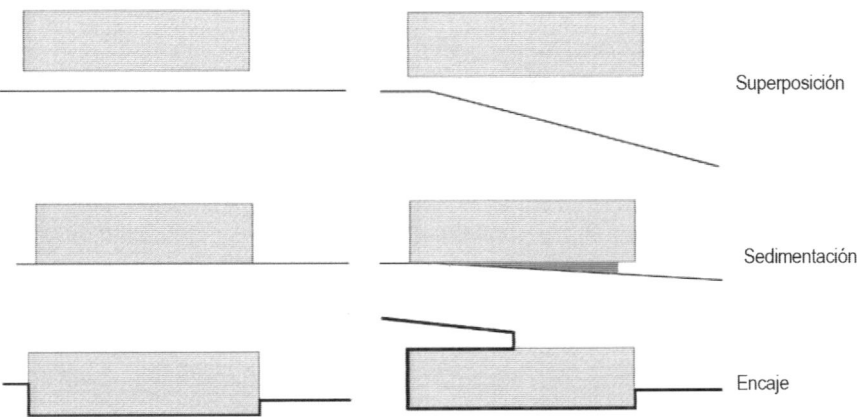

Figura 7-7. Las tres formas en que el objeto se dispone en relación con el terreno.

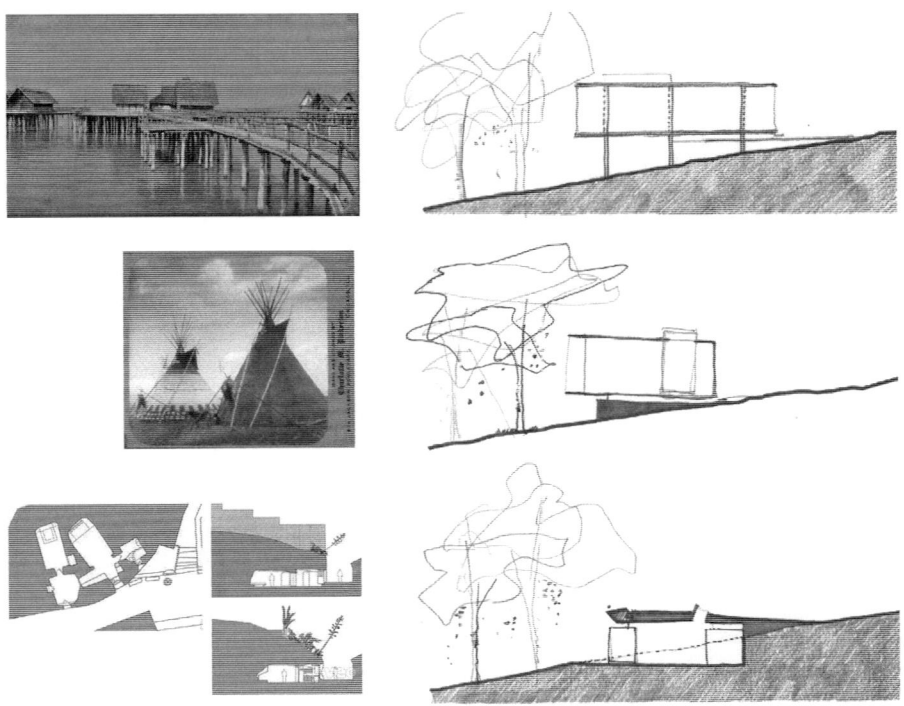

Figura 7-8. Invariantes de la relación objeto-lugar: de las construcciones primitivas a la arquitectura contemporánea. Palafito, superposición; tipi, sedimentación; cueva, encaje.

189

superficies horizontales, al margen de la forma exterior de los objetos o de la inclinación de los espacios libres por los que nos desplacemos[4]. Una evidencia para entender la búsqueda de plataformas horizontales mediante la intervención proyectual. Esa irrenunciable horizontalidad exigida por nuestros cuerpos y enseres entra en colisión con la naturaleza del terreno.

Al trabajar con terrenos en ladera para acomodar los objetos (fig. 7-3), son inevitables las rectificaciones del terreno. Aparecen entonces las plataformas de acceso a ellos[5]. Un volumen puede encajarse (fig. 7-4), disponer de un zócalo que solucione el encuentro con el terreno (fig. 7-5) o poseer soportes que lo eleven sobre el suelo natural (fig. 7-6).

La relación del objeto con el terreno así definida se podría abordar a partir de una situación ideal, el plano infinito, abstracto, sin relieve, que solo existe en un laboratorio —de maquetas, de trabajo virtual— o en una plataforma artificial, construida tras hacer *tabula rasa* en una parcela.

Cualquiera de estas situaciones lleva aparejada la transformación de la superficie del terreno, junto con la incorporación de muretes o la formalización de taludes. Gráficamente se expresan modificando el trazado de las curvas de nivel y definiendo el corte del terreno en cada una de las sucesivas plantas, tal y como se recoge en los esquemas adjuntos. Estos reflejan las tres formas en que los objetos arquitectónicos se relacionan con el terreno: superposición, sedimentación o encaje (fig. 7-7). No se adopta una u otra apriorísticamente, sino como consecuencia del programa, la relación con el entorno y la intención del proyecto.

7.3   RELACIÓN LUGAR Y OBJETO

Las formas de conexión física entre el lugar y el objeto forman parte de las invariantes arquitectónicas, definidas con las construcciones más elementales y primitivas: palafitos, tipis y cuevas (fig. 7-8). Cada una se corresponde respectivamente con el esquema de superposición, sedimentación y encaje. Tres opciones que se ilustrarán a través de ejemplos de arquitectura contemporánea. Dos viviendas, la casa del puente en Mar del Plata y la casa del desierto en Palm Springs, y un conjunto residencial, el convento de Santa Clara en Ronchamp.

---

[4] Un terreno plano puede llegar a tener una pendiente de un 6 %, valor considerado límite para los espacios accesibles. Las aceras de las calles tienen una pendiente transversal del 2 % que no percibimos al caminar. No obstante, en un espacio interior las diferencias de nivel se acusan con mayor precisión, sobre todo en el mobiliario. Una pendiente mínima convierte una mesa o cualquier otro mueble en inestable. Por este motivo, armarios, cómodas o cajoneras llevan incorporados reguladores de altura para corregir las desviaciones en la planeidad del suelo.

[5] La posición del objeto y la rectificación del terreno afectan a la percepción del territorio. Alteran las líneas del paisaje, por lo que debe atenderse a las dimensiones que rompan la relación figura-fondo, tan importantes en el medio natural como en el construido.

A ellos se les suma un cuarto caso, la vivienda de Lina Bo Bardi en Sao Paulo. La casa de vidrio, como se la conoce, muestra la confluencia en un único objeto de las tres maneras de disponerse. Muestra la compleja relación objeto-lugar, al margen de la escala del proyecto.

7.3.1 SUPERPOSICIÓN. LA CASA DEL PUENTE

El palafito encarna la superposición respecto del terreno: un objeto elevado para huir del agua, la suciedad y las alimañas. Trasladado al dibujo, el volumen descansa sobre pilares y, esquemáticamente, levita sobre la línea de tierra.

Superada la protección física primigenia, el volumen se despega para no perturbar la superficie del terreno natural, ni molestar a sus miembros. Se mantienen los árboles circundantes y se pasa bajo el objeto, pisando el suelo, ahora cubierto. Al elevarse se disfruta de unas vistas inalcanzables, difíciles de obtener sin ese desplazamiento vertical.

Aparentemente, con esta intención se dispone la casa del puente, o sobre el arroyo, construida entre 1943 y 1945 por un Williams, Amancio (1913-1989), y su socia, Delfina Gálvez Bunge[6], para los padres del primero, Alberto (1862-1952), un reputado compositor y pianista, e Irma Paats Frers (1881-1954).

El objeto resulta ser una casa situada en una extensa parcela[7] en la ciudad de Mar del Plata (fig. 7-9). El terreno, arbolado con robles y vegetación autóctona, queda dividida en dos por el arroyo Las Chacras[8]. La construcción, transformada en puente, enlaza sus dos orillas. Se decidió el emplazamiento tras cartografiar la posición de cada tronco, de tal modo que solo se taló un árbol, sin afectar al resto.

Se transformó en un icono arquitectónico sometido a diversas interpretaciones. Desde una emulación de la casa de la cascada hasta la ensoñación de vivir entre los árboles. Tal vez el argumento de proteger el arbolado escondía esos sueños. O tal vez esa elevación fue la excusa para intervenir en las dos orillas del arroyo. Por otra parte, liberar el suelo es uno de los cinco puntos de la arquitectura enunciados por Le Corbusier, el cual se aplica en esta casa sustituyendo los pilotis por un arco.

---

[6] Delfina Gálvez Bunge (1913-2014) estudió en la Facultad de Arquitectura de Buenos Aires. Se casó con Amancio Williams en 1941, compartiendo ambos el estudio profesional.
La postura de Gálvez con respecto a Williams es común en muchas mujeres, tanto coetáneas como más jóvenes o mayores que ella. Björj Runge y Jane Anderson la han reflejado claramente en la película *La buena esposa* (*The wife*) (2017).

[7] La casa no está sola en la parcela. La acompañan la casa de los guardas y otra vivienda más, ocupada en su momento por un hijo del compositor.

[8] El arroyo Las Chacras fue el curso de agua fundacional de Mar del Plata. A mediados de los años cincuenta del siglo XX se desvió su curso en esta zona de la ciudad por cuestiones de saneamiento, dejando un hilo de agua como vestigio de su cauce.

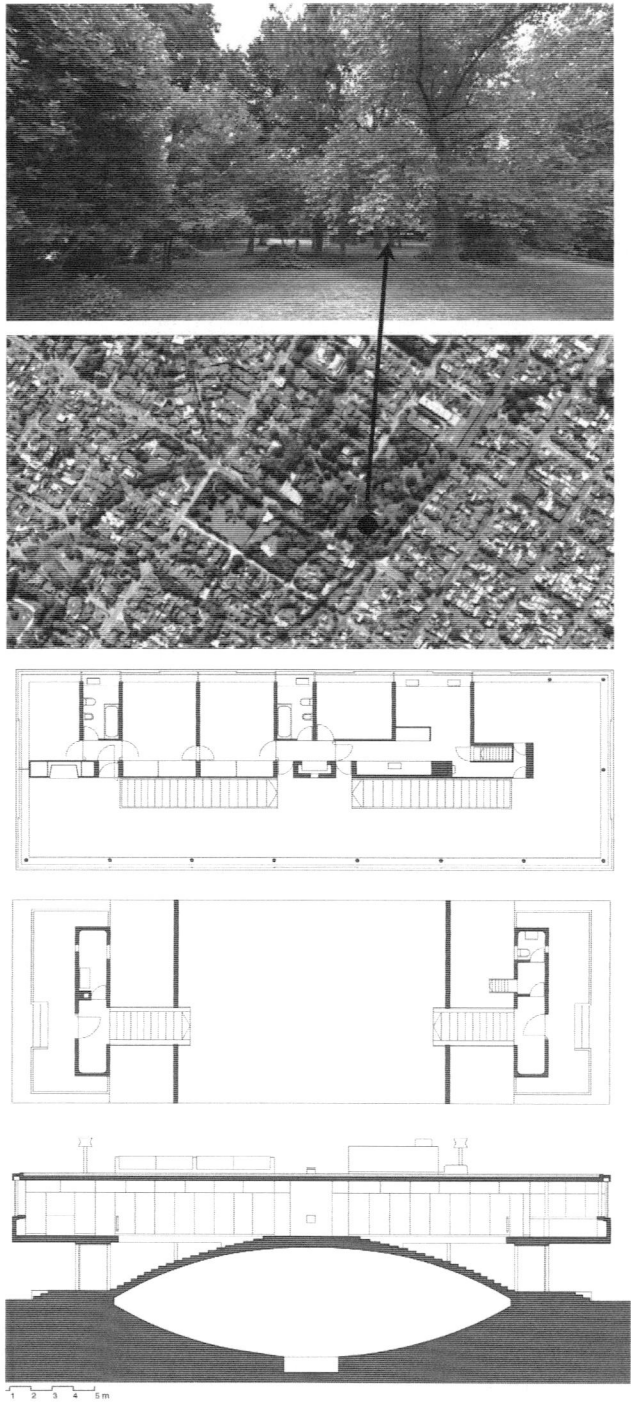

Figura 7-9. Casa del arroyo. Mar del Plata. 1943-45. Amancio Williams y Delfina Gálvez Bunge. La parcela y la casa. Plantas y sección.

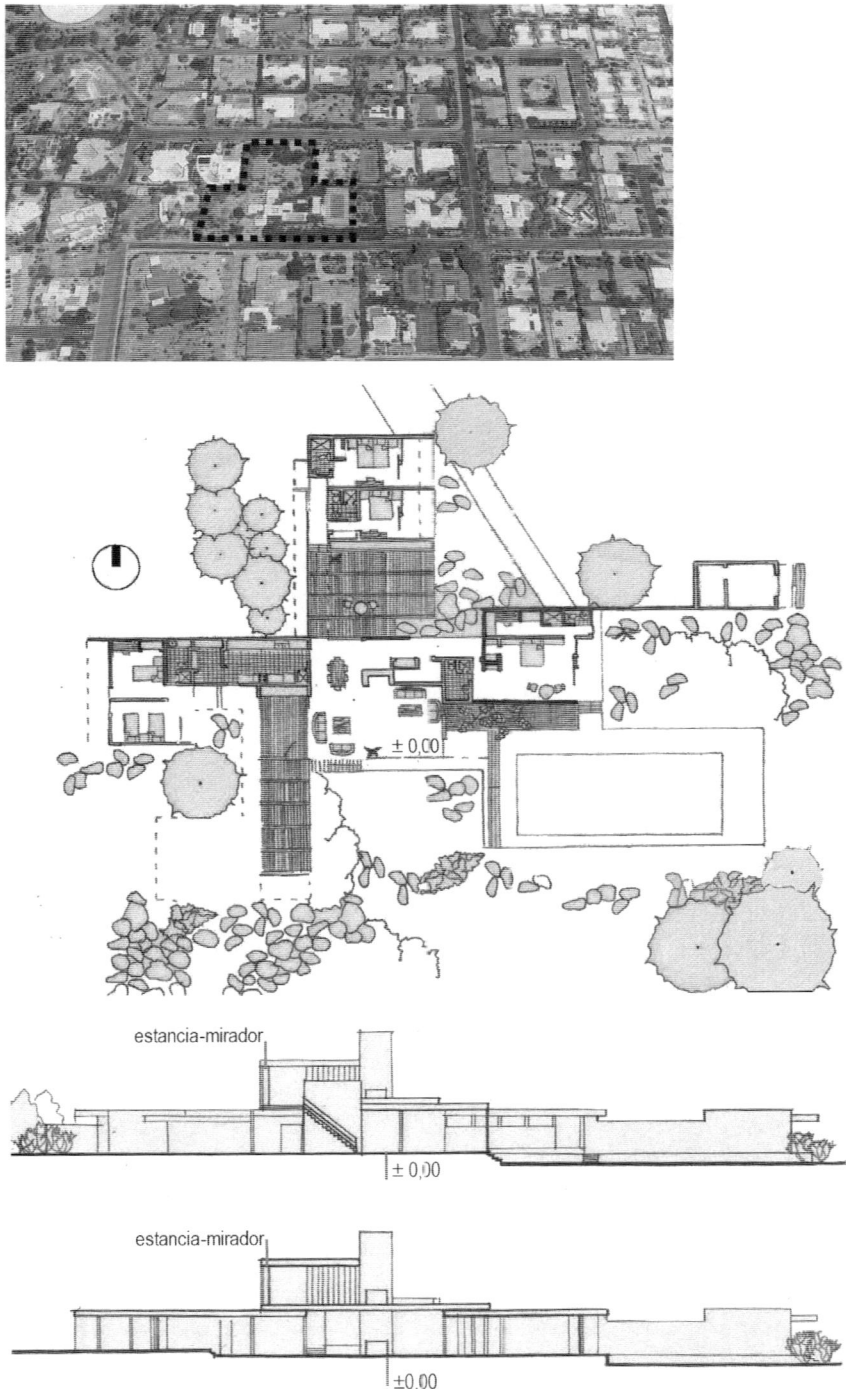

Figura 7-10. Casa del desierto. Palm Springs. 1946. Richard Neutra. La parcela en su contexto. Planta general, marcados los pavimentos de las zonas intermedias y de servicio. Alzados y secciones generales.

Como curiosidad debe apuntarse que el arco actúa como la losa de las escaleras principales, a las que confiere singularidad y algún riesgo en el recorrido, dadas por las proporciones variables de los escalones. Estos van cambiando de medidas para adaptarse a la traza parabólica. Seguramente los movimientos cotidianos se realizaban por la escalera de servicio, eludiendo la incomodidad del escalonamiento irregular.

La bibliografía sobre este icono carece de datos sobre sus destinatarios, como sucede en casi todas las publicaciones de arquitectura. Se describe como la casa para el padre, Alberto Williams, compositor. Se olvida a la madre como destinataria y moradora de la casa. La crítica y los textos reseñan la figura de Alberto, profesional reconocido, sin mención al matrimonio. Al sustituir la figura familiar por la pública, la madre queda velada. Asimismo, se desconocen las necesidades y los deseos de Alberto Williams y de Irma Paats. ¿Son ellos los que quieren habitar sobre el arroyo?, ¿vivir entre las copas de árboles?, ¿elevarse hacia la luz, huyendo de la sombra proyectada por la masa arbórea?, ¿o es una propuesta del arquitecto al aplicar los postulados de la arquitectura del momento?

En cualquier caso, la casa se superpone al terreno. La decisión se justifica en el ansia por otorgar a este la máxima protección, evitando sacrificar árboles y disminuir la superficie verde con la construcción. Sin embargo, las implicaciones estructurales, económicas e incluso formales y funcionales nos llevan a intuir otras razones. Entre ellas, tal vez se encuentre la relación del matrimonio Williams con el lugar. Y el proyecto, de esa manera, resuelva lo que le corresponde: las necesidades de las personas, más allá de las elucubraciones que atribuimos a su proyectista.

El tratamiento que se da a esta obra en los medios de difusión arquitectónicos transforma al arquitecto en autor único. Se olvida todo aquello que puede haber incidido en el proyecto, incluida su relación con el entorno. Incluso se omite cualquier referencia a la manera en que los usuarios ocupan ese lugar, compuesto por la casa, el terreno y todo cuanto en él crece. Queda velada también la participación de la colega personal y profesional de Amancio, Delfina Gálvez Bunge, arquitecta cofirmante de los planos. Aun cuando ella declinase haber participado en este proyecto, es impensable omitir la influencia que debió ejercer en la obra de su colega varón, incluida esta vivienda.

7.3.2 SEDIMENTACIÓN. LA CASA DEL DESIERTO

El objeto se acomoda sobre el suelo como un sedimento, con un soporte mínimo, imprescindible para acomodar la rasante interior con la exterior, como ocurre con los tipis.

Así, se posa sobre el terreno la casa de verano proyectada por Richard Neutra para Edgar y Liliane Kaufmann, en Palm Springs, entre 1946 y

1947 (fig. 7-10). Una casa convertida en un icono arquitectónico, al igual que la del puente. ¿Motivo? El comitente. El matrimonio Kaufmann era propietario de otra afamada residencia: la casa de la cascada, de Frank Lloyd Wright, quien diseñó también el despacho del empresario, ubicado en la última planta de los Grandes Almacenes Kaufmann de Pittsburgh.

A diferencia de la casa del puente, un volumen único alejado del terreno, en Palm Springs se conforma un entramado entre exterior e interior. Se posa sobre una parcela horizontal con frente a dos calles (fig. 7-10), en un paisaje semidesértico, de vegetación rala, con palmeras, cactus y rocas, de tierra blanquecina.

El proyecto define un lugar dentro de otro, diferenciados por la textura del suelo: césped en contacto con el objeto, terreno natural en el resto de la superficie. La línea horizontal, la cota cero que acoge la vida en el interior, se acomoda al terreno con zócalos de poca altura, enlazados con la plataforma de la piscina mediante tramos de cuatro o cinco peldaños. Incluso a la estancia mirador de la planta alta se accede desde la cota cero.

Esta vivienda explicita a través de los alzados la relación entre objeto y contexto que Neutra proponía y que fue desarrollando desde la casa Nesbit (1942) hasta la casa Pescher (1968-1969). Un tipo desarrollado sobre la firme creencia de que «nuestros recintos habitables no deben quedar separados mucho ni muy acusadamente del verde mundo orgánico» (Neutra, 1970, p. 25). El arquitecto incorporaba el medio natural a la arquitectura de una manera efectiva. Dibujaba con el mismo grado de detalle e importancia la vegetación, las rocas y los caminos que el artefacto construido.

7.3.3 ENCAJE. EL CONVENTO DE SANTA CLARA Y EL CENTRO DE VISITANTES

Encajar un volumen implica que se encastre el objeto en el terreno, generando un vacío —un artificio— que sustituye al magma —la roca—. Requiere emplear una tecnología depurada para aislar lo construido de la humedad y de las filtraciones de agua, introducir la luz y naturalizar la cubierta. La perfección constructiva remite a lo más primitivo, de tal modo que el objeto habitable se muestra solo parcialmente, buscando el mínimo impacto en la naturaleza.

Paradigma de esta disposición resulta el proyecto del arquitecto Renzo Piano y del paisajista Michel Corajoud para el convento de Santa Clara (fig. 7-11), a los pies de Nuestra Señora de Ronchamp. Esta obra se desarrolló entre 2006 y 2011 para sustituir a la primera construcción conventual y al centro de visitantes. El proyecto focaliza su intención en el entorno de la iglesia, que se mantendrá como hito en el paisaje, sin interferencias de otros volúmenes. Para lograr este objetivo se desmontó una parte de la colina, restituyéndola con un aterrazamiento que racionaliza la pendiente

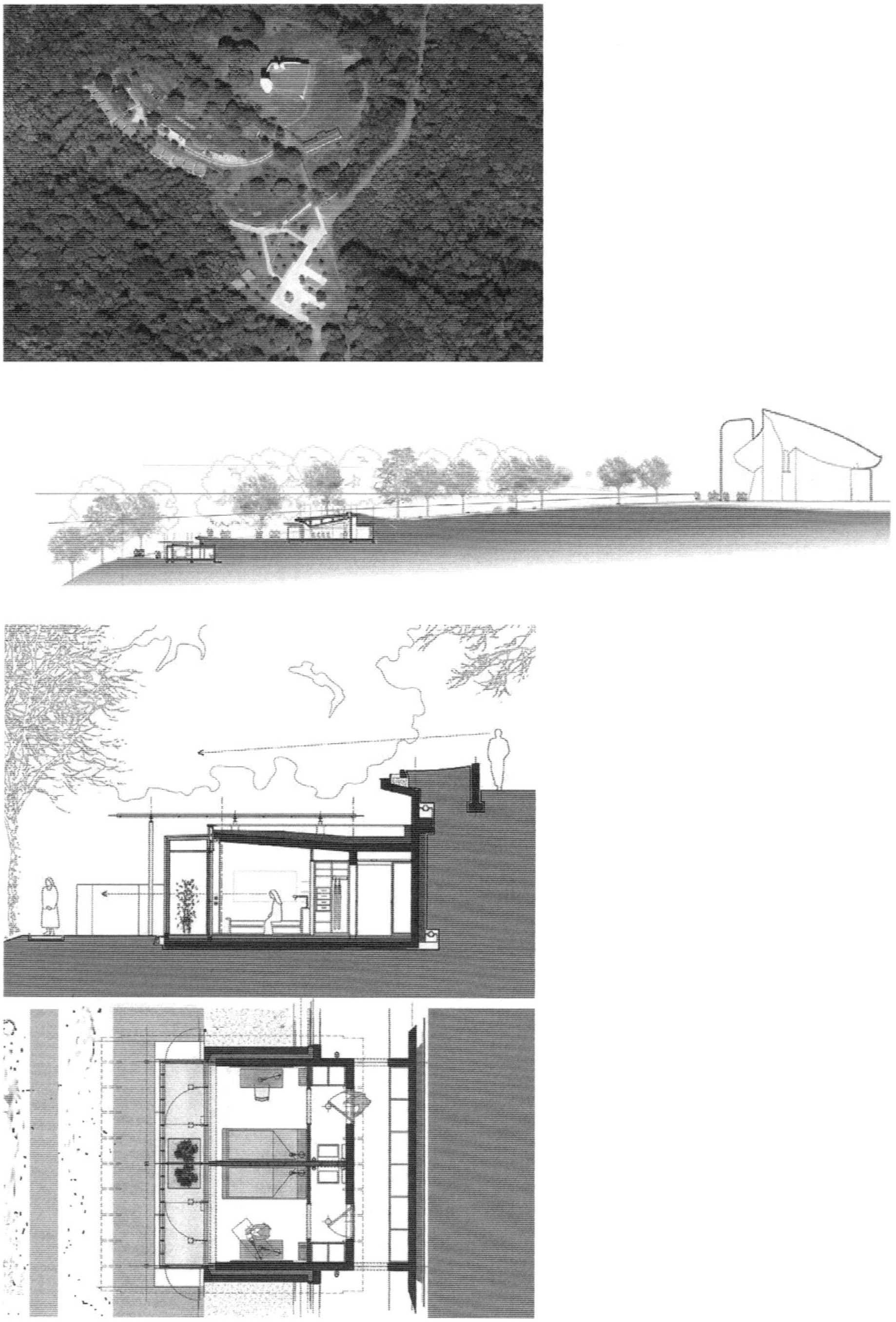

Figura 7-11. Convento de Santa Clara y centro de visitantes. Ronchamp. 2006. Renzo Piano y Michel Corajoud. La capilla, el aparcamiento y la intervención de Piano y Corajoud. Sección: se aprecia el encaje en el terreno y el impacto visual. Planta y sección de la celda con el corredor y el espacio exterior.

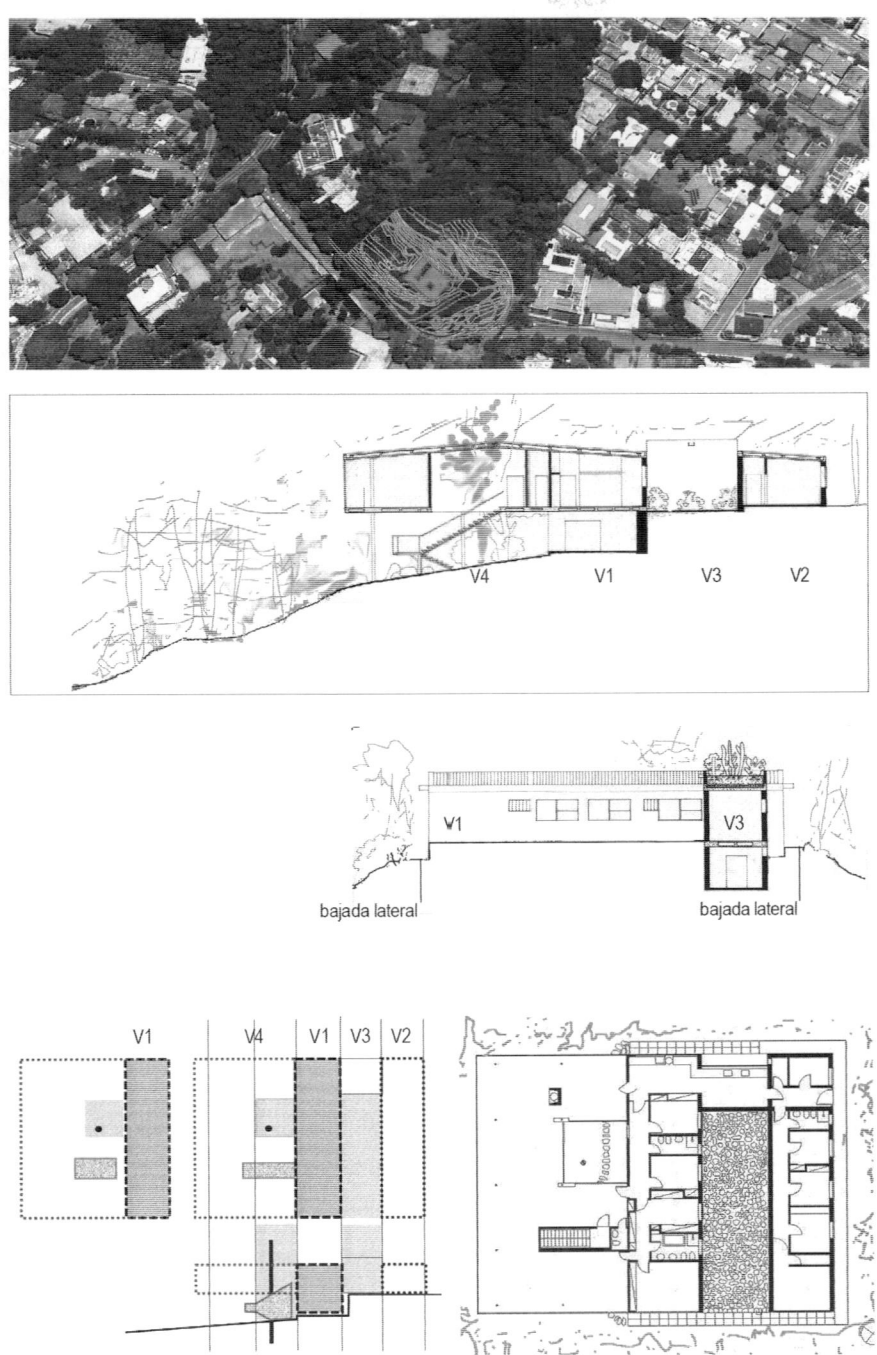

Figura 7-12. Casa de vidrio. Morumbi, Sao Paulo. 1951. Lina Bo Bardi. Situación. Sección por la escalera. Sección por el patio entre las zonas privadas, V1 y V2. Diagramas de planta y sección. Planta alta.

natural. El objeto se apoya en las curvas de nivel. Se compone de volúmenes encajados, con un frente abierto para iluminar, ver y ventilar; de un fondo oscuro, en contacto con la tierra; y de una cubierta vegetal paseable. Muros y caminos orientan los pasos de los visitantes por el complejo. Procura mantener la imagen previa, con el arbolado diseminado entre el bosque y la capilla. La planta, con un desarrollo lineal, perfectamente modulada, se organiza con unos corredores adosados al terreno. Dan servicio a las celdas y a los espacios comunes.

La complejidad de la propuesta se manifiesta en la sección transversal, con una doble escala. La primera de ellas, la escala de conjunto, pone la sección al servicio del templo, manteniendo el paisaje en el contorno de su silueta. La segunda, la escala del objeto, introduce el corredor como elemento de intermediación entre los muros de contención y las células habitables. Incorpora, asimismo, las galerías entre el exterior y las celdas para mantener la privacidad. Estas últimas ofrecen los elementos básicos del habitar: dormir, asearse, estudiar, disfrutar del espacio abierto. Un programa similar al aplicado en su día por Le Corbusier en la celda del convento de La Tourette (véase la instrucción 12).

7.3.4 SUPERPOSICIÓN, SEDIMENTACIÓN Y ENCAJE. LA CASA DE VIDRIO

La casa de vidrio (1951) es el primer proyecto que construye Lina Bo Bardi tras su llegada a Brasil en 1946, junto con su marido, Pietro Bardi. El plano de situación da cuenta de una parcela con una acusada topografía, cuya parte más elevada se ocupa con la casa, buscando las vistas hacia la lejanía (fig. 7-12).

La arquitecta la organiza en dos niveles, el inferior con el acceso y unas dependencias de servicio, y el superior, el de habitar. El acceso, un vacío cubierto, contiene unos pilares mimetizados con los troncos circundantes, un árbol, una escalera y los volúmenes V1 y V3, semienterrados, que se estiran hacia el nivel superior[9]. El V1 convive con el V2, con el que comparte dimensiones y disposición, aunque se encuentran separados por un patio y enlazados en una de las cabezas por el V3. El cuarto volumen, el V4, el área más pública de la vivienda, cubre el acceso.

En este conjunto, cada parte desempeña un rol específico que determina su posición en horizontal y en vertical. En la planta alta el V1 acoge las habitaciones privadas de Lina Bo y Pietro Bardi; mientras que el V2 se destina a las dependencias del servicio, por lo que V1 y V2 se mantienen separadas por el patio. Ambos recintos desarrollan el mismo esquema, se orientan en la misma dirección, hacia el noreste, eludiendo las miradas frontales entre ellos.

---

[9] Para explicar el objeto se descompone el volumen total en unas partes menores, V1, V2, V3 y V4, cuyo contenido se describe en la figura 7-12 y en los párrafos siguientes.

El V1 se separa del terreno, sin desprenderse de él, al apoyarse en un soporte pétreo. Un basamento con los cuartos de instalaciones y lo que en un principio debió ser el garaje que, al musealizar la casa, se ha convertido en una sala de visitantes. Por su parte, el elemento que da nombre al objeto, la caja de vidrio, se apoya sobre los pilares del acceso, queriendo flotar superpuesta a la ladera, generando un particular zaguán.

Lateralmente, unas escaleras muy tendidas resuelven el encuentro del objeto con la pendiente natural, transitando entre el plano de acceso inferior, y el de servicio, en la parte alta. La casa, un artificio, carece de comunicación directa con el exterior salvo en las entradas —la principal y la de servicio—. El patio entre dormitorios actúa como una hendidura para iluminar y ventilar, con el suelo tratado como una cubierta, sin carácter estancial.

La casa podría haberse construido por partes, sin someterse a un orden predeterminado. Iniciarse, por ejemplo, con la construcción del volumen de vidrio para incorporar posteriormente los dos restantes. O, al contrario, comenzar por uno de estos e ir sumando los otros progresivamente. Se relacionan entre ellos lo mínimo necesario, solo por las puertas de paso, con total independencia funcional. Ni siquiera necesitan compartir el mismo acceso.

Al igual que en la casa del puente, el disfrute del lugar se realiza de una manera visual y perceptiva, sin ocuparlo. Tanto la sección como la planta muestran un elemento inmerso en el entorno, pero ajeno a él conceptualmente.

El objeto actúa como el vínculo entre las personas y el lugar. Nos cuenta la crítica de arquitectura y periodista Anatxu Zabalbescoa (2014) que «la paradoja de esta arquitecta total —que ideaba desde el programa hasta el edificio pasando por el mobiliario— es que su obra tiende a desaparecer, dejándose devorar por los usuarios. Por eso su aportación resulta un modelo tan actual».

Una valiosa aportación que refleja la posición de Lina Bo Bardi ante el ejercicio disciplinar en el que afloran las personas y el lugar como presencias reales. Una actitud que se plasma en sus obras y también en sus escritos.

7.4 EL PROYECTO EN EL LUGAR. SEMEJANZAS Y DISPARIDADES

Hemos visto que los objetos se hacen presentes o se ocultan mediante estrategias como la superposición, la sedimentación o el encaje. Siendo los ejemplos presentados paradigmas de cada una de ellas, no debe olvidarse que es posible recurrir simultáneamente al empleo de dos de ellas o de

Tabla 7-3. Los objetos y el lugar

Objeto	Posición	Percepción	Relación objeto-contexto-sujeto	
Casa del puente	Superposición	Completa	Visual Sensitiva-intelectual Objeto circundable	Volumen único Imagen legible
Casa del desierto	Sedimentación	Completa	Visual corpórea Objeto circundable	Volúmenes fraccionados imagen interpretable
Convento de Santa Clara	Encaje	Parcial	Visual corpórea Objeto paseable	Volúmenes ocultos Imagen asimilable a un plano
Casa de vidrio	Superposición Sedimentación Encaje	Parcial	Visual Sensitiva-intelectual corpórea Objeto circundable	Volúmenes ocultos Volúmenes fraccionados Imagen legible Imagen asimilable a un plano

las tres, como sucede en la casa de vidrio. El resultado final, en cualquier caso, modela el territorio al introducir elementos ajenos e incorporar los vínculos entre el sujeto y el contexto, con el objeto como elemento de conexión entre uno y otro, tal y como se recoge en la figura 7-1 del inicio de esta instrucción.

¿Podrían ser de otro modo? ¿Podrían modificar sus respectivos posicionamientos con respecto de la línea de tierra? De los casos analizados, el primero, la casa sobre el puente, evidentemente podría convertirse en un sedimento, sacrificando, eso sí, algún árbol más. En la actualidad, incluso llegaría con canalizar puntualmente el arroyo, eliminar el arco, para transformar la caja en el propio puente. El segundo ejemplo, la casa del desierto, sin embargo, sería más difícil de elevar o de encajar. Perdería su razón de ser, dejaría de prolongarse hacia el suelo libre y este no podría incorporarse al interior. En cuanto al tercero, el convento, las celdas podrían sedimentarse o superponerse, siempre que se aceptase que su volumen asomase sobre la pendiente natural e interfiriese en la relación entre la capilla de Ronchamp y su entorno territorial y paisajístico.

Las tres posiciones identifican a los objetos, pero probablemente se podrían intercambiar o modificar, asumiendo los cambios en la intención proyectual que resultaría de ello.

La posición del objeto sobre el terreno afecta a la percepción y a la relación objeto-contexto-sujeto, tal y como se infiere al comparar los objetos analizados entre sí y con la casa de vidrio (tabla 7-3).

La casa del puente, el prisma, y la casa del desierto, la roca, se perciben en su totalidad. Al rodearlas se contemplan sus fachadas. Es posible trasladar su volumen a un boceto más o menos proporcionado. Por el contrario, en las celdas del convento no es factible definirlo. Estas trazan un recorrido, una línea que se quiebra conforme a las curvas de nivel. El frente de las celdas se percibe sin tener constancia de su volumen como objetos autónomos.

El prisma y la roca son circundables. Se camina a su alrededor, observando todos sus lados. Sin embargo, en el caso del convento se traza un recorrido, una línea que resulta de la proyección del plano de las fachadas. Por otra parte, la casa de vidrio, pese a disponerse exenta y configurar aparentemente un volumen único, difícilmente se puede leer de una manera inmediata. La topografía, el entorno e incluso su propia organización dificultan una lectura de conjunto.

La relación objeto-contexto transmite también la relación entre contexto y sujeto, presente en la intención proyectual. La casa sobre el puente se eleva para preservar el arbolado y en esa acción manifiesta la relación sensitiva e intelectual que el matrimonio Paats-Williams establecía con ese lugar, similar a la del matrimonio Bardi-Bo.

Sin embargo, el matrimonio Kaufmann y las clarisas de Ronchamp mantienen una relación corpórea con el terreno. No importa tanto la contemplación del ambiente circundante como el sumergirse en él. La casa del desierto asume la posición de las rocas del paisaje, varadas sobre la tierra, con vegetación en su entorno. Las celdas del convento de Santa Clara se abren al exterior mediante un paso abierto y descubierto, una reinterpretación del claustro monacal.

Al ahondar con más intensidad en este tema se nos revelan otras semejanzas y disparidades. El campo de trabajo queda abierto.

7.5 COROLARIO

El desarrollo de cualquier proyecto se podría realizar según una sucesión continua de toma de decisiones, acorde con las distintas etapas de ideación y redacción documental. No obstante, la puesta en práctica de la actividad proyectual nos enseña lo ilusorio de una elaboración continua y lineal. De hecho, la metáfora más coherente en referencia al proceso de proyecto sería la de un trazo con quiebros, curvas e interrupciones, con idas y vueltas y nuevos comienzos entre fases. Una red tejida bajo la influencia del lugar.

Disponer el objeto elevado, posado o encajado expresa un posicionamiento personal con respecto del terreno que se pisa y el entorno circundante. Responde a la voluntad que emana de los estímulos transmitidos por el comitente directamente —mirar a lo lejos, encerrarse, protegerse, controlar la calle, convertir el objeto en un hito…—, pero también a la interpretación realizada al vincular a las personas con el lugar y el objeto.

17   BIBLIOGRAFÍA

- Bo Bardi, Lina (1953). «Residencia en el Morumbi». En: Rubino, Silvana y Grinover, Marina (2014). *Lina Bo Bardi por escrito. Textos escogidos 1943-1991*. México: Alias, pp. 92-94.

- Miranda, Antonio (2018). *Diccionario de la Modernidad: guía para una crítica de la cultura*. Edición Kindle.

- Oliveira, Olivia de (2002). *2G [Lina Bo Bardi. Obra construida]*, 23-24.

- Quiroga, Carolina (2021). «Delfina Gálvez Bunge y la Casa sobre el Arroyo en Mar del Plata: visibilizando el patrimonio de las arquitectas modernas». *Perspectivas: Revista Científica de la Universidad de Belgrano*, 4(3):138-163.

- Williams, Claudio. «Amancio Williams. Utopía o realidad». *Perspectivas: Revista Científica de la Universidad de Belgrano*, 4(3):75-97.

- Williams, Claudio. «Delfina Gálvez, un personaje polifacético en la cultura argentina». *Perspectivas: Revista Científica de la Universidad de Belgrano*, 4(3):118-137.

- Zabalbeascoa, Anatxu (2014). «Al rescate de Lina Bo Bardi». *El País (Babelia)*, 26 de abril.

URL

- QR_7-1. Carreiro Otero, María (2009). «Casa Williams». En *Siete escaleras, siete casas*. Oleiros: Netbiblo, pp. 182-191. <http://hdl.handle.net/2183/11882>.

- QR_7-2. Welter, Volker M. (2015). «From the Landscape of War to the open Order of the Kaufmann House: Richard Neutra and the Experience of the Great War». En: Giesecke, Annette y Jacobs, Naomi. *The good gardener*. Artifice, pp. 216-233. <https://escholarship.org/uc/item/7hh6n0d7>.

- QR_7-3. «Lina Bo Bardi, al rescate de los arquitectos». Blog *Del tirador a la ciudad*, 5 de agosto. <https://elpais.com/elpais/2014/08/05/del_tirador_a_la_ ciudad/1407217740_140721.html>.

QR_7-1   QR_7-2   QR_7-3

A7   ACTIVIDADES

- Identificar edificios del entorno propio que respondan a las tres posiciones de los objetos arquitectónicos respectos del terreno: elevado, sedimentado o encajado.

- Observar cómo se disponen los edificios con respecto del suelo en la ciudad, según la morfología urbana, o, lo que es lo mismo, la principal época de construcción del barrio o de la zona urbana.

- Tratar de identificar a través de la imagen percibida desde la calle, la existencia o no de sótanos en las edificaciones. Razonar el porqué en referencia a las características formales que presentan las edificaciones: el nivel de acceso desde la calle, el número de plantas, el ancho de fachada y su condición exenta o entre medianeras.

- Qué sucede en el subsuelo de las plazas en la ciudad. Analizar tres ejemplos situados en distintas zonas. ¿Se han construido sobre el terreno natural, respetando su pendiente?, ¿se transformó la topografía para formalizar su rasante?, ¿son la cubierta de un volumen totalmente enterrado?, ¿o permiten cubrir una edificación parcialmente encajada en el terreno?

- Explicar los edificios anteriores desde la relación objeto-sujeto-contexto, valorando en qué medida el objeto favorece la relación entre el sujeto y el contexto.

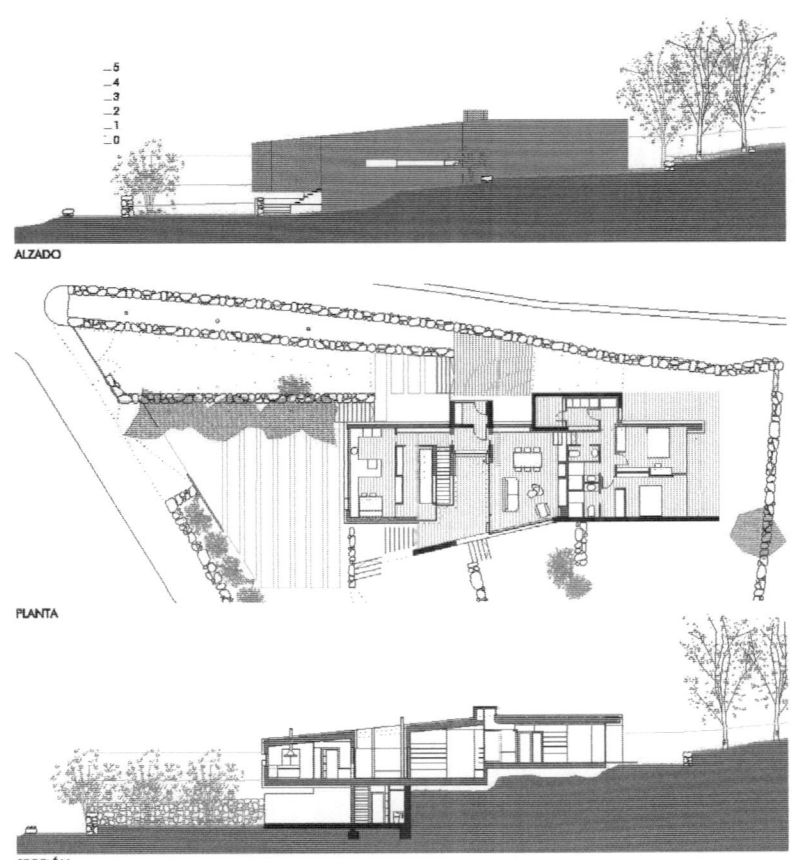

A7. Casa Saco-Valiñas. Beariz, 2006, mccl arquitectos.

Instrucción 8

ELEMENTOS DE CIRCULACIÓN VERTICAL. LA ESCALERA, LA RAMPA Y EL ASCENSOR

La escalera – La rampa – El ascensor – Corolario – Bibliografía – Actividades

[...] cuando un arquitecto diseña un proyecto que contemple una escalera, nunca será lo bastante cuidadoso. Mientras puede diseñar las paredes un poco al desgaire, las escaleras deben ser diseñadas como si se estableciera una ley o una unidad de medida. Tal es la sensación de importancia que hay que sentir.

Y las escaleras deben tener un rellano, una cantidad de rellanos. Y el rellano debe querer ser una auténtica estancia. El rellano es una cosa maravillosa porque la escalera, la misma escalera, es usada por un niño, por un joven y por un viejo [...]

Louis I. Kahn, «Amo los inicios»

Los personajes que Maurius Cornellis Escher (1898-1972) dibuja soslayan la realidad tridimensional y gravitaria del entorno cotidiano, con escaleras y posiciones imposibles. En *Casa de escaleras* (1951), estas actúan como puentes, enlazan superficies alabeadas transitadas por criaturas imaginarias. En *Relatividad* (1953), las escaleras son recorribles tanto en su anverso como en su reverso, ubicadas en un interior con la gravedad alterada. Los planos verticales, horizontales y diagonales intercambian sus funciones naturales: los suelos tienen puertas, las mesas y las sillas se anclan a las paredes y los personajes, desde cualquier plano, se asoman al balcón, se sientan a la mesa, pasean o descansan en un banco. En *Ascenso y descenso* (1960), unos monjes se hallan sometidos a un movimiento sin fin, a lo largo de la escalera de Penrose[1] (fig. 8-1). Ensoñaciones e ilusiones ópticas que se han incorporado al mundo audiovisual, en películas de fantasía como *Dentro del laberinto*, en series cinematográficas como

---

[1] Escalera de tres tramos que sube y baja baja simultáneamente, en un recorrido continuo. Es una de las «formas imposibles», figuras bidimensionales no reproducibles tridimensionalmente mediante la geometría euclidiana convencional. Se interpretan como volúmenes al alterar la perspectiva con su trazado. La escalera de Penrose toma su nombre de los matemáticos ingleses Lionel Penrose (1898-1972) y su hijo Roger Penrose (1931), quienes la describieron en un artículo publicado en 1958.

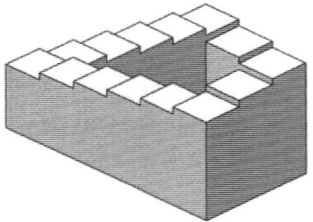

Figura 8-1. La escalera de Penrose.

Tabla 8-1. Términos

Término	Definición
Ascensor	• Aparato para trasladar personas de unos niveles a otros. • Artilugio mecánico para el desplazamiento en vertical de las personas.
Escalera	• Conjunto de peldaños o escalones que enlazan dos planos a distinto nivel en una construcción o terreno, y que sirven para subir y bajar. • Un corredor plegado, cuyos pliegues, los escalones, han de adecuarse al paso humano, permitir el apoyo del pie, y mantener un ritmo y una cadencia constante en el recorrido, lo que significa que no deben variar las dimensiones del escalón a lo largo de su trazado.
Escalón	• Cada una de las piezas de una escalera, compuesta de dos partes: huella y contrahuella o alzada.
Rampa	• Plano inclinado dispuesto para subir y bajar por él. • Un plano inclinado accesible para el recorrido humano.
Tramo	• Agrupación de peldaños entre dos descansillos, mesetas o rellanos.

Harry Potter o *El señor de los anillos* o en series televisivas como *Los Simpson* o *Futurama*.

Las escaleras, sin embargo, no son dibujos ni ilusiones ópticas, sino entes tangibles de la geometría euclidiana que permiten el movimiento en el sentido vertical. Los libérrimos tramos de Escher trasladados a nuestra realidad se transforman en unos artefactos rígidos, cuya posición condiciona la organización de su entorno. Arrancan de un nivel para transitar hacia otro, siguiendo unas reglas precisas que afectan a su traza, pendiente y posición. El omitirlas produce, en consecuencia, pliegues afuncionales, no escaleras. Y aunque su estudio se asocia al área de construcción, su condición de elemento sustancial en la estructura del objeto conlleva que sea abordada desde la óptica proyectual.

La escalera no es un artefacto intuitivo en su uso y construcción, sino aprehendido. Surgió de la observación del entorno al contemplar la huella que imprime el pie al recorrer una ladera.

Las plataformas —planos— a distinto nivel son insoslayables en la construcción del hábitat; sin embargo, limitan la vida diaria a las personas con dificultades de movilidad permanente o temporal. Constituyen barreras que en los objetos arquitectónicos se superan con planos inclinados y máquinas elevadoras que sustituyen o complementan peldaños y escaleras[2]. Esta circunstancia motiva que el estudio de las escaleras se acompañe de unas nociones básicas sobre rampas y ascensores, comenzando por la definición de los términos básicos (tabla 8-1).

Rampas y ascensores carecen de reminiscencias teóricas o artísticas equivalentes a las que poseen las escaleras. Las rampas carecen de épica: son inherentes a la naturaleza. Se han incorporado a la arquitectura al domesticarlas, que no es otra cosa que darles la pendiente óptima para ser recorridas.

Por su parte, el ascensor incorpora una faceta cinematográfica similar a la de la escalera. No importa que sea una caja de vidrio adosada a la fachada o un artilugio que discurre dentro de un hueco con sus guías y cables. Pero a diferencia de rampas y escaleras, en términos históricos, es un invento reciente, un lujo desconocido hasta hace pocas décadas.

8.1 LA ESCALERA

A las funciones naturales del árbol el ser humano le añadió una más al convertirlo en una herramienta útil tanto para escapar de un peligro como para otear el horizonte. Una función ejercida directamente cuando tronco y ramas —un vástago resistente, afianzado en tierra, con elementos anclados en él— facilitaban subir a lo alto. E indirectamente cuando el tronco, sin ramas y liberado de las raíces, enlazaba dos niveles a distinta cota; unos cortes para apoyar los pies facilitaban el paso de uno a otro. Nació así la escalera. Del árbol, la escalera circular, la más primitiva; del tronco, la recta, la más sencilla (fig. 8-2).

La definición de *escalera* incluye los términos que identifican y describen su función: un «corredor» plegado, formado por una «sucesión de escalones» que «enlaza» distintos niveles, siendo recorrible con un «movimiento corporal pautado» producido al «apoyar el pie» sucesivamente en cada uno de dichos escalones.

Estas determinaciones confluyen en el trazado de las escaleras, compuestas por escalones de idénticas dimensiones que se ajustan a una pendiente susceptible de ser transitada por las personas sin necesidad de elementos

[2] Esta sustitución se realiza principalmente en edificios colectivos. En los de uso grupal/familiar conviene prever su implantación, adelantándose a imprevistos de salud y de movilidad personal.

Figura 8-2. El árbol y el tronco talado y tallado apoyado en el muro.

Figura 8-3. Casa Malaparte. Isla de Capri, Italia. 1943. Curzio Malaparte. Alzado, con el perfil de la escalera subiendo al solario.

de apoyo, como cuerdas o guías. Según esto, la pendiente de la escalera varía entre los 22 y los 41°. Si es menor, estaríamos ante una rampa; si es mayor, en una escalera especial, sea una escala de mano, o una de barco. De incumplirse las condiciones fijadas en la definición estaríamos ante un elemento plegado que no es una escalera, aunque se asemeje a ella.

Funcionalmente la escalera es una pieza simultáneamente utilitaria y simbólica. Utilitaria porque responde a un requerimiento imprescindible: enlazar. Simbólica porque la forma que adquiere para satisfacer esa utilidad le confiere la representatividad del objeto en el que se dispone. Se convierte en una metáfora de la intención proyectual e, incluso, a modo de sinécdoque, reemplaza figurativamente al objeto. Así sucede en la Casa Malaparte, cuya cubierta está formada por una escalera de planta trapezoidal y una terraza. Ambas partes transmutan en estilóbato y ara (fig. 8-3). Esa imagen «es» la vivienda. El simbolismo otorgado por la forma se sobrepone a los prosaicos usos: pasar del suelo al solario. No importa su interior ni la imagen de su volumen.

El simbolismo se liga, por tanto, a la intención arquitectónica, que se validará con la utilidad del elemento. Y en esta última función centraremos los siguientes apartados, en los que se abordarán los tramos y las trazas, las dimensiones, los elementos de la escalera y su representación, el dibujo y la descripción.

8.1.1 TRAMOS Y TRAZAS

En su sentido más elemental, la escalera enlaza dos plantas consecutivas. ¿Qué distancia las separa?, ¿un metro, dos, tres…, cinco? Se sobreentiende que esas plantas están separadas por una altura que cualquier persona sana recorre con poco esfuerzo. También podría ser a la inversa: que las personas entrenemos desde la infancia para salvar mediante escaleras unas alturas que se acaban convirtiendo en estándares arquitectónicos.

La tradición, entendida como el uso continuo y asentado en el tiempo, asigna el estándar al edificio residencial contemporáneo con niveles separados alrededor de tres metros. Una dimensión de referencia, nunca una medida absoluta. Las normas establecen cifras absolutas; las personas debemos interpretarlas: con criterio, aplicando la tolerancia que el caso requiera, razonadamente, sin caer en la arbitrariedad.

Establecido el marco en el que se desarrolla el contenido del apartado, volvemos al estudio de las escaleras y a sus identificadores básicos, el tramo o agrupación de peldaños consecutivos y la traza o la línea que se dibuja al recorrerla.

Un tramo cuenta al menos con tres peldaños, que equivale a tres alzadas y dos huellas. Los peldaños sueltos deben evitarse, resolviendo la diferencia de nivel mediante la correspondiente rampa. Una recomendación que no rige

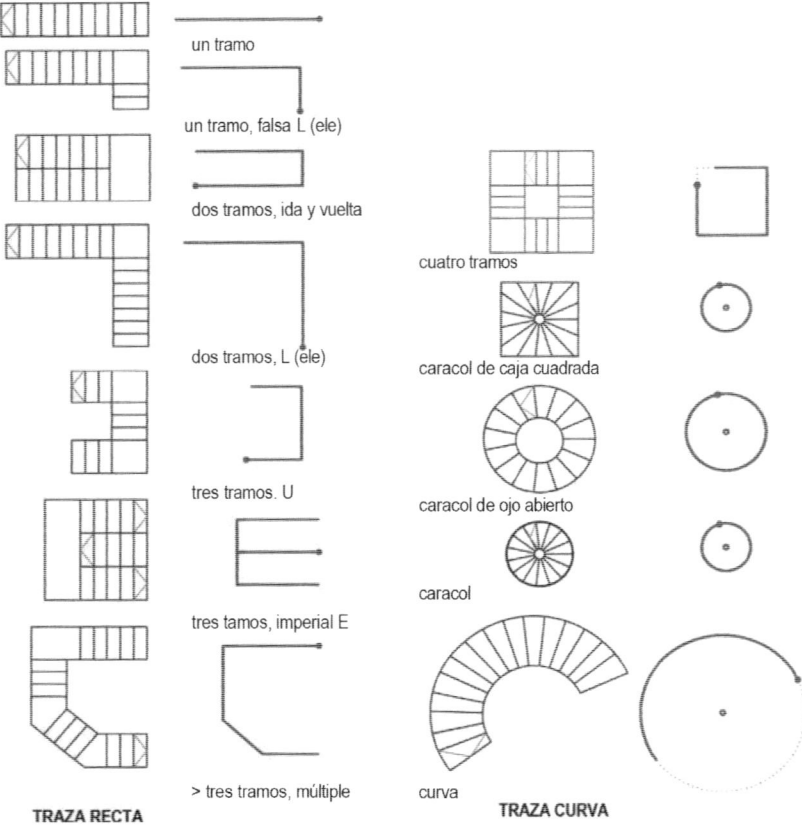

Figura 8-4. Tramos y trazas de las escaleras. Los tramos corresponden a la subida de una planta estándar con una altura entre 2,50 y 3,00 m.

Tabla 8-2. Las reglas de diseño y proporción de los escalones interiores

Regla de la seguridad H + A = 46	Regla del paso 2A + H = 63	Regla de la comodidad H – A = 12
H = 30, A = 16	H = 31, A = 16	H = 28, A = 16
H = 29, A = 17	**H = 29, A = 17**	**H = 29, A = 17**
H = 28, A = 18	H = 27, A = 18	H = 30, A = 18
H = 27, A = 19	H = 25, A = 19	H = 31, A = 19
H = 26, A = 20	*H = 23, A = 20*	H = 32, A = 20

Tabla 8-3. Tolerancias para las escaleras interiores

Entorno	Inferior	Canónico	Superior
Dimensiones H/A	H ≥ 23 A ≤ 20	28 ≤ H ≤ 30 16 ≤ A ≤ 18	H ≤ 35 A ≥ 14
Pendiente	41º	28 - 32º	22º

en aquellas situaciones en las que el cambio de plano tiene un sentido de separación y no de recorrido continuo, como en el caso de acera y calzada en una calle. La diferencia entre uno y otro plano delimitan los ámbitos que corresponden respectivamente al peatón y al automóvil. Sin ser una barrera infranqueable se ordena el movimiento por las vías a través de vados, los pasos de peatones.

TIPOS DE ESCALERA SEGÚN EL NÚMERO DE TRAMOS

Tal y como se ha indicado, se identifica el tramo como sucesión de un mínimo de tres escalones. A su vez, la agrupación de tramos genera las escaleras, que se clasifican en cuatro tipos (fig. 8-4):

- De un tramo: salva la altura equivalente a una planta con un único tramo.

  La falsa L representa la variante de un tramo único que necesita completar su recorrido con dos o tres peldaños para ajustarse a las dimensiones del contenedor en el que se ubica.

- De dos tramos:
  — De ida y vuelta, formada por dos dos tramos paralelos enlazados por un descansillo intermedio, con los que se salva la altura equivalente a una planta. Es la escalera más eficaz.

  — En L, formada por dos tramos perpendiculares o en ángulo. Se aplica para salvar una planta, pero pierde eficacia cuando el número de niveles se incrementa. Se usa fundamentalmente para escaleras exentas.

- De tres o cuatro tramos: salva la altura equivalente a una planta con tres o cuatro tramos enlazados por dos o tres descansillos intermedios.

- De cinco tramos o más: se aumenta proporcionalmente el número de tramos y de descansillos. De tan excepcional, es un reto encontrar un ejemplo de esta categoría.

TIPOS DE ESCALERA SEGÚN LA TRAZA

El recorrido de los tramos, enlazados por descansillos, dibuja una línea continua, ficticia, con la que señalamos la forma y dirección del movimiento —línea de paso—, que puede ser curva o recta.

- Traza curva. La escalera se define por un polígono cerrado, una circunferencia o un arco, desde cuyo centro se configuran los escalones. Es la traza más primitiva de la escalera, nacida como una interpretación del árbol.

- Traza recta. La escalera se define por una línea recta o una sucesión continua de líneas rectas que genera polígonos abiertos en forma de E, L o U. La traza formada por un único segmento responde a la traza primigenia del tronco inclinado.

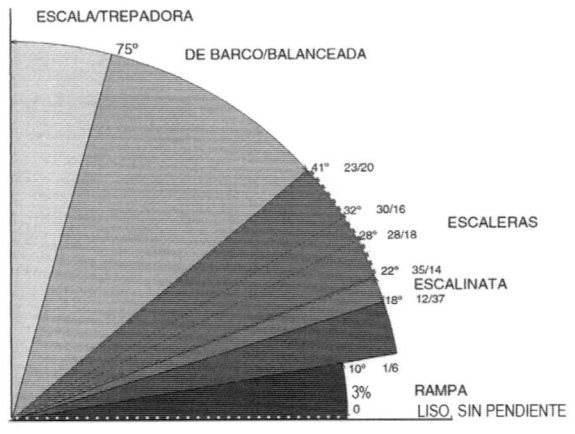

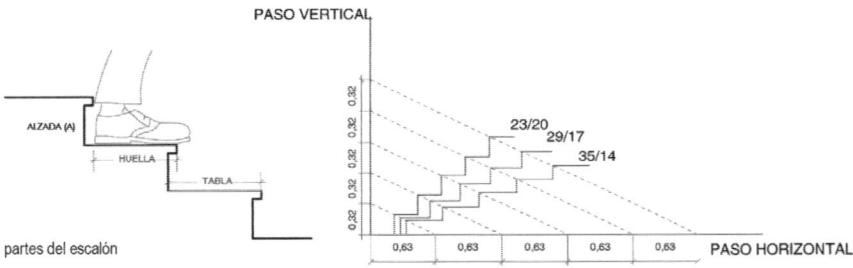

Figura 8-5. Pendiente de la escalera y dimensionado del escalón.

8.1.2 DIMENSIONES

La escalera se dimensiona a partir del escalón. Sus dimensiones en sección fijan la pendiente, mientras que su amplitud viene dada por el ancho de paso en planta.

La pendiente de la escalera define la facilidad o incomodidad del recorrido. Una preocupación que ya recogía Vitrubio en *Los diez libros de arquitectura* al referirse a los templos. El arquitecto romano diferenciaba los escalones de los templos y de otros edificios singulares del resto de las construcciones. Para los primeros establecía una pendiente de entre 21 y 29º, un entorno próximo al que fijarían posteriormente León Battista Alberti, 5-27º; Andrea Palladio, 13-27º; o Henry Wotton, 18-27º. Estas pendientes corresponden a huellas de entre 30 y 45 centímetros y alzadas o contrahuellas de entre 10 y 16 centímetros. Para el resto de las edificaciones se disponían escaleras comunes con pendientes que crecían hasta los 37º.

Estos valores, derivados de la observación, se racionalizan a partir del siglo XVII. François Blondel infiere que la razón entre el paso humano y la elevación del pie se cifra en 1/2 (fig. 8-5). De ahí nace la fórmula conocida como regla del paso, que vincula la huella y la alzada o contrahuella con la dimensión media del paso humano, $2A + H = 63$ cm.

Se han ensayado otras fórmulas, buscando la dimensión ideal del escalón, y con ello una pendiente que otorgue seguridad a la vez que comodidad al recorrido. La seguridad se ha calculado empíricamente relacionando el número de accidentes domésticos sufridos en escaleras de diversas dimensiones, la comodidad, en laboratorio, midiendo la fatiga originada por las distintas pendientes y por las relaciones huella-contrahuella. Existen otras fórmulas matemáticas, pero su resultado no aporta más precisión que las derivadas de las de la seguridad, la del paso y la de la comodidad (tabla 8-2). Estas tres únicamente coinciden en la razón 29/17, valor canónico recomendado también por los tratados ergonómicos a los que aludimos en «Instrucción 3. Reconocer el entorno. Las dimensiones y el hábitat humano».

La pendiente óptima, como lo estándar o la media estadística, rara vez se ajusta precisa y exactamente con lo posible. De ahí que se definan los intervalos recomendables para el escalón, con sus límites inferior y superior. Se sustituye el valor 29/17 por su entorno canónico, que se corresponde con una pendiente de entre 22 y 41° (tabla 8-3).

Quedaría por definir el ancho de la escalera, aunque este viene dado por su propia definición: un corredor plegado. Su ancho será el adecuado según su uso y naturaleza, sea escalera, escalinata, escalera de barco o escala.

8.1.3 PARTES Y ELEMENTOS DE LA ESCALERA

El trazado completo de la escalera incluye partes y elementos de presencia ineludible, al margen de su función, tipo, traza y dimensiones. Se condensan en nueve términos: tramo, escalón, descansillo, barandilla, línea de paso, rampa, ojo, altura de paso y caja (fig. 8-6). Habiendo abordado previamente el tramo y el escalón, realizaremos un sintético repaso a los siete restantes.

DESCANSILLO, RELLANO O MESETA

Se usan indistintamente los tres vocablos para designar la parte de la escalera que se dispone entre dos tramos consecutivos (fig. 8-6). Los descansillos de arranque y de llegada se despliegan en las plantas enlazadas. Su ancho es el del tramo, al igual que su profundidad, que, como mínimo, será de 90 cm.

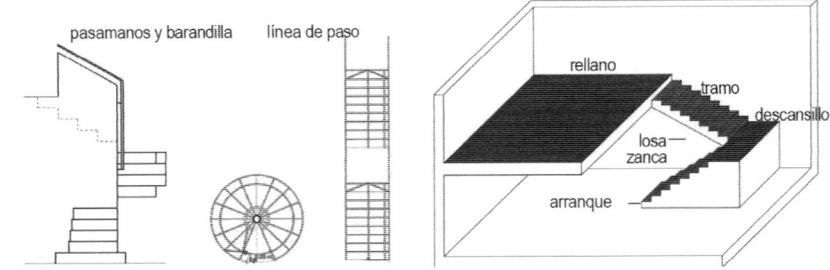

Figura 8-6. Escalera y elementos.

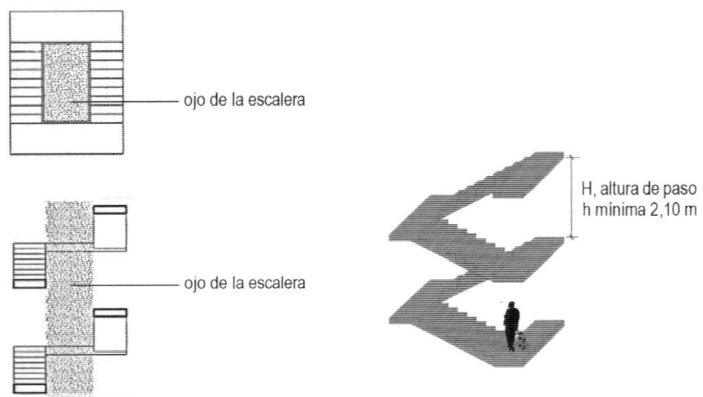

Figura 8-7. Ojo de la escalera y altura de paso.

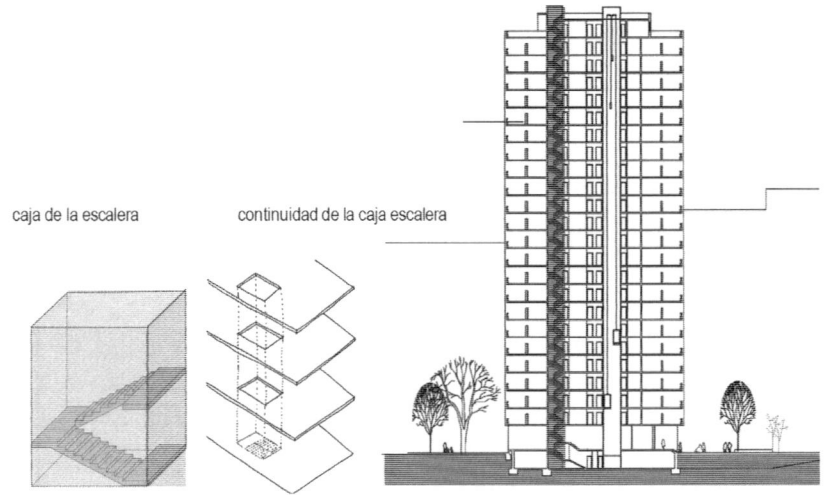

Figura 8-8. Continuidad de la caja de la escalera. Torre de los Maestros o Torre Dorada. A Coruña. 1965. Milagros Rey Hombre. Sección.

BARANDILLA/PASAMANOS

Coloquialmente, ambas palabras se emplean como sinónimos, aunque no lo sean. La barandilla es un elemento de protección para prevenir las caídas al vacío, ya sea de la escalera o de cualquier otro plano elevado.

El pasamanos es la pieza longitudinal a la cual nos asimos, pudiendo encontrarse integrada en la barandilla o disponerse de manera independiente.

LÍNEA DE PASO Y SENTIDO DE RECORRIDO

Línea imaginaria que describe el recorrido de la escalera, coincidente con su traza. En las escaleras rectas con anchos inferiores a 1,80 m, la línea de paso se traza por el eje de los tramos y, en las curvas, a 45 centímetros del borde exterior. Si superan en anchura la citada dimensión, tanto las escaleras rectas como las curvas deben disponer al menos de dos líneas de paso a 45 cm de cada uno de los bordes. En el caso de escaleras curvas, el ancho y el radio de la traza crecen a la par, de tal modo que pueden llegar a asimilarse a escaleras rectas[3].

Como convención gráfica se marca en planta el sentido del recorrido ascendente, para lo cual se dibuja la línea de paso con una punta de flecha señalando la subida. Puede omitirse el dibujo de la línea, pero no la punta de flecha como indicador del movimiento. La lectura correcta de la dirección de movimiento que se introduce con la escalara facilita comprender la organización interna del objeto.

RAMPA O LOSA Y ZANCAS

Planos o líneas inclinadas que conforman el envés de la escalera y reflejan su pendiente. Se emplea una u otra dependiendo del sistema constructivo elegido y del diseño concreto de la pieza. Convencionalmente, la rampa o losa se corresponde con estructuras de hormigón o de fábrica y las zancas con estructuras metálicas o de madera.

OJO DE LA ESCALERA

Se llama así al vacío entre tramos paralelos, perpendiculares u oblicuos. La escalera recta de un tramo carece de ojo (fig. 8-7). La falsa L constituye una excepción, puesto que los peldaños perpendiculares se acompañan de un hueco paralelo a la traza longitudinal.

Las escaleras de caracol también carecen de ojo al estar ocupado el centro por el vástago al que anclan los peldaños.

---

[3] El trazado de las escaleras curvas tiene ciertas peculiaridades en cuanto al ancho útil de los peldaños (Carreiro, 2008).

Tabla 8-4. Síntesis de los aspectos que definen una escalera

Escalera			
Tramos	Número	Conforme al espacio y a la disposición	
Traza	Recta/circular		
Dimen-siones (cm)	Escalón	28 ≤ H ≤ 30, 16 ≤ A ≤ 18 Pendiente: 28-32º	Límite inferior H ≥ 23, A ≤ 20 Límite superior H ≤ 35, A ≥ 14
	Ancho tramo	≈ Corredor	Excepción: escaleras de altillos o similares con un lateral libre
	Descansillo	Ancho = ancho escalera	Profundidad ≥ 90 cm
Dibujo	Planta	Inicio o arranque, intermedia, final	
	Sección	Altura libre entre tramos ≥ 2,10 m	
Elementos de protección		Barandilla Pasamanos	Bordes libres de escalera Hueco de escalera
Elementos gráficos auxiliares		Flecha en el peldaño de corte	Punta de flecha: sentido ascen-dente

1. Escalón: alzada y huella
2. Descansillo/rellano/meseta
3. Barandilla
4. Rampa/zanca
5. Ojo de la escalera
6. Tramo
7. Caja de escalera

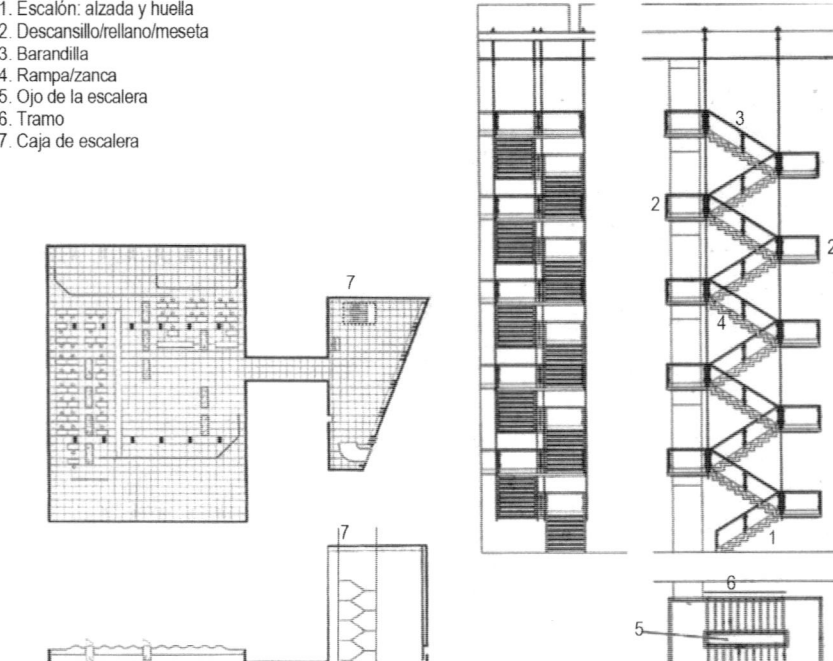

Figura 8-9. Banco de Dinamarca. Copenhague. 1961. Arne Jacobsen. Escalera en el vestíbulo.

Altura de paso

Distancia libre vertical entre dos tramos consecutivos y superpuestos de escaleras, sea entre la huella de un escalón y el envés del tramo superior o entre el descansillo y el envés del descansillo superior (fig. 8-7). La altura de paso suele coincidir con la altura entre pisos. En todo caso, no debe ser inferior a 2,10 metros para permitir el paso de muebles y enseres y de personas cuya altura esté por encima de la media de la población.

Caja de la escalera

Prisma imaginario o real en el que se inscribe la escalera. El polígono que define su planta abarca tramos y descansillos (fig. 8-8). La caja de la escalera atraviesa en continuidad todos los forjados. Forma un hueco que se ocupará con la escalera.

Salvo en edificios singulares, de dos o tres plantas, la escalera recorre el edificio de arriba abajo. Siempre los mismos tramos. Así sucede en la Torre de los Maestros, cuya caja de escaleras —de ida y vuelta— recorre el edificio en continuidad. Al llegar a la planta baja se incorpora un tramo que absorbe la diferencia de altura sin alterar por ello la pauta establecida para todo el recorrido, tanto para la sucesión de tramos como para la dimensión de los escalones.

Un caso paradigmático: una escalera común en un vestíbulo singular

Un espacio vacío, con una altura de veinte metros, se halla ocupado por dos elementos suspendidos del techo: el recinto de entrada y la escalera de servicio, uno en cada uno de sus extremos. Ambos forman parte del proyecto elaborado por Arne Jacobsen entre 1961 y 1978 para la sede del Banco Nacional de Dinamarca, en Copenhague (fig. 8-9).

La escalera preside el vacío que precede a la plaza de atención al público, previa al sanctasanctórum, la caja acorazada. Una escalera que rompe los códigos convencionales. Siendo un elemento secundario, asume la función utilitaria y la simbólica sin contradicción ni tensión. Se ajusta en traza y dimensiones a una escalera común, dentro de una caja imaginaria, un prisma regular. De dos tramos, con un ancho de 1,40 metros cada uno y zancas laterales escalonadas, dispone de dieciocho escalones para salvar una altura próxima a los tres metros entre plantas. Los materiales refuerzan la intención proyectual: filtrar, sin interrupciones, la luz que procede de la fachada.

La pieza, como una escultura, cuelga del techo, autónoma con respecto a los paramentos circundantes, reforzando así su carácter simbólico. Se mantiene ingrávida y ligera, incluso en la conexión con los recibidores de cada planta, que se realiza mediante una corta pasarela, a modo de conector.

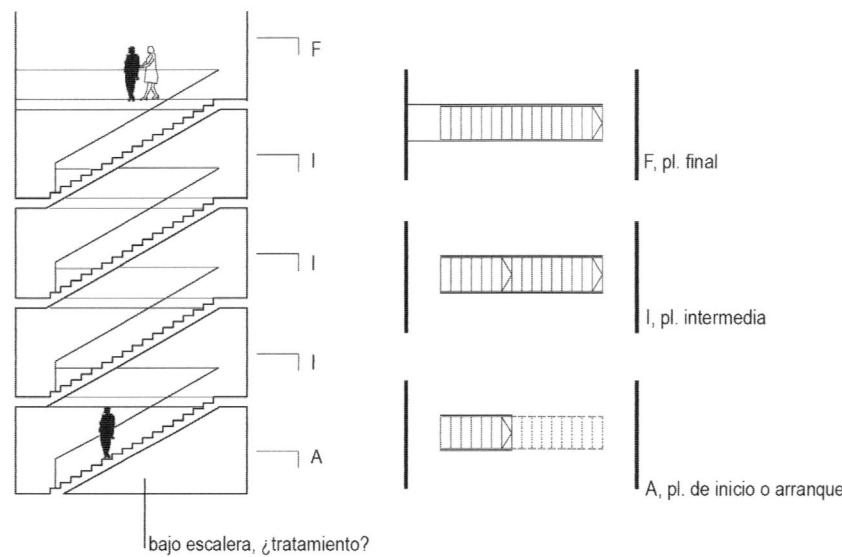

bajo escalera, ¿tratamiento?

F, pl. final

I, pl. intermedia

A, pl. de inicio o arranque

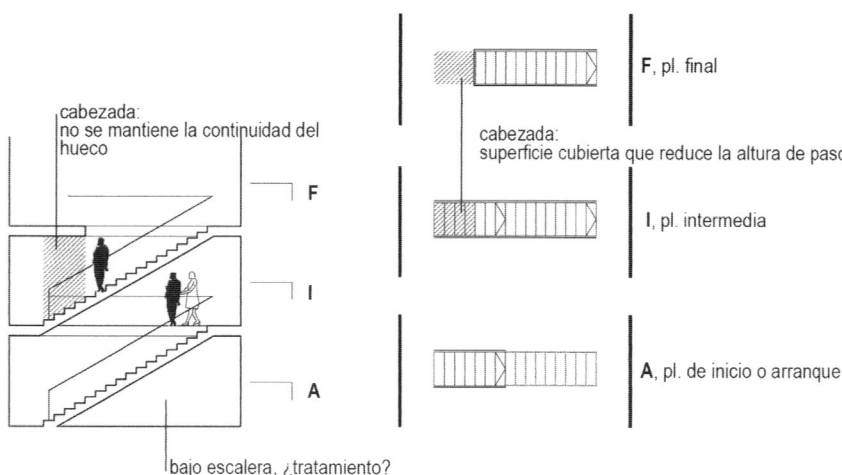

cabezada:
no se mantiene la continuidad del hueco

bajo escalera, ¿tratamiento?

F, pl. final

cabezada:
superficie cubierta que reduce la altura de paso

I, pl. intermedia

A, pl. de inicio o arranque

Figura 8-10. Dibujo de la escalera de un tramo. Situación de cabezada.

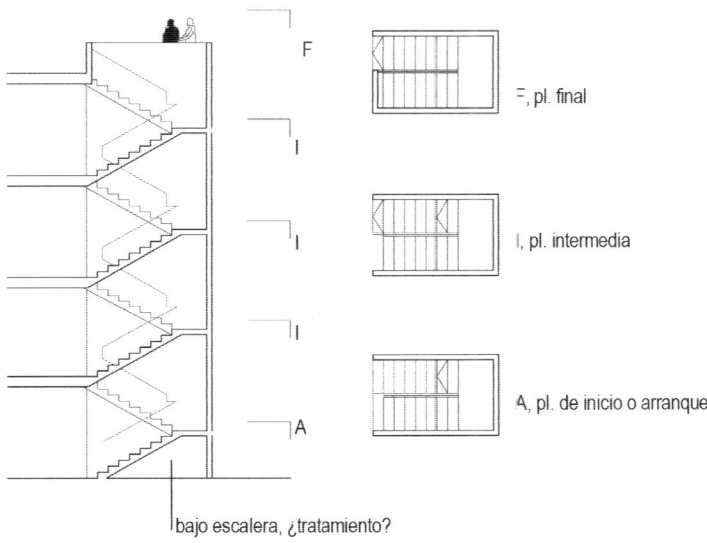

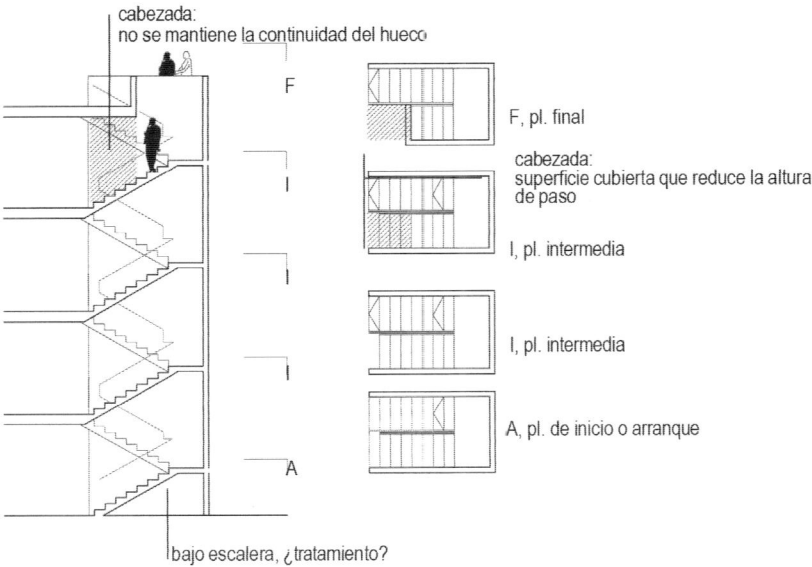

Figura 8-11. Dibujo de la escalera de ida y vuelta. Situación de cabezada.

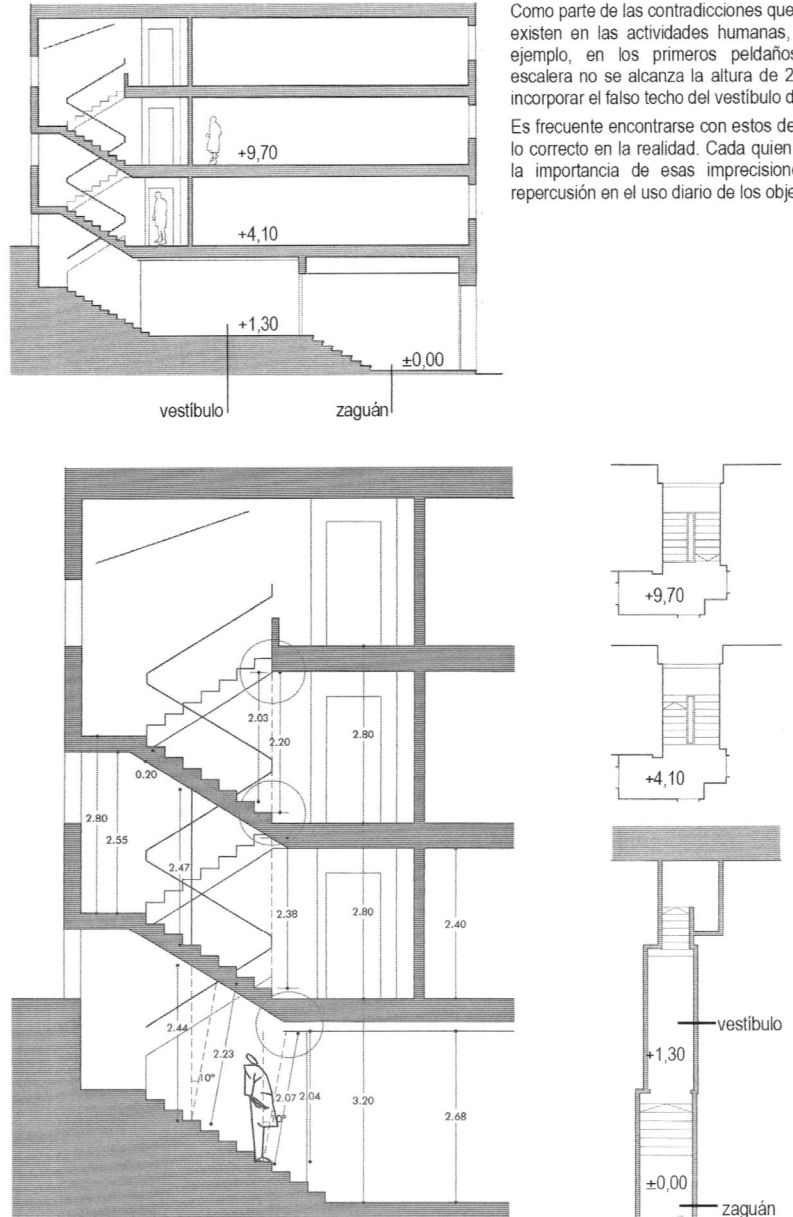

Como parte de las contradicciones que siempre existen en las actividades humanas, en este ejemplo, en los primeros peldaños de la escalera no se alcanza la altura de 2,10 m al incorporar el falso techo del vestíbulo del portal.

Es frecuente encontrarse con estos desvíos de lo correcto en la realidad. Cada quien valorará la importancia de esas imprecisiones y su repercusión en el uso diario de los objetos.

Figura 8-12. Portal y escalera de un edificio de viviendas construido en 1968.

8.1.4 DIBUJO Y DESCRIPCIÓN

Toda escalera se describe mediante el dibujo de tres plantas: la de inicio o arranque, una intermedia y la final —evidentemente, si la escalera solo salva un nivel, no existe tramo intermedio— y una sección longitudinal, cortando el tramo o uno de los tramos plegados, viendo los demás tras el plano de sección para verificar la continuidad del paso, sin cabezada, con una altura libre entre tramos superior a los 2,10 m (figs. 8-10 y 8-11).

La dificultad de idear cualquier escalera proviene del manejo simultáneo de sección y planta en referencia al objeto al que sirve. Y el rigor y la precisión del dibujo derivan del entendimiento espacial (tabla 8-4) y del manejo de la panoplia de convenciones del lenguaje arquitectónico. En las figuras que ilustran este apartado, se adoptan las siguientes:

- No se dibuja la línea de paso, solo la flecha de sentido de recorrido.
- No se seccionan los peldaños ni la losa/zanca en la planta, sino que el plano de sección se marca con la punta de flecha. Otro criterio de dibujo secciona el conjunto de peldaño y losa, en cuyo caso la flecha se sitúa en el peldaño anterior al seccionado.
- Se dibuja el pasamanos para comprender la continuidad en el recorrido de la escalera.
- Se grafía la proyección de los peldaños superiores en la planta de arranque. En puridad, este dibujo debería reflejar si lo que está «encima» es una rampa o son los peldaños —escalera con zanca o zancas—. Se ha optado por reflejar la proyección de las huellas para que se entienda que la proyección corresponde a una escalera, por tanto, a una zona de altura variable.
- El suelo bajo la escalera, salvo que se macice, forma parte de la superficie del recinto. Pese a ello, se tiende a omitir su presencia en la organización de la planta, tratándolo como un rincón perdido.

  Las características formales del recinto en el que se dispone y la materialidad de la escalera sugieren distintas propuestas que pueden filtrar la luz natural y ampliar visualmente el recinto circundante, mediante elementos vegetales o escultóricos, cierres transparentes u otro amueblamiento como armarios y/o estanterías.

UNA ESCALERA EN UN EDIFICIO

Se toma como elemento de análisis la escalera y el portal de un objeto común en el medio urbano. Un edificio de viviendas situado en un barrio coruñés construido durante el período del «desarrollismo» (1960–1975) y sus postrimerías (fig. 8-12). Se destinaba a familias de clase media, un término que, eufemísticamente, en España abarca la clase obrera —trabajadores manuales por cuenta ajena y propia—, los pequeños comerciantes y los puestos en la escala baja y media de los sectores administrativo, sanitario o educativo.

A las viviendas se llega a través de una escalera que arranca de un portal mínimo, como era corriente en los edificios del momento, y sin ascensor. El portal, aunque carece de la carga simbólica del vestíbulo del banco danés, igualmente precisa ser un elemento coherentemente resuelto, con orden y cuidado, para atender a la comunidad que lo utiliza. En esa corrección radica su representatividad.

En términos generales, la escalera podría ser una pieza industrializada, ejecutadas sus partes en taller y traídas a obra para su montaje. No se le pide exotismo, ni extravagancia ni rareza: debe ser recorrible, sin tropiezos, con medidas adecuadas para ser usada por personas solas o acompañadas —con bebés en brazos o dando apoyo a la senectud—, con o sin aditamentos —bolsas, carros de compra— y para el paso de muebles y enseres.

En España, a diferencia de otros países europeos, las escaleras de los edificios colectivos han de disponer de luz natural. En este edificio recibe la luz desde el patio, como muestran los dibujos[4].

La caja de escaleras mantiene su continuidad en todo el recorrido, de tal modo que el incremento de altura de la planta baja, de uso comercial, se absorbe aumentando el número de peldaños. De estos, tres se añaden al tramo de arranque de la escalera general. Los siete restantes resuelven el cambio de rasante entre el zaguán y el vestíbulo, conformando el paso de uno a otro junto con las jambas existentes aún, que en su día debieron servir de marco a la puerta que delimitaba ambos espacios. Una reminiscencia de los portales de las viviendas burguesas, con dos puertas, una primera, sólida y opaca, pesada, que permanecía abierta durante el día, y otra liviana y acristalada, de vaivén normalmente, que evitaba la corriente entre la calle y la caja de escaleras.

El dibujo de esta escalera omite ciertas convenciones de manera intencionada. En la planta primera se elude la proyección del nivel superior, ya que la parte bajo la escalera no pertenece al portal. ¿Por qué? Es una elección: la escalera nace entre tabiques, sin que el efecto del espacio de altura variable afecte al portal. Carece de la línea de paso, solo se representa la punta de flecha de la dirección ascendente señalando el plano de corte, sin marcar la llegada a cada planta, a excepción de la última, a diferencia de lo aplicado en las figuras 8-10 y 8-11 en que se incorporaba en todos los niveles.

Tal como se dan los cortes para las plantas, no queda definido el hueco de iluminación. Se ha optado por una línea de puntos, como llamada de atención sobre la discontinuidad de ese paramento, reflejado en la sección. En esta no se recoge la posición de la carpintería ni del vidrio.

---

[4] La condición exterior de la escalera en el edificio plurifamiliar es un hábito arraigado, una «tradición» que, a pesar de ser cuestionada, no logra cambiarse. Desde el punto de vista de la organización, la escalera a fachada, sea a un patio o a la calle, ocupa parte de la superficie de ventilación y luz, aspectos que repercuten desfavorablemente en los costes de producción inmobiliaria, tanto pública como privada, sin mejorar con ello la calidad espacial de las viviendas. Para más información: «¿Por qué la vivienda mínima?» (Paricio, 1973).

El dibujo contempla la barandilla y el pasamanos. En el arranque la barandilla se conforma como prolongación del tabique que cierra la escalera, con un pasamanos independiente. A partir de la primera planta solo se dibuja el pasamanos, sintetizando la realidad, dejando la representación fidedigna de la barandilla para la escala de detalle.

Tras desbrozar con detalle la escalera y sus partes, se abordan a continuación los dos elementos que la complementan: rampa y ascensor.

8.2 LA RAMPA

La rampa complementa o sustituye a la escalera (fig. 8-13 y 8-14) tanto en los espacios interiores como en los exteriores. Al ser la pendiente cero una entelequia, aquellos recorridos con pendientes inferiores a un 3 % se consideran a efectos prácticos horizontales (fig. 8-5). De hecho, las rasantes viarias raramente son horizontales. Por ejemplo, las aceras se ejecutan con una pendiente transversal del 2 % aproximadamente, un valor inapreciable en la caminata urbana. La inclinación de los vados peatonales, sin embargo, se aproxima al 10 %, siendo incluso percibida visualmente.

En los interiores, las rampas apenas si se emplean para enlazar las diferentes plantas porque su desarrollo longitudinal excede ampliamente al de una escalera. No se mejora con ellas la comodidad de uso, dado el notable incremento de recorrido para salvar la diferencia de cota. Por este motivo, el empleo de rampas interiores responde únicamente a dos excepciones, sin que en ninguna de ellas se pueda prescindir de la escalera como elemento de nexo entre los distintos niveles.

La primera excepción procede de la rampa *promenade*, un recorrido lento para contemplar el espacio circundante o para emular el paseo, la función socializadora de la vía pública. Y la segunda, de la rampa de vehículos, con la que se enlazan las plantas de los recintos destinados al aparcamiento de automóviles[5].

En consecuencia, se puede afirmar que la rampa se ha incorporado en los objetos arquitectónicos abiertos o exteriores para facilitar el desplazamiento de personas con dificultades de movimiento o que porten carros, sillas de ruedas u otros artilugios semejantes. Y que, a su vez, se ha incorporado en el interior de las edificaciones como paseo a cubierto y como acceso y recorrido para los automóviles entre un nivel y otro de los aparcamientos.

---

[5] Tal vez la tendencia futura sea construir aparcamientos robotizados que sustituyan a los convencionales. Todo dependerá de la tecnología y los costes de ejecución y mantenimiento.

Figura 8-13. Corredor-rampa. Facultad de Ciencias de la Comunicación, Universidade de Santiago de Compostela. 1999. Álvaro Siza Vieira.

Figura 8-14. Acceso a un centro comercial por medio de una rampa y escalera combinadas.

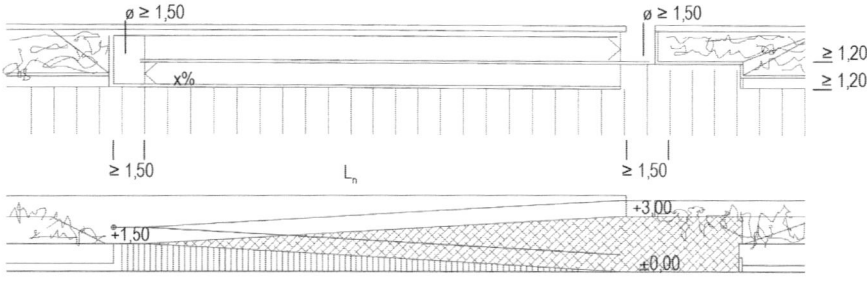

En el dibujo, $x = 6\%$, $L_n = 25$ m

Para subir 3 metros: $L = 2L_n = 50$ m de recorrido

Aplicación de la norma: cada 9 m un descansillo. $L_a = 3$ tramos + 2 descansillos: $[(2 \times 9) + 7] + (1,50 \times 2) = 28$ m

Plano horizontal: $x \leq 3\%$ Inclinación leve: $3\% \leq x \leq$ Rampa: $x \geq 6\%$

Rampa accesible y practicable: **$6\% \leq x \leq 10\%$**   Rampa recorrible: $10\% < x$

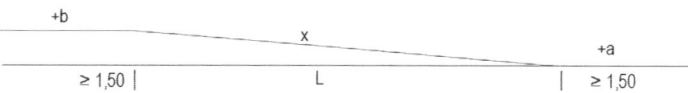

Figura 8-15. Dibujo y pendientes de una rampa accesible.

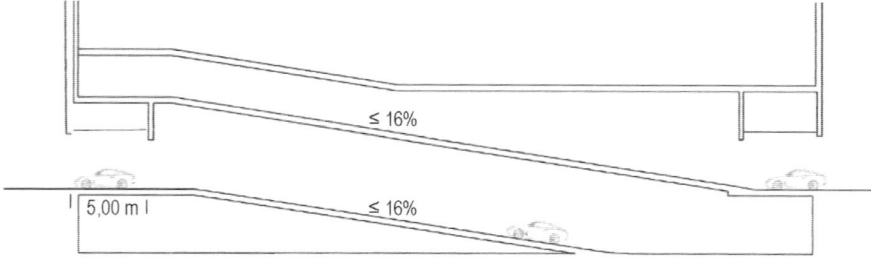

Figura 8-16. Dibujo y pendiente de una rampa para vehículos.

8.2.1 LA RAMPA ACCESIBLE

Las normas de accesibilidad determinan la pendiente y otras dimensiones de las rampas con valores entre el seis y el diez por ciento, con un ancho mínimo de 1,20 m y unos descansillos con una profundidad mínima de 1,50 m (fig. 8-15). Las rampas favorecen el tránsito de personas con dificultades de movimiento, dependientes de sillas de ruedas —de manera autónoma o asistidas por otras—, de quienes empujan carros de la compra o coches de bebé. Aun así, es preciso tener presente el enorme esfuerzo que representa el empujar o sujetar el peso de una silla de ruedas sin motor en rampas continuas y largas.

Es frecuente escuchar a algún arquitecto o arquitecta pronunciarse contra la fealdad de la rampa normativa, con sus descansillos cada pocos metros, frente a la línea elegante de una rampa continua. Considerando unas razones puramente arquitectónicas —plásticas—, el trazado continuo es más limpio. No obstante, ¿cuál es el fin de la rampa? ¿Dar accesibilidad o generar un recorrido? Por otro lado, la sucesión de rampa-descanso durante trayectos largos —¿superior a veinte metros, quizás?— resulta incómoda e incluso puede resultar contraproducente. La accesibilidad para las sillas de ruedas no se resuelve simplemente con rampas y vados peatonales. Es una cuestión más compleja, si bien una superficie continua, sin peldaños, favorece el caminar de personas en la senectud e infantes.

Proporcionar accesibilidad supone cambiar los requerimientos del proyecto, como ha sucedido con los portales. Frecuentemente estos se asemejan al analizado en el apartado anterior en los edificios construidos con anterioridad a los años noventa del siglo XX, con peldaños entre la calle y el arranque de la escalera general e incluso localizados previamente al ascensor. Esta situación se solventa con reformas en las que se sustituyen esas barreras por rampas o en las que se cambia de ubicación el primer tramo de la escalera general. Sin embargo, la imposibilidad de acometer estas obras lleva en numerosas ocasiones a recurrir a aparatos mecánicos con los que salvar la diferencia entre la cota ±0,00 y la rasante del vestíbulo del ascensor. Lo que resulta cierto es que, en estas primeras décadas del siglo XXI, la accesibilidad es una componente intrínseca al proyecto arquitectónico. Rampa y/o ascensores siempre han de formar parte del programa proyectual.

Las rampas recorribles no se limitan a las pendientes que la norma fija como óptimas. No siempre es posible aplicarlas. Es frecuente encontrar planos inclinados que no se ajustan al entorno normativo. Se puede transitar por rampas del 16 % de pendiente e incluso ligeramente superiores, hasta el 20 %, según su longitud. Aunque deben conocerse las limitaciones: los ángulos pronunciados encierran peligro de caídas, conllevan fatiga respiratoria en la subida y tensión muscular en la bajada. Es más, dificultan, hasta impedir, el movimiento con carros de compra o de bebé y, por supuesto, la maniobra con una silla de ruedas.

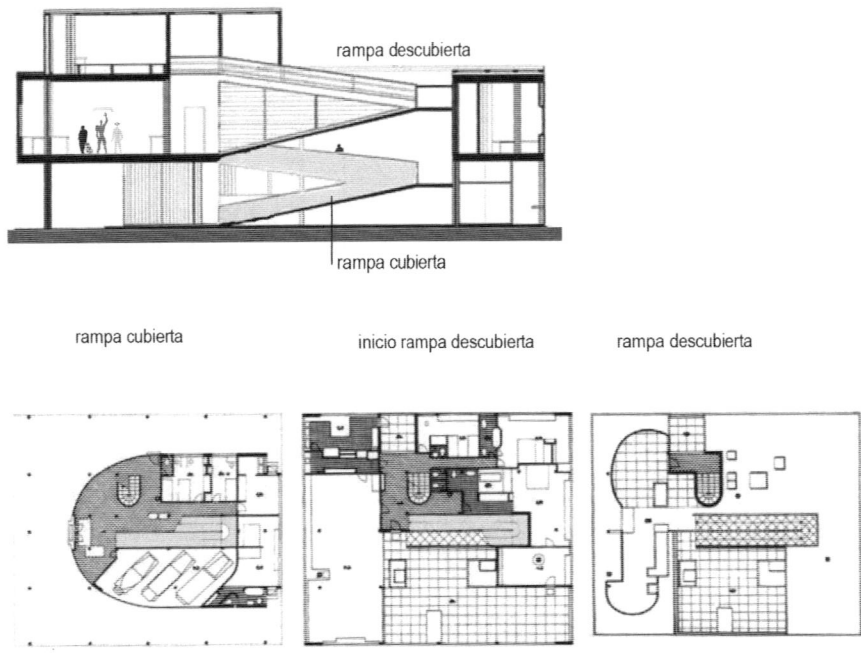

Figura 8-17. La *promenade* arquitectural. Ville Savoye, 1928-1931. Poissy, Francia. Le Corbusier y Pierre Jeanneret.

8.2.2 LA RAMPA DE VEHÍCULOS

La rampa destinada a la circulación de vehículos en el interior de un garaje pierde toda connotación simbólica para convertirse en una «instalación» primordialmente utilitaria (fig. 8-16). Las normas municipales tienden a fijar la pendiente en el 16 % para rampas rectas y en el 12 % en tramos curvos, con un ancho libre de tres metros. El encuentro entre la rampa y la calle se realiza mediante un espacio sensiblemente horizontal, de cinco metros de profundidad, para que el paso del espacio privado al público se realice con el menor riesgo posible para personas y vehículos.

Prosaica y eficiente, constituye el contrapunto a la rampa generadora de la *promenade* arquitectural, una metáfora del tiempo y del espacio en la que los aspectos utilitarios se supeditan a los simbólicos.

8.2.3 LA RAMPA Y LA *PROMENADE* ARQUITECTURAL

En Europa, el ambiente natural adquiere entidad artística a partir del siglo XVI, siendo hasta entonces un fondo de escena, sin valor emocional o estético. Llegado el siglo XIX comienza a utilizarse la palabra *paisaje* y a planificarse los «paseos» en los que se disponían con armonía y proporción elementos naturales y artificiales para producir el deleite de los sentidos, especialmente la vista y el olfato. Este recorrido con un fin estético constituye la *promenade* arquitectural.

Ya en el siglo XX, el paseo se traslada al interior de los edificios para aprehender el espacio configurado. Para ello se emplea la rampa, un medio que proporciona un recorrido «estético», usando el término en sentido filosófico y lecorbuseriano, ya que «la Arquitectura es una obra de arte, un fenómeno de emoción, situado fuera y más allá de los problemas de la construcción» (Le Corbusier, 1977/1964, p. 9).

La *promenade* exige un volumen amplio para su desarrollo, puesto que la rampa tiene que ser transitada, y permitirnos pasar de un nivel a otro. El movimiento, sumado al tiempo, introduce cambios en la percepción al trasladarse el punto de vista simultáneamente en el plano horizontal y en el vertical. En analogía con el cubismo, este paseo amplía el campo de la experiencia arquitectónica, la cual va integrando los fragmentos percibidos desde distintos frentes y niveles a medida que se realiza el recorrido.

El paradigma de la *promenade* arquitectural en el interior ha quedado fijado por la villa Savoye (fig. 8-17), proyectada por Le Corbusier y Pierre Jeanneret en 1928. La planta de la vivienda se organiza a partir de un cuadrado de cuatro por cuatro vanos estructurales, con un intereje de 4,75 m en ambas direcciones. Se divide en dos zonas, una libre y otra compartimentada, separadas por la rampa. Esta última discurre cubierta en el primer nivel, con barandillas de fábrica, y descubierta en el segundo, con protecciones metálicas. Pero no es una rampa accesible. Su pendiente se acerca al 20 %. No sustituye a la escalera como elemento de circulación vertical.

La villa Savoye se posa sobre el terreno, pudiendo elevarse y trasladarse a otro emplazamiento sin dejar su impronta en el entorno. Forma parte de los paradigmas del arte arquitectónico y, como tal, es un objeto en sentido literal, al igual que sucede con el Pabellón Barcelona de Mies van der Rohe (véase la instrucción 4). Un objeto cerrado, autónomo, sujeto a la estructura en cuadrícula y a la disposición de los elementos de circulación vertical, rampa y escalera. Un objeto acabado cuya condición de joya es difícil de obviar. Aplica e ilustra los cinco puntos de la arquitectura moderna: planta sobre pilotes, fachada libre, planta libre, ventana alargada y terraza-jardín. En este sentido, es un manifiesto del pensamiento lecorbuseriano.

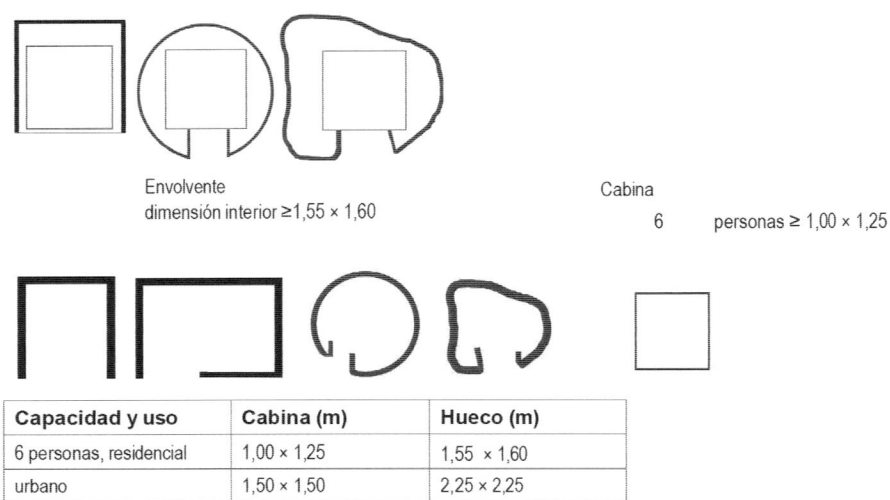

Envolvente
dimensión interior ≥1,55 × 1,60

Cabina

6   personas ≥ 1,00 × 1,25

Capacidad y uso	Cabina (m)	Hueco (m)
6 personas, residencial	1,00 × 1,25	1,55 × 1,60
urbano	1,50 × 1,50	2,25 × 2,25

Figura 8-18. Ascensor. Cabina y envolvente.

Figura 8-19. Ascensores urbanos. En el ejemplo de la izquierda, se accede al ascensor desde la plaza. Se desaprove-cha la pasarela superior como cubierta del acceso y se convierte la separación entre el cilindro y el muro en una zona ciega, con la connotación de resto, lo sobrante, lo que queda sin resolver.

8.3   EL ASCENSOR

Se ha definido el ascensor como el artilugio empleado para el desplazamiento vertical. Hasta avanzado el último tercio del siglo XX, este aparato se disponía principalmente en edificios públicos, en los edificios de viviendas para la burguesía o en aquellos otros con más de seis o siete plantas. Incluso en edificios como el Bergpolder[6] en Rotterdam, las paradas se realizaban en los descansillos de las escaleras, de tal modo que cada parada atendía a dos niveles de planta; se mejoraba el acceso a las viviendas, pero no se resolvía la accesibilidad, puesto que el rellano del ascensor y las puertas de los apartamentos estaban separados por un tramo de escaleras.

A finales de la década de los ochenta del siglo XX, la accesibilidad adquirió carta de derecho ciudadano, por lo que se ha extendido su instalación en todo inmueble tanto público como privado, siempre que no se resuelva la accesibilidad con rampas o con entradas directas desde el espacio público a cada uno de los diferentes niveles.

Las circunstancias vitales de las personas pueden condicionar la movilidad al margen de las limitaciones permanentes derivadas de la condición física o de la edad. Una fractura de tobillo, cargar bolsas, portar un carro de compra o empujar un coche de bebé, acompañar a personas dependientes o a criaturas de corta edad son situaciones en las que el ascensor resulta imprescindible. Pero, ¡atención!, este nunca reemplaza a la escalera. Ambos deben, y pueden, convivir, porque tan importante es la accesibilidad como el favorecer el ejercicio físico. Por ello, la escalera no debe esconderse, sino asomarse al portal o al vestíbulo para incitar a recorrerla. Suprimir barreras arquitectónicas y favorecer la actividad física son acciones compatibles y equiparables.

Por otra parte, el concepto de accesibilidad universal, sumado a las aportaciones de la perspectiva de género, está impulsando la implantación del ascensor en los sistemas viario y de espacios libres y zonas verdes urbanas. Este artilugio se está convirtiendo en un mueble urbano más para facilitar conexiones fluidas entre áreas de la ciudad con una topografía escarpada. Ahorran los largos rodeos a los que obligan las barreras impuestas por la naturaleza.

Al igual que sucede con la escalera, el ascensor encierra una doble función, la de uso y la simbólica. Si se aborda como una instalación oculta, tiene un carácter fundamentalmente utilitario, cuya dignidad se liga a los acabados de la cabina y al vestíbulo de espera. Si se convierte en una instalación vista, se equilibran simbolismo y uso.

---

[6] El edificio Bergpolder, en Rotterdam, se construyó en los años treinta del siglo XX (1933-1934). Representa la innovación residencial de esa época, tanto por su tipología, un bloque laminar en altura, con una fachada corredor para el acceso a las viviendas, al que se accede desde un núcleo de comunicaciones ubicado en un lateral, como por la dotación de servicios comunitarios y por el empleo de la construcción industrializada. Para más información consultar *Las formas de la residencia en la ciudad moderna: vivienda y ciudad en la Europa de entreguerras* (Martí, 1991).

El ascensor está formado por un prisma interior, la cabina, que se desliza por un hueco por el que discurren los mecanismos de elevación, rodeado por una envolvente. La representación gráfica más sencilla recoge la envolvente, quede o no a la vista, con el hueco de acceso y la cabina interior (fig. 8-18). Esta suele ser cuadrada, rectangular o circular, mientras que la envolvente puede responder a formas regulares o irregulares. Incluso podría variar su forma y acabados en cada nivel, si así lo requiriese el proyecto.

Las características de la cabina vienen definidas por la normativa conforme a la capacidad y al uso. Las dimensiones estándar corresponden al ascensor accesible, que es aquel en el que cabe una persona en silla de ruedas con un acompañante, que en la práctica se corresponde con una cabina para seis personas. No obstante, las condiciones de proyecto inciden en la capacidad. Puede ser levemente inferior en obras de rehabilitación y reforma de edificios anteriores a los años noventa del siglo XX o de mayor superficie si así lo requiere el programa de necesidades.

Cuando el ascensor se incorpora a la ciudad deben tratarse cuidadosamente los puntos de acceso y salida y la pasarela de conexión si fuese necesaria. Es deseable incorporar una cubierta que nos reciba y nos despida, bajo la que abrir/cerrar el paraguas, acomodarnos si llevamos cargas o si actuamos de acompañantes. Este elemento genera un vestíbulo, un interludio entre la calle y la cabina cerrada, además proteger la botonera y las puertas de la lluvia y el sol directo. Los umbrales profundos en ninguna circunstancia sustituyen a la marquesina, aunque protejan los mecanismos de maniobra de la máquina. En la mayor parte de los casos dejan a la intemperie a las personas durante el paso del espacio público exterior al interior (fig. 8-19).

Asimismo, debe eludirse la presencia de áreas ciegas, «la superficie que resta», zonas por las que no se transita que se perciben como peligrosas. Los restos no son propios de la arquitectura. El evitarlos o no generarlos muestra la calidad de las propuestas, más allá de la belleza o la amabilidad de sus formas.

8.4 COROLARIO

Una vez que los objetos arquitectónicos están configurados por más de un nivel en su interior se recurre a elementos específicos para salvar la diferencia de cota. La escalera ha sido, y aún es, el elemento arquitectónico más empleado para tal labor. Se dispone por necesidad, debiendo cumplir los seis puntos siguientes:

- Servir al objeto y al espacio en que se dispone.

- Ser practicable en su desarrollo.

- Completar las necesidades de un programa.

- Comunicar.

- Enlazar.

- Dar continuidad al recorrido.

  Asimismo, desempeña una doble función:

- Simbólica, al caracterizar con su presencia el uso del edificio, bien por su coherencia dimensional, bien por su desmesura y exageración formal o como antítesis al contraerse y mermarse en relación con su contexto.

- Utilitaria, como parte del sistema circulatorio del objeto.

A la escalera como parte del sistema de circulación, deben añadirse la rampa y el ascensor. Cada una de las tres se define a partir de ciertas condiciones materiales. La escalera mediante el escalón, con su huella, contrahuella y ancho; la rampa con la pendiente y la anchura; y el ascensor con la superficie de la cabina y la forma y materialidad de la envolvente.

Todas ellas se caracterizan por ser piezas rígidas, continuas en toda su altura de recorrido y con un dimensionado que se mueve en entornos predefinidos para garantizar su utilidad. Además, se envuelven en una caja continua, física o virtual, que atraviesa el objeto verticalmente, como un gran tubo por el que circulan las personas en lugar de los fluidos.

De estas tres piezas, la rampa apenas se usa en interiores, salvo que el recorrido sea una *promenade*, cuya misión sea incorporar el tiempo al espacio arquitectónico y experimentar el cambio en la percepción que se opera con el movimiento en diagonal, resultante del desplazamiento simultáneo según los vectores horizontal y vertical.

En todo caso, escaleras, rampas y ascensores deben responder a las condiciones de confort, aportando la imprescindible accesibilidad a los recintos arquitectónicos, sean cerrados o abiertos, teniendo en cuenta no solo las dificultades físicas personales, de naturaleza sanitaria y asistencial, sino la perspectiva de género aplicada al proyecto arquitectónico y urbano, una condición imprescindible, contemplada en el ordenamiento general.

18 BIBLIOGRAFÍA

- López González, Cándido y Carreiro Otero, María (eds.) (2016). *Arquitectas pioneras de Galicia. Ocho entrevistas*. A Coruña: Servicio de Publicaciones UDC.

- Martí Arís, Carlos (1991). *Las formas de la residencia en la ciudad moderna: vivienda y ciudad en la Europa de entreguerras*. Barcelona: UPC.

- Paricio, Ignacio (1973). «¿Por qué la vivienda mínima?». *Jano*, 1:9-13.

- Talamona, Marida (1992). *Casa Malaparte*. Princenton: Architectural Press.

- Thau, Carsten y Vindum, Kjeld (2001). *Arne Jacobsen*. Copenhague: Danish Architectural Press.

TEXTOS CLÁSICOS

- Kahn, Louis I. (1980/1973). «Amo los inicios». En: Norberg-Schulz, Christian y Georg Digerud, Jan. *Louis Kahn, idea e immagine*. Roma: Officina Edizioni, pp. 137-144.

- Le Corbusier (1978). *Hacia una arquitectura*. Buenos Aires: Poseidón (*Vers une architecture*, Crès, París, 1923; reimpresión con prefacio, 1958).

URL

- QR_8-1. Carreiro Otero, María (2007). *El pliegue complejo: la escalera*. Oleiros: Netbiblo. <http://hdl.handle.net/2183/11900>.

- QR_8-2. <http://hdl.handle.net/2183/30794>. «Anteproyecto del edificio Torre Dorada en la calle de Juan Flórez (Parcelación Finca Primera Coruñesa) La Coruña». Milagros Rey Hombre.

QR_8-1

QR_8-2

A8 ACTIVIDADES

- Reproducir la escalera del edificio en el que se reside habitualmente:
  a. Escalera: número de tramos y traza.
  b. Número de peldaños para pasar de una planta a otra.
  c. Dimensión de los peldaños: huella, contrahuella y ancho.
  d. Generar, en planta y en sección, los esquemas derivados de la posición de las escaleras de los ejemplos incluidos en las instrucciones.
- Describir gráficamente el ascensor del edificio en el que vive/trabaja/estudia.

  ¿Existen peldaños antes del ascensor?, ¿está exento o encajado?, ¿cuánto mide la cabina?, ¿cuánto mide el volumen si está exento?, ¿envolvente y cabina son paralelas?, ¿cómo es la puerta, automática o abatible?

  ¿Cuándo se incorporó el ascensor, con la construcción del edificio o con posterioridad, una vez que vecinas y vecinos ya vivían allí?
- Describir gráficamente un ascensor urbano.

  Además de las condiciones de forma, similares al ascensor interior, surgen otros aspectos:
  a. ¿Evita un rodeo largo para comunicar dos zonas?
  b. ¿Completa a una escalera que estaba en el lugar?
  c. ¿Genera algún área ciega?
  d. Los accesos, ¿están protegidos de la intemperie?
- Identificar rampas en el entorno próximo:
  a. En un portal, en el recorrido desde la calle hasta el ascensor.
  b. En el espacio libre, para solventar una diferencia de nivel entre dos calles.
  c. Una rampa en un interior para salvar un desnivel ligero.
  d. Una rampa para salvar una planta completa. Atender al ancho y a la longitud de desarrollo, ¿sustituye o complementa a una escalera y/o a un ascensor?
  e. La calle-rampa: existe en tu entorno alguna calle con una pendiente que sea incómoda para el tránsito diario, ¿qué pendiente tiene?
- La rampa de garaje: pendiente y dimensiones. ¿Podrías transitar por ella en bicicleta?, ¿resulta cómoda?, ¿es segura?

A8. Plaza de la Trinidad, Donostia. 1963. Luis Peña Ganchegui.

LA ESCALERA.
DISPOSICIÓN Y ORDEN

Función simbólica y función utilitaria – Escalera recta de un tramo – Escalera de ida y vuelta de dos tramos – Corolario – Bibliografía – Actividades

I-9

En los edificios de la Italia del siglo XVI, el llamado «pórtico» constituyó el punto de partida del desarrollo del espacio, que luego se prolongó hasta el jardín. A lo largo de este eje no debía figurar elemento alguno que pudiera ir en detrimento de la claridad y grandeza del conjunto de la composición. Las escaleras por las que se accedía al piso superior ocupaban un lugar discreto y modesto y, en muchos casos, sin suficiente iluminación o carentes totalmente de ella [...].

Alexander Klein, *La vivienda mínima: 1906-1957 (1934)*, p. 188

Habiendo definido en el capítulo anterior los aspectos geométricos y dimensionales de la escalera, junto con los términos asociados a ella, acometeremos en esta instrucción el modo en el cual la escalera interior incide en la estructura del objeto, así como los aspectos que condicionan su disposición dentro de este.

Comenzaremos por preguntarnos para qué sirve una escalera, una cuestión que semeja irrelevante en el día a día. Simplemente la usamos, tras haber interiorizado en la infancia los gestos necesarios para ello. Julio Cortázar los describe minuciosamente en las *Instrucciones para subir una escalera*.

Solo nos fijamos en ella cuando es incómoda o extravagante. La experiencia al transitarla resulta tan ordinaria como el caminar, asearnos o comer. Sin embargo, desde la óptica del proyecto, la experiencia propia no basta para entenderla. No es un elemento intuitivo ni simple. Responde a unas reglas geométricas que la diferencian de cualquier plegadura. Es un volumen rígido que enlaza niveles y comunica espacios.

La escalera contemporánea forma parte del sistema circulatorio, del pasillo, bien porque asume la adaptación del objeto a la topografía (fig. 9-1), bien porque se dispone como un remanso que se abre a un corredor

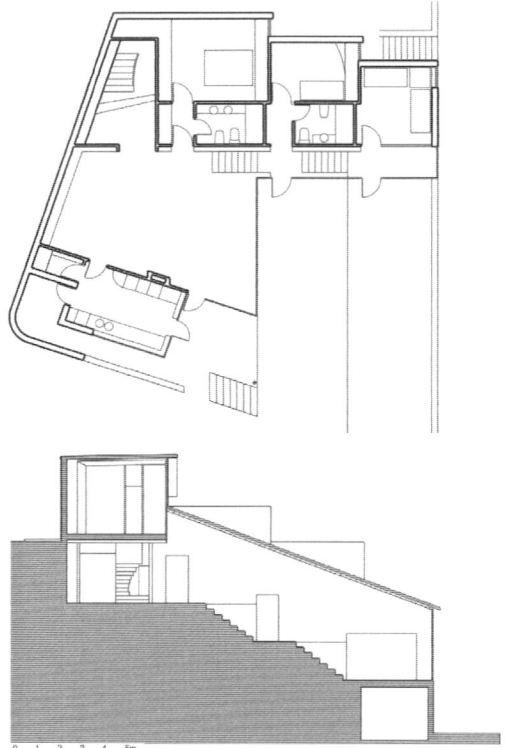

Figura 9-1. Casa en la rúa Blanco Amor. Ferrol. 1993. Alfredo Alcalá.

Figura 9-2. Escalera «interior» a la intemperie. Iglesia de Piñor de Cea, Ourense.

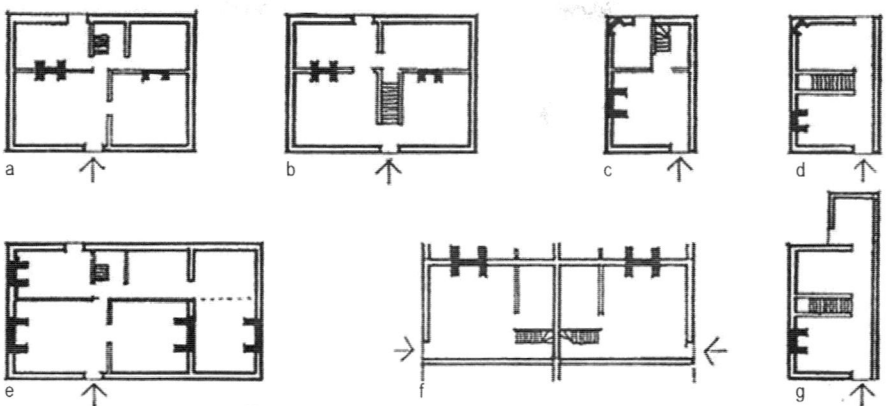

Figura 9-3. Arquitectura popular inglesa, *King John houses*. Estructura y relación entre la entrada y la escalera.

o a un vestíbulo, o bien porque filtra la luz procedente de la fachada y da continuidad, en vertical, a los distintos niveles a través de su ojo.

Pertenece la escalera al interior, pero no siempre está dentro. A veces, debe salir del volumen buscando un acomodo del que carece y prolongarse fuera del ámbito a cubierto. En esas ocasiones actúa como un elemento de servicio que, sin posibilidad de desarrollarse puertas adentro, se ancla en los paramentos exteriores. Sucede así en la iglesia de Piñor de Cea, con los escalones empotrados en uno de sus laterales y volados en el otro para acceder al campanario y a la cubierta (fig. 9-2).

En la arquitectura tradicional se conjugan muros portantes, escaleras y chimeneas con la posición de la entrada para determinar la estructura de los objetos (fig. 9-3). Los muros, al recoger los forjados a un lado y al otro, generan el hueco de la caja de escaleras a la vez que dan soporte a las propias escaleras.

En la vivienda popular se pasa de una pieza a otra de manera directa al carecer de corredor explícito. Únicamente al enfrentarse la escalera con la puerta de acceso se define un espacio intermedio, un vestíbulo, entre el dentro y el fuera. Con este vínculo se busca organizar los flujos en el interior, incluso cuando la primera adopta una posición accesoria con respecto a la segunda (figs. 9-3 a, c, e). En general la escalera se emplaza sin entorpecer los usos de las estancias, facilitando la lectura del volumen interior.

Considerando que el objeto nace desde el interior y que la escalera es un germen de orden, su disposición define una serie tipológica que se plasma en una serie de esquemas (fig. 9-4). Así definida, la tipología no determina la forma final del objeto, sino que define su estructura interna permitiendo configurar a partir de ella organismos de apariencia diversa.

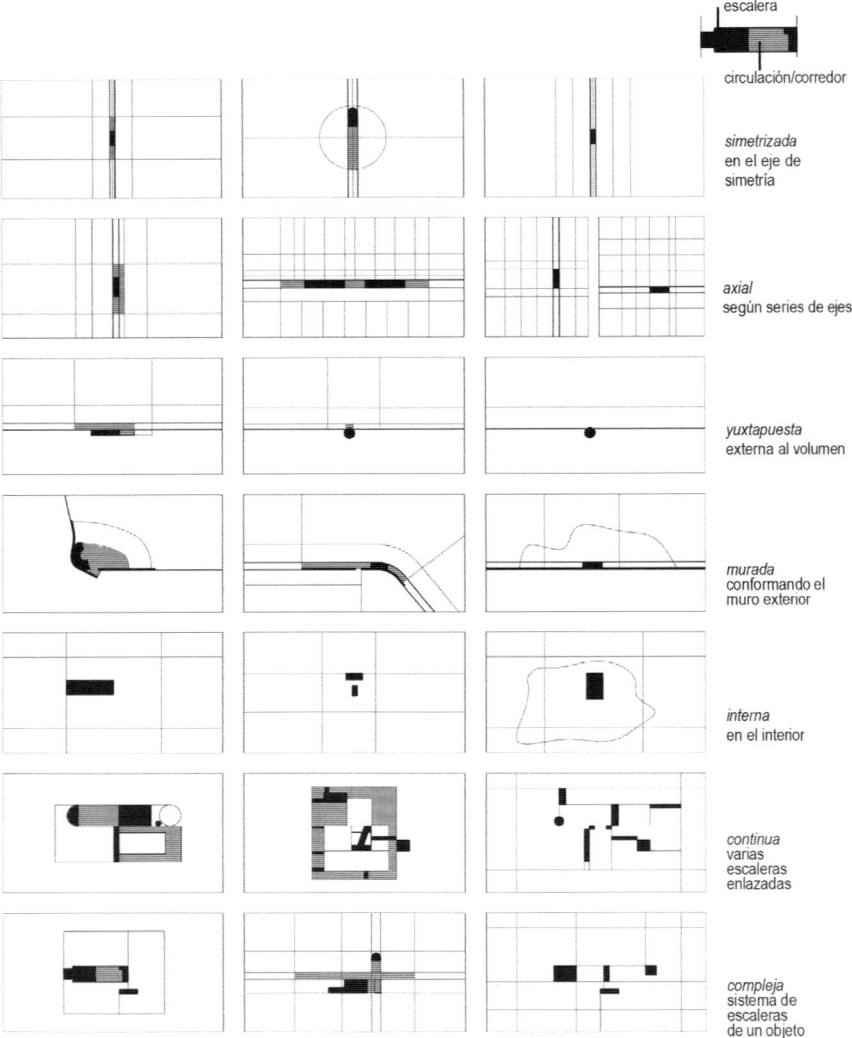

Figura 9-4. Serie tipológica definida por la posición de la escalera en un objeto asimilable a una vivienda.

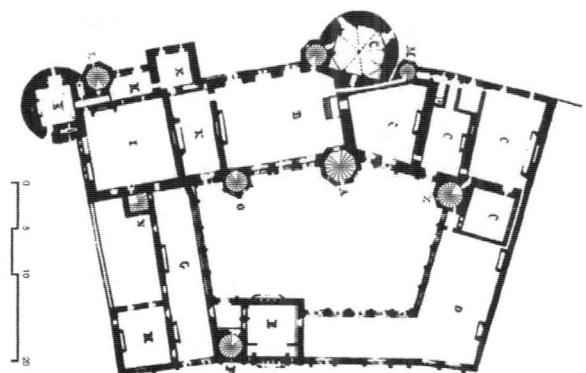

Figura 9-5. Casa de Jacques Coeur. S. XV. Bourges, Francia. Cada escalera de caracol sube a una estancia, como una puerta con el umbral en vertical.

Esos esquemas surgen del estudio de diferentes viviendas, pero pueden trasladarse a otro objeto arquitectónico. Como síntesis gráfica carecen de contexto y de escala, motivos por los que trascienden su origen y pueden aplicarse a otros casos y circunstancias. Si el objeto se asimila a una vivienda en cuanto a extensión, la aplicación puede ser directa, Pero, si aquel posee mayor amplitud, con una escala compleja o multifuncional, el esquema se explicita en una de sus partes, sea un vestíbulo o el núcleo de circulaciones. Toda pieza —edificio, construcción, plaza, parque, barrio— resulta de integrar piezas, que, a su vez, también son entidades compuestas por partes. Durante el proceso proyectual se trabaja el conjunto agregado y desagregado. Se aborda cada una de ellas por separado para, finalmente, integrarlas en una sola entidad.

En esta instrucción se continuará con el estudio de la escalera considerando la prevalencia de su doble función, simbólica y/o utilitaria, para, seguidamente, abordar el orden que imprime en el objeto. Para ilustrarlo se estudiarán diversas variantes de la escalera axial, de un tramo, que recoge la estructura más común en la organización arquitectónica al margen de cualquier estilo y tendencia.

ANTÍTESIS

La antítesis de escalera como elemento estructurante sería la escalera como «instalación». En la casa de Jacques Coeur (fig. 9-5), construida en el siglo XV, se identifican ocho caracoles. Cada uno equivale a una puerta con el umbral en vertical y, en una mirada contemporánea, a un elevador. Todos ellos permanecen ocultos, sin mostrarse en las estancias que une. Nos trasladan de un nivel a otro, enlazando piezas entre sí de manera exclusiva. El caracol cerrado goza de esa peculiaridad: actuar como una instalación primaria, similar a un conducto de circulación.

Figura 9-6. De Chambord a Dinamarca: escaleras del castillo de Chambord, de peregrinación al Bom Jesús, de la Ópera de París y del Banco de Dinamarca.

Unos «tubos» que tanto se adosan a la fábrica principal, a modo de bultos, como se alojan en el intradós de los muros. Actúan como mecanismos que facilitan el crecimiento en vertical del objeto, de manera similar a la ampliación en planta al yuxtaponer volúmenes, sin continuidad espacial entre ellos. Al igual que las villas palladianas, la casa Coeur se construyó antes de haberse introducido el corredor en la arquitectura. El pasillo es un invento moderno. No se incorpora a los interiores hasta avanzado el siglo XVII, una vez que William Harvey descubrió la circulación sanguínea.

9.1 FUNCIÓN SIMBÓLICA Y FUNCIÓN UTILITARIA

Se ilustrará la doble función inherente a toda escalera a través de una serie de ejemplos a los que se le asigna una u otra función, según la prevalencia del simbolismo o de la utilidad. En cualquier caso, una escalera que no es utilitaria no es una escalera. Tampoco merece tal nombre aquella desprovista de simbolismo. Sería un estorbo. El simbolismo no es una cualidad exclusiva de lo majestuoso, exótico o extraordinario. Viene dado principalmente por la precisión con la que se disponen los elementos y las partes de la arquitectura que definen el objeto.

9.1.1 FUNCIÓN SIMBÓLICA

Metáfora y sinécdoque son figuras retóricas presentes en el medio arquitectónico desde el momento en que se identifica el objeto por una de sus partes o que una de ellas representa un aspecto del habitar. La escalera asume la condición de metáfora y sinécdoque en su naturaleza simbólica y representativa. Enmarcada en el vestíbulo, se convierte en una metáfora de la vida o del poder y se relaciona con el todo a través de una sinécdoque. Este, a su vez, se identifica con la parte, escalera, y se le reconoce a través de ella más que por su imagen o sus plantas.

Antes de continuar y analizar cuatro ejemplos en los que se cumple esta relación, conviene recordar que la retórica no es una propiedad disciplinar de la arquitectura. La metáfora o la sinécdoque no constituyen un objetivo. Estas figuras nos ayudan a entender la manipulación del lenguaje, a ponerle nombre a la interpretación que se realiza de una obra o de una parte de ella dentro de un contexto cultural. El tropo está en el proyecto (fig. 9-6), en su intención, pero no es la intención ni el proyecto. Incluso la interpretación canónica, aquella que hace la crítica y que la academia y el mundo profesional asume como referente, o la nuestra propia pueden no corresponderse con la «verdad» del proyectista, cuya voluntad queda a menudo oculta. Solo le atañe a él.

Escalera de Chambord

La escalera del castillo de Chambord, en el valle del Loira, se levantó en el siglo XVI. Expresa el poder del rey a través del alarde técnico. Un vacío de nueve metros de diámetro en el centro de una fortaleza de planta cuadrada para una escalera de doble hélice que va dando acceso a las distintas plantas. Se singulariza por ser una de las primeras escaleras en liberarse de los muros perimetrales y ser percibida en su plenitud desde los pasajes circundantes.

Bom Jesús do Monte

La escalera es una metáfora de la vida como camino hacia la perfección. Así se dispuso para alcanzar el santuario del Bom Jesús do Monte, en Tenões, Braga, elevado ciento dieciséis metros desde la llegada al pie del monte. Setecientos peldaños de peregrinación para recrear la Vía Sacra, con las estaciones del vía crucis.

El santuario se identifica por la cascada de muros que encierran la Escalera de los Cinco Sentidos y la Escalera de las Tres Virtudes, separadas por el Patio de los Cinco Sentidos para finalizar con el Patio de las Tres Virtudes.

El conjunto está constituido por una doble serie de escaleras de dos tramos que al tiempo que ascienden se van desplazando en profundidad. En la imagen se corresponden con las barandillas de fábrica de los correspondientes tramos y mesetas centrales. En estas se localizan nueve fuentes, una por nivel, situadas en el eje de simetría del conjunto.

La escalera principal de la ópera de París

Ni realeza ni divinidad. La escalera de la ópera de París proyectada por Charles Garnier entre 1861 y 1875 muestra la suntuosidad, la pompa y el boato como escenificación de la vida en sociedad: «puro teatro». Un marco para el desfile de las figuras de prestigio social en un acto mundano. La escalera se transforma en el fondo de escena para una actuación tan dramática o bufa como las obras desarrolladas sobre el escenario.

Escalera de servicio del Banco Nacional de Dinamarca

La escenificación planteada en la ópera nos lleva al vestíbulo del Banco Nacional de Dinamarca con su escalera (véase la instrucción 8). El lapso de cien años que separa ambas obras no ha modificado el efecto sobrecogedor inherente a las manifestaciones arquitectónicas del poder. Pero avanzado el siglo XX cambia su apariencia. Y en el Banco Nacional toma el cuerpo de una solitaria y sencilla escalera que transmite el vértigo que debe producir dicho poder sobre quien lo sufre, pero también para quien lo ejerce.

DE CHAMBORD A COPENHAGUE

Solo resta establecer una breve comparación entre las escaleras seleccionadas para sintetizar el alcance de la función simbólica. Sin elementos formales que las vinculen, pueden establecerse diferentes relaciones conceptuales entre las cuatro referenciadas.

Por un lado, la representación del poder, sea divino o humano, expresado en la magnificencia del Bom Jesús y la Ópera de París. Por otro, la asepsia de Chambord y el Banco, cuyos respectivos alardes técnicos se manifiestan a través del vacío, sea un hueco central o un vestíbulo descomunal. A pesar de sus diferencias y de la contrapuesta intención que encierran, todas y cada una de ellas son coherentes con respecto a los objetos que simbolizan. El vínculo generado entre la parte y el todo se expresa retóricamente, convirtiendo a la escalera en la seña del objeto.

9.1.2 FUNCIÓN UTILITARIA

Desde su naturaleza de artefacto útil, la escalera estructura el objeto. Para ello debe atender tanto a su traza como a su ubicación. Una función que está presente en objetos de uso cotidiano, independientemente de su escala y actividad. Una biblioteca y dos viviendas unifamiliares (fig. 9-7) servirán como modelos para aproximarse a esta función.

ESCALERA Y VESTÍBULO DE LA BIBLIOTECA DE ESTOCOLMO

La Biblioteca de Estocolmo fue proyectada por Erik Gunnar Asplund entre 1924 y 1928. Su escalera aúna la función utilitaria y la simbólica de manera equilibrada. De un tramo, entre muros, dispone de descansos intermedios, con peldaños muy alejados de las dimensiones aplicadas en las viviendas. Se traza con una pendiente tendida, próxima a la proporción dos a uno, H = 2A, siendo H la huella y A la alzada o contrahuella.

Es la más utilitaria de las escaleras: además de enlazar, respeta el ritmo y la cadencia del paso humano. No necesita más atributos que el llevarnos con un recorrido limpio y eficaz. Aun así, su calidad espacial, mostrada en ese tránsito de la oscuridad hacia la claridad, la dota de valor simbólico. Traspasa la sombra en dirección a la luz, física e intelectual, que ilumina la sala y la mente con el acceso a los libros. Una plegadura modesta con relación al espacio que sirve.

CASA WOOLTON (PROYECTO)

La casa Woolton forma parte de una serie de viviendas proyectadas por James Stirling en 1964, pero no construidas. Su programa de necesidades se compone de cocina-comedor, estar, tres habitaciones, baño y garaje.

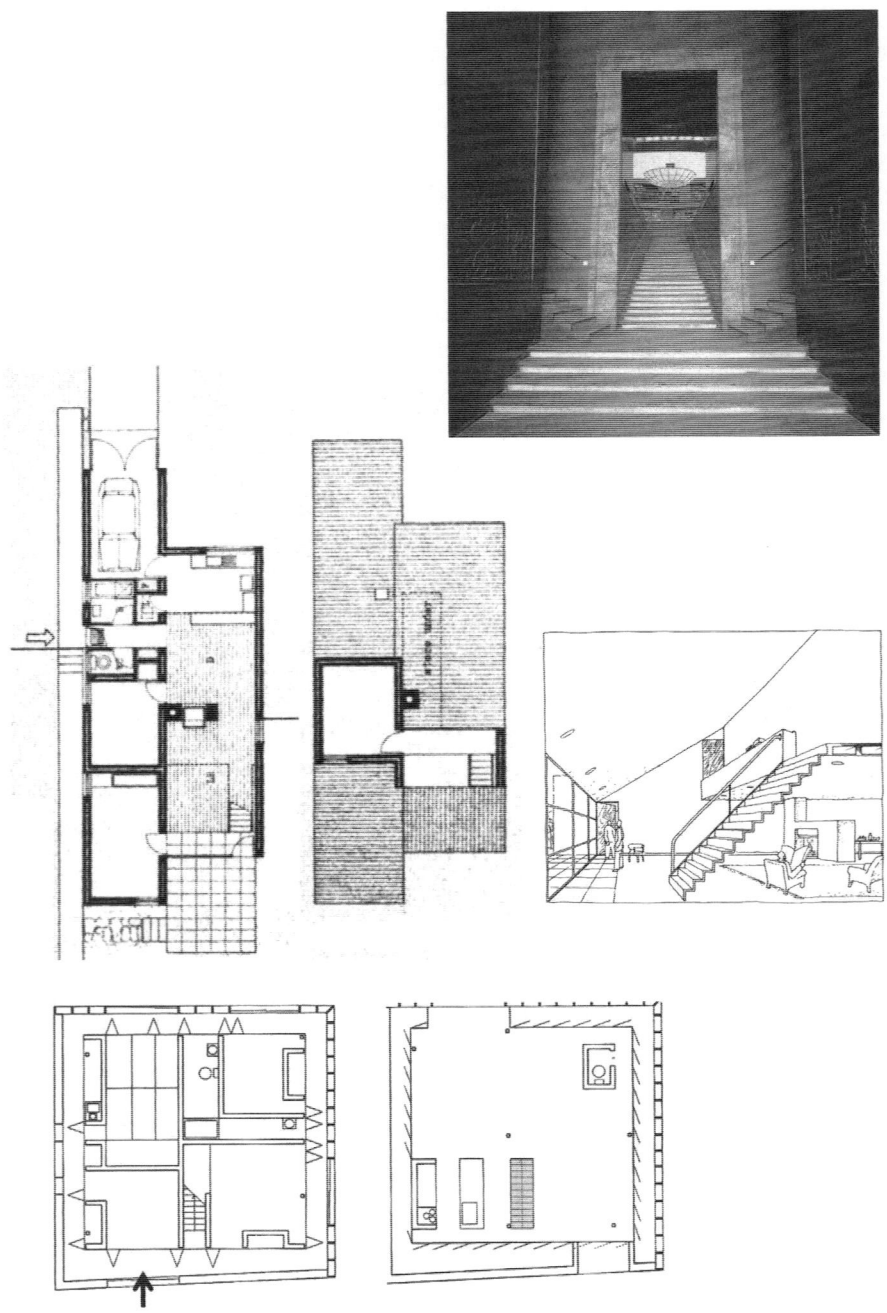

Figura 9-7. De Suecia a Japón: escalera de la Biblioteca de Estocolmo, casa Woolton y casa S.

Su organización se materializa en una banda de tres metros de ancho para los dormitorios, aseos, acceso y garaje y otra de cuatro (3 + 1) para la cocina-comedor-estar. Una escalera conduce a un altillo bajo cubierta, con una única habitación. Con una longitud de tres metros, quince huellas y una pendiente próxima a los 45º, su desarrollo entra en contradicción con la escalera canónica de las normas y manuales, incluso con la regla del paso, mencionada en la instrucción anterior. La escalera desmiente a la «escalera» tal y como se ha definido: no permite el apoyo del pie y la huella y la contrahuella son prácticamente iguales. Sigue la tradición anglosajona y centroeuropea, alejada de la tratadística y de la norma española. Una observación atenta de la perspectiva y las plantas de este proyecto evidencia los elementos que estructuran el espacio de la casa: la escalera y la chimenea.

La escalera se acompaña de dos corredores, uno en la planta baja, del que arranca, y otro en la alta, al que llega. Entre uno y otro, una doble altura los comunica visualmente, proporcionando al altillo vistas y luz, matizadas por el plano inclinado de la cubierta.

La plegadura conforma una línea de servicio, en la que se introduce una parte del mobiliario de la cocina. Liviana y exenta del muro, su materialidad es acorde con su uso restringido. No se asciende por ella a menos que se invite a hacerlo. Cabe preguntarse cuál es su utilidad. Una primera, enlazar las plantas baja y alta con el menor consumo de superficie, sin comprometer la confortabilidad del estar. Y una segunda, servir al conjunto mediante una posición que aporta orden al espacio y resuelve necesidades no contempladas en el programa. Ambos aspectos forman parte de lo útil. Determinar la utilidad forma parte del proyecto arquitectónico.

Por su parte, la chimenea se emplaza en el centro de la casa —optimiza su capacidad de caldear—, adosada perpendicularmente a uno de los muros interiores. Su posición separa comedor y estancia al mismo tiempo que desplaza las circulaciones hacia la línea de almacenaje y escalera. Un gesto con el que se acota, prestando intimidad al estar.

CASA S, OKAYAMA

La casa proyectada en Okayama por Kazuo Sejima y Rye Nishizawa en 1997 se significa por el pasaje perimetral que, a modo de galería, rodea las piezas del programa. Este se condensa en el centro del volumen.

En lo que semeja una amalgama compuesta por las habitaciones intercaladas con los elementos de servicio, la escalera asoma en la planta superior perfectamente alineada con el mobiliario de la cocina y con los finos pilares de la estructura portante.

Nada se deja al azar. La casa es un ajustado mecanismo en el que la escalera, sin más pretensión que enlazar los dos niveles, se convierte en

escalera que salva un único nivel

escalera que salva dos o más niveles, con el corredor asociado

Figura 9-8. Flujo de los movimientos en una escalera de un tramo.

En los niveles de arranque y de llegada a cada nivel, conviene mantener una proporción similar entre *a* y *d,* evitando la sensación de que la pieza no cabe en la caja, ante el efecto de acortamiento que se introduce con la perspectiva. Es imprescindible el trabajo en sección para proporcionar adecuadamente esas distancias.
_ *a* = ancho de la escalera y del corredor, *d* = profundidad descansillo
_ *l* = longitud de la escalera, *t* = longitud del tramo

Ancho del tramo:
_uso privado: *a* = 0,90 / 1,00 m
_uso público: *a* = 1,20 / 1,50 / 1,80 m
_uso esporádico/restringido: *a* ≥ 0,60 m

Dimensiones del descansillo:
_genéricamente: *a* = *d*
_excepciones •*a* ≤ 0,90 m *d* = 0,90
               •*a* ≥ 1 ,80 m *d*, proporcional al espacio

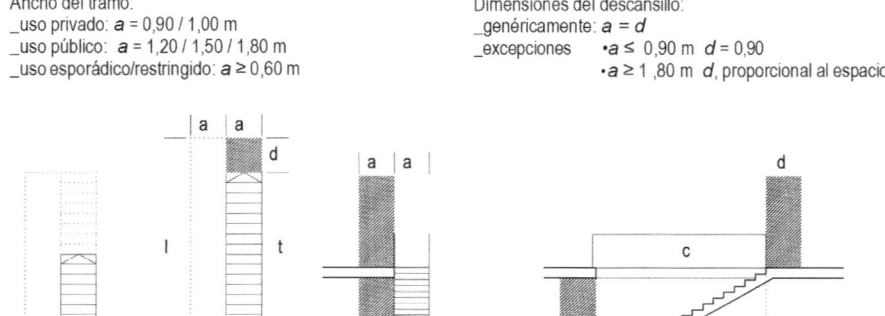

| arranque | planta alta | corredor lateral | descansillos y corredor |

Figura 9-9. Corredor y descansillos de la escalera de un tramo.

un elemento que acota y pone orden al espacio abierto del estar. Once huellas —doce escalones— para salvar una altura de 2,50 m. Una pendiente en torno a 45°, similar a la proyectada para la casa Woolton.

Si planteamos de nuevo la pregunta, ¿cuál es su utilidad?, la respuesta sigue siendo doble: enlazar y ordenar.

DE DINAMARCA A JAPÓN

La escalera de la biblioteca y las de las casas Woolton y S se asemejan en su traza, recta y en el predominio de la utilidad frente al simbolismo.

En ambas viviendas, las escaleras incumplirían la normativa de habitabilidad española y, más concretamente, la gallega, lo cual no es bueno ni malo, sino un dato que nos debe enseñar a contextualizar lo «normal». Una palabra que, al igual que la expresión «sentido común», no refleja valores universales y absolutos, sino que refuerza los usos y hábitos aceptados por un grupo humano determinado.

También nos dice que las normas, siendo necesarias, no son garantía de calidad, sino el reflejo del enfoque y la interpretación de un colectivo particular al margen de cualquier estudio científico y objetivo. Se dictan con el afán de eludir las carencias y errores que ya sucedieron, pero no evitan los que están por venir ni tampoco prevén sus efectos en el medio y largo plazo. Pretenden no dejar margen a la incertidumbre que acompaña al porvenir, por eso quedan obsoletas enseguida. Es más, se recurre abusivamente a ellas por nuestra incapacidad de determinar qué es y qué no es lo adecuado, lo útil, lo correcto. Es un indicio de falta de conocimiento objetivo. También de cierto temor a la responsabilidad, individual y colectiva.

9.2 ESCALERA RECTA DE UN TRAMO

En el presente apartado se aborda de manera específica e intensiva uno de los tipos más usados, la escalera axial de un tramo, recta, con una ubicación interna o murada (fig. 9-4), cuyo recorrido se realiza en un único sentido (fig. 9-8). Se acomoda al trazado de unos determinados ejes respecto de los cuales se dispone bien en línea, bien de manera transversal a ellos.

Para dimensionar adecuadamente la superficie ocupada por estas escaleras, deben considerarse dos elementos complementarios. Los descansillos extremos para calcular su longitud y el corredor lateral para la anchura (fig. 9-9).

Los descansillos o rellanos responden a la expresión $a \times d$, siendo a el ancho, coincidente con el de la escalera, y d la profundidad. Como norma general $a = d$, salvo que la escalera sea muy estrecha o muy ancha.

¿Cuándo es estrecha y cuándo ancha? Se identifica como estrecha aquella que oscila entre los 60 y los 85 cm. Debe discurrir exenta al menos en uno de sus lados, siendo de uso restringido o esporádico. En ella, la profundidad del descansillo mantendrá los 90 cm.

Se reconoce como ancha toda plegadura que excede las medidas estándares de los manuales para un uso determinado. En un edificio de escala similar a la vivienda o al edificio residencial, la referencia es un metro de ancho libre por tramo. Para edificaciones con otros usos y más de cien usuarios simultáneos se incrementa esa dimensión, que puede crecer hasta los dos metros por tramo[1]. Las plegaduras que exceden esa dimensión forman parte de las escaleras singulares, en las que predomina la función simbólica.

---

[1] La normativa de incendios indica los anchos mínimos de las escaleras de uso ordinario que actúan a la vez como elementos de evacuación de los edificios.

Parámetros de las escaleras de las figuras 9-10 y 9-11:

- altura que salvar: 3,00 m
- a = ancho de la escalera y del corredor, b/c = ancho libre, d = profundidad descansillo
- l = longitud de la escalera, t = longitud del tramo

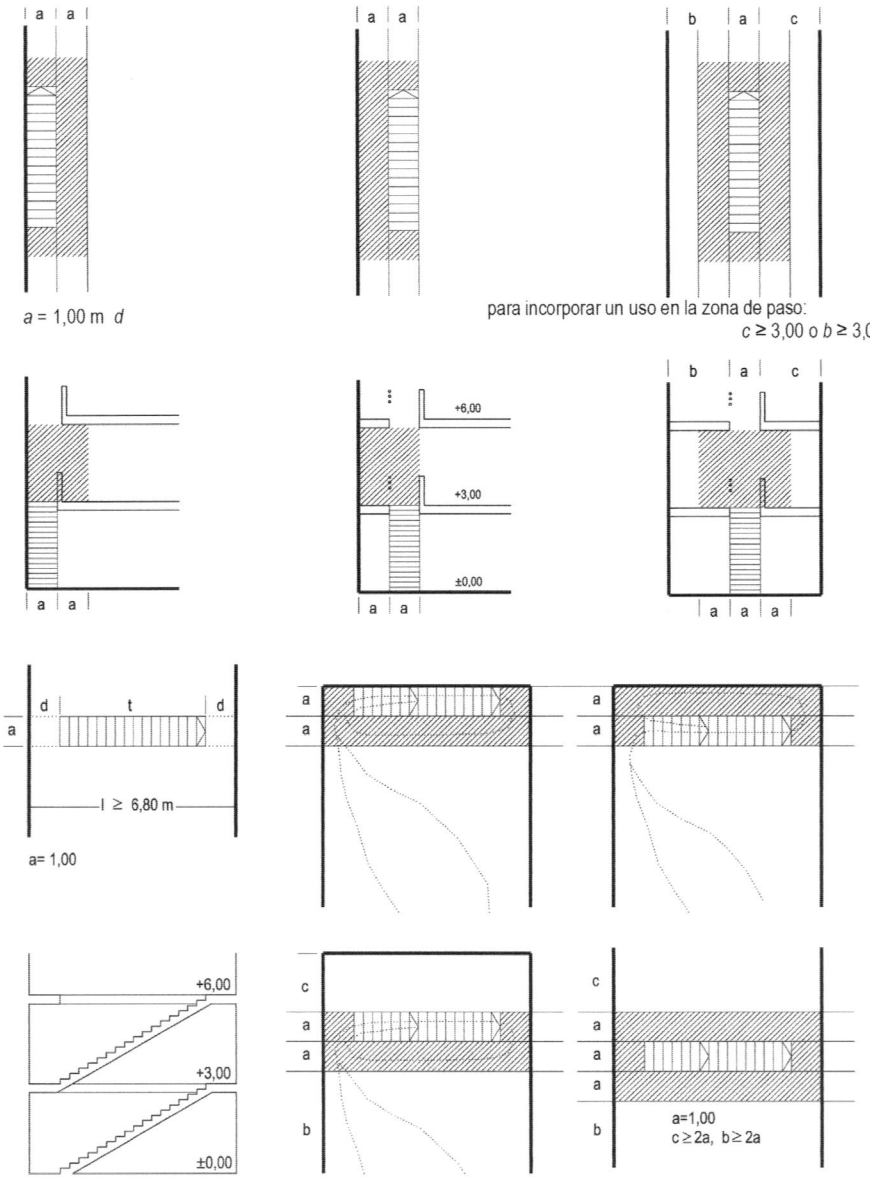

Figura 9-10. Escalera longitudinal y transversal. Corredor/es asociado/s.

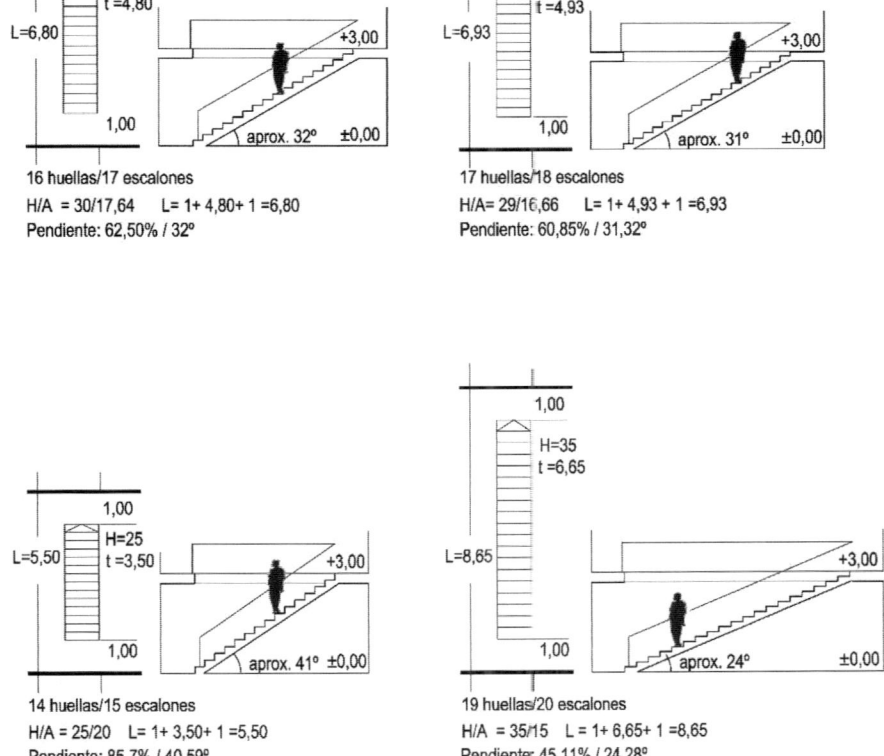

Figura 9-11. Dimensionado del espacio que ocupa la escalera según su pendiente, dada por la relación H/A. N escalones = N contrahuellas y N-1 huellas.

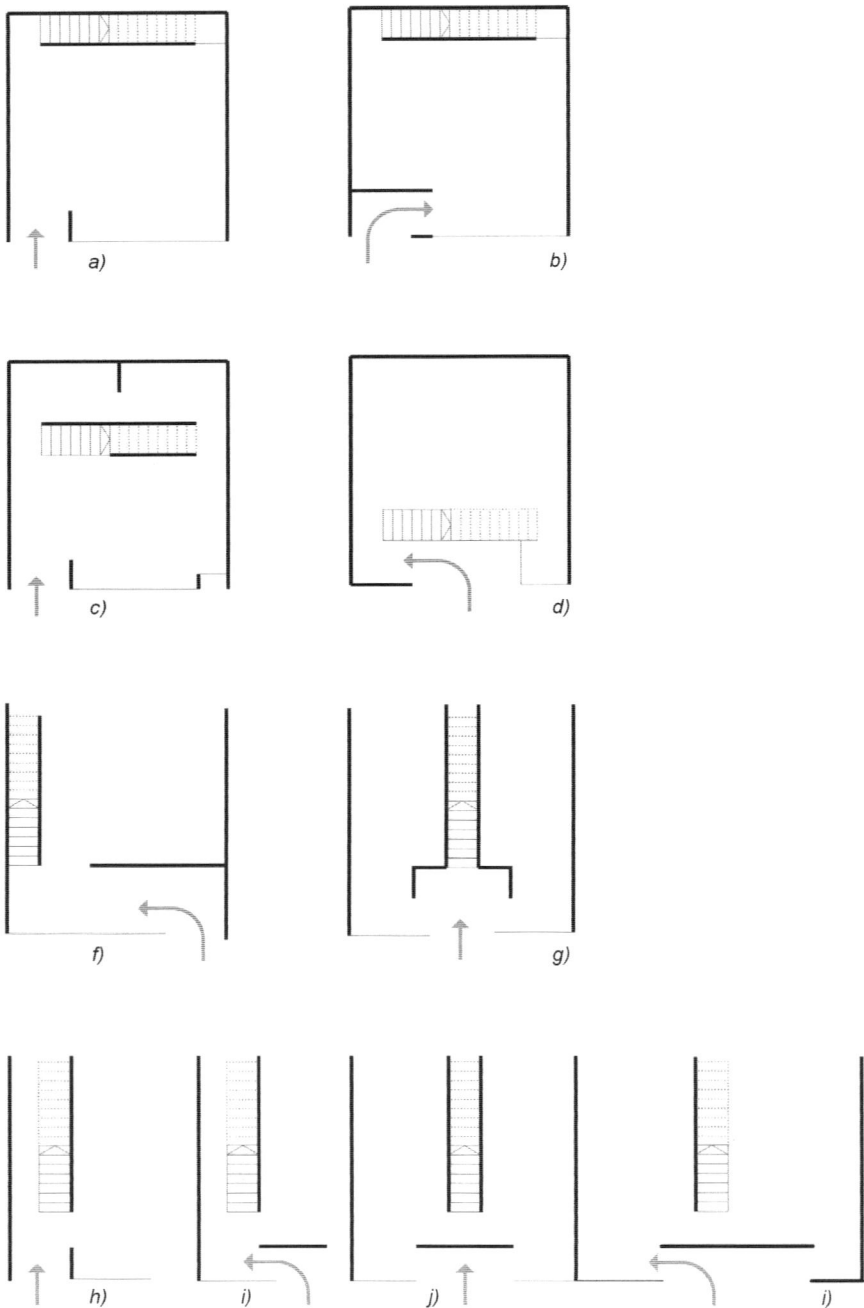

Figura 9-12. Relación entre la entrada y la posición de la escalera (ver figura 9-3, vivienda popular inglesa).

Con el dimensionado de la escalera y su área lateral asociada, se establece el ancho mínimo de la zona de circulación. Esta variará entre dos o tres metros, dependiendo de que la escalera se adose o no a un cerramiento lateral (fig. 9-10).

Longitudinal

La escalera longitudinal discurre en paralelo a los paramentos de mayor longitud, en la dirección de los ejes con los que se estructura el objeto. No aporta otros condicionantes que no sean los especificados para el caso general de la escalera recta ya descrito en las figuras 9-8, 9-9 y 9-10.

Transversal

La escalera transversal se sitúa sobre un eje perpendicular a la profundidad del objeto, cuyo ancho queda condicionado por la medida y el número de peldaños del tramo (fig. 9-11).

Dada una altura de planta, se determina el ancho necesario según la pendiente de la escalera, aplicando los valores H/A definidos en la tabla 8-3 de la instrucción 8. Considerando el entorno canónico, se trabaja con huellas que varían entre 30 y 29 cm, con una misma contrahuella. La dimensión entre los paramentos oscila entre 6,80 y 6,93. Unos valores que disminuyen hasta 5,50 m si aplicamos el entorno inferior del escalón. O que se incrementan con las medidas del entorno superior hasta 8,65 m de longitud total.

La caja de circulación: escalera de un tramo, acceso y corredor

Tal y como se explicó con el gráfico de la vivienda popular inglesa, acceso y escalera entablan una relación estrecha en torno a la utilidad y legibilidad del objeto (fig. 9-12). Dicha relación depende de la distancia y la relación visual entre ellos, siendo independiente de la estructura formal de la planta y de la posición de la escalera con respecto de los ejes, sean transversales o longitudinales.

En unos casos, ese vínculo es directo, como suele ocurrir en los portales de los edificios residenciales. En otros se produce de manera indirecta, tanto si se pretende ocultar la escalera como si se persigue prolongar el recorrido hasta ella. Esta última situación constituye un artificio eficaz para alterar la percepción en el tamaño del objeto: al incrementarse el recorrido se provoca una falsa sensación de amplitud.

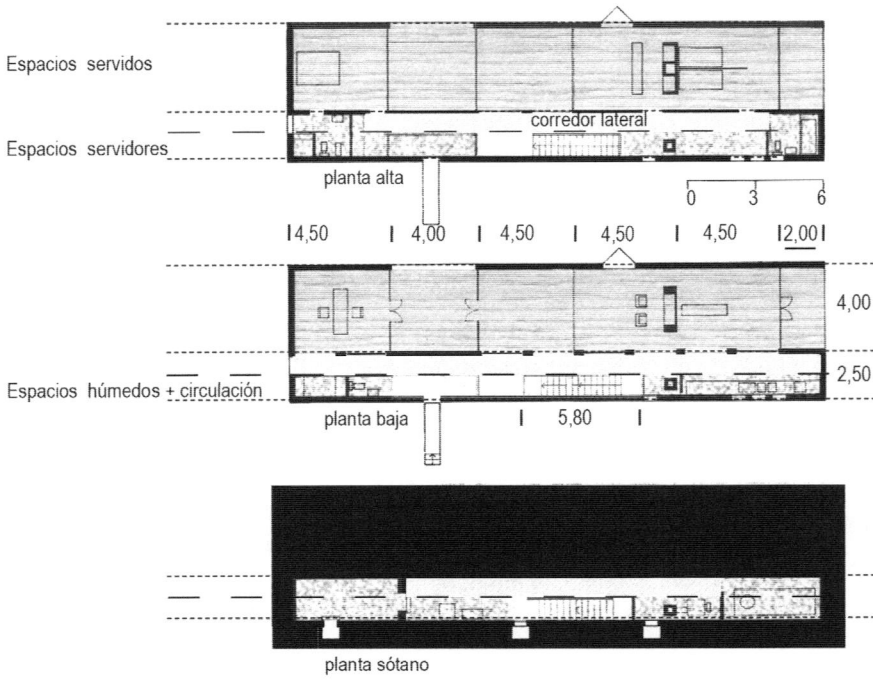

Figura 9-13. Casa en Rancante. Ticino, Suiza. 1974. Ivano Gianola.

Espacios servidos: E1a, E1b, E2   Espacios servidores: S1, S2   Caja de circulación: C

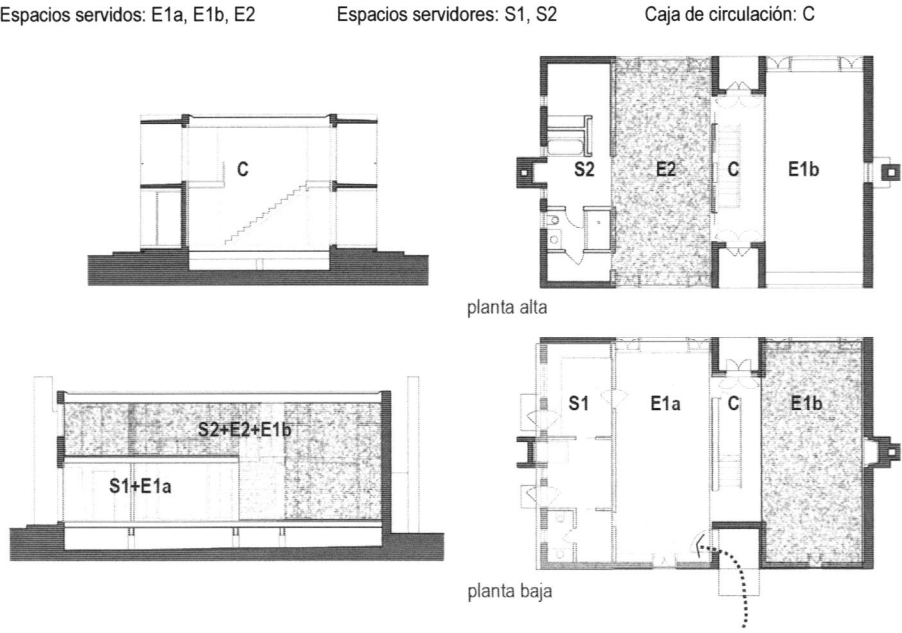

Figura 9-14. Casa Esherick. Chesnut Hill, Filadelfia, EE. UU. 1961. Louis I. Kahn.

9.2.1 ESCALERA-EJE Y CORREDOR LATERAL

Ivano Gianola aplicó el orden estructural, la geometría rigurosa, la sistematización y el ritmo de los soportes, junto con la dualidad de espacios servidos-servidores, en el proyecto y obra de una casa en Rancante. Unos postulados extraídos de las enseñanzas del arquitecto norteamericano, de origen estonio, Louis I. Kahn. La casa se proyectó en una época de transición, antecedente del posmodernismo[2] de los años ochenta. Un estilo que daba por agotado los postulados del movimiento moderno.

El orden de Rancante es merecedor de estudio y análisis por las enseñanzas relativas al manejo de los recursos compositivos-constructivos, así como a su flexibilidad y versatilidad. Llegar a plantear un objeto similar constituye una meta para todas las personas interesadas en la materia de proyectos arquitectónicos.

La organización fructifica en una estructura asimétrica, que atiende a la expresión de espacios (servidores + circulación) – servidos (fig. 9-13). Concentra en una banda lo compartimentado del hacer con el acceso y la escalera, los sanitarios y los muebles de cocina —las instalaciones de agua— y en la otra lo abierto del estar, cuyos usos y funciones iniciales podrían variar con el cambio de usuarios e incluso con el destino del objeto.

El conjunto de espacios servidores + circulación ocupa veinte por dos metros y medio de ancho aproximadamente. En él, la dimensión real de circulación es claramente menor, alrededor de un metro veinte. Sin embargo, la vista abarca ilusoriamente todo el espacio disponible al percibirse toda la amplitud del ancho entre paramentos, una condición reforzada por el papel de la escalera, que introduce el vínculo físico y visual entre los tres niveles de la casa. Con ello se matiza la aparente simplicidad señalada al inicio del análisis.

9.2.2 ESCALERA-EJE Y CORREDOR LATERAL CON DOBLE ALTURA

Una segunda variante de la escalera de un tramo se puede asociar a la casa Esherick. Un objeto que se ordena según la dicotomía de espacios servidos-servidores, formulada por el arquitecto Louis I. Kahn. Los espacios servidos se corresponden con aquellos en los que se «está», comedores, dormitorios, salas, salones; mientras que los servidores, con aquellos en los que se «hace», cocina, baños o almacenaje en todas sus variantes (fig. 9-14).

---

[2] El posmodernismo planteaba un tema urbano de interés al recuperar el concepto de ciudad tradicional, frente a la ciudad funcional, con la zonificación y los polígonos temáticos residenciales, industriales, docentes, etc. En cuanto a la producción puramente objetual, volcó la mirada en la historia como fuente de aprendizaje. Fue un movimiento «popular», pero superficial en su aplicación, centrado primordialmente en la imagen, olvidando la estructura. De esa época han quedado recreaciones de columnatas, pórticos, frontones, simetrías y trazados ajenos al tiempo y al lugar. También interesantes lecturas como la *Arquitectura de la ciudad* de Aldo Rossi. Y sobre todo permanece una impronta realmente relevante: la puesta en valor de la arquitectura popular.

En ella se rompen algunos preceptos de la composición clásica. Por un lado, el proyectista se vale de la simetría y la yuxtaposición sin que la pieza se perciba como simétrica ni formada por partes. Por otro, la planta se resuelve con dos partes autónomas, de desigual superficie y función. La de menor tamaño recoge los locales de servicio en una banda única. La mayor engloba los espacios servidos, ubicados en dos bandas similares, separadas por una tercera que aloja la escalera y corredor.

Aun cuando cuenta con dos alturas, la escalera no se detecta de inicio. La puerta de entrada se sitúa en un lateral del umbral, de tal modo que solo tras un giro de 180° se desvela la escalera, vinculada a una estancia con doble altura.

Así descrita, la casa podría parecer poco legible, difícil de entender, dado que no produce una correlación lineal entre imagen, planta y sección. Su orden se halla en la alternancia de espacios servidos y servidores, otorgando a la caja de circulación esta última categoría. Una interpretación compatible con otra que introduce un matiz en los espacios servidores, diferenciando el «hacer» del «circular». Según esta lectura, el objeto se compone de los espacios servidores, S1 y S2; de un cuerpo de espacios servidos, E1a, E1b y E2 —los tres de análogas en dimensiones— y de la caja de circulación, C, con los accesos principal y posterior —la escalera y sus corredores— metamorfoseados en el eje de simetría entre los espacios E1a y E1b.

Los accesos quedan definidos por sendos umbrales. En la entrada desde el exterior, la puerta niega el eje. Nos dirige hacia un lateral, de tal modo que las zonas S1 y E1a se convierten en una entidad bajo un mismo techo. Desde el jardín, por el contrario, la otra puerta se abre frontalmente al eje de las circulaciones. Por ello se entra en un espacio cubierto por el corredor superior, en contacto directo con la doble altura, percibiéndose cómo la sección enlaza la estancia E1b con la E2 y la banda de servicio S2.

La planta, con un trazado aparentemente rígido, ha devenido en una organización flexible y multifuncional. Ambas cualidades reflejan las características de la caja de circulaciones, en la que la posición de la escalera nos remite a los esquemas de la figura 9-12.

Como apunte final, se aportan unos mínimos datos sobre la comitente, Margaret Esherick, una mujer soltera, propietaria de una librería, cuyo principal requerimiento era que la casa le proporcionase la suficiente capacidad para albergar todos sus libros. El encargo del proyecto a Louis I. Kahn vino como sugerencia de su tío, el escultor Wharton Esherick, amigo del arquitecto.

Esherick disfrutó poco de la casa, ya que murió seis meses después de trasladarse a ella. Desde entonces ha cambiado dos veces de residentes. La propiedad actual ha realizado algunas modificaciones internas sin alterar el espíritu ni la organización, habiendo rehabilitado incluso la cocina original realizada por el escultor.

9.2.3 ESCALERA Y DIAGONAL

Tal y como se ha observado en los ejemplos anteriores, las escaleras se adaptan a las trazas predominantes en la estructura compositiva de los objetos arquitectónicos, sean series de ejes, retículas ortogonales o direcciones jerárquicas en piezas de geometrías circulares, irregulares y/o complejas. Pero también puede suceder que se independicen del trazado general, constituyendo por sí mismas el germen de la organización de la planta.

Esa situación se ilustra con la escalera diagonal, que se libera de las direcciones definidas por el contorno de la planta. El giro de la plegadura provoca una ilusión óptica que manipula la percepción del espacio, ampliándolo visualmente. Una rara variante de la escalera recta de un tramo que se aplicó en la *casa para artesanos*, un proyecto, ¡cómo no!, del estudio de Le Corbusier, y en la casa proyectada por Antonio Díaz en el barrio Ingeniero Maschwitz de Buenos Aires.

CASA PARA ARTESANOS

La *casa para artesanos* se desarrolla en un prisma de base cuadrada, 7 × 7 m y 5 m de altura, la mitad de la longitud de la diagonal de la planta. La entrada se ubica en uno de los extremos de una fachada, en proximidad al arranque de la escalera, análogamente a la figura 9-12.h). La puerta se abre entremedias de un ámbito recogido y de otro abierto, la doble altura (fig. 9-15). Entrada y escalera enfilan la mirada de quien penetra en el objeto en la dirección de mayor longitud posible. Esa persona percibe una profundidad imaginaria de diez metros —la diagonal— frente a los siete del lado, la medida real.

La escalera divide la planta en dos —de manera equivalente a las figuras 9-12.g), j) o i)—, con una zona compartimentada, con la cocina y los dormitorios, y otra libre a doble altura[3], la sala de estar.

La planta alta, un triángulo rectángulo, constriñe la anchura de las habitaciones, dificultando la colocación de los muebles. Este problema se solventa alargando la meseta de llegada, que actúa como vestíbulo, y ampliando puntualmente la superficie de los dormitorios con unos bultos.

Nótese que la propuesta carece de un local destinado al aseo. Únicamente cuenta con un lavabo vinculado al dormitorio de dos camas. Los principios higienistas aún no se habían incorporado plenamente en la vivienda modesta, en la que los inodoros y las duchas se ubicaban en el exterior, en recintos específicos, bien individualizados para cada residencia, o bien comunes para un conjunto de viviendas.

---

[3] «Sin doble altura, no hay arquitectura», uno de los preceptos de la enseñanza de proyectos hace unas décadas.

En las figuras 9-15 y 9-16, se han marcado con una trama gris las áreas de circulación asociadas a las escaleras en las plantas alta y baja.

Superficie en planta 49 m², dimensiones ≈ 7,00 × 7, 00 m

La escalera se dispone tangente a la diagonal

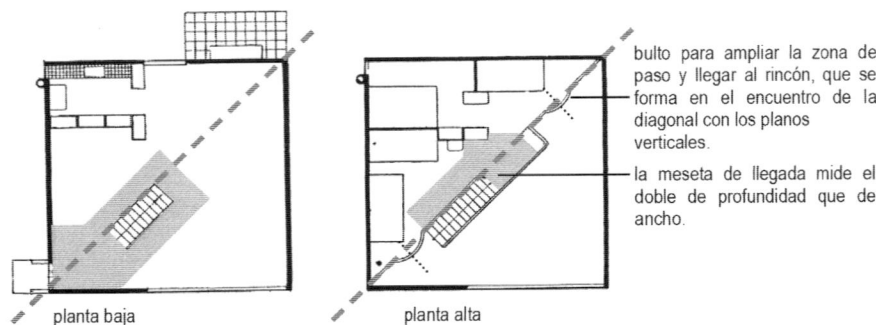

bulto para ampliar la zona de paso y llegar al rincón, que se forma en el encuentro de la diagonal con los planos verticales.

la meseta de llegada mide el doble de profundidad que de ancho.

Figura 9-15. Casa para artesanos. Proyecto, 1924. Le Corbusier.

Superficie de planta, 64 m², dimensiones ≈ 8,00 × 8,00 m

La escalera se dispone sobre el de simetría: la diagonal

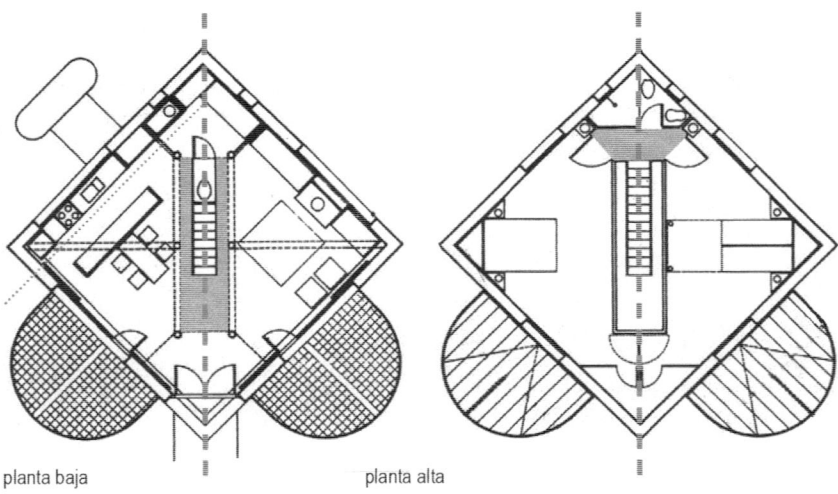

Figura 9-16. Casa en el barrio Ingeniero Maschwitz. Buenos Aires, 1978. Antonio Díaz.

Casa en el barrio Ingeniero Maschwitz de Buenos Aires

Antonio Díaz proyectó en Buenos Aires, en 1978, una casa en la que aplica el esquema de la casa del artesano. Aunque con una superficie en planta levemente mayor, 8 × 8 m, y un programa de necesidades más amplio.

La planta, cuadrada, se ordena conforme al eje de simetría de la diagonal, en el que se ubica la caja de la escalera. Esta actúa como el conector de los dos prismas triangulares generados, simétricos en su geometría (fig. 9-16). La caja de la escalera se ilumina cenitalmente. Por ella se filtra la luz hasta la planta baja como en un espacio exterior al que, sin embargo, se cierran las habitaciones del nivel superior.

Al introducir la diagonal se incrementa la amplitud del espacio, una sensación que se refuerza con la luz que inunda esa caja. Sin embargo, como sucedía en la casa del artesano, ofrece algunos inconvenientes en términos utilitarios, en los vértices, al colisionar el orden de la diagonal con el de los cerramientos. Una disfunción que se resuelve de manera práctica, enmascarando los ángulos agudos tanto con el mobiliario *ad hoc* como con los locales de almacenaje y aseo, una vez consolidada la necesidad de disponer de piezas higiénicas en el interior de las viviendas.

9.3 ESCALERA DE IDA Y VUELTA DE DOS TRAMOS

Tras analizar la escalera de un tramo, direccional, se abordará en este apartado la escalera de dos tramos, de ida y vuelta. Tal y como la usamos, sin muros intermedios, constituye el tipo de traza más moderna, ya que no se empieza a utilizar hasta ya avanzado el Renacimiento, en el siglo XVI. Define un movimiento de retorno: arranca y termina en el mismo punto de dos planos superpuestos, por lo que carece de corredor lateral (fig. 9-17).

Sus dos tramos de peldaños están enlazados por un descansillo intermedio y una meseta o rellano. Sus dimensiones dependen de las de los tramos, de tal modo que su ancho es la suma de la de estos más la separación entre ellos —el ojo—, siendo su profundidad similar a la anchura de cada tramo (fig. 9-18).

La caja de circulación: escalera de ida y vuelta, acceso y corredor

Al igual que sucede con la escalera de un tramo y, por extensión, con cualquier otro tipo de escaleras, la superficie ocupada por su caja depende de las dimensiones de los tramos de peldaños, a los que se suman los descansillos y mesetas correspondientes para cada nivel. Por otro lado, su

Escalera de dos tramos: retorno

Figura 9-17. Flujo de los movimientos en una escalera de dos tramos de ida y vuelta.

Al igual que en la escalera de un tramo, en los niveles de arranque y de llegada a cada nivel, conviene mantener una proporción cercana entre a y d, evitando la sensación de que la pieza no cabe en la caja ante el efecto de acortamiento que se introduce con la perspectiva. Es imprescindible el trabajo en sección para proporcionar adecuadamente esas distancias.

Ancho del tramo, a:
_uso privado: a = 0,90 / 1,00 m
_uso público: a = 1,20 / 1,50 / 1,80 m
_uso esporádico/restringido: a ≥ 0,60 m

Dimensiones del descansillo/meseta:
2a+ojo, ancho; d, profundidad
_genéricamente: a = d
_excepciones •a ≤ 0,90 m d = 0,90 m
                      •a ≥ 1,80 m d, proporcional al espacio

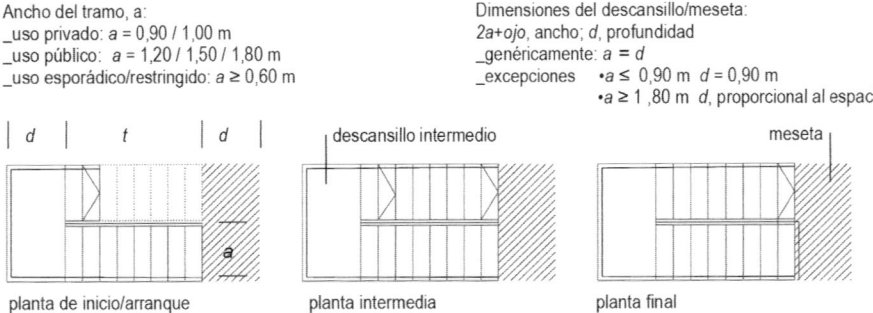

planta de inicio/arranque   planta intermedia   planta final

Figura 9-18. Escalera de ida y vuelta: descansillo intermedio y meseta.

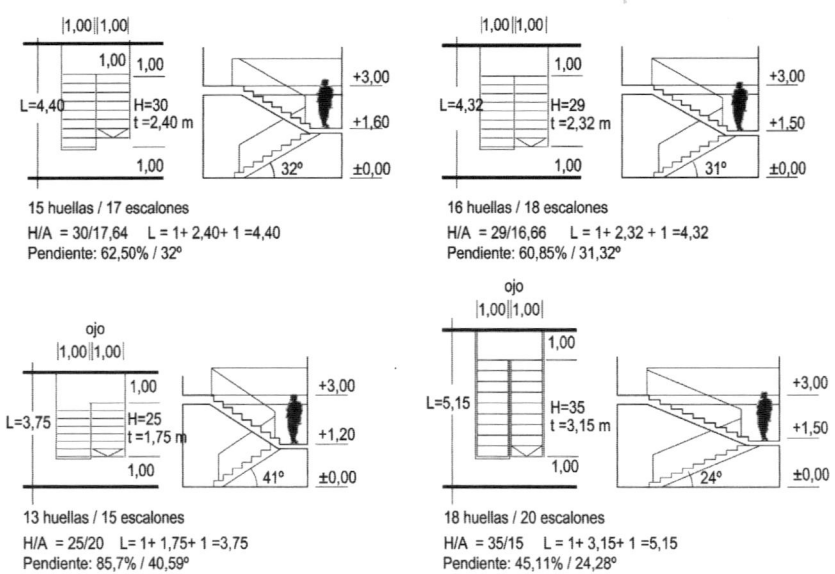

15 huellas / 17 escalones
H/A = 30/17,64   L = 1+ 2,40+ 1 =4,40
Pendiente: 62,50% / 32°

16 huellas / 18 escalones
H/A = 29/16,66   L = 1+ 2,32 + 1 =4,32
Pendiente: 60,85% / 31,32°

13 huellas / 15 escalones
H/A = 25/20 L = 1+ 1,75+ 1 =3,75
Pendiente: 85,7% / 40,59°

18 huellas / 20 escalones
H/A = 35/15   L = 1+ 3,15+ 1 =5,15
Pendiente: 45,11% / 24,28°

Figura 9-19. Dimensionado del espacio que ocupa la escalera según su pendiente, dada por la relación H/A
N escalones = N contrahuellas y N-2 huellas.

disposición puede seguir tanto los ejes longitudinales como los transversa-les con los que se configura el objeto arquitectónico, condicionando con ello la organización interna e incluso la profundidad de los objetos (fig. 9-19). Pero los ejes no rigen siempre la organización de estos. O, aun estando presentes, conviven con otros criterios compositivos, como se evidenciará en los tres ejemplos que se reseñan a continuación.

9.3.1 EL NÚCLEO RÍGIDO: ESCALERA, DISTRIBUIDOR Y ASEO

La vivienda proyectada en 1977 en el lugar de Sovalado (fig. 9-20) forma parte de una serie de trabajos[4] de Milagros Rey. Caracterizada por las formas cúbicas, nos remite a las propuestas centroeuropeas de los años veinte, pero con un programa y unas dimensiones propias de los años setenta.

La casa, levantada sobre un rectángulo de 9,00 × 7,00 m, se aleja de la axialidad y la simetría. Las comunicaciones y los locales húmedos se agru-pan en una de las esquinas de la planta para formar un núcleo sobre el que pivota la estructura formal.

Al fijar dicho núcleo en esa posición, las piezas servidas pueden variar su disposición, de tal modo que se podría alterar la apariencia y volumetría del objeto sin variar superficie ni programa. En los esquemas de la figura 9-21 se ilustran las posibles variantes de la organización interior.

Esta propuesta en planta constituye un paradigma de la geometría y la estructura formal puestas a disposición del lugar y de la intención, inte-grándose en él las variables proyectuales.

9.3.2 ESCALERA Y EJES

Un segmento, al doblarse 90° por un punto cualquiera, forma una L. Si ese segmento representa un cuerpo compuesto por dos bandas, por ejemplo —podría ser una sola o ser más de dos—, estas se mantienen en la misma posición aun después de plegarse.

La casa Casares-Pavón (1989-1994) responde a este modelo. El «segmen-to» se compone de dos bandas desiguales. Una, ancha, adosada a la cara externa, con las habitaciones, el núcleo de servicios y la escalera. Otra, fina, limitada en su margen interno mediante la circulación horizontal (fig. 9-22).

Se accede al interior de la vivienda desde un extremo, en continuidad con la banda fina, el corredor. Una posición elegida por el modo en que se

---

[4] En la instrucción 1 se ha recogido ya este proyecto (fig. 1-11), que no se llegó a construir.

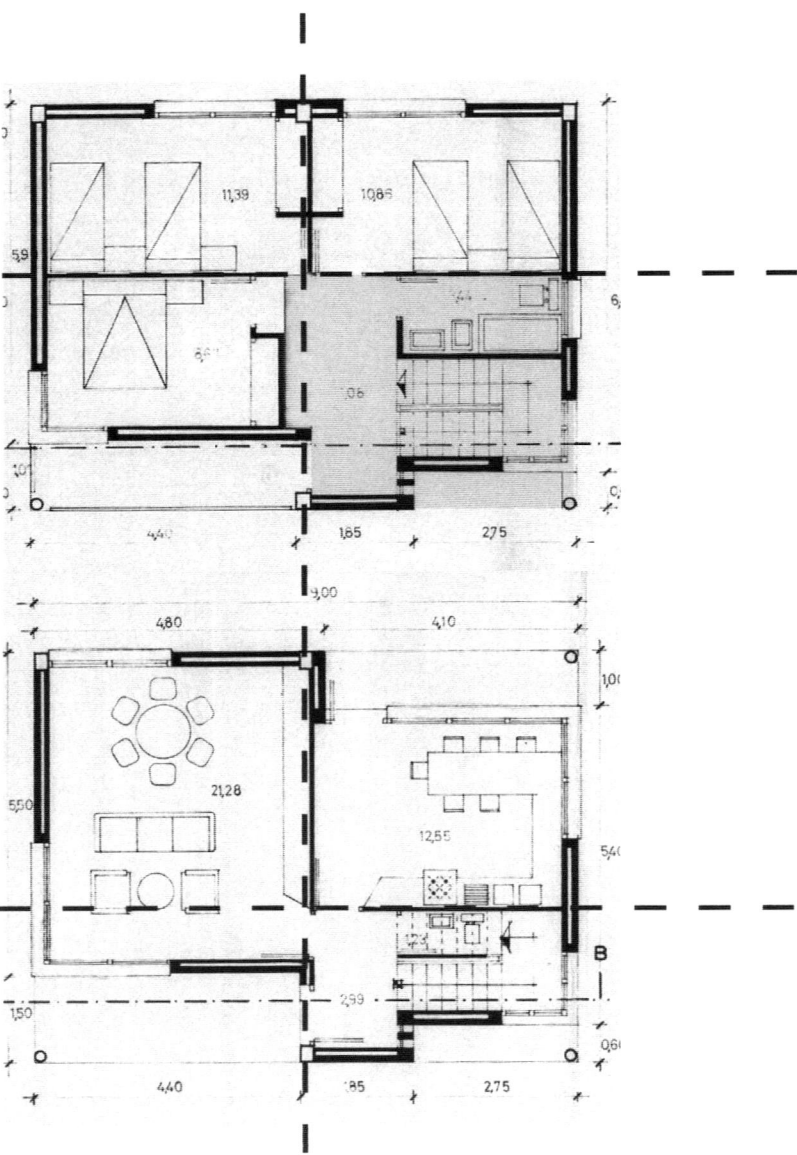

Figura 9-20. Plantas de la casa en Sovalado. A Coruña. 1977. Milagros Rey Hombre.

esquema inicial:
núcleo de circulación
tres piezas, 1, 2 y 3
balcón, c

Figura 9-21. Algunos esquemas alternativos de la planta alta manteniendo la posición del núcleo de circulación-aseo.

Figura 9-22. Casa Casares-Pavón. Plantas y esquemas. Las escaleras forman parte de la banda habitable, con un corredor que pone en relación todos los espacios, como una calle, que va dando paso a los distintos locales.

llega a la parcela. De hecho, podría ubicarse la puerta tanto en la cara interior de la L como en la exterior. En uno y otro caso, se atravesaría respectivamente el corredor, o la banda habitable, sin que por ello se alterase la estructura formal del objeto.

La casa cuenta con dos escaleras. Las dos de ida y vuelta. Las dos incorporadas en la banda exterior. La primera, próxima al zaguán, se ofrece a la vista, con un desarrollo que condiciona la profundidad del volumen (fig. 9-19). Además, estructura funcionalmente la casa, procurando independencia entre las zonas de estancia de la pareja y las de su hijo.

La segunda escalera, un mueble, enlaza el salón con la planta alta. Estrecha y apurada, formaliza el enlace desde el nivel de planta baja hasta un despacho privado, así como hasta la pasarela que conduce al dormitorio principal. Un corredor que, matizando la doble altura del salón, protege la salida al jardín.

9.3.3 ESCALERA EN ESQUINA

Una escalera de dos tramos formando parte del corredor constituye una singularidad, tal y como se puede observar en la casa Vega, construida entre los años 2020 y 2022.

El objeto nace de la relación de dos volúmenes de distinta altura, desplazados medio nivel entre sí, conectados por un tercero (fig. 9-23), al que llamaremos volumen C, de dos plantas, que contiene el vestíbulo y la circulación vertical. Da acceso directo al volumen E, de planta baja, que recoge el salón —la agrupación cocina-comedor-estar—. También permite pasar al volumen D mediante una escalera de dos tramos. Uno desciende medio nivel hacia los dormitorios de invitados. Otro asciende otro medio para llegar al dormitorio principal.

La escalera define el orden de las plantas a las que sirve. Al comunicar el vestíbulo con los dormitorios de invitados se comporta como si fuese una escalera de un tramo, en continuidad con el pasillo. Al ascender al nivel del dormitorio principal el descanso intermedio se convierte en el distribuidor. Y al llegar al último nivel, para salir a una terraza, la meseta final se alarga conformando un corredor atípico.

Con el vestíbulo a doble altura, la escalera y el corredor final, el volumen C actúa como un panóptico. Revela la sección del objeto y conecta visualmente, en la diagonal, el haz y el envés de la L. En él se conforman dos ámbitos que trascienden la función de uso asignada: de recibidor en planta baja, de corredor en la alta. Ambos son también lugares de estancia para coser, crochetear, escribir, estudiar, leer, meditar, observar, ociar... El vacío vertical permitirá, si es necesario, dotar de accesibilidad mecánica a la vivienda, con la incorporación de un elevador que discurra entre el nivel cero y las plantas altas, sea el dormitorio, sea la zona de estudio.

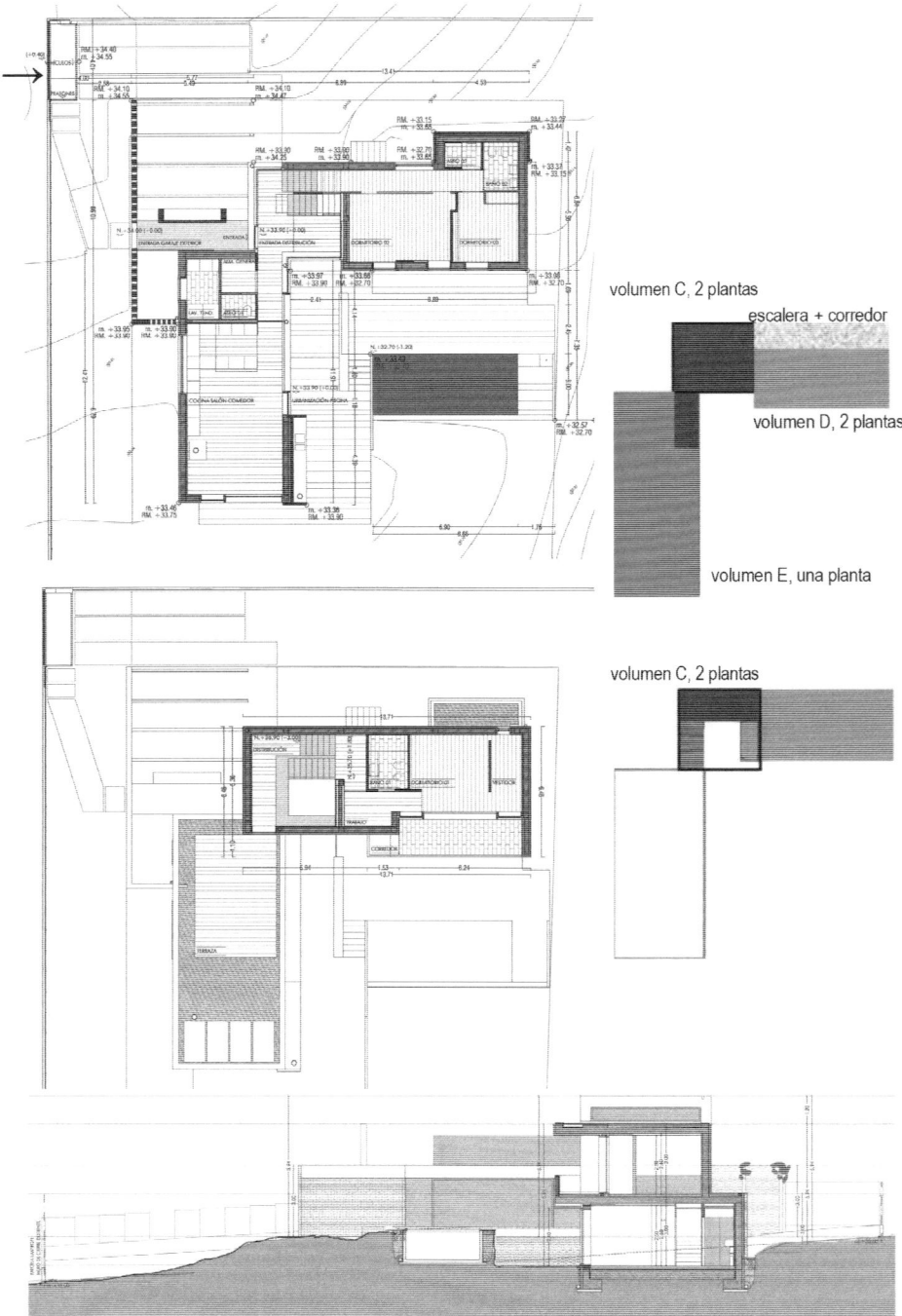

Figura 9-23. Casa Vega. Plantas y esquema. El elemento intermedio, con las escaleras, actúa como el nodo desde el que se lee el objeto en su conjunto.

La disposición de la escalera, junto con los locales de aseo, facilita que las partes puedan desligarse sin alterar la imagen externa. En el interior, pocas son las modificaciones que se deberían practicar para transformar un objeto único en tres distintos o en dos más uno, mezclando los usos que se dan en cada uno de los niveles. La cocina-comedor-estar se podría convertir en una pieza polifuncional, con un estar-dormitorio. Otro tanto sucedería con el volumen de dormitorios. Cada nivel podría organizarse autónomamente con respecto a los otros dos, incluso con accesos independientes. Únicamente en el inferior habría que incorporar una encimera con el equipamiento cocineral mínimo.

9.4 COROLARIO

Consecuentemente, se puede afirmar que las funciones de uso y simbólica están presentes en toda escalera. La primera se define al enlazar niveles y la segunda al identificar el objeto. Las escaleras más comunes, de ida o de ida y vuelta —uno y dos tramos respectivamente—, son suficientes para satisfacer ambas funciones. Su análisis permite entender el impacto de la disposición de la escalera para conformar cualquier objeto arquitectónico.

La escalera de un tramo, recta, se combina con los ejes que dan soporte al objeto, siguiendo su dirección en sentido longitudinal o enfrentándose a ellos de manera transversal. Para dimensionar su ocupación en planta debe incorporarse el corredor lateral, con el que completa su recorrido, el ir y el volver imprescindible para enlazar más de dos niveles. La escalera de dos tramos, por el contrario, genera un recorrido de ida y vuelta en sí misma, con descansillo intermedio, y uno extremo que actúa como distribuidor al ampliarse en el correspondiente nivel de planta.

Las características del escalón, tanto la huella y la contrahuella —o alzada—, como su ancho, junto con la longitud del tramo o tramos, determinan o al menos influyen en la dimensión final del objeto. Da igual que sea una pieza autónoma —que funciona por sí misma— o que sea un recinto que forma parte de otro mayor, como un vestíbulo, una vivienda en un edificio plurifamiliar, un taller...

Al pasar de la escalera óptima, la de los manuales (véase instrucción 8), a la escalera del proyecto, se manifiestan las contradicciones, las variaciones, las alteraciones que sufre respecto del ideal teórico y la mezcla de identidades que asume.

Se han analizado escaleras con distintos significados. Desde una que se asimila a un mueble y se mimetiza con el almacenaje lineal como en la casa Woolton y en la Casares-Pavón, discurriendo por otra que genera organizaciones diferentes en cada una de las plantas a las que sirve, como en la casa S o la casa Vega, hasta aquella que, formando parte de un núcleo estructurante, propicia distintas maneras de agrupación de las piezas, como en Sovalado.

Todos los ejemplos de la presente instrucción muestran la conveniencia de conocer la técnica para desarrollar el proyecto. Como sucede con otras partes y sistemas arquitectónicos, la posición y disposición de la escalera están sistematizadas. Podemos estudiarlas y aprehenderlas o entrar en el bucle de «proyectarlas de nuevo» cada vez. La creatividad no reside en elucubrar o complicar desde el desconocimiento propio lo que ya está escrito o dibujado, sino en relacionar y reinterpretar lo aprendido para definir un elemento concreto en un lugar dado.

A lo largo del texto, se ha explicitado, igualmente, que la norma y el manual, junto con el conocimiento de la ortodoxia, no coartan la libertad del pensamiento ni de la creatividad. Al contrario, la destreza proporciona herramientas para liberarnos de corsés. El conocimiento técnico no tiene como fin establecer unos mandamientos estrictos, rígidos e inamovibles, sino ampliar nuestra capacidad de dar las respuestas adecuadas a las situaciones que surgen a lo largo del proceso proyectual al practicar el oficio de la arquitectura.

Practicar: tener práctica o pericia, pero también ejercitarse para adquirirla. Solo el análisis, el estudio y la reflexión nos proporcionarán una práctica creativa, no un ejercicio rutinario a partir de unos conocimientos-desconocimientos estancados.

19   BIBLIOGRAFÍA

- Braun, Hugh (1962). *Old English houses*. London: Faber and Faber.

- Caldenby, Claes y Hultin, Olof (1988). *Asplund*. Barcelona: Gustavo Gili.

- Díaz, Antonio (1981). «Casa Maschwitz». *Obradoiro* [*Nove concellos galegos*], 7.

- Gianola, Ivano (1976). «*Casa en Rancante*». *A+U*, 9.

- Krier, Leon y Jacobus, John (eds.) (1982). *James Stirling. Obras y proyectos 1950-1974*. Barcelona: Gustavo Gili.

- López, Cándido y Carreiro, María (1997). «Vivienda unifamiliar de protección oficial». *Obradoiro*, 26:114-115.

- Sejima & Nishizawa (1998). «Casa S». *AV Monografías* [*Casas de autor*], 72.

Textos clásicos

- Boesiger, Willy y Stonorov, Oscar (eds.) (1964). *Le Corbusier. Ouvre complete*. Zurich: Lés Éditiions d'Architeture.

- Klein, Alexander (1980/1934). *Vivienda mírima, 1906-1957*. Barcelona: Gustavo Gili.

URL

- QR_9-1. Carreiro Otero, María (2007). *El pliegue complejo: la escalera*. Oleiros: Netbiblo. <http://hdl.handle.net/2183/11900>.

- QR_9-2. Carreiro Otero, María (2009). *Siete escaleras, siete casas*. Oleiros: Netbiblo. <http://hdl.handle.net/2183/11882>.

- QR_9-3. «Proyecto de casa en Sovalado er. el Espírito Santo de Camelle (Camariñas)», Milagros Rey Hombre. <http://hdl.handle.net/2183/30772>.

QR_9-1   QR_9-2   QR_9-3

A9   ACTIVIDADES

- Analizar una escalera de un edificio que frecuentemos: nuestra casa, el centro docente, el centro laboral, el centro social… considerando el tipo de escalera, de ida o de ida y vuelta y su función utilitaria o simbólica.

- En referencia a la escalera analizada, identificar la organización estructural en la que se dispone: edificio lineal, en L, en U o en anillo.

- Relacionar la escalera analizada con el acceso y el vestíbulo.

- Los distintos niveles del objeto analizado, ¿mantienen la misma estructura organizativa?

- ¿Somos capaces de interpretar el objeto a partir del núcleo de comunicaciones?

A9. Casa Novoa. Escalera. mccl arquitectos.

Instrucción 10

DE FUERA A DENTRO.
ACCESOS Y ESPACIOS INTERMEDIOS

Entrada y límite – Espacios intermedios – Corolario – Bibliografía – Actividades

La calidad de la arquitectura suele ser proporcional a la cantidad de espacio público o colectivo conseguido. Los espacios cubiertos o semicubiertos, compartidos o comunes —portales, escaleras, vestíbulos, ensenadas, cuartos de juego y reunión, y otros espacios comunitarios— determinan en gran parte la calidad general de un edificio.

Antonio Miranda, «Parámetros exteriores»

Los objetos arquitectónicos de cualquier condición poseen un «dentro» al que se llega desde un «fuera». Y viceversa, un «fuera» al que se pasa desde un «dentro». El tránsito de uno a otro se acompaña de elementos de mediación, en forma de línea, plano o volumen.

Durante la infancia aprendemos a distinguir dentro y fuera. Unos términos que dependen de la posición relativa respecto de un recinto. Estoy en la habitación o fuera de ella, en el pasillo o fuera de él, dentro del jardín o fuera de él o no estoy ni dentro ni fuera, permanezco en el umbral, en el porche, en el portal, en la entrada. Estoy en la calle o en un local, en la acera o fuera de ella, en la calzada o fuera de ella…

El límite entre la acera y la calzada queda señalado por una línea: el bordillo. Este marca el cambio de nivel entre una y otra. Pero ambas bandas de circulación pueden compartir rasante, diferenciándose entonces por una sucesión de bolardos o por diferentes texturas o colores de pavimento. En estas circunstancias no hay transición: la línea es frontera y se pasa de un lado a otro de manera inmediata —aun cuando separa claramente el ámbito peatonal del automovilístico—. En cualquier caso, las dos componentes de la calle forman parte de un espacio perceptualmente continuo, limitado en sus laterales por las alineaciones de edificios, muros, vegetación, terreno natural u otros. Todos estos elementos definen el borde del viario, configurándose visualmente como planos o volúmenes.

Tabla 10-1. Términos

Término	Definición
Acceso	•Área en que se disponen los elementos para entrar en un volumen o en un recinto.
Alineación	•Yuxtaposición de frentes adosados de edificaciones o parcelas que constituyen una línea y definen el borde de la vía pública
Atrio	•Recinto exterior delimitado, previo al acceso a cualquier edificio público, habitualmente pavimentado.
Cortavientos	•Caja de material ligero, con puertas interpuestas entre el fuera y el dentro para evitar las corrientes de aire al entrar o salir. Las puertas no deben disponerse enfiladas. Si fuese así la profundidad de la caja será tal que garantice que unas puertas se cierren antes de llegar a abrir las otras.
Entrada	•Punto representativo de un volumen o un recinto por el que se accede desde el exterior al vestíbulo y/o a la recepción.
Escalera	•Conjunto de peldaños acomodados al paso humano. Enlazan planos situados a distinto nivel.
Espacios intermedios	•Espacios entre el dentro y el fuera, siendo el dentro un ámbito dado y el fuera lo que es externo a este.
Límite	•Línea real o imaginaria que separa dos ámbitos de cualquier naturaleza.
Logia	•Espacio excavado en un volumen edificado, cubierto y abierto al exterior por uno o más lados.
Marquesina	•Cubierta que protege una superficie del espacio libre o la vía pública. En referencia a la relación dentro-fuera, se define como el elemento sobresaliente de la fachada que cubre la puerta de entrada y el espacio que la antecede.
Patio	•Vacío que se forma en el interior de un objeto con el fin de procurar iluminación y ventilación a estancias que carecen de fachada hacia la calle o espacio exterior o bien para facilitar la organización de recorridos interiores.
Portal	•Ámbito que contiene la entrada y servicios comunes que sirven a un edificio, sean estos de circulación, de redes de suministros o de otro tipo.
Puerta	•Hueco practicado en un paramento que permite el paso al interior. •Composición escultórica que reproduce un paramento con el hueco de paso para simbolizar el inicio de un ámbito urbano o territorial. •Palabra polisémica. Distinguimos entre puerta-hueco y puerta-hoja, aunque en el lenguaje cotidiano llamamos puerta al conjunto de hueco y hoja.
Puerta-hueco	•Hueco de paso cuyas dimensiones responden a la composición y a la intención proyectual. Puede cerrarse y abrirse a voluntad mediante un elemento de carpintería opaco o transparente, la puerta. Esta, del tamaño del hueco, puede contener una o más hojas de dimensiones comunes para el paso cotidiano de las personas.
Puerta-hoja	•Elemento constructivo móvil usado para abrir y cerrar un hueco de paso. Las hojas de las puertas empleadas habitualmente responden a unas dimensiones estandarizadas salvo en el caso de huecos singulares. •Las hojas estandarizadas tienen una altura de dos metros y un ancho de ochenta centímetros —2,02 m y 72,5/82,5 cm— interior-interior y de noventa centímetros —92,5 cm— para exterior-interior. Pueden emplearse medidas no estandarizadas. Movimiento: abatible, corredera o pivotante vertical de eje central o lateral.
Vestíbulo	•Espacio interior de un volumen edificado en contacto con el acceso. Se emplea como sinónimo el anglicismo *hall*.
Zaguán	•Área cubierta y cerrada, entre dos límites, uno en contacto directo con el exterior y otro con el portal o el vestíbulo. En los portales urbanos equivale al anteportal. Este contiene la puerta opaca y resistente hacia la calle, abierta durante el día. Se dispone dispuesto previamente al portal con el arranque de escaleras y el ascensor.

Hasta aquí se han mencionado recintos tanto individuales, la habitación, como comunes, el pasillo; tanto abiertos, la calle o el jardín, como cerrados, el local. Asimismo, se ha empleado la expresión «ni dentro ni fuera», un indicador del paso de unos a otros. Todo este transitar que se produce en los espacios intermedios refuerza la calidad arquitectónica de los objetos (Miranda, 2007).

Los espacios intermedios conectan estancias con una función definida al mismo tiempo que su naturaleza les confiere la capacidad para albergar usos y actividades informales, previstas o no. Convertidos en fronteras habitadas, en ellas acontece el saludo breve, la charla informal o incluso la mirada sobre el entorno desde una posición recogida.

Al salir de un interior levantamos la vista, nos detenemos brevemente, si acaso llueve, abrimos el paraguas y continuamos nuestro camino. A la inversa, antes de entrar, si la puerta no está abierta, timbramos o buscamos la llave. A veces tenemos que apoyar las bolsas o cambiarlas de mano para coger las llaves y buscar la cerradura o llegar al timbre y empujar la puerta. Y si llegamos bajo el refugio de un paraguas, nos paramos para cerrarlo.

Entrar y salir trascienden el abrir la hoja de una puerta o cruzar un umbral. Entrar significa cambiar la intemperie por el cobijo, las inclemencias del tiempo por la estabilidad del interior, lo desconocido y ajeno por lo conocido y propio. Al pasar del exterior directamente al interior, sin ningún filtro intermedio, se permite que el viento, el agua o el sol perturben el equilibrio interno. Equivale a abrir de par en par nuestro espacio propio a los extraños[1].

Salir implica la acción inversa, prepararnos para confrontarnos con nosotros y con los otros, abandonando el ambiente interior.

La instrucción 10 nos aproxima a estos espacios entre el dentro y el fuera (tabla 10-1), prestando especial atención a la acción de «entrar».

10.1 ENTRADA Y LÍMITE

Los objetos arquitectónicos definen límites en relación con el contexto construido o natural. Estos coinciden con sus propios cerramientos o con los límites de la parcela que los recoge y los separa del espacio libre. Con relación a ellos se abordan los términos *entrada* —entre el dentro y el fuera—, *alineación* —límite construido—, junto con *topografía* y *viario*, fronteras naturales.

---

[1] En algunas series inglesas traducidas para la televisión chilena se traduce la expresión «la casa de X» como «lo de...», sustituyendo «la casa» por el pronombre «lo», que incide en la privacidad y la inexcusable ligazón entre el objeto, la casa y la persona, X.

Figura 10-1. Rúa Porta de Aires, A Coruña. Alineación en el lateral del atrio de la Colegiata de Santa María.

10.1.1 ENTRADA

Aunque sean varios los huecos que se puedan traspasar para acceder al interior de un objeto arquitectónico, solo existe una entrada, término que incluye la puerta como hueco y como hoja, y los espacios que la anteceden y la preceden. El resto de accesos se adjetivan: la entrada de la cafetería, la entrada hacia la plaza X, la entrada de servicio...

Si la entrada no se reconoce como tal, o si ha de aclararse cuál es entre todas las posibles, queda al descubierto una disfunción del proyecto. Esta proviene de una valoración errónea de los flujos de llegada, de sublimar bajo nuestras proyecciones —o las del comitente— las formas certeras de aproximación al lugar o de la omisión del concepto de entrada, sustituido por el de puerta de paso, obviando los espacios intermedios entre el dentro y el fuera. Unos desarreglos que pueden provenir de causas ajenas al proyecto, como los cambios operados por el tiempo en el contexto y/o por la incertidumbre de toda actividad.

10.1.2 ALINEACIÓN

Las calles se construyen con unas alineaciones que incorporan una sucesión de espacios intermedios —portales y entradas de vehículos a los garajes privados—. A estos se les suman los locales comerciales, con sus propios filtros según su actividad.

En la ciudad tradicional quedan definidas por la yuxtaposición de las edificaciones. Se agrupan formando unidades de distinto tamaño y forma, polígonos cuyos lados constituyen las alineaciones viarias enfrentadas a otras alineaciones o a edificios exentos y espacios públicos, como en el caso de la rúa Porta de Aires de A Coruña (fig. 10.1), que, en su tramo final, se enfrenta al atrio de la Colegiata de Santa María.

> En este ámbito de la ciudad de A Coruña, de traza medieval, predomina el uso residencial sobre el terciario, con poca actividad comercial[2]. Escasean las tiendas en las plantas bajas. Y las pocas existentes se emplazan en las calles en contacto con el área de morfología más reciente. Esta situación ha dotado a la «ciudad vieja» de hermetismo y silencio, con poco trasiego de viandantes, al menos durante el horario diurno.

La escenografía urbana queda delimitada por las fachadas de los edificios, con diseños particulares firmados por profesionales de la arquitectura, a los que se suma en distinto grado la intervención de los agentes constructores: la promoción inmobiliaria, las autoridades administrativas —ordenanzas y reglamentos—, las agencias inmobiliarias y, por supuesto, la clientela. Una singularidad que no logra, sin embargo, ocultar épocas y tendencias, tanto formales como normativas. La composición y los materiales de las fachadas sitúan el proyecto o su reforma en una época concreta, del mismo modo que el nivel socioeconómico de los habitantes se delata a través de la configuración de los portales.

Durante el paseo por la ciudad, sea cual sea el barrio, ocasionalmente la sucesión de portales y locales se interrumpe, dejando que el patio de manzana se asome a la vía pública. Ocasionalmente, aparecen los zaguanes entre la calle, el portal y los despachos o las tiendas e incluso se vislumbra un patio abierto (fig. 10-2), a través de la verja que formaliza la frontera con la calle, restringiendo el paso al interior. Pero ni zaguán ni patio son de acceso público. A estos se entra como residentes, clientes o visitantes. Desde fuera pueden imaginarse juegos y estancia e incluso prever su utilidad en tiempos de pandemia.

La alineación responde a una línea recta o quebrada, cuya traza y contenido cambian con el contexto. Pasa de ser la expresión de una suma de individualidades colectivas en la calle tradicional a expresar la imagen uniforme de una colectividad variopinta en los polígonos como reflejo de su actividad predominante.

Por ejemplo, el sector residencial de Fredensborg, proyectado por el arquitecto danés J. Utzon, se organiza mediante una serie de viviendas con doble alineación: una, la fachada hacia la calle y otra, el muro hacia el verde colectivo.

Una franja de setos se interpone entre el frente construido y la calle, definiendo así un atrio que se acompaña de un umbral y de la puerta que antecede al vestíbulo. Interior y exterior quedan separados por una línea cuyo espesor coincide con el ancho de la vegetación. Sin ella, la fachada

---

[2] Esta condición, propia de la también llamada ciudad alta de A Coruña, no puede extenderse a la generalidad de los cascos históricos.

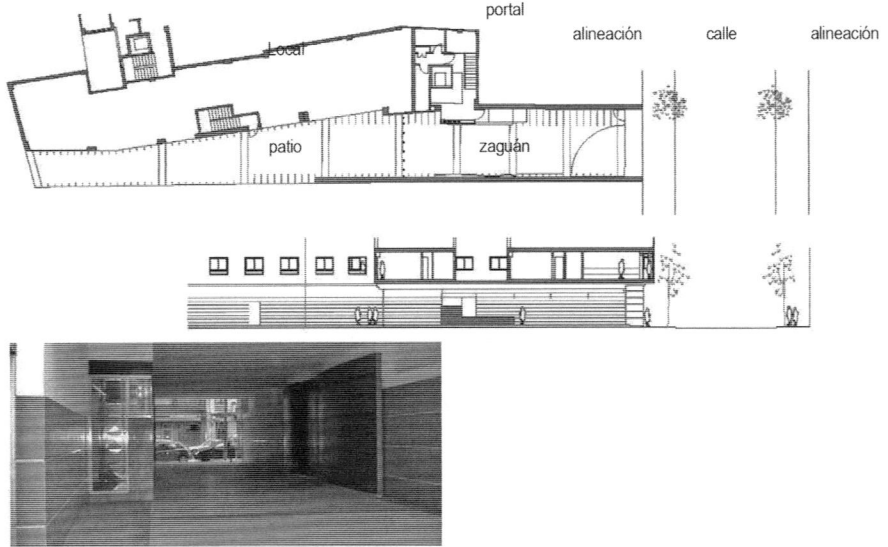

Figura 10-2. Edificio urbano con zaguán mirando desde el patio hacia la calle.
Desde dicho zaguán se accede al portal y al patio de manzana con el local comercial y la salida peatonal del garaje.

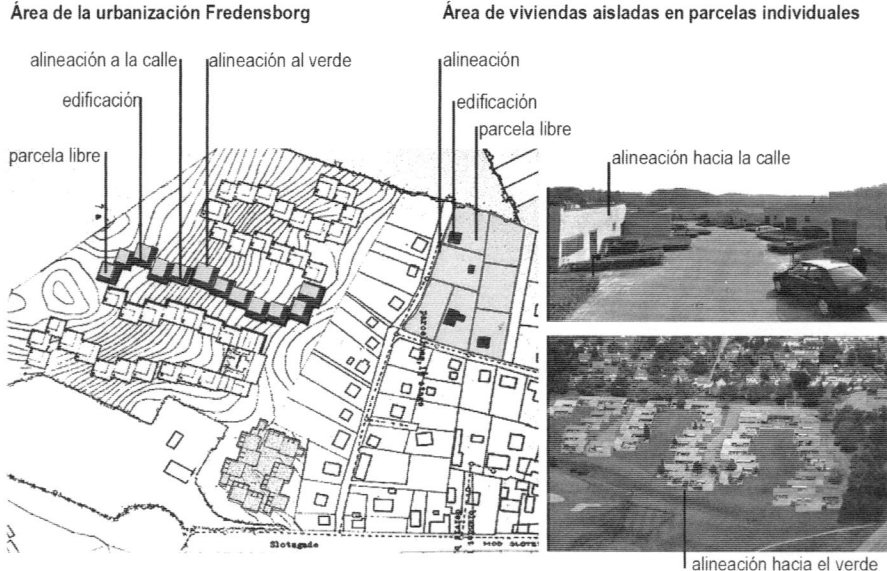

Figura 10-3. Urbanización en Fredensborg, Dinamarca. 1962. Jørn Utzon.

urbana se hallaría sin un elemento de mediación, con el cerramiento actuando como frontera única.

La alineación de Fredensborg corresponde a la tipología de viviendas adosadas. Se diferencia claramente de la generada por las viviendas unifamiliares aisladas, separadas de los lindes de sus parcelas. Esta última resulta ser la manera habitual de «ordenar» el suelo en Galicia, descontados los ámbitos de las siete ciudades de la comunidad autónoma: A Coruña, Ferrol, Lugo, Ourense, Pontevedra, Santiago de Compostela y Vigo. Esa ocupación desemboca en una «idea» de hábitat que se confunde con el rural. Realmente es una ordenación urbana de baja densidad que solo tiene de común con el hábitat rural un entorno más o menos natural.

10.1.3 TOPOGRAFÍA Y VIARIO

Trasladados al contexto rural, el concepto de *límite* cambia respecto del que conocemos en el medio urbano. Por un lado, el cambio de pavimento señala el límite. El paso del asfalto a la vegetación marca el encuentro entre el espacio parcelado y el viario. Por otro, la apertura del viario modifica en parte la topografía, que, sin embargo, se conserva en las parcelas.

Las alineaciones no vienen definidas por las fachadas, sino por los cierres de las propiedades, sea en forma de verja transparente, de muro o simplemente de un talud, una frontera sin artificio.

10.2 ESPACIOS INTERMEDIOS

Definidos los límites por alineaciones en las áreas urbanas o por la topografía y el viario en el ámbito rural, a los objetos arquitectónicos se accede a través de la entrada. Esta se mueve o se engruesa para acoger los filtros entre el dentro y el fuera. Interrumpe la frontera con tamices que incluyen las cubiertas —separación entre lo recogido y el infinito—, así como aquellos espacios que, siendo parte del objeto, se incorporan visualmente al espacio libre.

Estos espacios son inherentes a la arquitectura, aunque se omitan cuando el mal llamado aprovechamiento[3] sustituye a la organización arquitectónica. *Atrio, escalera, hall, logia, marquesina, portal, vestíbulo, zaguán* son términos presentes en la arquitectura culta y popular. A ellos se añaden *cortavientos, pasaje* o *porche*, junto con otros sin nombre que,

---

[3] El vocablo *aprovechamiento* se refiere al sobreuso de la superficie que se rellena en lugar de ocuparse. El relleno espacial es sinónimo de ocupación no arquitectónica.

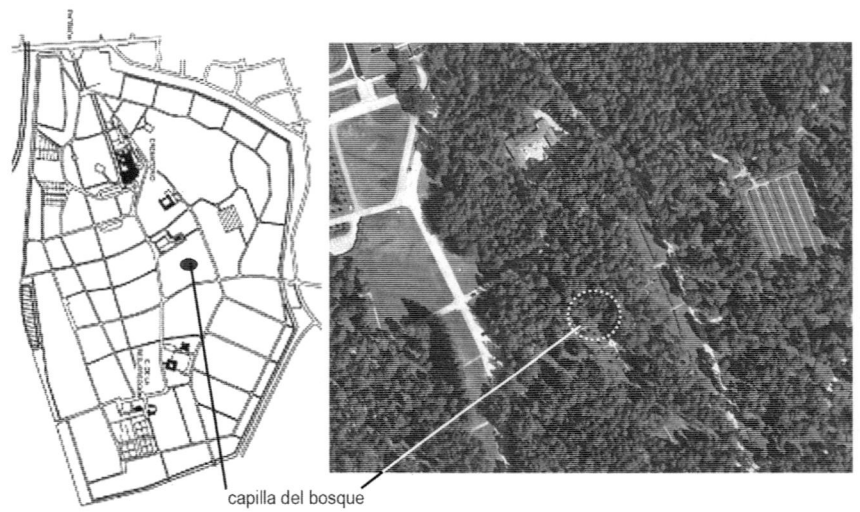

capilla del bosque

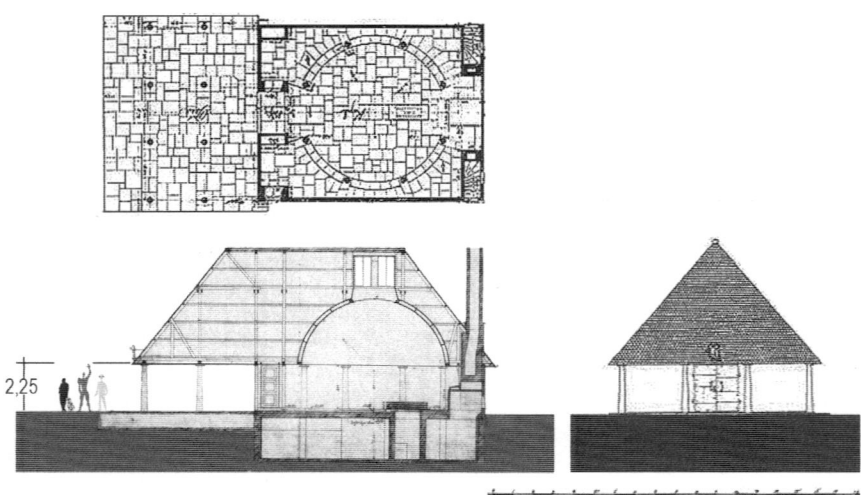

2,25

Figura 10-4. Capilla del bosque. Estocolmo. 1918-1920. Gunnar Asplund. Situación y planos.

conectando estancias y lugares, acaban adquiriendo identidad propia. Se designan genéricamente como espacios intermedios, una expresión tomada del artículo «The space between», de Alison y Peter Smithson[4], para identificar lo que resulta ser una necesidad perentoria en la arquitectura desde sus inicios.

La expresión «espacio intermedio» no es hueca ni ajena a la arquitectura. Nunca ha dejado de estar en nuestro entorno, aunque no se nombrase. La mediación entre las estancias, entre el dentro y el fuera, cumple con los ritos de paso a la vez que aporta soluciones medioambientales, mecanismos de control energético, eficaces y sostenibles. Los espacios intermedios actúan como filtros que atemperan los cambios de temperatura, aplacan la influencia de las inclemencias climáticas en los interiores y nos procuran lugares de preparación para entrar desde el espacio abierto o salir hacia él.

En este apartado, a través de tres ejemplos de diferente escala, se identificarán los espacios intermedios del «entrar». Dos se corresponden con paradigmas arquitectónicos de la modernidad: la Capilla del Bosque y la Casa de Baños de Trenton. El tercero, con una pieza contemporánea cuyas cualidades merecen el reconocimiento colectivo, el Museo de Arte Sacro de la Colegiata.

10.2.1 CAPILLA DEL BOSQUE

El Cementerio del Bosque[5] de Estocolmo tomó forma a partir del proyecto elaborado en 1915 por Gunnar Asplund y Sigurd Lewerentz. En el imaginario arquitectónico ese cementerio se identifica por una gran cruz exenta, la pradera y el arbolado. El proyecto incluye edificios para servicios funerarios, como la Capilla del Bosque, la Capilla de la Resurrección y el Crematorio del Bosque, con tres capillas más. La primera en construirse fue la Capilla del Bosque, entre 1918 y 1920, un proyecto de Gunnar Asplund cuyo nombre hace referencia a su entorno, un bosque de coníferas (fig. 10-4).

La tradición cristiana dota de un atrio a las iglesias, un lugar de encuentro de los fieles a la entrada y salida de los actos religiosos, sean estos los oficios diarios o las celebraciones festivas o luctuosas. Un espacio urbanizado que configura el recinto eclesial. Sin renunciar a esta tradición, la intervención en un contexto natural introduce variables recogidas en el proyecto.

---

[4] La expresión dio título al artículo dedicado a la memoria de Louis I. Kahn que publicaron en 1974 en la revista *Oppositions*. También al tercer volumen que recoge la obra de los Smithson, desarrollada entre 1947 y 1993. Alison trabajó en la trilogía recopilatoria de su obra hasta su muerte en 1993. Peter continuó con la revisión hasta 2003, año en que falleció. El primer volumen, *The Charged Void: Architecture*, se publicó en 2001; el segundo, *The Charged Void: Urbanism*, en 2005; y el tercero, *The Space Between*, en 2016.

[5] El cementerio ocupa una extensión de 108 ha.

La Capilla del Bosque es un templo funerario. Un destino que no altera ni los ritos de paso ni su simbología, pero sí afecta a su ideación. El recorrido parte del exterior, bajo las copas de las coníferas, y finaliza en una semicircunferencia con un radio próximo a los 3,50 m, recreación del orbe celeste. Intermedian entre unas y otra la sombra de una logia de poca altura, 2,25 m, cubierta y pavimentada, seguida de un umbral profundo. Este se prolonga hasta la columnata que sujeta la cúpula y se abre al espacio iluminado cenitalmente, donde se deposita el féretro previamente a la cremación.

Cada quien puede interpretar el tránsito desde su propia espiritualidad. En esta instrucción no nos compete analizar los sentimientos y la emoción, sino los recursos arquitectónicos que los acompañan; la renuncia a la solemnidad y a la gran escala, en el sentido métrico y formal. La capilla se asemeja a una casa, con la gran cubierta —parece que fuese un desván para los enseres o el grano—, con la logia, un solado que se extiende fuera de lo cubierto y con el umbral, en cuyo espesor se alojan las hojas de la puerta al abatirse.

Aun pareciéndolo, no es una casa ni la gran cubierta es un desván. El volumen de esta última envuelve la cúpula interior, desde cuyo cénit se ilumina el espacio ceremonial. La amplitud de la cúpula no conlleva, sin embargo, perder la escala humana que aporta la logia, cuya techumbre se extiende tanto al umbral como a la columnata interior.

Aparentemente alejada de la iconografía religiosa, la capilla está llena de símbolos: la escultura sobre el plano de cubierta, la puerta de entrada, la recreación del orbe celeste en el interior o la chimenea que asoma respecto del volumen. Desde la domesticidad y austeridad de sus formas, se ha generado un lugar de recogimiento y reposo.

10.2.2 CASA DE BAÑOS

El Centro Social Judío de Trenton, proyectado por Louis I. Kahn y Anne Tyng en 1955, es un conjunto integrado por un pabellón de entrada con los servicios de las piscinas y el campamento de día. Una obra que ha sido restaurada recientemente dentro de un plan integral de mejora (fig. 10-5).

Estudiaremos la Casa de Baños, como se conoce al pabellón de entrada y servicios de las piscinas, un objeto modulado, sistematizado y repetible. Desarrollado sobre el diagrama de la Villa Rotonda de Andrea Palladio, se configura mediante doce prismas destinados a almacenes, entradas, inodoros, maquinaria y quiosco de socorrismo. Dichos prismas, con unas dimensiones de 2,40 × 2,40 × 2,30 m, se ubican en las esquinas con la cara abierta al noroeste o al sureste. Entre ellos, se tienden planos que delimitan el pabellón, en línea con las caras de los prismas para el cierre perimetral, o en el eje para formalizar las entradas a los vestuarios. Los doce definen cuatro recintos cubiertos, dispuestos en forma de cruz griega, con un quinto, interior, a cielo abierto.

Tres de los cuatro recintos ofrecen al exterior paramentos continuos a diferencia del recinto de la entrada, en el que se retranquean los planos de cierre hasta alinearse con las caras interiores de los prismas. Este gesto singulariza los dos accesos existentes sin variar el esquema ni la forma. Uno se produce desde el espacio público; otro, desde la terraza privada en la que se ha situado el bar.

Desatendiendo la simetría de doble eje de la planta[6], se llega al pabellón por un sendero lateral para desembocar en el atrio, en el que se dispone la recepción. Desde allí se pasa al patio, en el centro, que actúa como conexión entre las diversas partes de la casa de baños: acceso, vestuarios y el paso a la piscina. El patio sustituye al espacio cupulado, marcando en el pavimento un círculo, una referencia a la cúpula central que ha sido sustituida por el vacío.

De manera genérica, en gran parte de las áreas deportivas, cubiertas o a cielo abierto, los vestuarios y los aseos son tratados como locales residuales, cerrados, sin referencia al exterior, o iluminados mediante unos huecos altos, que se identifican como aperturas de servicio. La propuesta de Kahn y Tyng actúa como crítica a esa desidia. Niega la lógica función-forma, dignificando los espacios considerados secundarios.

El paso del tiempo, con las prisas y la falsa economicidad, ha hecho olvidar una lección presente en este proyecto: el respeto por los espacios cotidianos —Louis I. Kahn diría del «hombre», cabe decir, de las personas— sean accesos, almacenes o vestuarios.

10.2.3 MUSEO DE ARTE SACRO DE LA COLEGIATA

La Colegiata de Santa María, emplazada en el casco histórico de A Coruña, extiende su presencia en la ciudad a través del Museo de Arte Sacro, proyectado por José Manuel Gallego Jorreto entre 1988 y 1994. Un edificio cuya fachada ocupa cinco metros en la alineación de la calle Puerta de Aires. A lo largo de esta vía se alternan fachadas de huecos verticales rítmicos y modulados en toda su altura —incluso en las plantas bajas— con otras que incorporan galerías en las plantas altas en todo su ancho.

El museo se apropia de la composición reinterpretándola. Los huecos se convierten en paños ciegos y los entrepaños en huecos. El efecto de la galería, que rompe el ritmo, se introduce con la subdivisión del paño, con los cambios de plano y color de los recercados, resaltados sobre el plano de la fachada.

---

[6] Kahn repetiría este gesto en la casa Esherick, analizada en la instrucción 9.

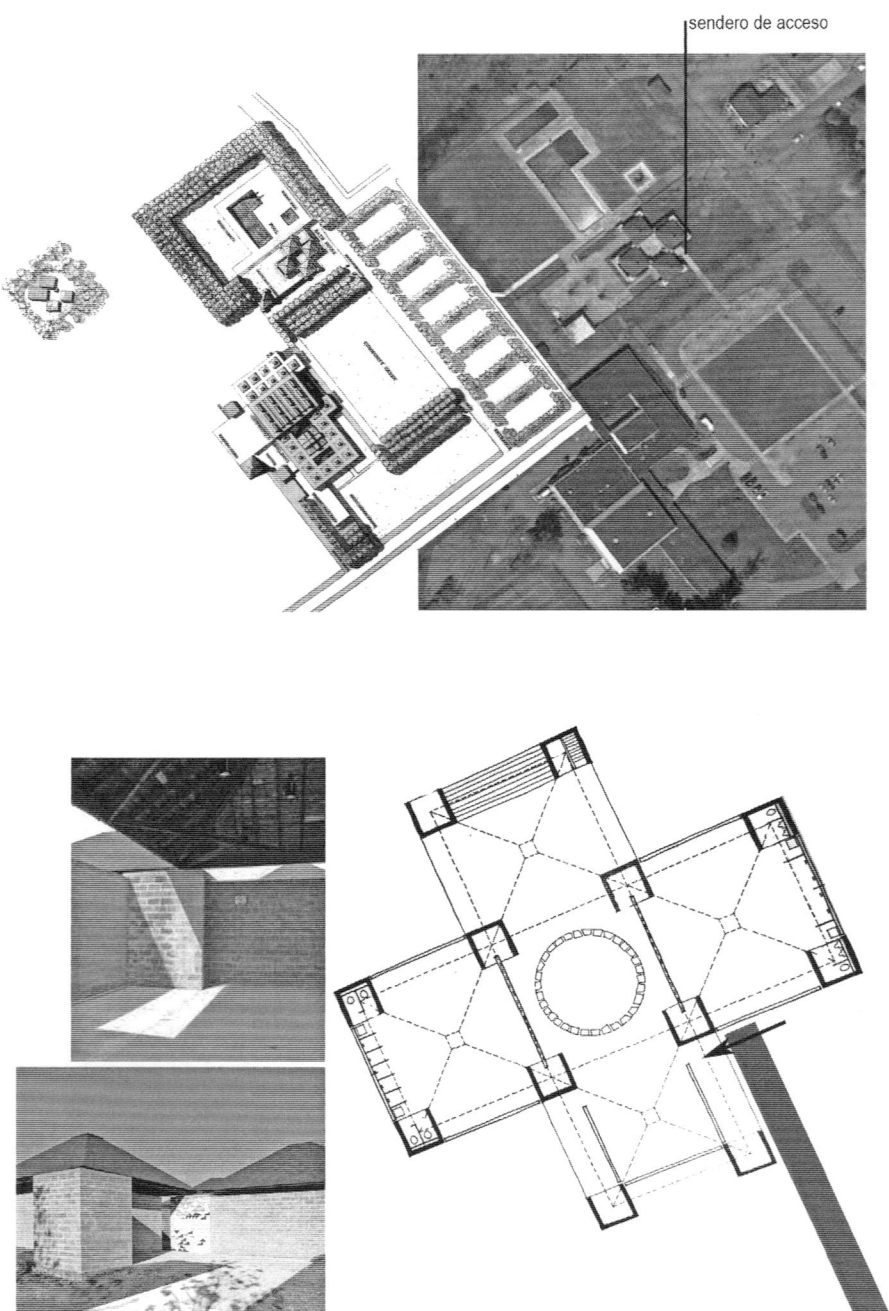

sendero de acceso

Figura 10-5. Pabellón de entrada y servicios del Centro Social Judío Trenton. Ewing, New Jersey. 1955. Louis I. Kahn y Anne Tyng. Planta del proyecto y estado actual del conjunto. Planta e imágenes del interior y del acceso.

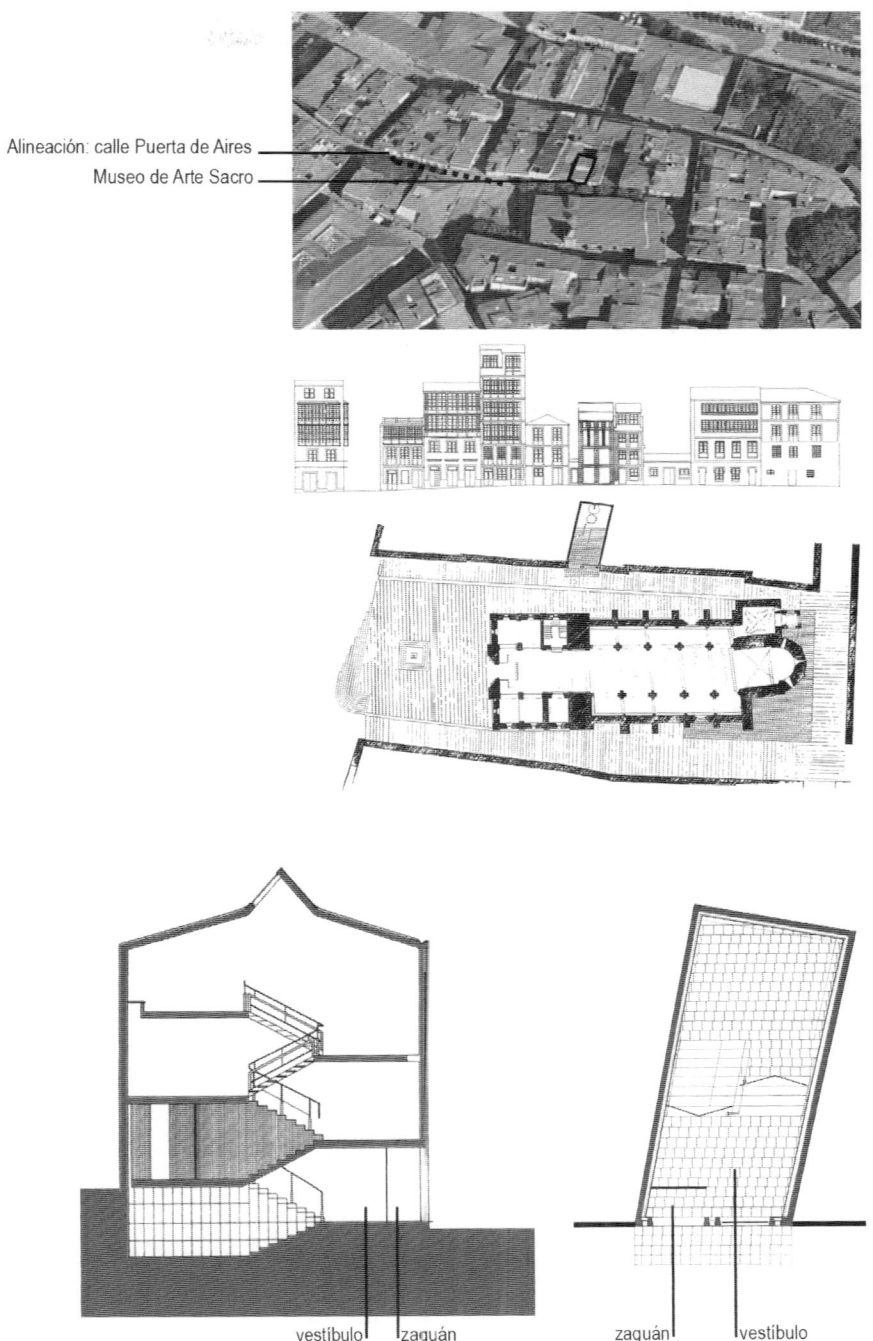

Figura 10-6. Museo de Arte Sacro. A Coruña. 1994. José Manue Gallego Jorreto. Situación y planta del conjunto. Sección y planta con la entrada y sus partes.

287

Figura 10-7. Marquesina en un portal de Carabanchel, Madrid.

La revisión de los elementos que conforman el alzado no responde a un capricho ni a una idea genial, sino a la respuesta proyectual frente a la escasa disponibilidad de superficie útil para situar los expositores en unas plantas de apenas 50 m². De ahí que la fachada se ciegue para convertirse en soporte expositivo. Al trasladar la organización interna a esta, se opta por una solución honesta, sin falsas ventanas. Los hipotéticos huecos se transforman en planos ciegos y los finos entrepaños en líneas de luz.

La disposición de los vanos de la planta baja, integrada en la alineación, respeta los mecanismos de la edificación vecina pese a que las puertas macizas han sido sustituidas por paños transparentes y verjas metálicas ligeras y se ha cambiado la forma de acceder. La habitual entrada frontal se ha sustituido por un zaguán con la puerta en el lateral, como en la casa Esherick. Desde ahí se ingresa al vestíbulo.

En el dibujo de planta, la calle se extiende al interior. Un gesto que, sin embargo, se ve matizado por la diferencia de nivel entre el viario público y el interior, que interrumpe la continuidad del paso (fig. 10-6). No obstante, zaguán y vestíbulo recrean la intención del proyecto. Se revisten para ello con un pavimento pétreo que se prolonga en los dos primeros tramos de la escalera. Uno desciende a la recepción, el otro sube al espacio museístico, al que se accede en la primera planta.

El paso de la calle al museo no se realiza directamente, sino a través de unos espacios intermedios: el zaguán y el vestíbulo-escalera, que encarnan la metáfora del enlace entre lo público y lo privado, entre la calle y el museo.

10.3 COROLARIO

Se ha estudiado el paso entre dos ámbitos diferenciados, el dentro y el fuera. Siendo el dentro el interior del objeto, cerrado, y el fuera, el ambiente abierto, sea público —la calle, la plaza— o parcelado —el jardín o el patio—.

En ese tránsito, la entrada media entre lo abierto y lo cubierto. Se convierte en un sistema cuyos elementos básicos actúan como filtros entre el interior y el exterior. Un tamiz tanto conceptual como físico entre la exposición a la intemperie y el paso al refugio

En los ejemplos analizados se han empleado los términos *alineación*, *atrio*, *límite*, *logia*, *vestíbulo* y *zaguán*, además de *entrada* y *puerta*. Todos los ejemplos disponen de una entrada compuesta por una sucesión de espacios que se van atravesando a la par que se traspasa el límite entre el fuera y el dentro.

Según esto, la entrada —la puerta en términos coloquiales— se convierte en un sistema espacial que configura el rito de paso entre dos ámbitos de naturaleza contrapuesta. Un sistema formado al menos por dos elementos: la puerta y el umbral.

Las puertas de acceso de los ejemplos estudiados podrían abrirse tanto hacia dentro como hacia fuera, indistintamente. Por un lado, en ningún caso invaden el espacio público —siempre quedan a resguardo de la intemperie— y, por otro, proporcionan un refugio a las personas que entran y salen de ellos.

La protección de la entrada requiere dotarla de un mínimo umbral, aunque solo sea una humilde marquesina (fig. 10-7) que sustituya a la logia y al zaguán. Puede así cerrarse el paraguas a cubierto o abrir el bolso bajo un techo para sacar unas entradas o consultar una dirección, entrar sin recibir los goteos de la fachada sobre nuestro cuerpo, desabotonar o abotonar el abrigo, consultar algún documento e incluso esperar a alguien. Solamente, y no en todas las circunstancias, abren sin protección alguna las puertas para entrada y salida de mercancías, las destinadas exclusivamente a salida de emergencia o las correspondientes a locales de transformadores eléctricos u otras instalaciones análogas.

Además de estas cualidades ligadas al acceso, por su relevancia debe considerarse que los objetos constan de una única entrada, aunque puedan tener múltiples puertas de entrada y de salida. Del mismo modo, han de valorarse los espacios intermedios que dan continuidad al espacio público, disolviendo los límites entre interior y exterior. Una condición presente en el Museo de Arte Sacro y seguramente en otras edificaciones de nuestro entorno inmediato.

110   BIBLIOGRAFÍA

* Caldenby, Claes; y Olof Hultin (1988). *Asplund*. Barcelona: Gustavo Gili.

* Carreiro, María y López, Cándido (2019). *Entre-lugares. Las fronteras domésticas*. Málaga: Recolectores Urbanos.

* Gallego, Manuel J. (1991). «Museo da colexiata». *Obradoiro*, 19:8-9.

* Miranda, Antonio (2007). «Parámetros exteriores». En: Moya, Luis (ed.). *Vivienda reducida*. Madrid: Mairea, pp. 115-121.

* Ronner, Heinz y Jhaveri, Sharad (1994). *Louis I. Kahn complete orks 1935-1974*. Basel: Birkhäuser.

* Tyng, Anne G., Louis I. *Kahn to Anne Tyng: the Rome letters 1953-54*. Nueva York: Rizzoli, 2009.

* Weston, Richard (2002). *Utzon*. Hellerup: Blondal.

* Whitaker, William (2012) «Anne Griswold Tyng: 1920-2011». *Domus*, 954

URL

* QR_10-1. «The bath house»
  <http://kahntrentonbathhouse.org/>.

QR_10-1

A10   ACTIVIDADES

- Identificar los términos definidos en la tabla 10-1 en diferentes edificaciones del propio entorno.
- Describir gráficamente la entrada y el portal del edificio en el que se vive o trabaja.
- ¿Cómo se entra a las tiendas y locales que frecuentamos? ¿Hacia dónde abren las puertas? ¿Existen cortavientos y/o zaguanes?
- Las escaleras en los locales públicos, ¿mejoran nuestra orientación?
- ¿Por qué los centros comerciales tienen fachadas opacas? ¿Existen alternativas?

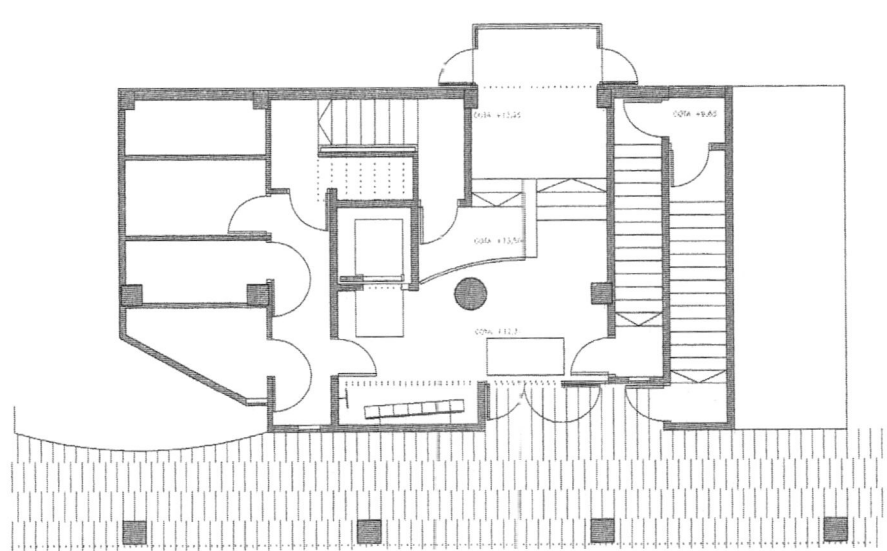

A10. Portal de un edificio de viviendas en la Travesía de Bazán. Ferrol. 1996. mccl arquitectos.

Instrucción 11

ESTUDIAR (III).
EJES, MALLAS Y MÓDULOS

Definiciones – Casos de estudio – Corolario – Bibliografía – Actividades

I-11

Ya hemos señalado que un conjunto de elementos ordenados por medio de la relación de proximidad forma un «grupo», mientras que un conjunto de elementos ordenados mediante la relación de continuidad forma una «hilera». En ambos casos, obtenemos formas o estructuras formales. Podemos crear un número infinito de tales estructuras a través de diferentes combinaciones de elementos y relaciones.

Christian Norberg Schulz, *Intenciones en arquitectura*, p. 95

La técnica proyectual[1] debe entenderse como el conjunto de conocimientos necesarios para desarrollar el pensamiento arquitectónico. Constituye la base teórica sobre la que se fundamenta la práctica arquitectural: el proyecto arquitectónico. Sin técnica proyectual no hay arquitectura. Puede generarse una forma, tal vez una escultura, una estructura portante o una edificación, pero no un objeto arquitectónico.

Su aprendizaje se acompaña del estudio de proyectos —objetos proyectados—, comenzando por la interpretación y reconocimiento de su estructura profunda o formal, llamada también estructura subyacente o diagrama compositivo. Dicho de otra manera, de la composición-construcción geométrica de un determinado objeto (véase la instrucción 2).

Este método, común a otros campos de conocimiento, se identifica con el estudio de casos. Se singulariza por la herramienta de estudio que emplear, el dibujo, frente al análisis lingüístico, matemático o estadístico.

---

[1] Ejemplo de técnica en otros campos creativos:
- El deporte: la respiración y los movimientos en el manejo de los instrumentos, sea la pelota, el bastón, la raqueta, etc., o de las piezas en los deportes de mesa.
- La pintura: cada material, lápiz, acuarela, óleo, *collage*... tiene una forma propia de usarse.
- La interpretación: la voz y la expresión corporal...Y así podríamos continuar.

El concepto de estructura formal se vincula con las siguientes cinco consideraciones:

1.ª Se presenta como una entidad gráfica, abstracta y geométrica. En ella intervienen, a la vez o por separado, líneas de distinta gradación y figuras geométricas planas: ejes, mallas y módulos integrantes de todo diagrama.

2.ª Se encuentra subyacente en cualquier objeto incluido en las distintas escalas de la arquitectura y el urbanismo.

3.ª Se emplea en las fases iniciales de formación para registrar el orden geométrico del proyecto. Durante las fases intermedias contribuye a dominar el revoltijo de imágenes mentales que, en su pugna por trasladarse al papel, dificultan el razonamiento arquitectónico.

4.ª Se aloja en proyectos formalmente dispares que parten de un mismo esquema. Difieren en su apariencia y materialidad, tanto si están cercanos como si están alejados geográfica y temporalmente.

5.ª Se vincula a la adquisición del oficio arquitectural al interiorizar la lectura y la aplicación de diagramas compositivos, afrontando con ello el orden espacial y el entendimiento del contexto. Muchas de las personas formadas en arquitectura consideran innata esa capacidad y la identifican con la intuición[2]. Sin embargo, es una capacidad adquirida con el estudio y la práctica, con la observación y la reflexión[3].

En este proceso de aproximación a la estructura formal, se comenzará por definir los elementos que intervienen en ella para continuar reflexionando cómo estos se incorporan en los tres ejemplos seleccionados. Una urbanización de La Haya, construida, y dos proyectos para sendos núcleos marítimos de la provincia de A Coruña, no ejecutados.

---

[2] Intuición: capacidad de reacción ante cualquier circunstancia que resulta del aprendizaje interiorizado, formal e informalmente, a la largo de nuestro ciclo vital.

La intuición encierra la habilidad, aparentemente innata, de dar una respuesta o de comprender algo, sin necesidad de un razonamiento previo. Refleja la asimilación personal de conocimientos que afloran bajo ciertos estímulos.

La formación arquitectural conlleva interiorizar procesos de integración de ítems dispares, que favorecen las respuestas intuitivas y la comprensión de hechos complejos. Constituye uno de los valores intelectuales de arquitectas y arquitectos, acompañado de la curiosidad: «todo es interesante».

Como contrapartida, lleva aparejada la sensación de un conocimiento omnisciente al trasladar el razonamiento arquitectónico a todos los campos de la realidad. En esta traslación se confunde el orden espacial con el orden vital, olvidando, o ignorando, la incertidumbre asociada a toda actividad humana. La confusión de intuición con precisión y rigor favorece el egocentrismo y la individualidad, y nos empuja a adoptar posturas y actitudes en las que prima un falso romanticismo y un cierto desprecio del método científico.

[3] La ejercitación en el proyecto arquitectónico, para la integración de aspectos muy diversos en una misma entidad, aporta capacidad para la comprensión de problemas con variables diferentes. Esta característica de arquitectas y arquitectos lleva a que muchas personas las y los consideren más inteligentes y capaces que otras y otros universitarios. Y ellas y ellos mismos también se lo creen. El único inconveniente es la tendencia a reducir la complejidad de la vida a diagramas, esquemas y a una forma de pensamiento mágico, por el cual un buen diseño arquitectónico o urbano es suficiente en sí mismo para mejorar la vida de las personas. La realidad se encarga de cuestionar dicho pensamiento, lo cual nunca deja de ser una sorpresa: «Nosotras, profesionales de la arquitectura, aún nos preguntamos qué ha fallado para que nadie haya seguido los principios aplicados con nuestras propuestas».

11.1 DEFINICIONES

En las instrucciones anteriores ya se ha hablado de ejes, mallas y módulos, términos comunes en la expresión arquitectónica. A ellos se incorporan en esta instrucción las pautas y series. Provenientes de la geometría y las matemáticas, los cinco conceptos se materializan en aspectos concretos y mensurables del espacio habitado, por lo que debemos aproximarnos a su significado en el campo del proyecto arquitectónico.

Ejes

Se definen como las rectas que sirven de referencia en la composición de una entidad u objeto. Coinciden con las trazas que definen una ordenación.

El intereje, o distancia entre los ejes, se determina de dos formas. La primera de acuerdo con las medidas de los elementos o espacios presentes en el objeto. La segunda como resultante del dimensionado de una pieza arquitectónica, según unas reglas o unas necesidades dadas.

Malla

Trama formada por dos series de ejes, perpendiculares u oblicuos entre sí, que constituyen el soporte de un objeto arquitectónico. Permite pautar y sistematizar la disposición de objetos, sean puntos, líneas, planos y/o volúmenes. Se conforman mediante dos series con modulación idéntica, dando lugar a una malla isótropa, o bien a través de dos series de distinta modulación, de la que se deriva una malla anisótropa.

Las mallas pueden generarse a partir de la repetición sistemática de un módulo extraído de las dimensiones de elementos o estancias presentes en el objeto a proyectar (véase la instrucción 3).

Módulo

Elemento susceptible de repetirse sistemáticamente dentro de una composición, de manera explícita o implícita. Genera múltiplos y submúltiplos de sí mismo, por multiplicación o división proporcional de sus medidas.

Se incorpora en la conformación de un objeto como una parte subyacente de la estructura o como una parte perceptible de la composición. Cualquier objeto puede contener módulos estructurantes y compositivos simultáneamente, sin que tengan relación geométrica entre ellos, como sucede con la doble modulación que se corresponde con los huecos de fachada y la malla o ejes que estructuran la organización de la planta, sin que unos y otros respondan a una misma seriación y orden.

Tabla 11-1. Interejes, mallas, series y pautas

Formación de mallas y pautas: posibles combinaciones		
Intereje	**Pauta**	**Malla**
Dos interejes: A y P		
Dirección A	AAAAA...	A × P
Dirección P	P P P P P...	
Tres interejes: A, B, P		
Dirección A, B	AB AB AB... AAB AAB AAB... ...	AB × P AAB × P ...
Dirección P	P P P P P...	
Tres interejes: A, P, Q		
Dirección A	AAAAA...	
Dirección P, Q	PQ PQ PQ PQ... PPQ PPQ PPQ... ...	A × PQ A × PPQ ...
≥ Cuatro interejes: A, B, P, Q		
Dirección A, B	AB AB AB... AAB AAB AAB... ...	AB × PQ AB × PPQ AAB × PQ AAB × PPQ ...
Dirección P, Q	PQ PQ PQ PQ... PPQ PPQ PPQ... ...	

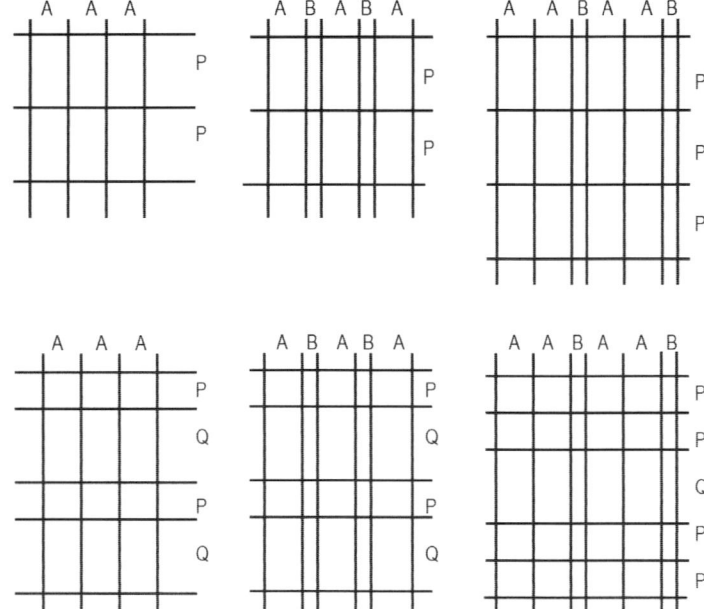

PAUTA

Regla que define la seriación de los ejes y la disposición de los objetos en relación con ellos.

SERIE

Agrupación de ejes o módulos que siguen una misma dirección (tabla 11-1).

- Serie longitudinal: agrupa ejes paralelos a la dirección de mayor longitud de un objeto.
- Serie transversal: reúne a los perpendiculares a la dirección de mayor longitud del objeto.
- Intereje: distancia entre los ejes de una serie.

Ejemplos de interejes (fig. 11-1):

- Estancias de escala cotidiana: intereje como múltiplo y submúltiplo de 60 cm.

  — Base de la serie: tablero industrial, 120 × 240 cm (122 × 244).

  — Altura de asiento: 45 cm.

  — Ancho de paso entre muebles: 60 cm; pasillo, 90 / 120 cm.

  — Fondo de armario, encimera, electrodomésticos: 60 cm.

  — Fondo de estantería: entre 15 y 45 cm.

  — Profundidad de las mesas de trabajo: 90 cm.

- Vivienda, oficina, objetos de escala cotidiana: intereje como múltiplo y submúltiplo de 3,00 m.

  — Ancho mínimo recomendable de estancia, sofá + mesa auxiliar + estantería: 3,00 m.

    3,00 = (0,90 m sofá + 0,60 m paso + 0,45 m mesa + 0,60 paso + 0,45 m de estantería.

  — Ancho mínimo de dormitorio: 2,60 / 2,90 m (orientación de la cama en sentido del ancho).

    2,60 = 2,00 m cama + 0,60 m paso / 2,90 = 2,00 m cama + 0,60 m paso + 0,30 mueble.

  — Ancho óptimo de dormitorio: 3,00 m.

    3,00 = 2,00 m cama + 0,10 m ropa de cama y holguras de uso + 0,60 m paso + 0,30 m mueble.

  — Ancho de baño: 1,50 m / 2,10 m (baño accesible).

    1,50 = 0,60 m profundidad de un aparato sanitario + 0,90 m de paso.

    2,10 = 0,60 m profundidad de un aparato sanitario + 1,50 m de paso (baño accesible).

  — Ancho mínimo de cocina: 1,80 m / 2,10 m (cocina accesible).

    1,80 = 0,60 m encimera + 1,20 m zona de trabajo.

    2,10 = 0,60 m encimera + 1,50 m zona de trabajo.

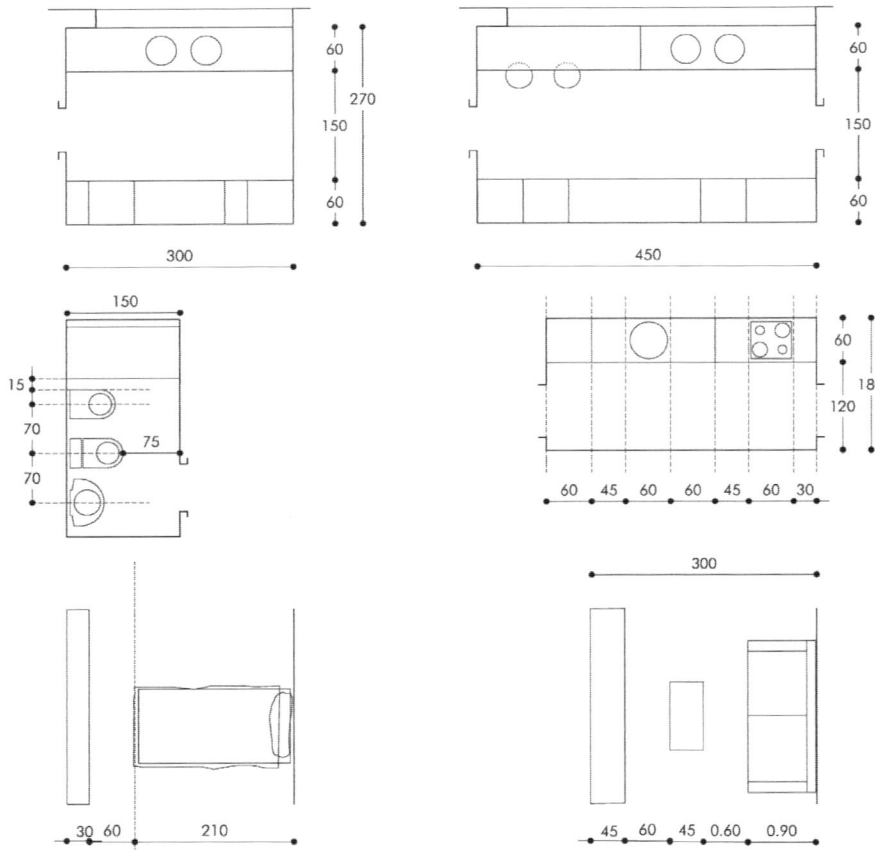

Figura 11-1. Dimensionado en centímetros de estancias y de elementos susceptibles de generar series de ejes.

11.2 CASOS DE ESTUDIO

Reconocer los ejes, mallas y módulos que intervienen en el proyecto es una forma de estudiarlo y comprenderlo, de aproximarnos a su estructura subyacente, la cual permite inferir el proceso de ideación, así como las decisiones de proyecto concernientes al programa y al lugar.

El primer escollo que surge con el manejo de los ejes, las mallas y los módulos radica en las direcciones de los ejes y en la dimensión del intereje. Ni unas ni otro se eligen al azar. Provienen de los datos contenidos en el programa y de los aportados por el lugar. Del programa se entresacan las piezas que requieren un dimensionado sistemático. Del lugar y de sus límites se derivan las trazas de los ejes. Estas tanto pueden seguir una o varias direcciones del contorno, o bien adoptar una dirección propia, independiente.

Estos aspectos se ilustran a través de los ejemplos elegidos. Los tres responden a una misma tipología edificatoria, la vivienda adosada, diferenciándose por su finalidad y extensión. El primero, el más cercano temporalmente, se sitúa en los Países Bajos. El segundo y el tercero, redactados en los años sesenta y setenta del siglo XX, respectivamente, comparten autoría y territorio, Galicia. Uno y otro se diferencian entre sí en el programa general, destinándose el de los años sesenta a residencia estacional y el de los setenta a resolver una promoción privada de cinco viviendas al borde del mar, en un núcleo costero.

El estudio comienza por contextualizar la propuesta: emplazamiento, autoría, características generales. A continuación, se desarrolla el análisis, identificando el módulo o módulos, los ejes y la malla. Se finaliza definiendo la estructura subyacente en relación con la propuesta final.

11.2.1 HAGENEILAND (2000-2003)

Tas cerrar el aeródromo de Ypenburg en La Haya, operativo entre 1936 y 1992, los cinco quilómetros cuadrados de terreno que ocupaba se destinaron al desarrollo de un sector urbano integrado por cinco distritos. El resultado, once mil unidades residenciales, con sus dotaciones colectivas. Dada la extensión y densidad del área, se incluyeron entre sus prioridades dos objetivos ligados a los receptores de la ordenación urbanística-arquitectónica. El primero, favorecer la identificación de sus habitantes con el lugar a través del diseño urbano y edificatorio y el segundo, contribuir a la orientación espacial de las personas en el sector.

La oficina holandesa dirigida por Winy Maas, Jacob van der Rijs y Nathalie de Vries, MVRDV, se responsabilizó de la ordenación del distrito denominado Waterwijk (fig. 11-2) y de tres de sus barrios, Watervilla's, Hedge Island —Hagen Island o Hageneiland— y Patio Island. Centraremos la atención en el proyecto desarrollado entre 2000 y 2003 para Hageneiland, una isla con una superficie de tres hectáreas, dispuesta entre canales, conectada por medio de cuatro puentes al resto del distrito

El barrio se destina a una promoción de viviendas sociales para alquilar (fig. 11-3), por lo que, al objetivo inicial, dotar de identidad al barrio, se le sumó otro de índole económico-social: la gestión eficiente de los recursos, sin menoscabo de los parámetros medioambientales y espaciales. Ambos incidirán en las decisiones proyectuales referidas tanto a la edificación como al espacio libre. Este se caracteriza por la apertura visual, la ausencia de cierres ciegos y la discontinuidad de las alineaciones de lo construido.

La trama urbana se organiza mediante un núcleo con dos anillos perimetrales paralelos: una franja verde en contacto con el agua y una calle de circulación rodada, con aparcamiento. El núcleo concentra la edificación residencial, estructurándose por medio de una malla viaria

Figura 11-2. Hageneiland: Situación.

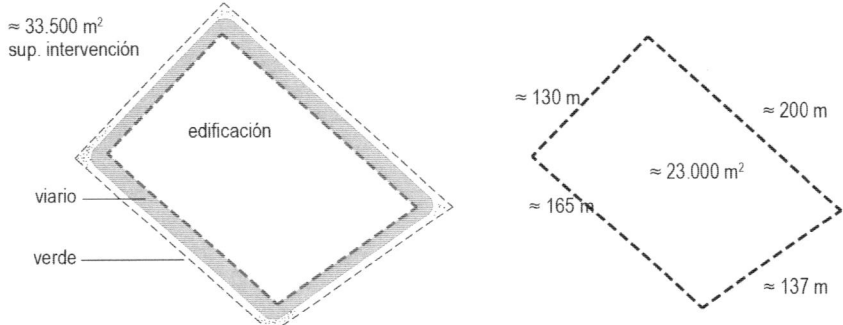

Figura 11-3. Superficie de intervención.

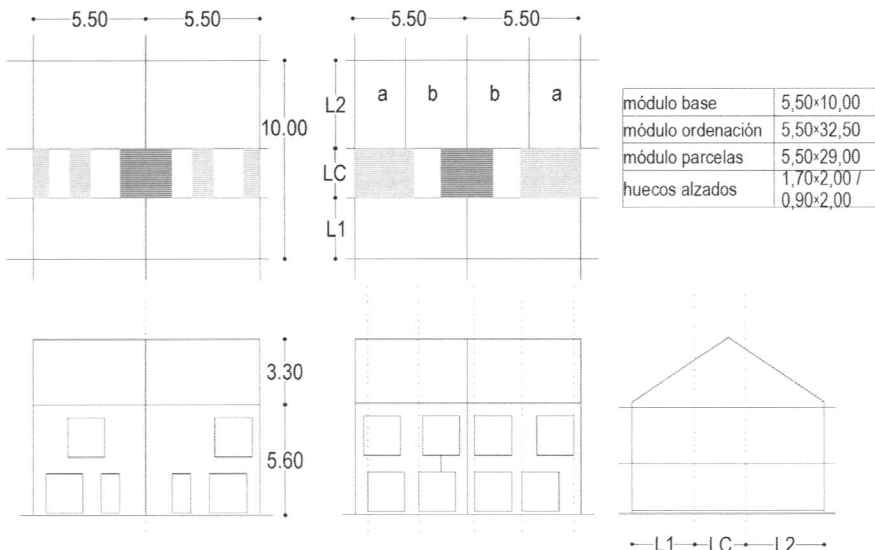

módulo base	5,50×10,00
módulo ordenación	5,50×32,50
módulo parcelas	5,50×29,00
huecos alzados	1,70×2,00 / 0,90×2,00

Figura 11-4. Los módulos L1 = 3,10; LC = 2,50; L2 = 4,40 m.

Figura 11-5. Hageneiland. Planta de conjunto.

peatonal. Se definen manzanas con idéntica profundidad, pero distinta longitud y alineación, que se subdividen en parcelas de similar superficie. Sobre estas se levantan ciento diecinueve viviendas, organizadas en treinta y siete hileras (fig. 11-4).

La geometría de la isla, asimilable a un rectángulo, genera dos direcciones. Una transversal, coincidente con la profundidad de las manzanas. Y otra longitudinal, sobre la que se disponen las parcelas, con doble orientación suroeste-noreste.

Las viviendas constan de tres plantas, distribuidas según un esquema tradicional: un núcleo interior con las circulaciones y los locales húmedos. Atiende a la zonificación diurna-nocturna repartida correlativamente entre la planta baja y la alta. La mínima dotación prevista[4] confiere a los habitantes la responsabilidad de configurar el interior según sus necesidades específicas.

En el exterior, las personas, especialmente criaturas y adolescentes, se apropian del espacio público. La calle y el resto de áreas libres entre las parcelas se transforman en un lugar continuo de juego y relación. Desde el punto de vista ambiental, la ausencia de vehículos permite sustituir pavimentos duros e impermeables por otros blandos y permeables —grava, tierra, césped, corteza...— que minimizan la huella de carbono, y cuyo mantenimiento, aunque exigente en cuidados de limpieza y renovación, no

---

[4] No hay logias ni marquesinas ni porches. No se define el vestíbulo. No hay armarios ni baño «principal».

303

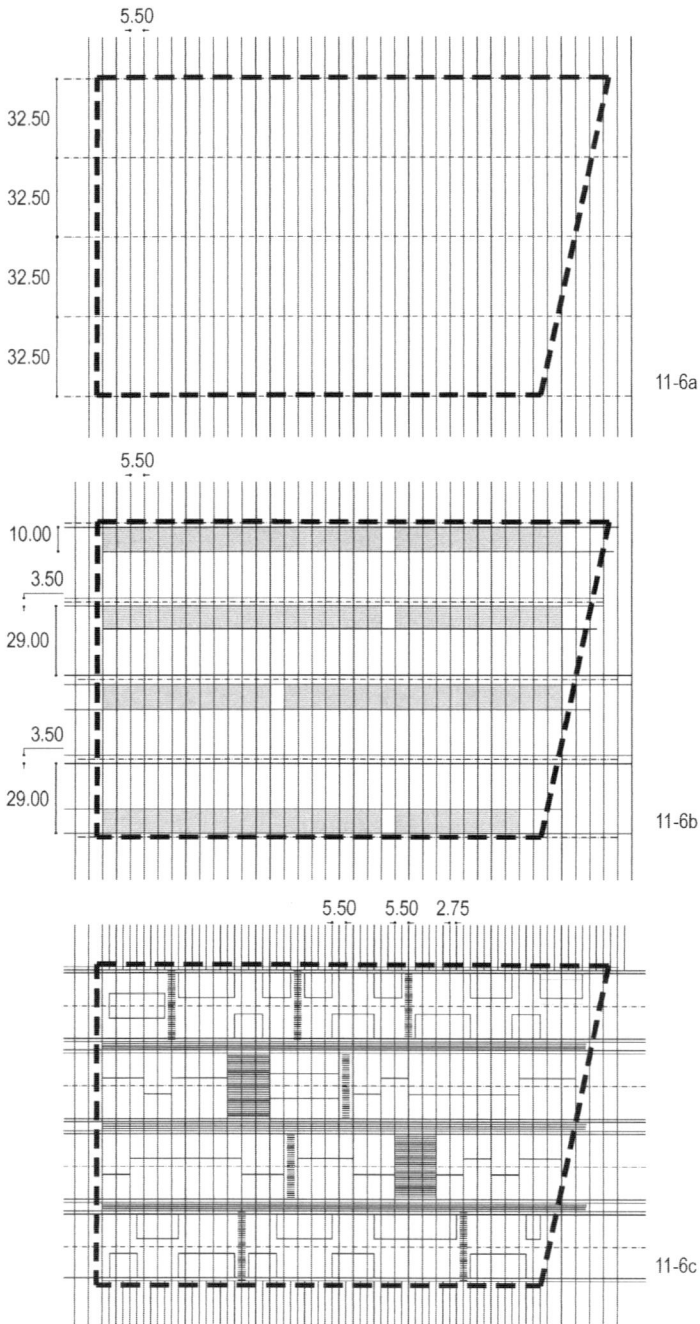

Figura 11-6. Evolución de la propuesta. a) Ejes longitudinales y transversales. b) Desarrollo estándar para hileras con un número variable de 12 a 20 viviendas. c) Viario interior, con referencia a las viviendas.

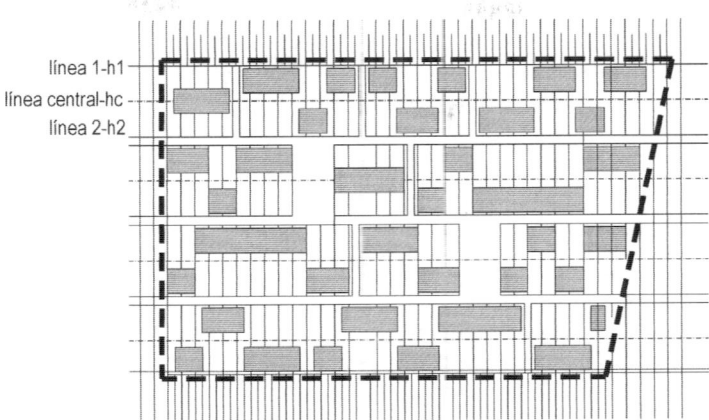

línea 1-h1
línea central-hc
línea 2-h2

Figura 11-7. Esquema final: ejes de manzanas, parcelas, viviendas y viario y espacios libres.

requiere el empleo de maquinaria pesada y, por tanto, elimina también la contaminación acústica.

La edificación: el módulo base

Las casas replican la imagen de los dibujos infantiles y las fichas del Monopoly: un volumen compuesto por un prisma rectangular, rematado por otro triangular. Como producto industrializado[5] todos sus elementos están sistematizados y modulados. Se prescinde de todo aquello sobrepuesto al volumen, como canalones y bajantes, unificando el acabado de fachada y cubierta.

El análisis de la planta permite entender la génesis de la ordenación. Siendo el ancho de parcela 5,50 m, el módulo en planta (fig. 11-4) se corresponde con un rectángulo de 10,00 × 5,50 m. Estas dimensiones permiten que dos piezas se asomen a la fachada, a + b (2,50 + 3,00 m), mientras que el fondo define tres bandas[6], L1 + LC + L2. L1 y L2 alojan piezas estanciales y LH locales de servicio: aseos, cocina, almacenaje y escalera. La aplicación del módulo se lleva a las fachadas, con dos tipos de huecos: ventanales de 1,70 × 2,00 m y puertas de acceso de 0,90 × 2,00 m.

---

[5] La bibliografía consultada define los módulos como prefabricados. Sin embargo, me parece más acertada la palabra *industrializada*. El término *prefabricado* alude a una ejecución en taller y a su traslado directo al lugar, como sucede con las casetas de obra o contenedores similares, que se trasladan al emplazamiento sin necesidad de realizar ninguna operación de acondicionamiento del propio objeto. En este caso, el traslado directo de los volúmenes proyectados, desde taller a la parcela, resulta inviable por los costes. Sí es posible, sin embargo, trasladar las piezas mecanizadas para su montaje a pie de obra.

[6] Considerando la profundidad de la vivienda, se genera la serie: L1 + LC + L2 = 3,10 + 2,50 + 4,40 = 10 m.

La inevitable monotonía que ofrece una seriación lineal continua se rompe conformando hileras de distinta longitud —de uno, dos, tres, cuatro, cinco, seis u ocho módulos— y variando las alineaciones de la edificación (fig. 11- 5). La ejecución añade una variante más: el cambio de material y color de los acabados en cada una de las hileras. Se emplearon cuatro materiales: madera, cerámica, aluminio y un revestimiento continuo.

LA ORDENACIÓN: LA MALLA

La dimensión neta del núcleo edificado se divide en cuatro bandas longitudinales de 32,50 m que, combinadas con la serie transversal de ejes, establece la malla soporte de la ordenación (fig. 11-6a). En esta intervienen dos valores métricos: la longitud de parcela —el fondo de las manzanas— y el ancho de las calles: 29 y 3,50 m respectivamente.

Al describir la ordenación, el equipo de proyectistas, MVRDV, señala que el desarrollo estándar previsto para este tipo de intervención constaría de hileras de entre doce y veinte unidades (fig. 11-6b), con una sección viaria uniforme: fachada de vivienda, calle y jardín, con alineaciones continuas.

En la propuesta, sin afectar a la continuidad de las calles ni de las manzanas, se introducen alteraciones respecto de ese patrón. Los módulos edificados se deslizan sobre los ejes transversales (fig. 11-6c). Con ello introducen variaciones en la sección viaria e incorporan referencias visuales en diagonal. Estas facilitan la construcción del mapa mental del barrio y contribuyen a la orientación en él, sobre todo a la infancia y la senectud, los colectivos que pueden tener mayores dificultades en este sentido.

De igual modo, se vacían cuatro módulos de las bandas longitudinales interiores —cuatro parcelas, dos por banda— para destinarlas a espacio libre. El resultado, dos plazas, distantes nueve módulos de los extremos. Este vaciado aporta equilibrio al diagrama compositivo, libera visual y físicamente el espacio en aquellas zonas con mayor ocupación y contribuye a establecer unas señas urbanas reconocibles.

Al comparar el resultado final (fig. 11-7) con el esquema de las hileras continuas (fig. 11-6b), se constata la importancia de ejes, mallas y módulos como soporte geométrico para el trabajo proyectual. Se desvela un sistema en el que caben deformaciones y superposiciones. También se profundiza en el modo de leer los proyectos de arquitectura más allá de la primera impresión que se obtiene al ojear planos o imágenes.

Las fotografías, que se pueden consultar tanto en las revistas en papel como en la web, ofrecen una ordenación aparentemente idílica. Unas imágenes que la mentalidad urbana asocia a la vida en el campo, en una visión distorsionada de la vida rural. Nada hay de rústico ni de campestre en este enclave. El artificio está trabajado de tal manera que se potencia la idea de vivir en la naturaleza y en una comunidad en la que el respeto y la protección no vienen de encerrarse tras los muros, sino de la apertura y de la transparencia.

11.2.2 APARTAMENTOS EN PERILLO (1967)

Perillo es el nombre de una localidad y parroquia del término municipal de Oleiros, próximo a la ciudad de A Coruña, en el que se localiza la playa de Santa Cristina (fig. 11-8). Este enclave se consideró un centro de interés turístico nacional a mediados años sesenta del siglo XX. Con el discurrir del tiempo, sin embargo, ha prevalecido el uso residencial permanente, frenándose tanto el uso vacacional como la proliferación de locales de ocio nocturno.

De inicio, en 1966 se encargó a la arquitecta coruñesa Milagros Rey Hombre el proyecto de un hotel a pie de playa. Un año más tarde, en 1967, recibió la encomienda de proyectar unos apartamentos turísticos en una parcela cercana, aunque la idea no prosperó. Tiempo después dicho ámbito se convirtió en el parque José Martí.

La parcela destinada a alojar el proyecto ocupaba una superficie cercana a dos mil metros cuadrados (fig. 11-9). Se preveía construir veinte apartamentos agrupados en dos bloques paralelos, simétricos respecto de una calle-patio central. Desde este se accedía tanto a las unidades residenciales como a las plazas de aparcamiento y a los trasteros (fig. 11-10). Conviene hacer notar que los planos del proyecto no aportan datos sobre la llegada a la parcela ni tampoco sobre el tratamiento de la superficie libre.

Con la propuesta se resuelve un programa compuesto por un estar-comedor con terraza, dos dormitorios y un agregado de servicios básicos: cocina, tendedero y baño. Excepcionalmente, los dos apartamentos ubicados en el extremo oeste incorporan una estancia más, con el consiguiente incremento de superficie (fig. 11-11). Todas las viviendas poseen doble orientación, a la calle-patio y al espacio exterior. Desde el frente del patio se accede a través de un corredor común al que se asoman los locales de servicio y el dormitorio principal, mientras que al espacio exterior se abre el resto de habitaciones, incluida la sala.

Cumplen con las necesidades de la residencia temporal. Por un lado, la cocina se equipa mínimamente, solo con el imprescindible fogón-escurridor-fregadero: no está pensada para las tareas cocineras del día a día familiar[7]. Por otro, el lavadero, cubierto y ventilado incrementa su área para facilitar el tendido y secado de la ropa de playa.

---

[7] Las vacaciones se pensaban también para el ama de casa de la época con un estatus social medio-alto: apenas se cocinaba, porque se comía fuera, ya que los apartamentos no estaban pensados para disponer de servicio doméstico interno. Hasta los años setenta, las habitaciones de servicio formaban parte del programa común de la vivienda, salvo en las de beneficencia y en las destinadas a las clases trabajadoras.

Figura 11-8. Viviendas en Perillo. El ámbito en la actualidad, con el parque José Martí.

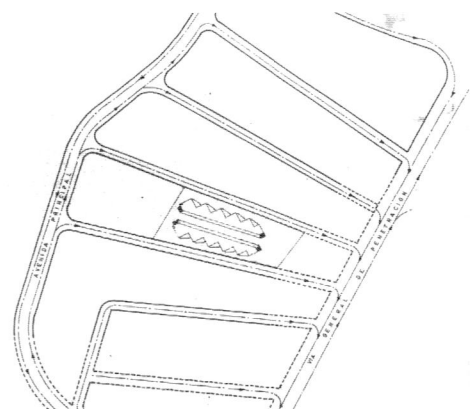

Figura 11-9. Plano de emplazamiento.

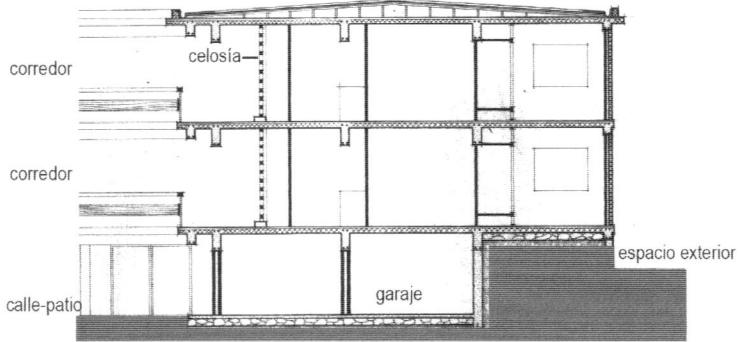

Figura 11-10. Sección.

En cuanto a la imagen transmitida, se evidencian claramente las dos situaciones definidas por la organización general: el alzado de la calle-patio y el del exterior (fig. 11-12). En el primero de ellos se ubican la puerta y una ventana alargada, acompañadas de una celosía que protege el dormitorio y el tendedero de las vistas. En el segundo, en el frente de las terrazas, se combinan los paños ciegos con los acristalados.

La organización en planta sigue un precepto tácito que rige comúnmente en las «casas de la burguesía»: la superficie del estar equivale a la superficie destinada a los dormitorios y se priorizan las zonas diurnas comunes, frente a los dormitorios y los locales de servicio.

Las viviendas se estructuran con una trama independiente cuyos ejes se giran 45° respecto del eje de la calle-patio. Con esta estrategia se evitan las miradas frontales a las edificaciones vecinas, generándose a la vez en cada una de las células, unas terrazas con un elevado grado de privacidad.

Estos apartamentos no fueron pensados como piezas industrializadas ni prefabricadas. Sin embargo, podrían haberse construido empleando elementos seriados y fabricados en taller, dada la sistemática regularidad de sus partes. Su estructura formal, sin ser innovadora, permite profundizar en el proceso de ideación proyectual, cumpliendo el objetivo de afrontar el estudio de un objeto analizando su orden geométrico.

La edificación: el módulo base

Se identifica en el proyecto un módulo M (3,00 × 4,10 m) y tres interejes, uno en la dirección A y dos en la dirección B. En la dirección A la malla sigue el ritmo a-a-a... y en la dirección B, mantiene la pauta b1-b2-b1- b2-b1-b2... (fig. 11-13). A pesar de que los apartamentos están configurados de manera idéntica, podrían introducirse variaciones en el programa sin modificar el esquema formal, si se enlazasen módulos entre sí, mediante la apertura de huecos que facilitase el paso de uno a otro.

La ordenación: la malla

Cada línea de apartamentos se desarrolla según una malla que nace de un eje de simetría, respecto del que se giran 45° los ejes sobre los que se apoyan los módulos. Su característica compositiva permite que se extienda longitudinalmente, pero no permite su expansión en el sentido transversal. Es posible formar nuevas hileras en continuidad con las ya definidas, variar el número de viviendas e incluso el número de estancias, siempre que se mantenga el patio central y los corredores.

La expansión en el sentido transversal exige, por su parte, transformar el agregado en un nuevo módulo que, combinado con la distancia entre las alineaciones exteriores, daría pie a una malla nueva (fig. 11-14).

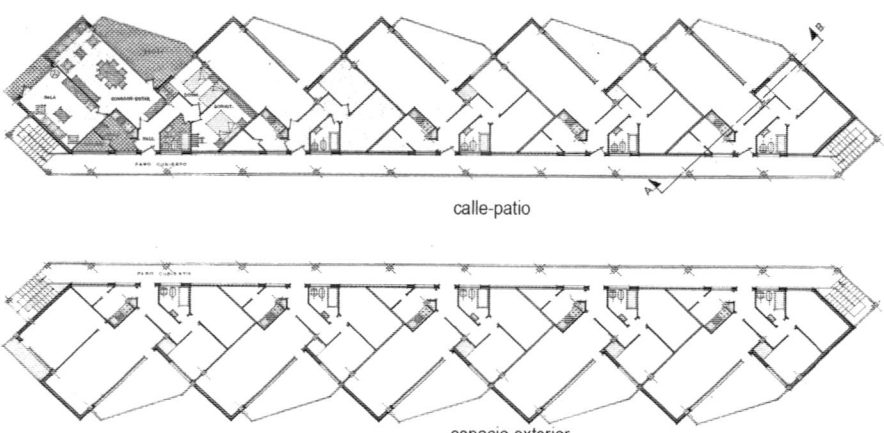

Figura 11-11. Planta de los apartamentos.

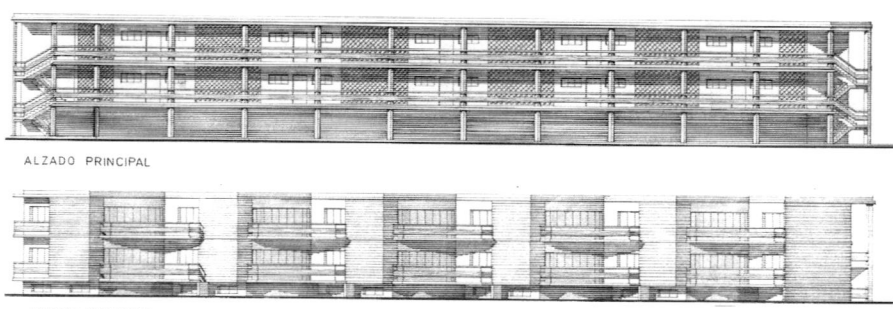

Figura 11-12. Viviendas en Perillo. Alzado a la calle-patio, identificado como alzado principal el del corredor de acceso, y como alzado posterior el del frente al espacio exterior. Obsérvese en el primero el paño de celosía para iluminar el tendedero y una de las habitaciones.

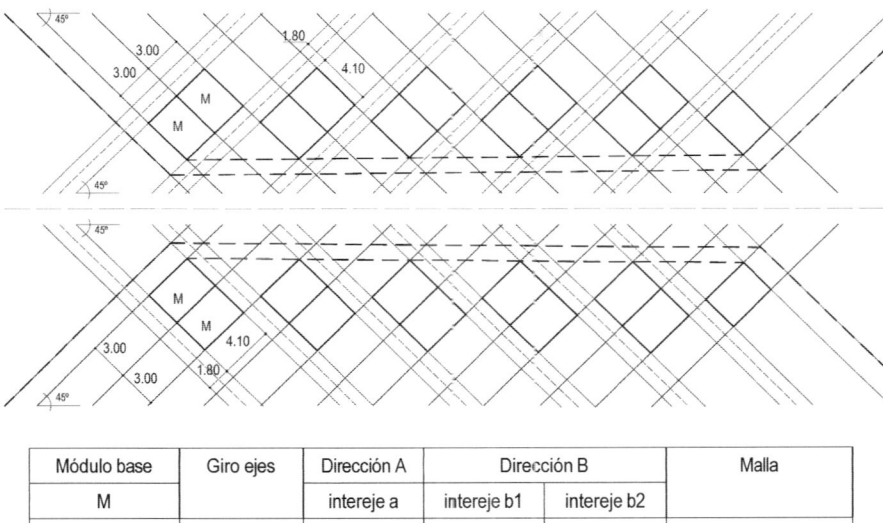

Módulo base	Giro ejes	Dirección A	Dirección B		Malla
M		intereje a	intereje b1	intereje b2	
3,00 × 4,10	45º	3,00	4,10	1,80	(4,10 + 1,80) × 3,00

Figura 11-13. Estructura formal y malla.

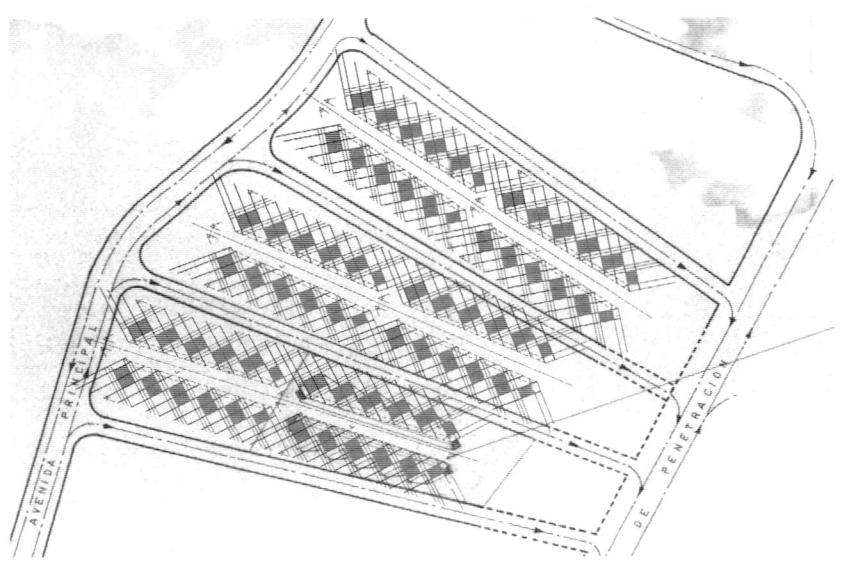

Figura 11-14. Viviendas en Perillo. Planta general, aplicando una repetición de la propuesta en el plano de ordenación general de 1967.

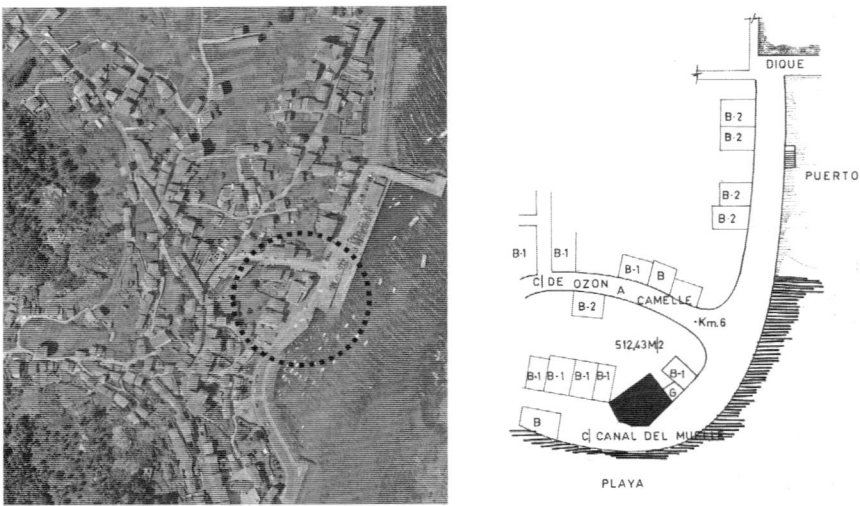

Figura 11-15. Viviendas en Camelle. El ámbito en la actualidad y el emplazamiento de proyecto.

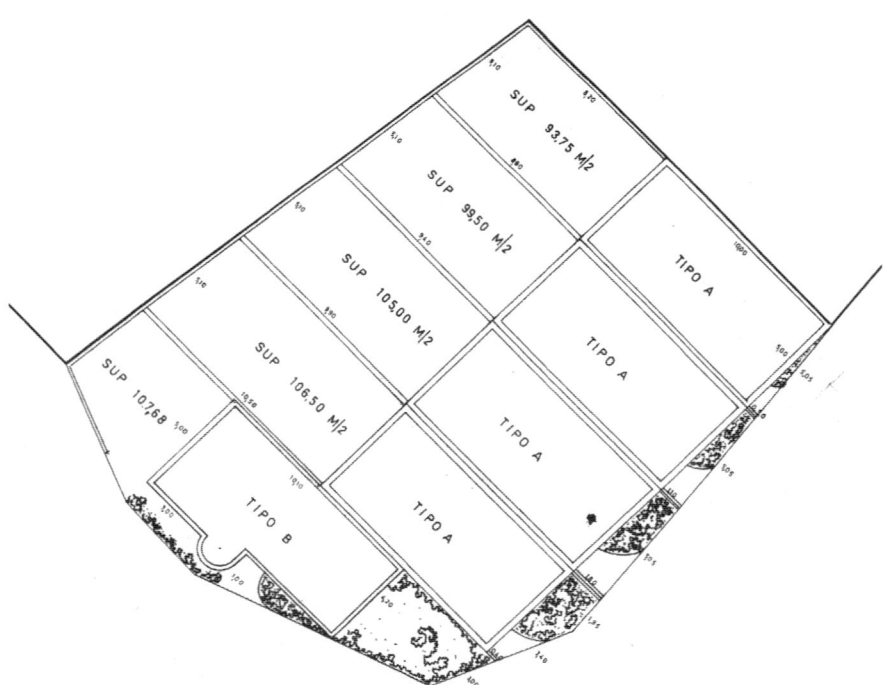

Figura 11-16. La propuesta.

Figura 11-17. Viviendas en Camelle Plantas de la vivienda tipo A y de la de final de la hilera, tipo B.

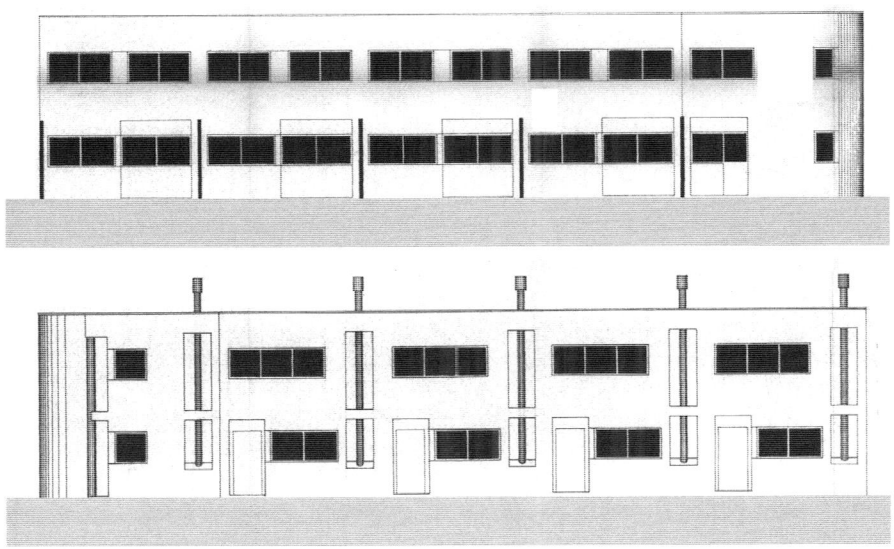

Figura 11-18. Alzados.

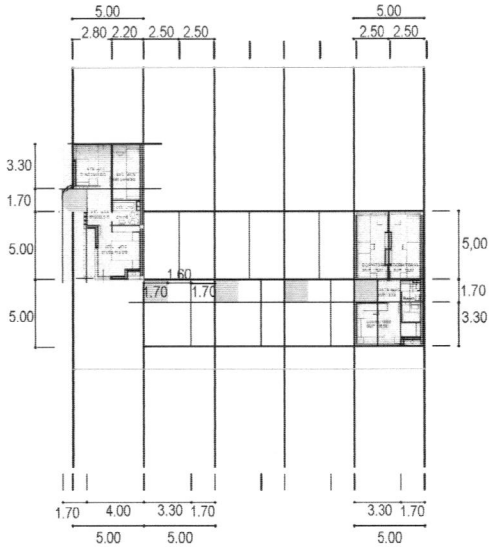

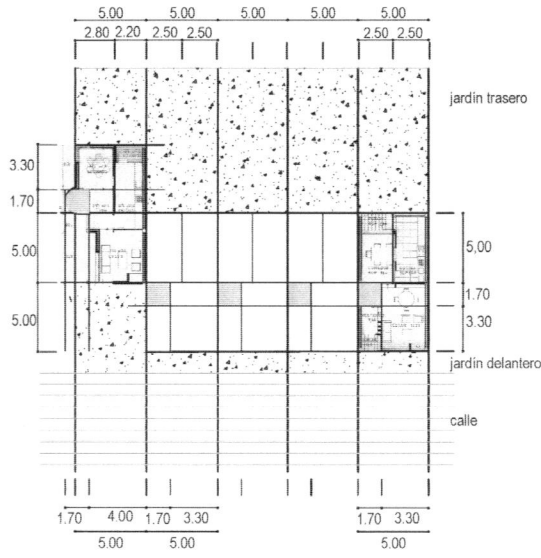

Figura 11-19. Viviendas en Camelle. Esquema estructurante de las plantas baja y alta.

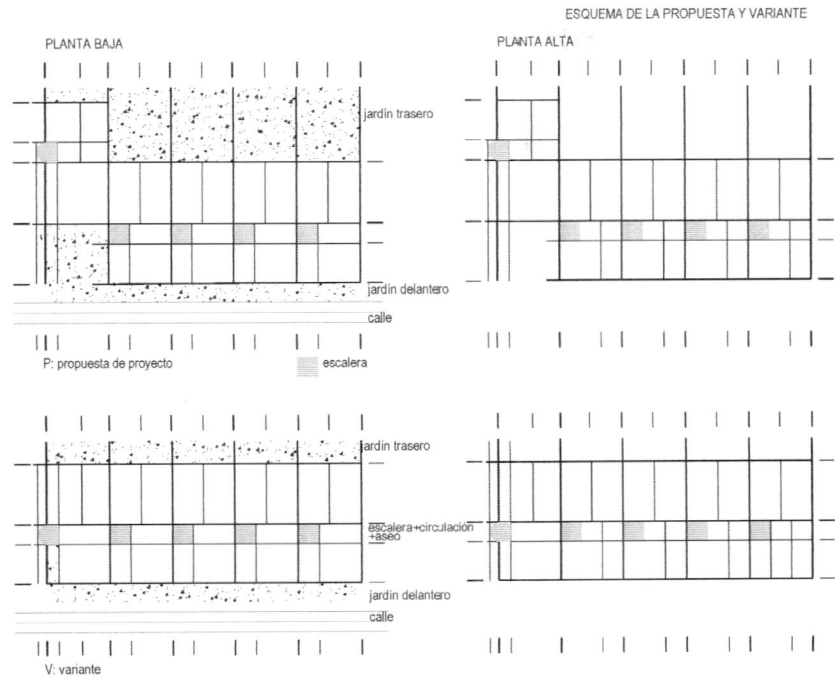

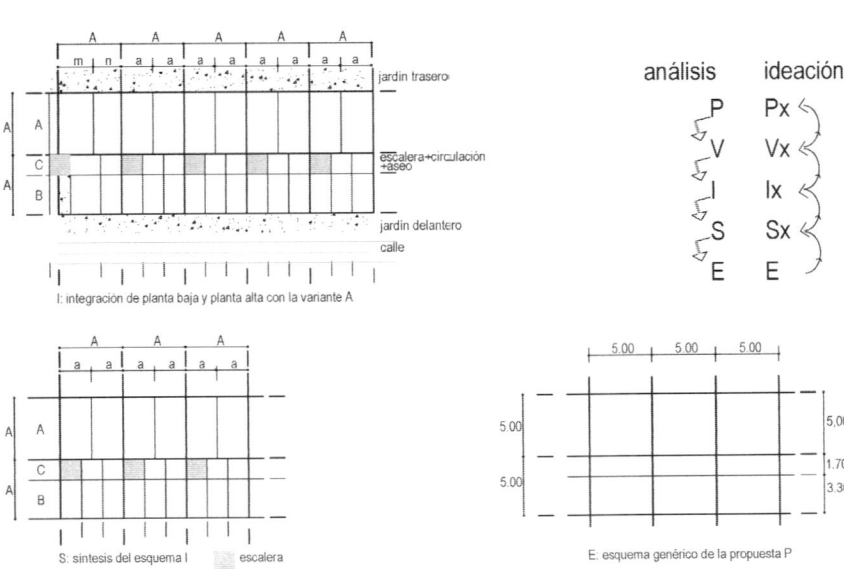

Figura 11-20. Análisis gráfico: desde la propuesta hasta el esquema genérico. A partir del esquema E es posible empezar el proceso de ideación, que culminará en diferentes propuestas, según el lugar, la intención y el contexto.

315

Tabla 11-2. Hageneiland versus Carmelle

Módulo	Hageneiland	5,50 × 10,00 m	
	Camelle	5,00 × 10,00 m	

Programa	Hageneiland	Estancia Cocina Tres dormitorios Aseo Baño Escalera Almacenaje común Lavandería Jardín	
	Camelle	Vestíbulo Estar Comedor Tres dormitorios Cocina Baño Escalera Porche 1 Porche 2	

Esquema interior: profundidad	Hageneiland	L1 + LC + L2	3,10 + 2,50 + 4,40
	Camelle	(C1 + CC) + C2	5,00 + 5,00 / (3,30 + 1,70) + 5,00

Esquema interior: ancho / frente n.º de piezas / a + b (m)	Hageneiland	Planta baja		
		Acceso	1 pieza	5,50 m
		Jardín	1 pieza	5,50 m
		Planta alta		
		Acceso	1 pieza	5,50 m
		Jardín	2 piezas	2,50 + 3,00
	Camelle	Planta baja		
		Acceso	2 piezas	1,70 + 3,30
		Jardín	2 piezas	2,50 + 2,50
		Planta alta		
		Acceso	2 piezas	3,30 + 1,70
		Jardín	2 piezas	2,50 + 2,50

11.2.3 CINCO VIVIENDAS DE BAJO Y PISO EN CAMELLE (1977)

Camelle es un núcleo costero del término municipal de Camariñas (A Coruña). En esta localidad, en una parcela en primera línea de costa, cerca del puerto, Milagros Rey Hombre proyectó en 1977 un grupo de cinco viviendas unifamiliares en hilera que no se llegó a construir (fig. 11-15).

El solar de quinientos metros cuadrados se dividió en cinco parcelas para otras tantas viviendas con jardín. En la hilera proyectada empleó dos modelos: el A, vivienda adosada, y el B, vivienda de remate.

Pero si tanto en Hageneiland como en Perillo se ha estudiado la estructura de la ordenación general y se ha establecido la relación entre la vivienda, o una parte de ella, con las herramientas de ordenación eje-malla-módulo, en el proyecto de Camelle no cabe establecer dicha relación, puesto que la parcela se colmata con objetos yuxtapuestos que ocupan los límites edificables (fig. 11-16).

Cada uno de los volúmenes responde a un mismo módulo, con una única variante, la pieza que pone fin a la hilera. Esta asume, en parte, la deformación provocada por la geometría de la parcela y a la vez conforma el frente hacia la costa.

Se analizará el objeto-tipo para verificar la utilidad de ejes, mallas y módulos en esta escala del proyecto, que podríamos denominar objetual, frente a la escala de conjunto de los ejemplos anteriores. Las viviendas siguen el mismo esquema que las de Hageneiland, con unas dimensiones similares. No obstante, el concepto que rige su planteamiento (tabla 11-2) las diferencia claramente. Si en Hageneiland se estructuran sin determinar los usos de los locales —salvo la escalera, los locales húmedos y el punto de acceso—, en Camelle, por el contrario, los planos definen un objeto «cerrado», con los usos de las estancias perfectamente definidos: se fija la ubicación del comedor, vinculado a la cocina, y la del estar, en relación con el vestíbulo de entrada (fig. 11-17).

LA EDIFICACIÓN: EL MÓDULO BASE

Aparentemente el proyecto proviene de la distribución de usos en un rectángulo de 5,00 × 10,00 m. No obstante, al leer la planta se observa la división del rectángulo en dos cuadrados de 5,00 × 5,00 m, con su propio orden cada uno. Uno configura el frente a la calle, con el acceso, y otro el frente al jardín. El orden de la planta se lleva a los alzados, resueltos con dos tipos de huecos: las ventanas, formadas por módulos de 1,00 × 1,00 m y la puerta, de 1,00 × 2,00 m, como se puede comprobar en los alzados en la figura 11-18.

En el primero se dispone la banda escalera + circulación + aseo, de tal modo que ese orden inicial de dos módulos idénticos se descompone en la serie dimensional 5,00-1,70-3,30 (fig. 11-19). Las divisiones internas de la banda

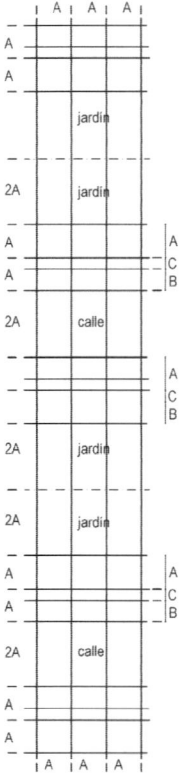

Figura 11-21. Formación de una malla a partir del esquema E de la figura 11-20.

generan otra serie de ejes secundarios, cuyo intereje varía para definir las plantas alta y baja respectivamente.

Partiendo de la propuesta se desarrolla el análisis gráfico, integrando los diferentes órdenes, hasta llegar a un esquema genérico (fig. 11-20). A partir de este se podrían introducir variaciones en la posición de las células en la parcela o incluso alterar la disposición interior de las bandas para definir alternativas organizativas.

LA ORDENACIÓN: LA MALLA

El esquema genérico de la figura 11-20 podría crecer en todas direcciones introduciendo dos bandas más: el viario y el jardín. Incluso se podría modificar la posición relativa de los módulos entre sí, formalizando objetos diferentes. Estos surgen de la misma estructura formal, con transformaciones que afectan a la posición de los componentes (fig. 11-21). Este es un efecto que, aplicado en la ordenación general de Hageneiland, se podría replicar en la organización interna de Camelle.

11.3 COROLARIO

Leer la estructura formal, también llamada subyacente o diagrama compositivo, requiere conocimiento y manejo de la técnica proyectual. Implica recurrir a ejes, mallas y módulos como elementos gráficos que dan soporte a los objetos arquitectónicos.

El estudio de los proyectos mediante el análisis de sus partes permite desentrañar dicha estructura. Al llevarlo a cabo, se desencadena un proceso con el que se interioriza la sistematización de las piezas y recintos que conforman cualquier objeto. Asimismo, se fortalece una destreza propia de la formación arquitectural, la «anhelada» intuición aplicada al campo del proyecto y con ella la creatividad. Una capacidad que permite abordar situaciones espaciales complejas, en las que interviene el programa, el lugar y todos los requerimientos técnicos y normativos ligados a un objeto arquitectónico y, por tanto, habitable.

Los diagramas no son un invento novedoso, un descubrimiento realizado con cada propuesta. El estudio y la práctica de proyectos arquitectónicos propicia el manejo de condiciones geométricas similares, ayuda a fornecernos de diagramas ya aplicados como base de la creatividad. Una leve variación en el esquema permite su evolución, transformándose en una variante no programada.

Los tres casos de estudio aportan una mirada propia sin que se signifiquen como diagramas innovadores. En Hageneiland, el deslizamiento de los bloques a lo largo de los ejes y el vaciado de las parcelas mejora los espacios libres, potenciando la capacidad de reconocer el lugar y orientarse en él. En Perillo, la intervención es susceptible de convertirse en un módulo cuya réplica podría generar una ordenación más extensa, adaptándose a distintas situaciones topográficas. Y en Camelle la alternancia en la disposición de los módulos daría lugar a diversas propuestas, llenas de variedad y riqueza en su relación interna y con respecto al contexto.

Ejes, mallas y módulos constituyen un sistema que, siendo aparentemente rígido y monótono, deviene en una manera de estructurar que aporta flexibilidad y versatilidad. Proporcionan un grado de libertad que depende de la intención de quien proyecta, responsable de fijar los criterios de relación y sistematización.

11 BIBLIOGRAFÍA

- López González, Cándido y Carreiro Otero, María (2022). *Milagros Rey Hombre, 1930-2014: memorias y proyectos de una arquitecta pionera*. San Vicente del Raspeig: ECU.

- Maas, Winiy; van Rijs, Jacob; y Vries, Nathalie de (2002). «119 Viviendas (Hageneiland), La Haya». *AV* [*Vivienda urbana*], 97:56-61.

- Norberg-Schulz, Christian (1998/1967). *Intenciones en arquitectura*. Barcelona: Gustavo Gili.

URL

- QR_11-1. «Hagen Island».
  <https://www.mvrdv.nl/projects/155/hagen-island>.

- QR_11-2. «Proyecto de edificios para apartamentos en la playa de Santa Cristina, Santa Locaia de Perillo (Oleiros)».
  <http://hdl.handle.net/2183/30791>.

- QR_11-3. «Cinco viviendas en el Canal do Peirao-Camelle (Camariñas)».
  <http://hdl.handle.net/2183/30770>.

QR_11-1   QR_11-2   QR_11-3

A11 ACTIVIDADES

• Realizar una composición a partir de los datos indicados que genere un recorrido y unos lugares de estancia, de tal modo que algunas piezas sean atravesadas siguiendo los movimientos previstos y otras deban rodearse.

Datos:

— Malla de 2,40 × 3,00 unidades.

— Volumen, formado por planos (0,15 de espesor): 2,40 × 3,00 × 3,00 unidades.

— Manipulación de las caras de las piezas: girar, cortar, suprimir.

— Transformación de los volúmenes: maclarse, agruparse en horizontal y/o vertical y rehundirse con respecto al plano de referencia.

— El material procedente de la transformación se incluirá en la composición.

— La composición incluirá un máximo de dieciséis piezas. Forma de trabajo: maqueta física y planos descriptivos.

• Proponer diversas alternativas de organización a partir de la malla de la figura 11-21. Trasladar los resultados empleando como referencia las plantas de las viviendas de Camelle.

• ¿Podrían sustituirse las viviendas de Hageneiland por las de Camelle?

• ¿Podrían sustituirse las viviendas de Camelle por las de Hageneiland?

• Generar una malla ortogonal, sin giros, a partir del esquema de los apartamentos de Perillo, ¿qué transformaciones serían necesarias?

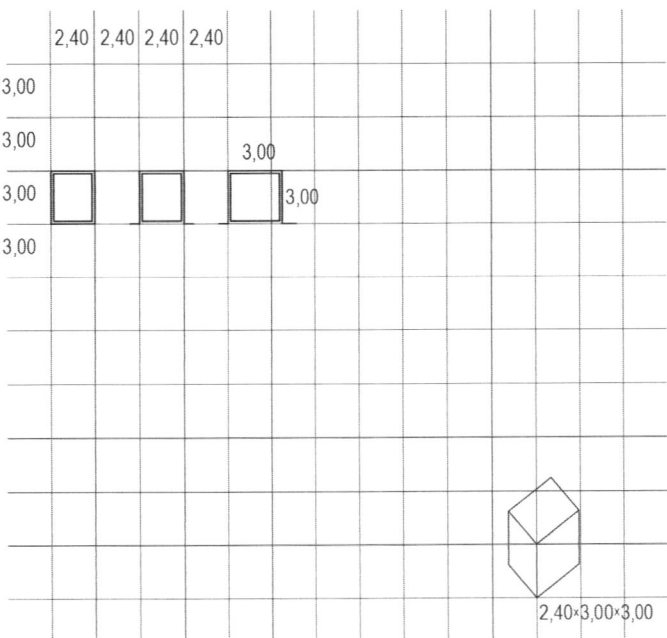

A11. Malla y módulo para una composición.

Instrucción 12.

FRAGMENTOS.
LAS PERSONAS EN EL PROYECTO

Introducir la luz – El hueco – La habitación: la celda del convento de La Tourette – Los espacios cotidianos – La perspectiva de género en arquitectura y urbanismo – Bibliografía – Actividades

I-12

Hoy en día es imposible tener un conocimiento enciclopédico. Lo que hace falta es iluminar, tener la percepción exacta de la existencia de los problemas, y dentro de los límites y del ámbito de una profesión, dejar abiertas las posibilidades de ahondar en ellos cuando sea necesario.

Lina Bo Bardi, «Conferencia en el XIII Congreso Brasileño de Arquitectos»

Introducida la estructura formal y la geometría en el proceso de proyecto, la instrucción número doce aborda otros aspectos que inciden en la doble componente técnica y social de la práctica proyectual. Cuatro apartados que, a modo de fragmentos, nos aproximan tanto al espacio arquitectónico en su calidad de lugar percibido y habitado como a la vertiente científica de la arquitectura o ciencia arquitectural.

El primero de estos fragmentos se enfrenta a la luz, imprescindible para percibir la arquitectura, pero sin olvidar la dicotomía sol-sombra planteada por Marcel Breuer (1955) al recordarnos que «sun and shadow does not mean a cloudy sky. The need for black and the need for white still exists [...]. Both, in their undiluted clarity, are part of the same life, part of the same ideal».

El segundo atiende a la habitación, reflejo de la experiencia directa en el espacio arquitectónico, entendida como el cuarto propio reclamado por Virginia Woolf (1929), que «siendo un espacio privado funcionaría también como un lugar donde "pensar" y construir lo público, en tanto espacio de estudio y concentración» (Zafra, 2011).

El tercero se entretiene con los espacios cotidianos, aquellos presentes en la vida diaria de las personas, que, como afirma Harris (1997), «secretive and intimate, its marked by the routine, the repetitive and the cyclical».

Y el cuarto y último se acerca a la perspectiva de género como una herramienta de análisis, diagnosis y prognosis de aplicación en el campo proyectual, insoslayable para entender una sociedad que busca ser igualitaria e inclusiva. Una herramienta que acompaña a los estudios de mujeres, «un movimiento transdisciplinario e interdisciplinario, intelectual y educativo, que viene alterando de manera irreversible lo que sabemos, lo que creemos saber y la manera cómo pensamos» (Stimpson, 1998).

12.1 INTRODUCIR LA LUZ

La luz se define como una forma de energía —energía luminosa— que consiente tomar contacto visual con lo que nos rodea; como una «radiación electromagnética que se transmite en forma de ondas cuyo reflejo ilumina las superficies permitiéndonos, de esta manera, ver los objetos y los colores a nuestro alrededor» (<Significados.com>). Su efecto inmediato es la iluminación, sea natural o artificial. No existe vida sin luz. Tampoco arquitectura.

La iluminación natural es un fenómeno cuyos efectos sobre las personas y sus enseres se controlan mediante artefactos, utensilios y artificios arquitectónicos. Su incidencia, intensidad y tono varían a lo largo del día y de las estaciones.

La luz natural penetra en el interior del espacio a través del hueco, estableciendo una relación visual, táctil y auditiva entre el dentro y el fuera. Privado o público, particular o colectivo, el «habitar», sea «estando» o «haciendo», necesita percibir el sol, la sombra, ver la lluvia, mirar al horizonte o al entorno construido, tener conciencia del ciclo diario y de las estaciones, escuchar los sonidos de la naturaleza o de la ciudad. En concordancia con estos supuestos hablaremos de la dicotomía sombra y luz y del hueco como elemento del proyecto.

La oscuridad, sombra absoluta, representa el antiespacio, la tumba. Contraviene la definición de *vida* y de *arquitectura*. No hay vida sin luz... natural. Su impacto en el bienestar físico y mental de las personas es un hecho contrastado científicamente. De ahí la importancia de su presencia en el espacio arquitectónico cotidiano. Una presencia que Louis I. Kahn (1959) reclamaba al afirmar que «ningún espacio es realmente un espacio arquitectónico mientras no tenga luz natural. La luz artificial no ilumina un espacio arquitectónico, porque dentro de este se debe apreciar la hora del día y la estación del año».

Sin embargo, diversas estancias y tipologías edificatorias contemporáneas exigen un control lumínico tal que hacen preciso matizar las anteriores palabras. La luz natural se sustituye por la artificial en recintos de ocio como los teatros, los cines o los auditorios, los pabellones deportivos o en múltiples espacios expositivos. Asimismo, consuetudinaria o circunstancialmente en estancias que devienen —o pueden devenir— en infraestructura como aseos o vestuarios, cocinas, lavanderías, salas de plancha o escaleras, quirófanos y laboratorios. Excepcionalmente la luz natural está presente en los locales para las máquinas, sean aparcamientos subterráneos o sean locales de instalaciones. Sin embargo, se evita en los almacenes para alimentos, en las bodegas o en los archivos.

LA SOMBRA Y LA LUZ: TINDAYA

Artá y Drach en Mallorca, Altamira en Cantabria, Skocjan y Postoja en Eslovenia coinciden en su carácter: una oquedad natural que se asoma a la ladera, invitando a avanzar hacia el vientre de la montaña. La luz filtrada desde el acceso penetra unos pocos metros. En ese umbral se intuye un espacio cuya plenitud únicamente se aprecia por medio de la hoguera, la antorcha o la electricidad de los tiempos modernos.

Frente a la cueva, seguramente uno de los primeros cobijos del ser humano, se levantó un objeto de tránsito entre el mundo terrenal y el ultramundo antropomórfico, la pirámide funeraria. Con ella se invirtió el concepto de cueva: no se ilumina lo sombrío, sino que se oscurece lo luminoso. La construcción de la pirámide va cegando paulatinamente el vacío nacido como espacio hasta quedar sepultado, convertido en antiespacio (véase instrucción 1). Superada e incluso desvanecida la relación con una divinidad y un ultramundo antropomórficos, se ha sustituido la recreación de la montaña por la desmaterialización de la masa terrena, buscando una nueva relación con lo luminoso, provocando la inmersión en la sombra.

LA MONTAÑA DE TINDAYA

Tindaya es el nombre de una población de la isla de Fuerteventura, perteneciente al archipiélago canario. También el de una montaña en sus aledaños, un enclave sagrado para los majos, los aborígenes de la isla. Se eligió como lugar de culto probablemente por su fértil suelo en contraste con el árido entorno y por su geología singular, con traquita, una rara roca volcánica. Sobre las vetas de estas rocas que afloran en la ladera, la población primitiva dejó su huella al tallar grabados rupestres en forma de figuras podomorfas. De igual modo la base de la montaña se usó para los enterramientos, localizados siguiendo el curso del sol, en los cuatro puntos cardinales.

UTOPÍA VISIONARIA

La historia de los majos ayuda a comprender el interés que suscitó en el escultor Eduardo Chillida el encargo del Gobierno canario, cuya pretensión

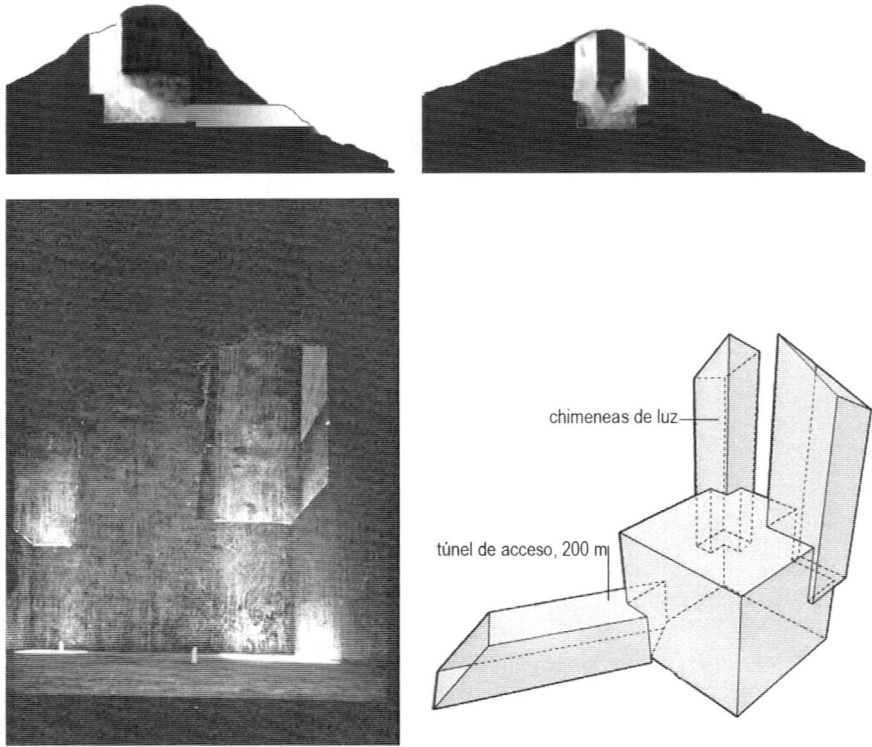

Figura 12-1. Tindaya. Secciones, esquema y recreación del interior.

para intervenir en Tindaya tenía por objeto reactivar la economía local y la autonómica. Chillida, ante el encargo, vio la oportunidad de desarrollar una propuesta visionaria, seguramente ya anterior a la encomienda.

Con su proyecto, aspiraba a crear un «lugar de encuentro» para toda la humanidad, tal y como explicaba en un artículo de prensa publicado en 1996:

> Hace años tuve una intuición que, sinceramente, creí utópica. Dentro de una montaña, crear un espacio interior que pudiera ofrecerse a los hombres de todas las razas y colores, una gran escultura para la tolerancia.

> [...] Quizá la utopía no pueda ser nunca realidad. Quizá otros lo consigan en otro lugar. O la escultura, ese espacio amplio y profundo, accesible a la luz del Sol y de la Luna, lugar de encuentro de los hombres, pueda llegar al corazón de la montaña sagrada de Tindaya.

La idea propuesta se encaminaba a desocupar parcialmente el interior de la montaña, provocando un vacío de 50 × 50 × 50 m. Un espacio que se activaría con la luz exterior introducida a través de diversos conductos, ejecutados a modo de chimeneas.

Esta escultura invertida requería una considerable excavación para conformar el túnel de acceso, el cubo y las dos chimeneas de iluminación (fig. 12-1). Si se hubiese ejecutado, se convertiría en una obra en la que confluirían escultura, arquitectura e ingeniería.

En cuanto escultura, invertiría el orden habitual: en vez de activar el vacío al ser ocupado, provocaría un vacío perceptible y visitable para reemplazar el antiespacio previo, oscuro e impenetrable. En cuanto arquitectura e ingeniería, la intervención devendría en un problema técnico de gran escala equivalente a una infraestructura viaria.

El autor se convierte en el demiurgo responsable de transformar lo que había sido plena oscuridad en un enclave que permitiría percibir el peso de la tierra bajo los rayos del sol y de la luna. Su motivación, dotar al lugar de una función especulativa —meditativa— similar a la de un templo de cualquier religión o culto, desde un enfoque humanista y laico.

Las informaciones alrededor de la hipotética intervención muestran intereses terrenales de naturaleza crematística, sublimados bajo elevados motivos «artísticos y espirituales». La ensoñación de Chillida se acompañaba de otras aspiraciones encaminadas a la explotación comercial de la traquita.

Sin embargo, la crítica científica medioambiental y social suscitada no resta interés al proyecto en cuanto experimentación artística. Este explora el impacto que provoca en las personas el acto de penetrar en un prisma sometido al cambio de luz a lo largo del día y de la noche[1].

Tal vez el efecto de contenedor iluminado por la luz vertical pudiera disfrutarse en alguna ruina o en alguno de los numerosos templos —iglesias, mezquitas— existentes, tras despojarlos de todo ornamento e instalación. Aunque con unas proporciones menos colosales que las planteadas por el escultor.

Los motivos implícitos en el encargo no deben escandalizar ni ser motivo para anatemizar el planteamiento conceptual. Tanto a lo largo de la historia como en los tiempos presentes, arquitectura, escultura e ingeniería han sido y son herramientas del poder con resultados dispares. Economía y poder alimentan grandes obras y progresos significativos. No obstante, en las postrimerías del siglo XX, el poder adopta otras expresiones. Va

---

[1] ¿Cómo sería el ambiente?, ¿húmedo, con las paredes rezumantes? Tal vez había que habilitar un sistema de renovación de aire y de control de la temperatura y la humedad, lo que implica introducir capas interiores para las instalaciones y su control. El paso de la maqueta y/o los dibujos a la realidad a partir de ciertas dimensiones implica un cambio de escala en espesores y condiciones ambientales que pueden distorsionar los proyectos. Se desconoce qué vaciado interior habría que hacer para logar el prisma de 50 × 50 × 50 m.

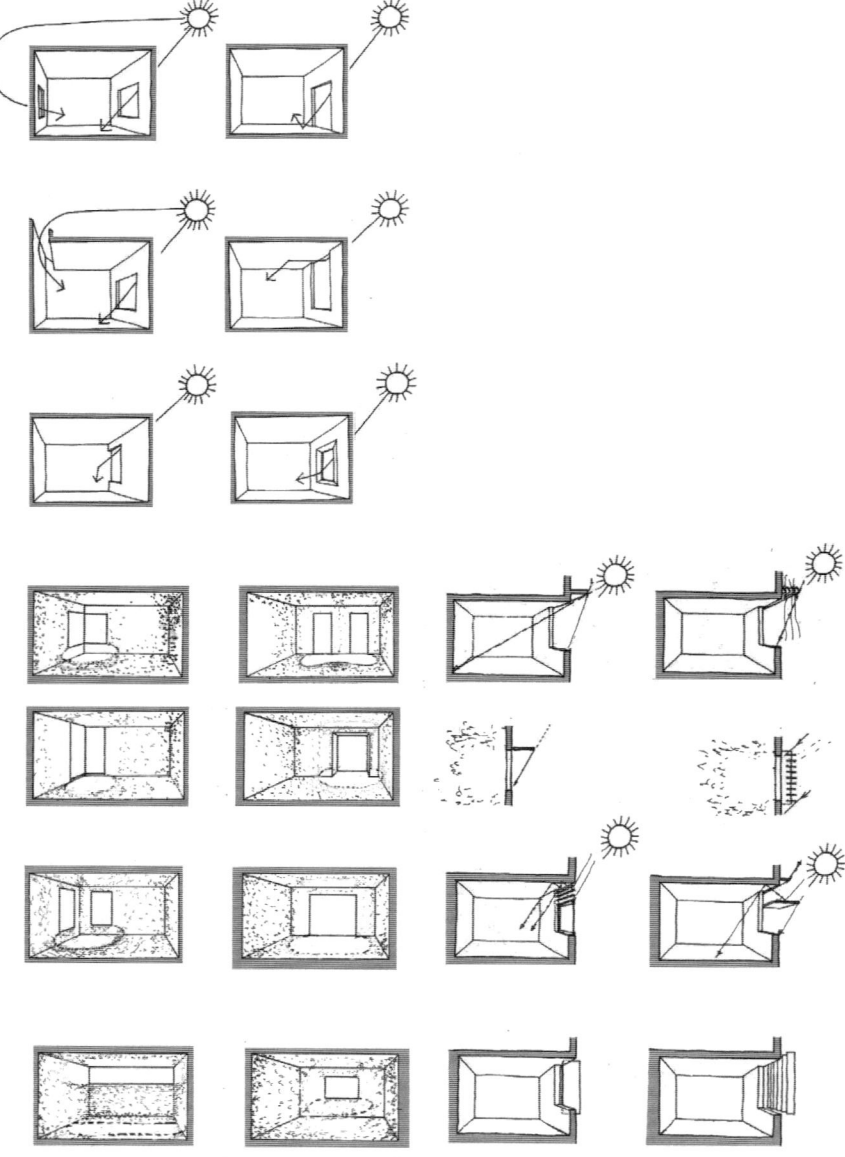

Figura 12-2. Efectos de la luz en el interior de las estancias a partir de los dibujos de Moore, Allen y Lyndon y de Mendizábal.

asumiendo las aspiraciones colectivas de igualdad e inclusividad junto con la conciencia medioambiental. Cuando los dioses ya han perdido la mayúscula y el nombre y las ciudades y el territorio están plagados de templos de distintos signos y tamaños, son cuestionables actuaciones como la prevista para Tindaya, por vacuas. Excepcionalmente, en esta ocasión coincidieron la economía, la ciencia y el sentido del *genius loci,* frenando su materialización.

Al margen de la crítica, ¿qué interesa de la intervención en Tindaya? Sin duda el significado del binomio oscuridad-luz, que permite convertir la nada en un lugar. Una actuación que mediante un cambio de escala y de registro sugiere la ideación un elemento arquitectónico con un exterior orgánico y un interior con una geometría pura. En este sentido nos remite a la casa Y2K[2]. Un proyecto cuyo exterior, tallado para parecerse a un resto de papel arrugado, esconde un interior perfectamente regular.

> A pesar de nuestra modernidad, basada en la iluminación del pensamiento y la racionalidad, no hemos olvidado el anhelo de trascendencia. Como los faraones, queremos construir un recinto para la vida de ultratumba y dejar una seña para la eternidad... Al fin, «vanidad de vanidades, todo es vanidad» (Eclesiastés, 1:2).

12.2 EL HUECO

Existen volúmenes que en determinados planos de cierre carecen de huecos, como el pabellón Barcelona o la casa de baños de Trenton. En otros se sustituyen por láminas transparentes, como en la vivienda de Lina Bo Bardi (véase la instrucción 7). Sin embargo, comúnmente, los objetos arquitectónicos se relacionan con el exterior a través de huecos —o vanos— practicados en sus cerramientos exteriores.

Una operación que introduce la dimensión perceptiva confiada a la vista principalmente, pero también al olfato, al oído y al tacto. Además de dar paso a la luz, al sol y a las vistas, permiten ventilar y asomarse, cumpliendo una función emocional relevante: relacionar a quien habita el interior con el ambiente externo. Una relación biunívoca dentro-fuera y fuera-dentro que afecta tanto a la calidad del espacio interior como a la imagen que se ofrece. Vemos y somos vistos; olemos, oímos, aireamos y percibimos los fenómenos meteorológicos cotidianos, brisa, viento y lluvia.

Se habla de hueco y no de ventana, una disociación que proviene de la evolución técnica. El hueco es una abertura en la envolvente, bien en el alzado

---

[2] Proyecto del estudio de arquitectura OMA de 1998, que daba respuesta a los requerimientos de un cliente que demandaba una casa pensada a finales del siglo XX para ser habitada en el siglo XXI, en el mismo lugar en el que vivía en ese momento, con unas amplias vistas. No llegó a construirse. La idea formal de este objeto constituye un antecedente de la Casa de la Música de Oporto, del mismo estudio.

o bien en la cubierta, mientras que la ventana[3] es el agregado de carpintería y vidrio, con el que se cierran los vanos. Incorpora partes practicables que se abaten, giran o deslizan, acompañadas —o no— de otras fijas. La movilidad de las hojas practicables permite asomarse, ventilar la estancia o limpiar la ventana. En ocasiones, la fábrica del cerramiento se sustituye por un entramado acristalado en el que se pueden incorporar las ventanas con sus divisiones.

El hueco, dependiente de su función en planta y en sección, actúa también como elemento compositivo del alzado, aunque este no debe limitarse a ser solo un dibujo agradable. Ha de dialogar tanto con su interior como con lo que le rodea.

ILUMINACIÓN Y SOLEAMIENTO

En *La casa: forma y diseño* (1978) de Charles Moore, Gerald Allen y Donlyn Lydon; en el *Manual de la ventana* (1988) de Margarita Mendizábal; o en la *Arquitectura bioclimática en un entorno sostenible* de Javier Neila, se ilustra gráficamente el efecto de la luz en un interior, según la posición y la proporción de los huecos (fig. 12-2).

La calidad y cantidad de la iluminación natural no solo depende de los factores formales, sino de condicionantes como la latitud, la orientación, la hora del día, la época del año, la nubosidad o el grado de contaminación atmosférica.

Ha de distinguirse la iluminación del soleamiento; la primera proviene de la luz difusa del cielo, el segundo de la exposición directa a los rayos solares. Es frecuente que se confundan ambos términos, por lo que es preciso establecer la diferencia entre ellos. La iluminación es consustancial a las horas diurnas e independiente de la orientación. Por su parte, el soleamiento proviene del recorrido del sol, desde el orto hasta el ocaso. Influye en la intensidad y uniformidad de la luz a causa del brillo de los rayos solares y las sombras más o menos intensas que estos provocan. El norte carece de radiación directa, por lo que ofrece una luz uniforme; al contrario que el este, el sur y el oeste, cuyo soleamiento y calidad lumínica varían a lo largo del día.

Afirma Mendizábal (1988) que «la cantidad de luz que entra en una habitación es el resultado de la luz difusa del cielo». El efecto de la proporción y posición del hueco en la iluminación de una estancia queda condicionado por la cantidad de cielo que se ve desde él y por los obstáculos existentes en el entorno. A lo que se debe añadir las características de la carpintería con la que se cierra.

---

[3] Ventana: el término proviene del latín *ventus* («viento»), haciendo referencia a la capacidad de ventilación que proporciona.

Si desde una ventana apenas se ve el cielo, como sucede en los locales que se abren a un patio interior o a una calle estrecha[4], la luminosidad será claramente inferior a la disponible si ese mismo local mirase a un patio de manzana o a una calle de mayor sección. Del mismo modo, la iluminación se incrementaría notablemente si el hueco se dispusiera en el techo, a modo de lucernario, aunque en este caso la relación con el entorno cambiaría totalmente.

La valoración de la luminosidad interior se obtiene a partir del factor de iluminación natural. Se expresa como la relación, en tanto por ciento, entre la iluminación interior y la exterior que existe en un día despejado. Si hasta ahora era difícil disponer y manejar estos datos, en la actualidad, las aplicaciones informáticas permiten previsualizar el nivel de iluminación natural según los huecos proyectados. En cualquier caso, los datos obtenidos responden a unas condiciones prefijadas que la realidad puede alterar, por lo que los cálculos manuales y digitales deben manejarse complementando a la observación y el conocimiento empírico, no como sustitutos ni verdades absolutas.

LOS HUECOS Y LA VIVIENDA

Se recurría, y se recurre, a referencias manualísticas y normativas para determinar los parámetros de iluminación en las estancias habitables de las viviendas. En España dichos parámetros quedan fijados por las normas de habitabilidad de las diferentes comunidades autónomas[5]. Se corresponden con valores mínimos, resultado de la expresión «$K \geq$ superficie de los huecos de la pieza/la superficie de la pieza». En Galicia, por ejemplo, las vigentes normas del hábitat, de 2010, fijan esa proporción como mayor o igual a un octavo, de tal modo que $K \geq 1/8$.

No obstante, quedan fuera de la norma las condiciones cualitativas y de entorno reseñadas. Estas forman parte de los conocimientos propios de la técnica proyectual. Nuestro criterio dictaminará cuándo el cumplimiento de la norma es suficiente o cuándo debe ser un dato más en el desarrollo del proyecto[6].

---

[4] Calle estrecha: se puede definir como aquella cuya sección, dada por su ancho y la altura de sus fachadas, se adapta a un rectángulo vertical, con una proporción aproximada alto h/ancho a, tal que h $\geq$ 1,5a.

[5] En el Estado español las competencias en materia de vivienda están transferidas a las comunidades autónomas, responsables de la normativa que regula la producción residencial y, por tanto, de las normas de habitabilidad.

[6] Las normas, ordenanzas y reglamentos tienen una función concreta: fijar un estándar para las autorizaciones y licencias administrativas. Se elaboran a partir de la experiencia acumulada, por lo que afrontan deficiencias y errores detectados en el pasado, pero no prevén las situaciones por venir ni tampoco los efectos indeseados que genera su aplicación. Cumplir la norma, por ejemplo, de habitabilidad, quiere decir que se adoptan los parámetros indicados por ella, no que se logre el confort espacial o la calidad arquitectónica —aspecto que se redefine periódicamente—. Una distribución ajustada a la normativa puede ser un mal ejemplo de arquitectura. Aunque, ciertamente, incumplir la norma de manera arbitraria, incluso con brillantes ocurrencias, tampoco garantiza la calidad de la obra. La norma no sustituye al criterio ni a la observación ni tampoco al método.

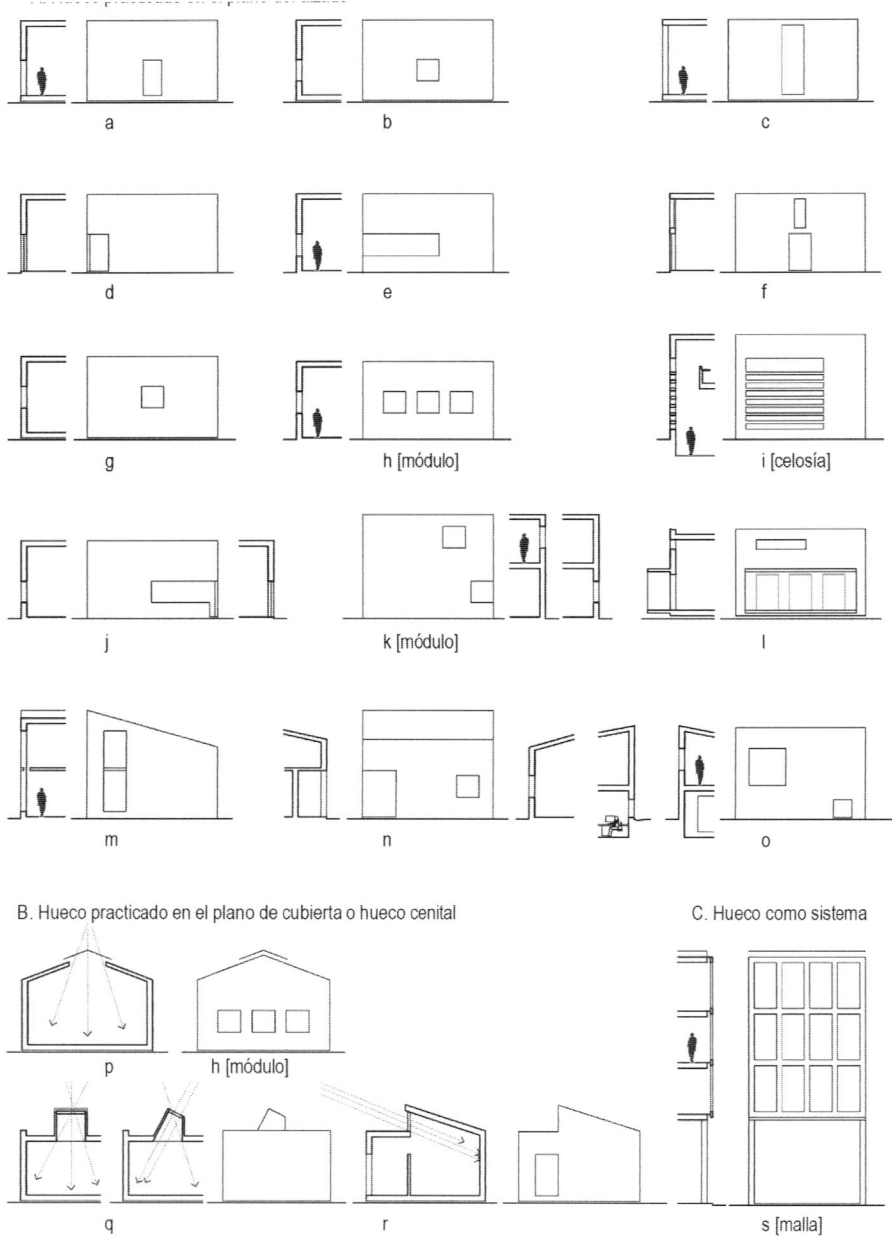

Figura 12-3. Distintas disposiciones de los huecos en los alzados y la sección y en la cubierta.

12.2.1 INSTRUCCIONES DE USO

Las dimensiones, posición y cierre —carpintería— de los huecos intervienen en su carácter multifuncional que, al igual que en el caso de la escalera (véanse las instrucciones 8 y 9), es tanto utilitario como representativo. Los huecos de las fachadas filtran la relación dentro-fuera, proporcionan iluminación, ventilación y vistas e identifican el objeto a través de los alzados. Su disposición y dimensionado llevan implícitas tanto la escala general como la de detalle.

La escala general (fig. 12-3) atiende al manejo del hueco en el conjunto del alzado, que se realiza según tres opciones: vanos proporcionados a partir de un módulo, con una distribución pautada; vanos diversos en sus proporciones y posición; o vanos híbridos entre lo pautado y lo diverso, como mezcla de las dos anteriores.

Los casos de estudio analizados en las instrucciones previas muestran esta variabilidad. Las viviendas de Hagereiland y las de Camelle emplean la modulación o la Caja y la casa en Sovalado cuentan con huecos que se adaptan específicamente a las estancias y, a su vez, la casa Bo Bardi combina partes sometidas a una estricta modulación con otras de composición diversa.

Asimismo, si se atiende a la escala de detalle, observamos cómo esta se entretiene en el hueco como componente de la sección y del alzado. Para ello, considero tanto la altura del hueco con respecto al nivel del suelo interior (fig. 12-4) como la relación dentro-fuera (fig. 12-5).

Tomando como referencia el suelo de la estancia, el hueco estándar se caracteriza por un antepecho cuya altura oscila entre 0,90 y 1,20 m, alcanzando el dintel los 2,10 m. No obstante, la elección de una y otra forma parte de la técnica proyectual. En cada caso concreto ambas dimensiones responden tanto a la intención proyectual como al contexto del objeto, a su orientación o al programa de necesidades. Si el cambio de posición del dintel afecta a la percepción del hueco y a la entrada de luz en el interior, la del antepecho impacta en la relación dentro-fuera, ampliándola o acortándola.

En el caso del hueco con una altura de antepecho estándar se protege el interior de la mirada exterior, permitiendo asomarse al espacio abierto sin riesgo de caída. En esta posición, el vacío queda enmarcado por los huecos a los que se asoman escenas de la vida cotidiana.

Si la altura del antepecho crece, se potencia la visión recta, sin posibilidad de asomarse. Como contrapartida cabe apoyar contra ese paramento una mesa, un aparador o una estantería Estos antepechos altos se emplean en vestuarios, baños o en corredores que comunican dormitorios para evitar las miradas directas e indiscretas. La proporción que adquiere el hueco se metamorfosea en una línea de sombra hacia el exterior y de luz hacia el interior.

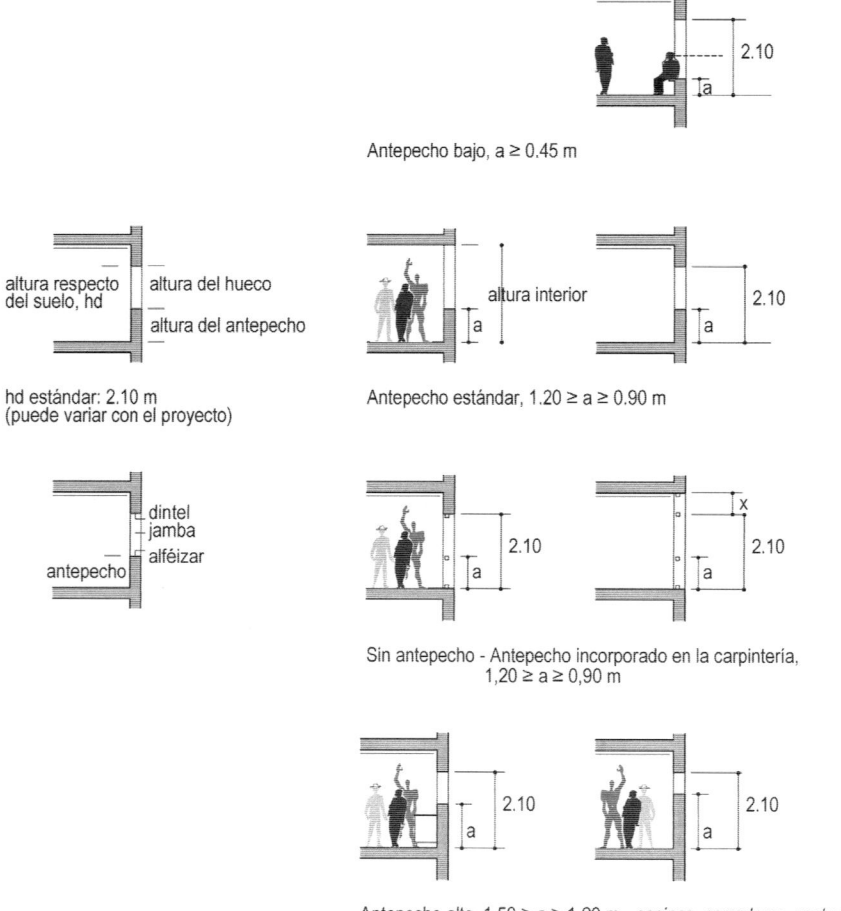

Figura 12-4. Altura del dintel, el alféizar y el antepecho respecto del suelo interior y la altura de visión.

Vista de fuera a dentro

Vista de dentro afuera

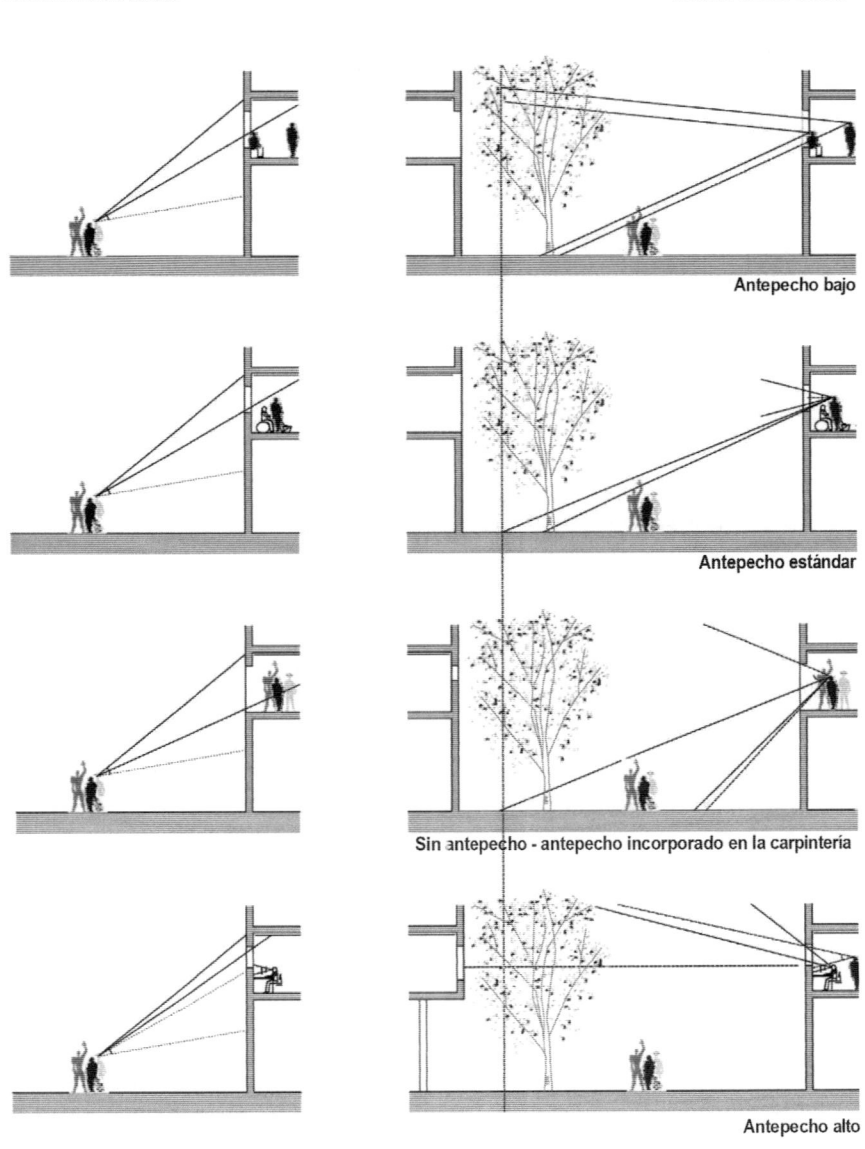

Antepecho bajo

Antepecho estándar

Sin antepecho - antepecho incorporado en la carpintería

Antepecho alto

Figura 12-5. Altura del dintel, el alféizar y el antepecho de diferentes huecos respecto de las visuales interior-exterior.

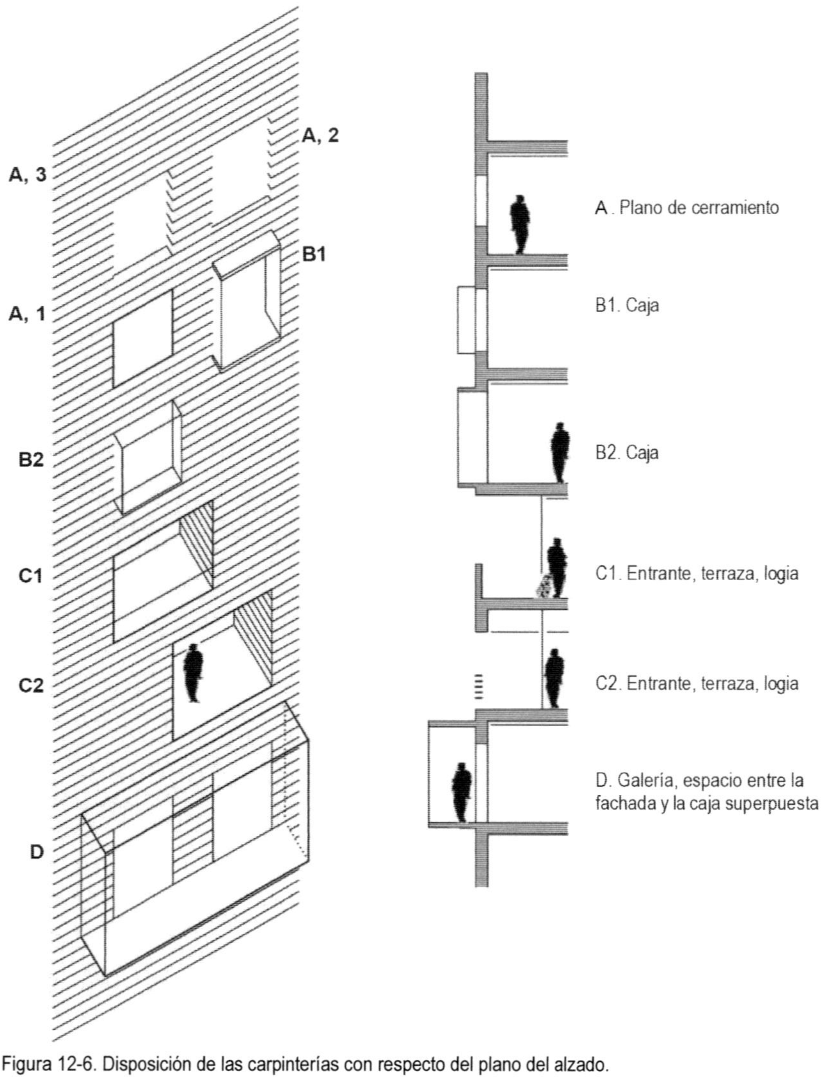

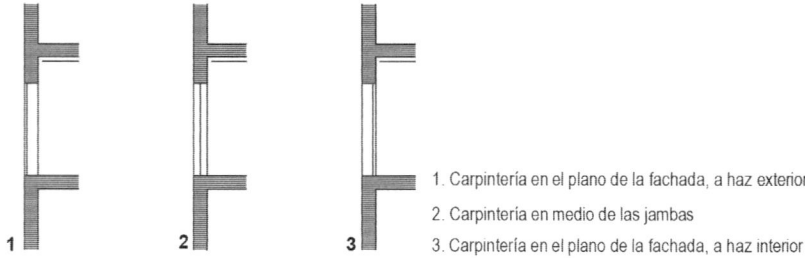

A, 3
A, 2
B1
A, 1
B2
C1
C2
D
A. Plano de cerramiento
B1. Caja
B2. Caja
C1. Entrante, terraza, logia
C2. Entrante, terraza, logia
D. Galería, espacio entre la fachada y la caja superpuesta

Figura 12-6. Disposición de las carpinterías con respecto del plano del alzado.

1
2
3
1. Carpintería en el plano de la fachada, a haz exterior
2. Carpintería en medio de las jambas
3. Carpintería en el plano de la fachada, a haz interior

Figura 12-7. Disposición de la carpintería en el jambeado del hueco situado en el plano del alzado.

El antepecho también puede disminuir hasta llegar a desaparecer. Con ello se incrementa la visión bidireccionalmente: dentro-fuera y fuera-dentro. Esta opción acerca el espacio público a un adulto en posición sedente, a bebés y a infantes.

Si se considera la cubierta como un quinto alzado, hallamos un tipo de hueco particular, el lucernario. En él predomina el efecto lumínico sobre la relación visual dentro-fuera. La iluminación cenital puede proceder de huecos abiertos en el propio plano de cubierta o bien de chimeneas de luz y/o claraboyas indirectas.

En el primer caso la intensidad lumínica equivale a la luz directa exterior. Introduce el cielo dentro del espacio. Como efecto desfavorable cabe apuntar el difícil control de los rayos solares y, por tanto, de la temperatura interior, así como el ruido de la lluvia contra el vidrio que los cierra.

En el segundo de los casos, chimeneas, claraboyas u otros mecanismos indirectos, la luz penetra de manera puntual. Se pierde la relación directa con el orbe, aunque se puede controlar de manera más sencilla la incidencia de los rayos solares.

Otro aspecto que se debe valorar al profundizar en el estudio de los huecos como componentes de la sección y del alzado radica en la posición de la carpintería con respecto al plano del cerramiento exterior. Esta puede colocarse en el propio vano, rehundirse o sobresalir (fig. 12-6). Las dos últimas opciones formalizan espacios intermedios entre el dentro y el fuera. Algunos con una mínima presencia, pero suficiente para alterar la relación interior-exterior.

Si la carpintería se sitúa en el vano, su impronta en la imagen del objeto proviene de su disposición en el ancho de las jambas. Si se ubica a haces exteriores, alineada con la cara exterior del cerramiento, aporta tersura al alzado, conformando una repisa hacia el interior. Si se sitúa en medio de la jamba, genera una leve sombra, tanto dentro como fuera. Y, por último, a haces interiores, alineada con el paramento interior, provoca una sombra en el alzado y una superficie continua en el interior (fig. 12-7).

Los vanos rehundidos tienen su paradigma en la terraza o logia, que provoca una sombra en el alzado y un espacio intermedio. Y, por último, los huecos sobresalientes quedan representados por la caja acristalada y por la galería, dos piezas que se diferencian porque la caja amplía el espacio interior hacia fuera, mientras que la galería se superpone al cerramiento para conformar un espacio intermedio entre el cerramiento del alzado y el plano acristalado.

En todo caso, para determinar la posición de un hueco cualquiera se requiere tener en cuenta una panoplia de alternativas en torno a diversos aspectos geométricos y formales, entre ellos la posición del hueco tanto en sección como en alzado (tabla 12-1).

Tabla 12-1. Huecos: situación y proporciones

SITUACIÓN en relación con el volumen de la estancia	PROPORCIÓN en relación con sus dimensiones
EN LOS PLANOS VERTICALES	1. Horizontal
1. En el plano del alzado	2. Vertical
2. Asomándose al exterior: • Caja: se «desplaza» el cerramiento del hueco • Galería: se añade un volumen a la fachada	3. Neutro (cuadrado, circular)
3. Retranqueándose hacia el exterior	**OTRAS CONSIDERACIONES**
EN LOS PLANOS DE CUBIERTA	1. Proporción hueco / plano alzado
4. En el plano de cubierta	2. Proporción entre huecos
5. «Chimenea» de luz	3. Dimensionado: imagen (alzado)
	4. Elementos complementarios
POSICIÓN	• Parteluces y maineles
EN RELACIÓN CON EL PLANO DEL ALZADO	• Pantalla de control solar
1. En el centro del plano	• Lamas
2. Excéntrico	5. Carpintería
3. En esquina: dos planos contiguos	• Posición relativa en la jamba
EN RELACIÓN CON LA ALTURA RESPECTO DEL SUELO INTERIOR	• Despiece
4. Relación con el exterior	
5. Protección de la visión exterior / almacenaje	

Un árbol, un parque, el mar, los rayos del sol, una plaza, la luz del amanecer o la del ocaso ayudan a definir la posición del hueco. No solo se considera la geometría y la composición artística, sino que ha de valorarse la relación entre la persona y su entorno a través del elemento arquitectónico.

Al pasear, algunas fachadas producen desazón. ¿Estarán agrietadas o torcidas? Aparentan solidez. ¿Entonces…? Parecen una maqueta. El traspaso directo del dibujo a la escala 1/1 las debilita. Les falta realidad a pesar de su correcta ejecución. Lo mismo sucede con algunos objetos. Los leemos a través de un dibujo armónico y proporcionado. Percibimos el cuidado grafismo, la belleza del plano impreso. Pero cuando los observamos, ya construidos, vemos una sonrisa mecánica. Aquella en que las comisuras de los labios se curvan hacia arriba, en un remedo de sonrisa, pero sin acompañarse del movimiento de los músculos cigomáticos y orbitales de los ojos, que solo se activan cuando la emoción es verdadera. Esta falsedad se descubre ocasionalmente, en todo tipo de edificios, públicos y privados, de autor reconocido o desconocido. Quizás aún no se hayan dado cuenta.

Algunas personas calificadas como amables y encantadoras ejecutan sonrisas mecánicas en su relación social. Un día, por azar, tomamos conciencia de que su sonrisa no es más que rictus. A partir de entonces, dejan de ser encantadoras, suscitan dudas sobre su sinceridad. Las fachadas de los objetos de cartón-piedra producen una reacción similar. Desconfío de su valía pese a que sean presentados como ejemplos del buen hacer. Tal vez fueron fruto de un mal día.

12.2.2 LA CARPINTERÍA CONTENIDA EN EL HUECO

La escala general y de detalle del alzado y la sección nos aproximan a comprender el efecto del hueco a un lado y otro del plano del cerramiento. Desde el interior se incide en la percepción de la pieza, a través de la entrada de luz, y en la interacción entre la persona y el propio hueco, que depende de su posición. Desde el exterior, en la imagen del objeto.

A continuación, para ilustrar el efecto de la carpintería situada en la jamba del hueco se recurre a cuatro obras de arquitectura, de distintas épocas, funciones y autores. La casa Malaparte, el convento de La Tourette, la biblioteca de la Phillips Exeter Academy y The Women's Building, un edificio asistencial-cultural, aún en proyecto.

La diversidad de las respuestas evidencia el efecto de la técnica, del lugar y del programa en la intención proyectual pese a aplicar esquemas análogos en algún caso. Los vanos se convierten en cuadros, en líneas, en focos, en espacios habitables y en elementos polifuncionales.

A. CASA MALAPARTE. EL HUECO COMO CUADRO

La mayor parte de los huecos de la casa Malaparte mantienen proporciones similares: rectángulos verticales cerrados mediante una carpintería de dos hojas que permite ventilar, iluminar y asomarse. Algunos de ellos se protegen de los intrusos con rejas, mientras que otros poseen contras para regular la entrada de la luz. Singularmente, dos huecos en cada uno de los alzados largos aumentan su tamaño.

Dichos vanos adquieren proporciones horizontales y su carpintería prescinde de las particiones internas. Ubicados en el salón de la planta alta, a haces interiores (fig. 12-7, esquema 3), enmarcan un paisaje cuyos elementos, el horizonte, las rocas y el mar, reflejan el incesante cambio a lo largo del día y de las estaciones. Asumen un carácter fundamentalmente representativo al introducir el exterior dentro, flanqueando la chimenea. Una mirada atenta desvela que no poseen el mismo ancho, aunque sí la misma altura. Probablemente la mano de un arquitecto hubiese optado por igualar esas dimensiones para formar una simetría estricta o bien por diferenciarlos más. Malaparte, sin formación técnica arquitectónica, carecía de esos prejuicios. Seguramente la posición de los huecos se decidió en obra, mirando al horizonte para representar la naturaleza viva como un artefacto delimitado por un marco (fig. 12-8).

B. CONVENTO DE LA TOURETTE. LA LÍNEA Y EL FOCO CENITAL

Este fragmento no busca explicar el convento dominico proyectado por Le Corbusier entre 1957 y 1960. No cabe duda de que dicha obra requiere de un estudio pausado para asimilar todos los mecanismos proyectuales que

Figura 12-8. Los huecos en la casa de Curzio Malaparte. Capri, Italia. 1937. La vivienda se ejecutó a partir de un primer proyecto redactado por Adalberto Libera, modificado en su totalidad por su propietario, el escritor Curzio Malaparte.

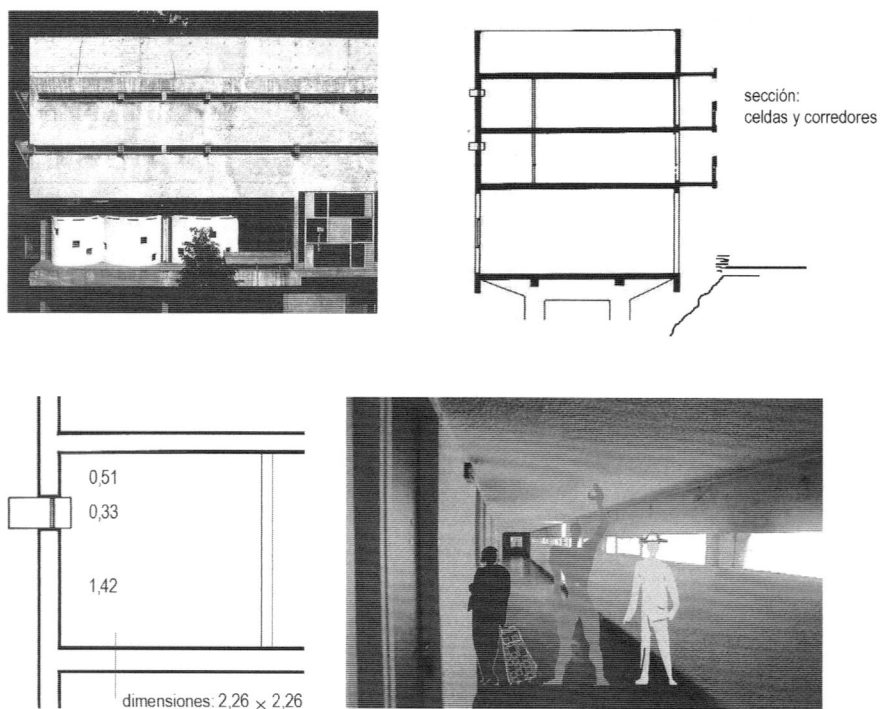

Figura 12-9. Convento de La Tourette. Eveux-sur-Arbresle, Lyon.1957-60. Le Corbusier. Corredor de las celdas: alzado desde el claustro, sección transversal, sección e imagen del corredor.

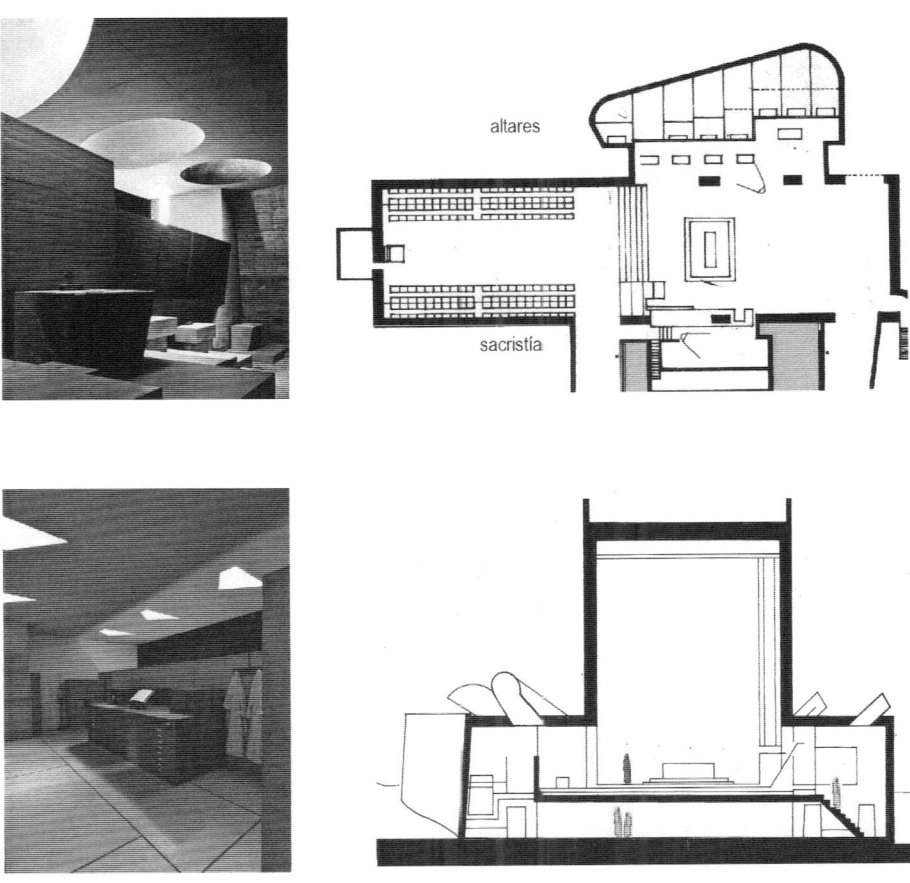

Figura 12-10. Planta y sección del templo con la capilla lateral y los altares, junto con la sacristía.

encierra. Además, se encuentra profusamente documentada y explicada en diversas monografías, artículos y tesis doctorales, por lo que el interés personal por la obra se puede satisfacer acudiendo a esas fuentes.

El convento reinterpreta la tipología histórica monacal, que se rige por unas reglas estrictas en su estructura formal. Sin ver cercenada su capacidad creativa, Le Corbusier se sometió a dichas normas, bajo las que desarrolló su propia creatividad, una ideación libre que no renuncia a la historia y la tipología.

Es incontestable que el convento de La Tourette podría servir de base para un seminario en el que periódicamente se abordasen diversos temas arquitectónicos: desde los más genéricos, como el espacio eclesial, hasta los más específicos, como el tratamiento de los huecos en sus distintas facetas.

No obstante, aquí el recorrido por esta obra se acota para analizar la forma de introducir la luz. Se ciñe a dos tipos de hueco: a la *fenêtre en longueur* del corredor de los dormitorios —hueco rasgado en horizontal— y a los lucernarios de los cuerpos auxiliares de la iglesia.

El hueco como línea de luz en el corredor

La figura 12-9 nos sitúa en uno de los corredores de las celdas. Un hueco rasgado y continuo introduce la luz y permite mirar en horizontal (fig. 12-4, antepecho alto). La altura de su alféizar preserva la intimidad de quienes circulan por el pasillo. Ni siquiera al levantarse, camino de la ducha, son precisas las cortinas u otros complementos para la protección visual.

Con esa disposición se trastoca la proporción convencional vacío-lleno de los alzados. Los lienzos parecen responder a una composición abstracta, aparentemente autónoma de todo compromiso con la función de uso. Un error craso: la proporción del hueco se define a partir del uso del corredor. Bajo ese argumento se proyecta el alzado.

La línea de luz se interrumpe pautadamente con unos prismas de hormigón que sobresalen del plano de la fachada. Además de la función portante, actúan señalando, y recogiendo, la apertura de las hojas de la carpintería que se abaten para ventilar.

Es difícil aunar la percepción interior con la exterior: no parecen corresponderse entre sí. Cambia la escala del hueco con respecto a su contexto. Desde dentro se aprecia el detalle; desde fuera, el conjunto. Interiormente se percibe como una línea continua de luz que proporciona amplitud a un corredor de sección cuadrada. Visto desde el exterior semeja una junta interrumpida seriadamente por los prismas y sus sombras.

EL HUECO COMO FOCO CENITAL EN LOS ALTARES INDIVIDUALES Y EN LA SACRISTÍA

La iglesia del convento tiene adosado en el lado norte un cuerpo con los altares para las misas que los monjes han de oficiar diariamente y en el lado sur otro con la sacristía (fig. 12-10). Situados ambos a una cota inferior a la de la nave central, comparten una forma análoga de iluminación, la luz natural filtrada desde el techo. Aunque con objetivos claramente diferenciados: en el norte, acentuar la función ritual; en el sur, dotar de luz natural al recinto.

Los tres lucernarios que iluminan las capillas del volumen norte se han transformado en una icónica imagen del convento. Proyectan una luz homogénea que se difumina sobre los altares. Emergen al exterior como troncos de cono, cada uno con su propia dirección sobre la cubierta de un volumen sinuoso, nacido de la tierra. Semeja ser una roca que soporta los tocones de unos árboles o unas plantas en proceso de germinación o incluso unos nematodos asomándose al mundo.

Enfrente, en el interior, siete prismas hincados oblicuamente en la cubierta iluminan la sacristía[7]. Todos iguales, siguiendo la misma dirección, cortados interiormente a ras de techo.

Tanto en el cuerpo de la sacristía como en el de los altares, las piezas que se asoman en la cubierta no muestran su finalidad. Podrían ser unas chimeneas. No existe una relación evidente entre su imagen y su función.

C. BIBLIOTECA DE LA PHILLIPS EXETER ACADEMY. EL HUECO COMO LUGAR HABITABLE

La biblioteca de la Phillips Exeter Academy, proyectada por Louis Kahn (1965-1972), parece a primera vista un edificio de cuatro plantas sobre un zócalo calado, lleno de sombras. La sección da cuenta de otra realidad: un objeto con ocho alturas, de las cuales se reflejan perceptivamente cinco en el plano de fachada (fig. 12-11).

El mecanismo compositivo introducido en la sección altera la escala del objeto. Rompe uno de los arquetipos interiorizados en la experiencia cotidiana del habitar, porque, tal y como afirma Unwin (2003):

> [...] las personas establecemos la medida de los edificios que usamos; pero también los edificios establecen la medida de las vidas que albergan. La gente toma medidas de las obras de arquitectura que habita, y a través de ellas establece distintos tipos de juicio.

Entre los arquetipos susceptibles de alterarse se hallan la altura de la planta baja, la de las plantas altas, la de los peldaños, la de los antepechos de los balcones y huecos, la de las hojas de paso, las dimensiones de las ventanas o incluso la proporción entre la altura de los huecos y la de las plantas. Al trastocar uno de ellos se distorsiona la lectura de los objetos.

---

[7] Esta forma de iluminar recuerda la de los baños árabes, con lucernarios que remiten a las estrellas en la bóveda celeste.

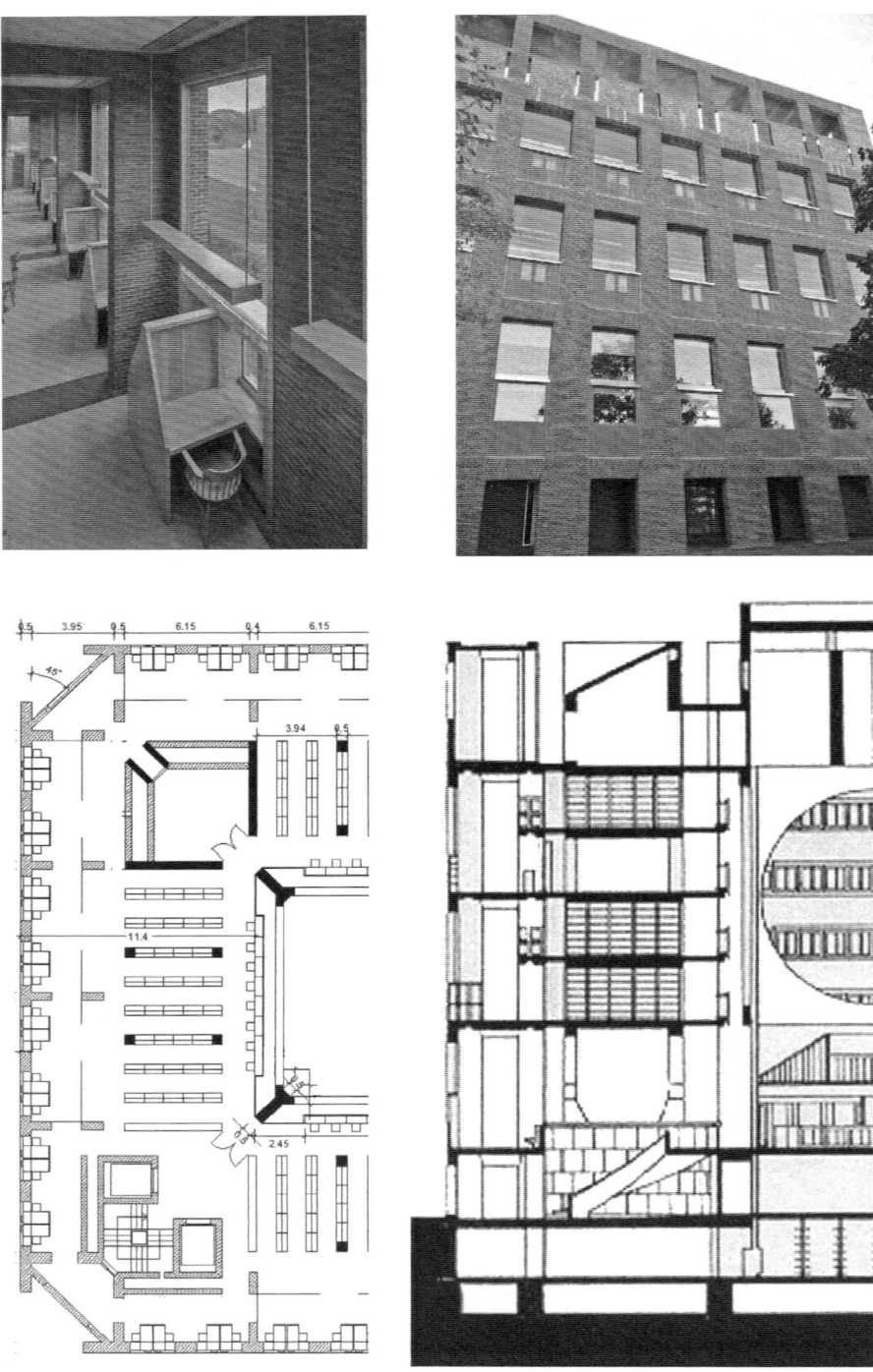

Figura 12-11. Biblioteca de la Phillips Exeter Academy. 1965-1972. Exeter, New Hampshire. Louis I. Kahn. Interiores, planta con los *carrels*, sección y exterior (Wiggins, 1997).

3
1
2

módulo 3
módulo 3
módulo 2
módulo 1

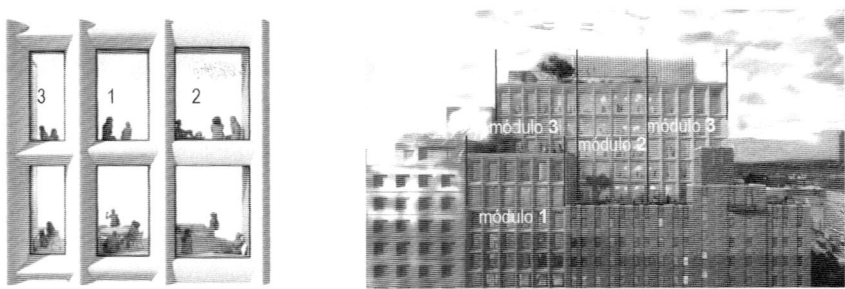

La dimensión de los huecos varía para adaptarse a la parcela, manteniendo constante la serie de ejes horizontales.

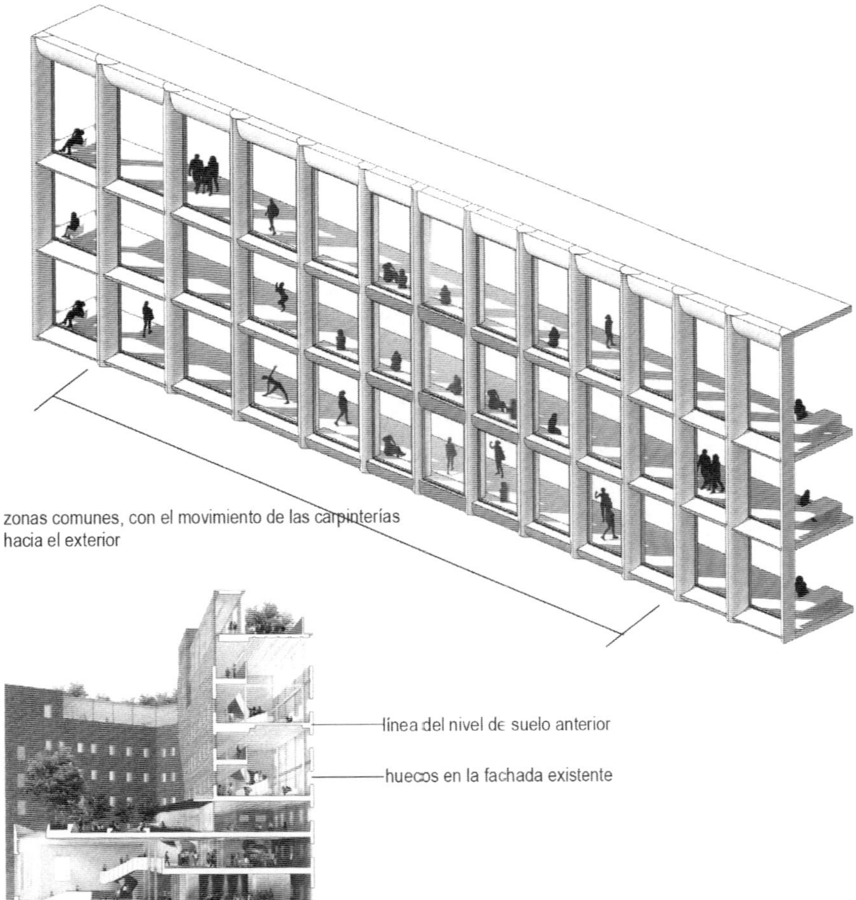
zonas comunes, con el movimiento de las carpinterías
hacia el exterior

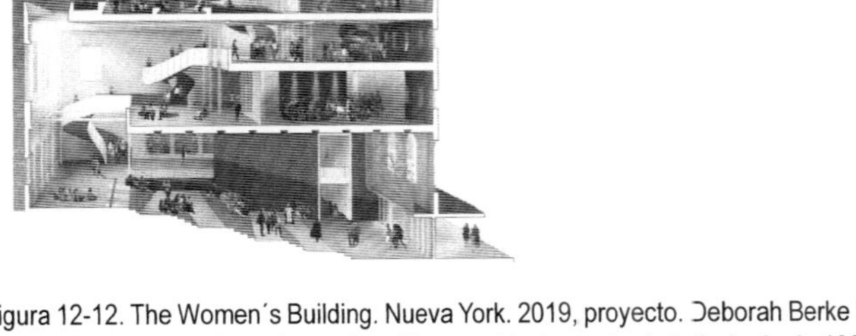
línea del nivel de suelo anterior
huecos en la fachada existente

Figura 12-12. The Women´s Building. Nueva York. 2019, proyecto. Deborah Berke Partners (QR_12-1). Alzado, detalle de alzado, e imagen de conjunto. Sección con el tratamiento de la fachada de 1930.

Es lo que sucede en esta edificación. En ella se han alterado la relación hueco-planta, que en lugar de ser el habitual 1-1 es 1-2, así como la altura de la planta baja, inferior a la del resto, como si fuese un basamento.

En planta Kahn recrea la tipología monacal de claustro-patio mediante el anillo perimetral con los escritorios y el hueco central. Mientras que al formalizar el alzado y la sección sigue las enseñanzas del Coliseo de Roma. Biblioteca y Coliseo manipulan la percepción visual en un mismo sentido: el tamaño reflejado con su imagen no responde a su dimensión real.

El paralelismo entre uno y otro edificio se manifiesta mediante tres instrumentos análogos. El primero relativo a su expresión material, con el ladrillo como material del cerramiento de fachada. El segundo referido a la composición estructural de esta, con un orden formado por la sucesión pilastra-macizo e intercolumnio-hueco. El tercero, menos evidente, recoge la divergencia entre el orden externo y el interno. En el Coliseo, cada serie horizontal de pilastras y arcos esconde tras de sí varios niveles de planta, y en Exeter, cada serie de macizos y huecos aloja dos niveles. El mecanismo empleado en el proyecto de la biblioteca no es, por tanto, una invención de Kahn ni proviene de una investigación[8]. Proviene del estudio y de la reinterpretación de elementos preexistentes, incorporados a su lenguaje formal.

El anillo perimetral se destina a zona de trabajo, con una doble altura enmascarada por los huecos de fachada. Estos cumplen la doble función de iluminar y de acoger unos cubículos habitables, que se trasladan al despiece de la carpintería. La parte alta, a haces interiores, se cierra con un vidrio fijo. Introduce la luz y proporciona vistas a los niveles intermedios. La parte inferior, enrasada con el plano de fachada, se cierra con madera, formando estanterías y *carrels*[9]. Estos disponen de un hueco propio para iluminar el plano de trabajo directamente y descansar la vista de la lectura.

[8] Conviene tener claro desde los inicios de los estudios universitarios el significado de conceptos como estudio, creación, investigación e innovación. Se incorporan unas notas iniciales, individualizando cada término.

- Estudio: trabajo y esfuerzo destinado a lograr unos fines, entre los que se incluye el conocimiento per se. La acción de estudiar va pareja con la de documentarse, que significa buscar la información disponible, bibliográfica, manualística, visual, etc., referida al objeto de estudio.
- Creación: generar algo nuevo. Se identifica el término con una obra artística, literaria, musical... e incluso arquitectónica. Pero en puridad, la creación no existe como tal, sino que siempre se parte de antecedentes y referencias, de objetos que ya existen, para idear otros distintos.
- Investigación: actividad que persigue ampliar el conocimiento científico colectivo sobre un aspecto concreto del saber, con o sin una aplicación práctica inmediata.
- Innovación: actividad que introduce elementos que modifican o transforman la forma práctica de desarrollo o ejecución de algún proceso productivo. En arquitectura se relaciona con los sistemas de representación gráfica y de gestión del proyecto, la mecánica, los materiales y sistemas constructivos o el proceso de ejecución de una obra.

El significado se amplía a los aspectos proyectuales, con el desarrollo de nuevos programas y tipologías edificatorias acordes con los requerimientos sociales, que son independientes de la innovación gráfica, la gestión, la mecánica y la construcción.

[9] *Carrel* o *escritorio de convento*: cubículo dispuesto en el claustro para los escribientes, con una ventana y un escritorio. Esta disposición se empleaba cuando el monasterio carecía de escritorio y era necesario habilitar la gran sala para los escribas o copistas de la comunidad (Huddeslton, 1912).

D. THE WOMEN'S BUILDING. EL HUECO COMO ELEMENTO POLIFUNCIONAL

La fundación NoVo impulsó en 2015 un concurso internacional para la construcción de un centro para la atención de mujeres y niñas, en el emplazamiento de lo que había sido una cárcel para mujeres, Bayview Correctional Center[10]. Como resultado de dicha competición, el estudio de Deborah Berke (Deborah Berke Partners) presentó en 2019 la propuesta con la que se ejecutará The Women´s Building, que contempla la ampliación y rehabilitación del edificio existente.

Los alzados del proyecto se definen a partir de una malla cuyo intereje horizontal permanece constante, mostrando tres módulos en la vertical: 1, 2 y 3 (fig. 12-12). El módulo 1 se emplea en el cuerpo que da continuidad al edificio de 1930; el módulo 2, el de mayor dimensión, se dispone en la parte central, retranqueada de la línea de la calle; y finalmente el 3, el menor, se aplica en las zonas próximas a las medianeras.

La sección del cerramiento exterior emplea en la carpintería de los huecos un mecanismo estructural idéntico al de la biblioteca de Exeter. Pero va modificando su disposición según el uso de los espacios. Colocado a haces interiores en los lugares de trabajo, pasa a haces exteriores en los corredores de uso colectivo, generando una fachada habitable dotada con un banco-alféizar.

El desplazamiento del vidrio incide en la percepción del corredor, en la relación entre este y las personas y en la apariencia de la fachada al variar la profundidad de la carpintería. Una sutileza que se detecta tras prestar atención a los dibujos.

El trabajo con los huecos afecta también a la fachada del edificio de 1930. Los vanos existentes se incorporan en el orden y la jerarquía de la nueva propuesta. Dejan de responder cada uno a un nivel para servir a espacios a doble altura que intermedian entre la calle y el interior. También median entre las condiciones de la nueva edificación y la existente, de tal modo que en las plantas altas se independizan los niveles interiores de la estructura compositiva de las preexistencias.

---

[10] En 1930 el estudio Shreve, Lamb and Harmon, responsable del Empire State Building, proyectó una residencia YMCA para marineros y marinos mercantes, en un barrio del sur de Nueva York. Un objeto con fachada rítmica, con un mismo hueco repetido sistemáticamente, con una variación única en las puertas de los balcones, en las que un arco de medio punto reemplaza al dintel.

Tras caer en desuso, en 1970 el edificio se reconvirtió en una cárcel de mujeres, Bayview Correctional Center, actividad que cesó en 2012 como consecuencia de los efectos que ocasionó el huracán Sandy en dicho inmueble.

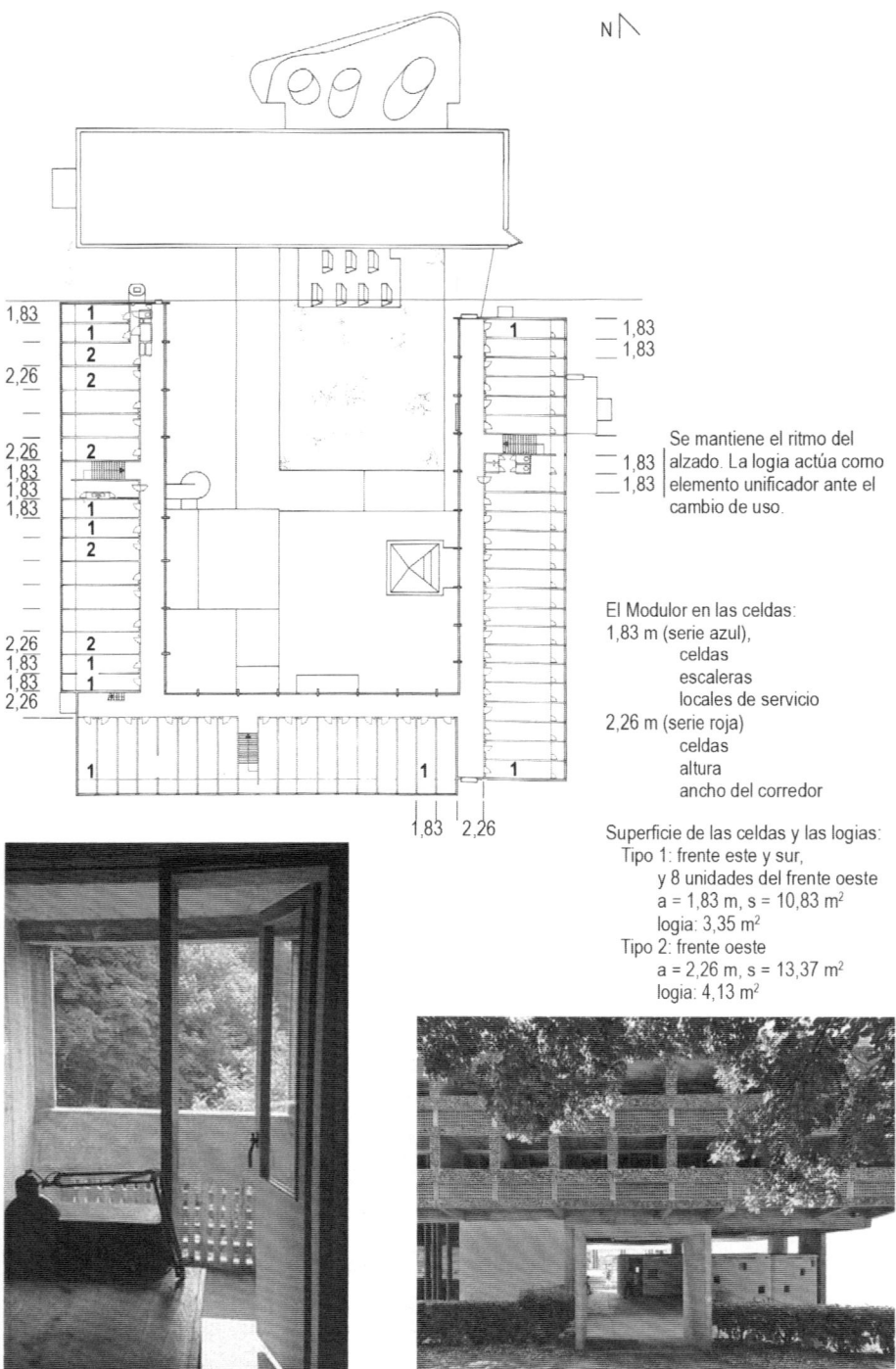

N↖

1,83

1,83
1,83

Se mantiene el ritmo del
1,83 alzado. La logia actúa como
1,83 elemento unificador ante el
cambio de uso.

El Modulor en las celdas:
1,83 m (serie azul),
    celdas
    escaleras
    locales de servicio
2,26 m (serie roja)
    celdas
    altura
    ancho del corredor

Superficie de las celdas y las logias:
    Tipo 1: frente este y sur,
        y 8 unidades del frente oeste
        a = 1,83 m, s = 10,83 m^2
        logia: 3,35 m^2
    Tipo 2: frente oeste
        a = 2,26 m, s = 13,37 m^2
        logia: 4,13 m^2

Figura 12-13. Convento de La Tourette. Eveux-sur-Arbresle, Lyon. 1957-60. Le Corbusier. Planta de las celdas (Soeten y Edelkoort, 1989). La logia, vista desde el exterior y el interior.

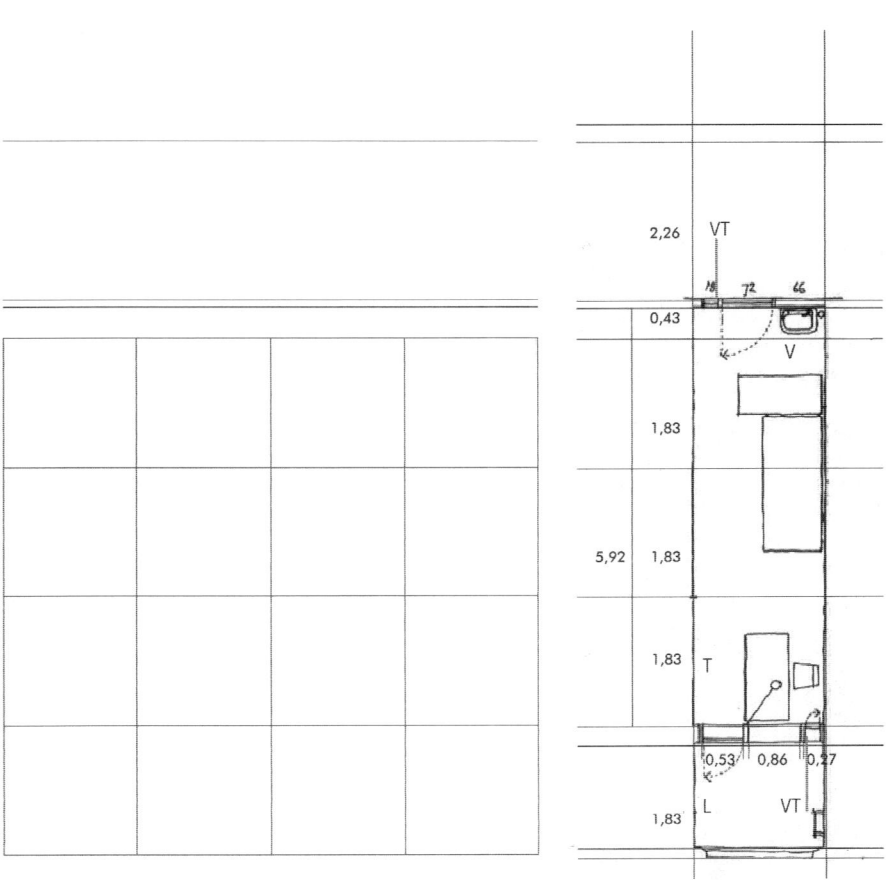

Fig. 12-14. La celda, con las dimensiones del frente este, sur y los extremos del oeste (sobre el dibujo de Soeten y Edelkoort, 1989). V: vestidor / T: zona de trabajo, tratada la pared con un acabado liso, frente al resto de la pieza, con un acabado rugoso de las paredes / L: logia, profundidad libre, 1.47 m / VT: ventiladores.

351

12.3 LA HABITACIÓN: LA CELDA DEL CONVENTO DE LA TOURETTE

Volvemos al convento de La Tourette, al que nos hemos referido en el epígrafe 12.2.2. Un edificio en el que conviven lo colectivo y lo individual, lo público y lo privado; la residencia con el estudio y con la oración: *vie spiritualle, vie individualle et vie collective* (Ferro *et al.* 1987, p. 67). Una mezcla de usos que se plasma en una volumetría con partes claramente diferenciadas. Su lectura desvela la complejidad de un proceso proyectual en el que se han manejado órdenes y escalas diversas sin perder el objetivo último: lograr una unidad que integre múltiples volúmenes. En música sería una sinfonía o una composición para orquesta y en literatura una novela con tramas simultáneas.

Este apartado adopta la celda del monje como centro del análisis. Siendo un elemento «menor» dentro del conjunto, dispone de un orden propio que le otorga singularidad y la hace acreedora de unos valores que trascienden su programa funcional (fig. 12-13). Ilustra la diferencia entre dormitorio y habitación, pudiendo adoptarse como el «espacio propio» de Virginia Woolf. Muestra cómo el espacio se organiza para atender a unas necesidades concretas, las del monje en el convento. Enseña cómo se moldea la sección con la disposición del mobiliario. Ejemplifica el valor del espacio exterior para el bienestar personal.

La celda intermedia entre dos ámbitos de distinta naturaleza, el ambiente plenamente natural del exterior y el domesticado del patio central. Ambos se perciben al unísono al abrir la puerta de la celda desde el corredor. Un gesto que permite comprenderla en su totalidad debido a la continuidad del techo, que deja que se cuele la luz hasta el vestidor, por encima del armario.

Dos muebles establecen el orden de la pieza: el armario y la mesa. El primero define el vestidor, ejerciendo de cabecero de cama y de mesilla de noche. La segunda fija el lugar de estudio, lectura y ocio, recibiendo lateralmente la luz natural.

Emplazamiento y estructura formal

La residencia del convento ocupa las dos últimas plantas del edificio. Forma una U, cuyos lados son las hileras de las celdas y los corredores. Unas líneas que no se intersecan, sino que se adosan. No se singularizan las esquinas ni forman una U simétrica. Al interior, el corredor-claustro proporciona el acceso a las celdas, que miran al espacio abierto a través de la logia que prolonga la habitación hacia el exterior.

La U se dimensiona conforme al Modulor. Se han proyectado dos tipos de celda, con idéntica profundidad, 5,92 m, pero diferente anchura (fig. 12-14). En el frente este y sur esta es de 1,83 m —envergadura del Modulor—. En el frente oeste se amplía en la mayor parte de las unidades a 2,26 m, salvo en ocho piezas, que mantienen el 1,83: dos en cada uno de los extremos de la hilera y cuatro en el centro, que corresponde secuencialmente a las escaleras, el local de aseos y a dos celdas.

A partir de la celda se dimensiona la profundidad —la crujía— de cada hilera, cuya sección transversal responde a la serie corredor + celda + logia = 2,26 + 5,92 + 1,83 m[11]. En cuanto a la longitud, difiere en las tres hileras que conforman la planta. Considerando la planta segunda, se disponen veinticuatro en el lado este, diecinueve en el sur y dieciocho en el oeste, siendo el frente este levemente más corto que el oeste.

De aquí se extrae una enseñanza para el manejo de las herramientas proyectuales: la modulación y la axialidad son instrumentos de apoyo al proyecto, no preceptos inamovibles, porque tal y como el mismo Le Corbusier decía a sus colaboradores (Ferro *et al.* 1987, p. 85):

> Sur les tables à dessin, j'a vu parfois des choses mal agencées, déplaisantes; "c'est fait au Modulor, Monsieur", eh bien, tan pis pour le Modulor, efficez cela. Est-ce vous vous figurez que le Modulor est une panacée pour les maladroits ou les inattentifs? Vos yeux son vos juges, les seuls devriez connaître. Maintenant voluez-vous admettre en simple bonne foi, avec moi, que le Modulor est un outil de travail?[12]

Los alzados reflejan el orden de las celdas. Además de diferenciar de manera clara las zonas colectivas de las individuales del convento, disocian los elementos de iluminación de los de ventilación. Entre la logia y el cuarto se dispone un hueco de suelo a techo, en todo el ancho de la estancia, cerrado con una pieza de carpintería que contiene una hoja-ventilador —un panel opaco abatible—, un cristal fijo y una puerta acristalada. El ventilador es una pieza practicable en toda su altura. El cristal fijo enmarca el paisaje y recoge la luz exterior. La puerta se abre hacia fuera, con una parte acristalada y otra ciega. Una simple cortina, de una altura similar al cristal, se desliza para proporcionar oscuridad e intimidad. En el frente de la celda hacia el corredor la carpintería del hueco de entrada incorpora otro ventilador junto con la puerta de paso. Al abrir ambos ventiladores simultáneamente —hacia al pasillo y hacia al exterior— se logra la aireación cruzada de la pieza.

Como lugar habitable, la celda proporciona descanso para el cuerpo y la mente, mínimo aseo y arreglo personal con el lavabo y el vestidor, zona de trabajo individual y relación con el exterior. Un espacio austero, con un acabado rugoso en techo y paredes, salvo en la franja de la pared frente a la mesa de trabajo, lisa, para no disturbar la concentración durante las lecturas.

---

[11] La profundidad útil de la logia, sin cerramientos, es de 1,47 m.

[12] En las mesas de dibujo, a veces veía cosas mal dispuestas, desagradables; «resulta así al aplicar el Modulor, señor». Bueno, lástima por el Modulor, haga esto otro. ¿Acaso cree que el Modulor es una panacea para los torpes o los desatentos? Los ojos son sus propios jueces, los que realmente lo saben. Ahora bien, dentro de su buena fe, ¿estará de acuerdo conmigo en que el Modulor es una herramienta de trabajo? (traducción de la autora).

Tabla 12-2. Espacios cotidianos para la vida diaria

COTIDIANO: que pertenece a lo que ocurre o se hace de forma habitual o usual	
LOS REDUCTOS PRIVADOS	LOS REDUCTOS PÚBLICOS
LA CASA	**LA CALLE**
1. Quehacer doméstico	1. Transitar de un lugar a otro
• Ciclo de la alimentación	• Comprar, ir al trabajo, al médico, al colegio
• Ciclo de la ropa	2. Realizar tareas de cuidados, acompañar
• Higiene doméstica	3. Manifestarse
• Higiene personal	4. Practicar actividad física / juego informal
• Cuidados	5. Deambular / pasear
2. Ociar	**LA PLAZA**
3. Dormir	1. Ociar
4. Quehacer laboral	2. Realizar tareas de cuidados, acompañar
• Estudiar	3. Socializar
• La-oficina-en-casa	4. Manifestarse
• Teletrabajo	5. Practicar actividad física / juego informal
EL TRABAJO	**LAS INFRAESTRUCTURAS PARA LA VIDA COTIDIANA: los cuidados y las actividades diarias**
Oficina	Centros de salud
Taller	Centros de instrucción: escuela, instituto, facultad, taller...
Fábrica: vestuarios, área de trabajo	Guarderías
Calle-vehículo	Centros de conciliación para la infancia y la adolescencia («niños de la llave», apoyo familiar)
Comercio-tienda / gran superficie	Centro de atención a los mayores: comedores, lugares de relación, de atención específica

Para alcanzar esta versatilidad, durante el proceso de proyecto se han manejado una superficie y unas dimensiones mínimas determinadas por los objetos que la podrían ocupar y el vacío necesario para estar y moverse entre ellas.

12.4 LOS ESPACIOS COTIDIANOS

> The consideration of everyday life as a critical political construct represents an attempt to suggest an architecture resistant to this commodification/consumption paradigm, a paradigm that has come to dominate contemporary architectural practice.
>
> [...] The every day is that which remains after one has eliminated all specialized activities. It is anonymous, its anonymity derived from its undated and apparently insignificant quality[13].
>
> Steven Harris, «Everyday Architecture», 1997

De manera sucinta, este cuarto fragmento nos introduce en el valor de lo próximo como materia de trabajo. Una contrapartida imprescindible frente a lo extraordinario y singular. Cabe preguntarse por qué introducir lo cotidiano después de once instrucciones y media ilustradas con paradigmas y emblemas arquitectónicos. ¿No semeja contradictorio?

Nada hay más arrogante que la ignorancia. Y sería arrogante que, como docente, obviase en mi desempeño lo heroico, lo especial, las referencias de nuestra cultura. Debemos aprender a mirarlas con afecto y con distancia, situándolas en su contexto. Entender qué han supuesto y qué efectos han tenido. Qué podemos aprender y qué debemos evitar. Para no perdernos, para no creer que el mundo acaba de nacer.

Como docentes y estudiantes, como arquitectas y arquitectos, hemos de conocer nuestros antecedentes, interesarnos por la ciencia arquitectural y por los avances de la profesión para reconocernos en nuestro tiempo. Pero sobre todo para entender qué es lo relevante, qué es lo secundario y qué aportamos a los demás con nuestro trabajo.

Por esto, tras apoyarnos en el Pabellón Barcelona, el convento de La Tourette, la casa de vidrio o la capilla del bosque, por citar algunos de los

---

[13] La consideración de la vida cotidiana como una construcción crítica representa un intento de sugerir una resistencia al paradigma de mercantilización/consumo. Un paradigma que ha llegado a dominar la práctica arquitectónica contemporánea.
[...] Lo cotidiano es lo que queda después de haber eliminado todas las actividades especializadas. Es anónimo, su anonimato se deriva de su cualidad de permanencia, aparentemente insignificante (traducción de la autora).

ejemplos empleados, cabe hacer una referencia a lo cotidiano, sin textos crípticos ni metafísica. Lo cotidiano forma parte del proyecto arquitectónico tanto como lo extraordinario. Y, desde luego, no debe confundirse el proyecto de arquitectura con el proyecto artístico ni con la artisticidad, sobre todo porque ese es un grado que otorga la crítica. Y el proyecto no se elabora para la crítica, sino para las personas.

En correspondencia con este enfoque de la arquitectura, entre 2004 y 2006 abordamos el proyecto de investigación *Los espacios cotidianos. La casa y el lugar*. El tema parecía innovador en un momento en el que la vivienda había entrado en la agenda política (periódicamente la vivienda ocupa los discursos políticos y las hojas interiores de la prensa hasta que alguna otra novedad la arrincona). Hablar de espacios cotidianos significaba para nosotros volver la mirada al entorno más cercano y eludir la tendencia académica —y cultural— de fijarla en lo extraordinario y en lo singular. El trabajo fructificó en un informe y en una comunicación a un congreso. Era una primera aproximación a la actividad investigadora[14] tras la lectura de la tesis doctoral. Por ello, como tantas y tantos arquitectos que alardean de investigar, aún no habíamos interiorizado suficientemente que, para investigar, previamente hay que estudiar. De hacerlo, nos habríamos topado con el *Architectura of the Everyday*, que Steven Harris y Deborah Berke[15] habían editado en Yale, en 1997.

¿Por qué ese trabajo con ese título? Porque teníamos, y tenemos, la convicción de que la arquitectura no está solo en los edificios de autor. La arquitectura forma parte de la vida, carece de tiempo pese a que podamos identificarla con una época concreta, por su forma, su organización y su materialidad e incluso con una manera de hacer, que normalmente recoge los hábitos de su contexto social.

Cabe preguntarse: ¿cuáles son los espacios que consideramos cotidianos en arquitectura?, ¿qué objetos arquitectónicos forman parte de lo cotidiano? Algunos de los vigentes en la actualidad (tabla. 12-2) se perderán e incluso se convertirán en extraordinarios. Podrán añadírsele otros a medida que se incorporen necesidades no planteadas aún.

Es más, leyendo *Servicio de lavandería* de Begoña M. Rueda, una puede preguntarse por qué una lavandería no se plantea como un programa de proyectos, desde primero a quinto. Evidentemente con distintas escalas de intervención y exigencias del proyecto, conforme a los diferentes niveles de aprendizaje.

[14] Este tema constituye una de las líneas de investigación de GAUS, Grupo de Arquitectura y Urbanismo Sostenible, grupo de investigación de la UDC del que forma parte la autora.

[15] Deborah Berke fue nombrada decana de la Escuela de Arquitectura de Yale en 2022.

12.5 LA PERSPECTIVA DE GÉNERO EN ARQUITECTURA Y URBANISMO

[...] porque yo no soy conferencista: soy arquitecta.

Lina Bo Bardi, «Conferencia en el XIII Congreso Brasileño de Arquitectos», 1993

En este epígrafe se reflexiona mediante unas breves notas sobre la perspectiva de género y su impacto en el proyecto arquitectónico y urbano. Siendo un tema de gran amplitud resulta, sin embargo, incómodo para muchas arquitectas y muchos arquitectos que ejercen la profesión, así como para una parte muy numerosa del profesorado de las escuelas de arquitectura. Pese a que se haya incrementado el número de arquitectas y que ocupen puestos directivos en las asociaciones profesionales, tanto en estas como en el ámbito académico, se detecta una resistencia evidente al cambio de modelo que introduce la perspectiva de género[16]. Por este motivo, considero que es preciso suscitar la curiosidad e incluso la complicidad en este tema, apuntando algunas anotaciones.

Pero ¿qué es la perspectiva género? Con esta expresión se define la herramienta de análisis y de transformación de la realidad con la que se pretende incorporar la actividad reproductiva y las necesidades de las mujeres de manera explícita en todos y cada uno de los ámbitos de conocimiento, así como en las esferas económica, política y social.

En dicha expresión se contempla de manera igualitaria el rol productivo y el reproductivo, superando los estereotipos que identifican el rol productivo con el género masculino y el reproductivo con el femenino. La realidad muestra que ambos se ejercen, o al menos se pueden ejercer, de modo simultáneo e intercambiable. Esta circunstancia obliga a replantear el *status quo* arquitectural en tres aspectos. El primero, visibilizando las aportaciones de las arquitectas. El segundo, incorporando las tareas de cuidados, el rol reproductivo, en los tipos arquitectónicos y los modelos urbanos. El tercero, revisando los programas de necesidades, sean objetuales o urbanos, conforme a las necesidades anatómicas, biológicas y psíquicas de las mujeres y de los hombres, más allá del modelo estándar o del patrón ideal de la modernidad, encarnado por el Modulor.

---

[16] Los términos *feminismo*, *mujerismo*, *perspectiva de género*, *empoderamiento* y *visibilización* están emparentados, pero no son sinónimos. Ninguno de ellos incluye a los demás de forma directa. El *feminismo* plantea la igualdad de hombres y mujeres, con los mismos derechos y obligaciones. Es un derecho reconocido por la legislación nacional e internacional.

El *mujerismo* se contrapone al feminismo, es el pensamiento-espejo del machismo, que considera que las mujeres son mejores que los hombres y que siempre van a actuar mejor que ellos.

La *perspectiva de género* pretende incorporar en el campo del pensamiento y la ciencia, en un sentido amplio, el conjunto de las actividades reproductivas y de cuidados y las condiciones físicas y emocionales de las mujeres, que representan a toda persona que se aparte de la condición del «productor» y de la tríada funcionalista descanso-trabajo-ocio.

El *empoderamiento* busca que las mujeres tomen conciencia de su capacidad y de su «poder ser» sin el recurso o el apoyo de un hombre.

La *visibilización* persigue dar difusión y visibilizar los logros de las mujeres en todos los campos de la actividad humana, dado que muchas de sus aportaciones han quedado ocultas a la sociedad.

En la perspectiva de género las mujeres representan a un colectivo amplio, cuyo ciclo vital diario se aleja de la tríada descanso-trabajo-ocio repartida en secciones de ocho horas, de la que se excluyen los trabajos de cuidados. Es evidente que para que el sistema funcione se da por supuesto que alguien los hace, pero ni se introducen ni se consideran en su programación formal.

Los trabajos de cuidados incluyen los quehaceres domésticos y el mantenimiento de la «institución» social por antonomasia, la familia, en sus diversas manifestaciones, desde la tradicional —pareja de cualquier tendencia sexual con o sin prole—, la unipersonal, la monoparental, hasta cualquier otra variante. Sin las actividades ordinarias[17] no se podría desarrollar ni vida privada ni pública, sea laboral o social.

Entronca la perspectiva de género, con el fin último del proyecto arquitectural: atender a las necesidades de las personas[18]. Sin embargo, la introducción de ese concepto altera el sujeto y el objeto del proyecto al revisar cuáles y cómo han de ser las instituciones del «hombre» —para Louis I. Kahn la escuela, la calle y la plaza—, a las que identificaremos como las instituciones de las «personas» al aceptar la presencia activa de las mujeres en ellas.

Hasta el momento, los criterios de excelencia y mérito, los valores reseñables de la arquitectura y el urbanismo han sido formulados por varones que no se han planteado la cotidianeidad de los cuidados ni la simultaneidad del trabajo doméstico y el laboral. Ni siquiera en una época definida como «líquida» —incluso «gaseosa»— se plantea que el cambio de modelos familiares influye en la forma en que se deben plantear los programas de necesidades. Es un hecho irrefutable la gran resistencia al cambio, que se manifiesta en el desprecio tácito de la herramienta de la perspectiva de género y del feminismo como actitud vital.

El rechazo a la perspectiva de género proviene de su capacidad de cuestionar los estereotipos, la meritocracia definida en función de unos patrones marcados por las «cosas que hacen los hombres», que se identifican con lo importante y relevante. Lo singular y lo extraordinario viene definido solo por una parte del colectivo. La parte que ejerce su influencia en la esfera pública y que controla los recursos económicos y el poder en todos los niveles.

> Imposible el cambio de nombre del colegio profesional, Colegio Oficial de Arquitectos, en el cual el vocablo arquitectos parece grabado sobre una piedra..., con sangre, sudor y lágrimas; un indicio de que los varones arquitectos son igualitarios...

[17] La higiene y gestión doméstica; el mantenimiento de la casa; las compras familiares de alimentos, ajuar y menaje; la crianza; la atención a la infancia y a la vejez; la dependencia física y psíquica: el acompañamiento al centro sanitario, a los centros docentes, al paseo diario...

[18] Los autores clásicos, varones en su totalidad, han empleado el vocablo *hombre* en un sentido genérico. Sin embargo, los valores que subyacen se restringen a la esfera ocupada por el varón, dejando aquellas que afectan al campo femenino sin representación. Apelando a la etimología de los términos, Alex Grijelmo propone para el castellano no desterrar la palabra *hombre* como genérico de *humanidad*, sino sustituirla por *varón* —*vir, viri*, en latín— cuando se refiera al sexo masculino. No obstante, debe considerarse que más allá de las especificidades filológicas, el término *hombre* se asocia a lo masculino con pocos matices.

LA REPERCUSIÓN DEL NO NOMBRAR EN LA ARQUITECTURA Y EL URBANISMO

En algunos textos y contextos, la palabra *persona* sustituye al vocablo *hombre*. Este se empleaba, y aún se emplea, en los tratados y los textos, tanto clásicos como modernos, al amparo de la consabida explicación: en castellano el masculino se emplea como genérico de lo humano, representa a todas las personas. Una interpretación pretendidamente bienintencionada. Se ofrece cuando se quiere eludir el sesgo de la cultura y de los hábitos sociales en la educación y la ciencia y, por tanto, en el desarrollo social. «El hombre representa al hombre y a la mujer en los discursos», pero los términos *hombre* y *mujer* no son equivalentes en determinadas tareas. Debe considerarse que:

- La presencia efectiva de mujeres en el espacio público y en la cultura a través de los textos de historiadores y críticos ha sido escasa: mayoritariamente cortesanas, reinas o santas; ocasionalmente, escritoras, ya que para escribir no era preciso salir de casa.

- La contribución femenina a la construcción del espacio público con su implicación social o profesional, como activistas, investigadoras o profesionales, ha sido silenciada o relegada a un plano secundario.

- Las amas de casas, *housewife, hausfrau, casalinga, ménagère* «no trabajan»: sus tareas, quehaceres o labores carecen de una remuneración directa. No reciben un salario por su trabajo. «Es su deber», el pago en especie, una contrapartida a cambio de que el hombre las provea de casa, alimento y ajuar y que se haga cargo de su mantenimiento y de su prole. No son dueñas del fruto de su trabajo. Si cesan en su condición de esposa, carecen de compensación económica directa.

- El término *trabajo* solo se refiere a las labores productivas y remuneradas.

- Las mujeres de clase baja siempre han participado en el trabajo asalariado al tiempo que se han ocupado de la crianza y el mantenimiento del hogar. Esto quiere decir que han participado en la esfera pública, pero controladas, sin tomar la iniciativa y bajo la tutela de un varón, sea marido, hermano, padre u otro familiar.

- La labor remunerada de las mujeres se ha considerado complementaria y prescindible. Han trabajado al lado de sus familiares varones, en labores domésticas en otras casas como servidumbre o en empresas de lavandería y plancha y/o de limpieza.

- El trabajo doméstico ha sido físicamente agotador e insalubre hasta la incorporación del gas y la electricidad a las casas.

- Las mujeres e infantes han sido —son aún— mano de obra barata.

- El actual interés por rescatar las aportaciones de las mujeres proviene de los estudios de género, en los que participan tanto mujeres como hombres.

El empleo del genérico masculino supone creer:

- Que la vida de todas las personas se acomoda a la tríada de las ocho horas, descanso-trabajo-ocio.

- Que las mujeres tienen «su espacio»: la casa. En ellas recae la responsabilidad de la higiene. Se les deja que la «adornen» y compongan a su imagen. Tal vez ahora entendamos mejor la obsesión de muchas mujeres por la limpieza y el orden: era la única manera de expresar sus capacidades e iniciativas, sus cualidades y talentos. El sesgo androcéntrico lleva a otras mujeres a despreciarlas y estereotiparlas, identificándolas con el peyorativo «maruja».

- Que la cocina sea el culmen del hogar y que lo ideal es que toda la «vida» se haga en ella.

- Que se asuma como una tradición inamovible una superficie de vivienda en la que no hay lugar para el trabajo personal y el estudio, para el ciclo de la ropa o para las máquinas y enseres destinados a la higiene doméstica.

- Que se priorice el vehículo privado frente al transporte público y a los recorridos peatonales.

- Que se proyecten espacios duros, sin naturaleza —verde y sombras— y que se diseñe a partir de composiciones plásticas al margen de las necesidades de las personas que frecuentan el espacio público.

- Que se decida cuál es la mejor forma de vivir, la más coherente, desde el tablero de dibujo, sin considerar la racionalidad y cotidianeidad de las personas, especialmente de las mujeres.

- Que se dimensionen las aceras pensando en el transeúnte que camina solo, sin bolsos, bolsas u otros aditamentos.

- Que se dispongan las marquesinas de autobús en el borde la acera, de modo que una persona acompañada por un dependiente no pueda cobijarse bajo la marquesina, porque no puede acceder a ella.

- Que los pasos de peatones de las calles no se dispongan conforme a los recorridos continuos.

- Que se proyecte la calle para quien menos la usa. ¿Quién recorre principalmente la ciudad en el día a día, durante las horas del trabajo productivo remunerado?

- Que se pavimenten con adoquín los espacios para el paso de peatones, cuando las mujeres usan zapatos con tacones que se clavan en los intersticios o cuando las personas ancianas se acompañan de bastón porque tienen dificultades de equilibrio.

- Que se dimensionen los baños en un edificio público de manera similar para mujeres y hombres. ¿Cómo es la anatomía femenina y cómo se cubre? ¿Tardan lo mismo en usar el aseo hombres y mujeres? ¿Por qué se han suprimido los lavabos de todas las cabinas de inodoros, prácticos para poder lavarse las manos tras manipular tampones, copas menstruales o compresas? (los hombres no menstrúan).

Quizás todas las cuestiones aquí planteadas ayuden a comprender cómo afecta la perspectiva de género a la arquitectura y al urbanismo. Es una herramienta que se vale de la reflexión y la observación. No requiere grandes inversiones ni dispendios. Por eso, es radical y revolucionaria. De ella nació Violeta (véase la instrucción 3).

112 BIBLIOGRAFÍA

- Bo Bardi, Lina (1958). «Conferencia en el XIII Congreso Brasileño de Arquitectos». En: Rubino, Silvana y Grinover, Marina (2014). *Lina Bo Bardi por escrito. Textos escogidos 1943-1991*. México: Alias, pp. 228-232.

- Ferro, Sergio *et al.* (1987). *Le Corbusier. Le Couvent de La Tourette*. Marsella: Editions Parentheses.

- Harris, Steven (1997). «Everyday Architecture». En: Harris, Steven y Berke, Deborah. *Architecture of Everday*. Nueva York: Princenton architectural press, pp. 1-8.

- Huddleston, Gilbert. «Scriptorium». *The Catholic Encyclopedia*. Vol. 13. Nueva York: Robert Appleton Company, 1912.

- Krippner, Roland y Musso, Florian. *Facade Apertures*. Basel-Boston-Berlín: Birkhäuser.

- Mendizábal, Margarita (1988). *Manual de la ventana*. Madrid: MOPU, Centro de Publicaciones.

- Moore, Charles; Allen, Gerald; y Lyndon, Donlyn (1985). *La casa: forma y diseño*. Barcelona: Gustavo Gili.

- Neila González, Javier (2004). *Arquitectura bioclimática en un entorno sostenible*. Madrid: Munilla-leria.

- Panero, Julius y Zelnik, Martin (1983). *Las dimensiones humanas en los espacios interiores*. Barcelona: Gustavo Gili.

- Soeten, Hans de y Edelkoort, Thijs (1989). *La Tourette + Le Corbusier*. Delft: Delft unviersity press.

- Stimpson, Catherine R. (1998). «¿Qué estoy haciendo cuando hago estudios de mujeres en los años 90?». *Academia.Revista sobre la enseñanza del Derecho en Buenos Aires*, 3 (6):301-327.

- Talamona, Marida (1992). *Casa Malaparte*. Princenton: Architectural Press.

- Unwin, Simon (2003). *Análisis de la arquitectura*. Barcelona: Gustavo Gili.

- Wiggins, Glen E. (1997). *Louis I. Kahn. The library at Philips Exeter Academy*. Nueva York: Van Nostrand Reinhold.

- Zafra, Remedios (2011). «Un cuarto propio conectado. Feminismo y creación desde la esfera público-privada online». *Asparkía*, 22:115-129.

Textos clásicos

- Breuer, Marcel y Blake, Peter (ed. lit.) (1955). *Marcel Breuer, sun and shadow: the philossophy of an architect*. Nueva York: Dodd, Mead & Co.

- Kahn, Louis I. (1959). «Las nuevas fronteras de la arquitectura: CIAM de Otterlo, 1959». En: Latour, Alessandra (2003). *Louis I. Kahn. Escritos, conferencias y entrevistas*. Madrid: El Croquis Editorial, pp. 91-110.

URL

- QR_12-1. Chillida, Eduardo (1996). «Hace años tuve una intuición». *El País*, 27 de julio. <https://elpais.com/diario/1996/07/27/cultura/838418411_850215.html>.

- QR_12-2. Debora Berke Partners. «The Women's Building. A new global hub for the women's and girls' rights movements». <https://www.dberke.com/project/the-womens-building/>.

- QR_12-3. NoVO Foundation. The Women's building. Design Competition. <https://womensbuildingnyc.org/design-competition/>.

QR_12-1   QR_12-2   QR_12-3

A12   ACTIVIDADES

- Observar la luminosidad del cuarto: cuánto cielo veo desde la ventana. ¿Qué habría que hacer para mejorarla? ¿Aumentar el patio interior?, ¿disminuir la altura del edificio?, ¿ampliar la sección de la calle?, ¿incorporar artilugios como las chimeneas de luz?

- Bocetar la manera en la que entra la luz en la habitación, la sala de estar o cualquier otro recinto y compararla con los esquemas de la figura 12-2. Hasta qué distancia llega la iluminación con suficiente intensidad para poder leer o escribir.

- Disponer de una habitación propia: ¿es posible en mi entorno?, ¿todos gozamos de una habitación propia?, ¿por qué?

- Identificar las infraestructuras para la vida cotidiana en un radio aproximado de quinientos metros desde el domicilio propio.

- Mejorar el programa y uso de la casa aplicando la perspectiva de género en una hipotética remodelación: qué habría que incorporar, qué se podría cambiar.

A 12. Una habitación propia. Casa Madriñán-García. mccl arquitectos.

363

APOSTILLAS

La revisión del texto llevó a relegar algunas frases, palabras o citas. Consideradas de interés en relación con la aproximación al proyecto arquitectónico, se acompañan como apostillas.

Sobre los cambios en la arquitectura y el urbanismo

«Los cambios de los estilos arquitectónicos fueron siempre culturales. Hoy son materiales; únicamente los nuevos materiales nos permiten hacer nuevas arquitecturas».

> Sota, Alejandro de (1995). «Nuevos materiales, nuevas arquitecturas [II]». En: Puente, Moisés (ed.). (2002). *Alejandro de la Sota. Escritos, conversaciones, conferencias*. Barcelona: Gustavo Gili, p. 94.

Sobre la iglesia de Santa Ana, de Miguel Fisac

«En su momento me gustó mucho, porque estaba fuera de todo lo que había», dice la esposa del arquitecto, Ana María Badell, sobre Santa Ana. «Pero ahora, la verdad es que ya no me gusta ninguna iglesia. Para rezar basta una encina en el campo. Seguro que él piensa lo mismo», admite.

> «La iglesia de Santa Ana en Moratalaz, de Miguel Fisac». El País. jueves, 22 de octubre de 2009.

Sobre la arquitectura. Reflexiones de Antonio Miranda en el *Diccionario de la modernidad*, 2018

«El ADN es un texto variable gracias a su estructura, porque es capaz de replicarse precisamente gracias a su geometría. Una vez descubierta su geometría pudieron verse a la luz muchos de los más enigmáticos secretos del gen. Los dos helicoides en mutua sinergia nos obligan a recordar que Bramante hacia 1500 anticipa el Barroco con su rampa simple de sillares a compresión, la misma que en el siglo XX "inspiraría" la rampa doble de

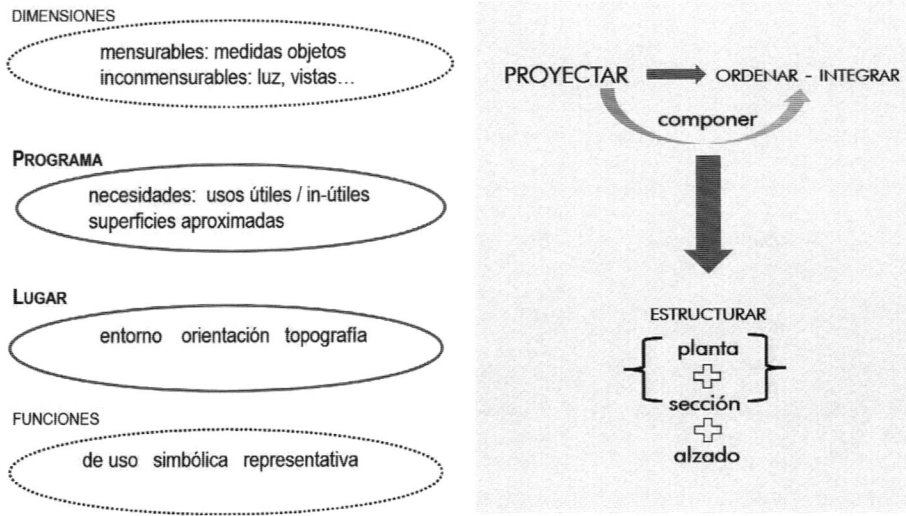

Sobre la composición

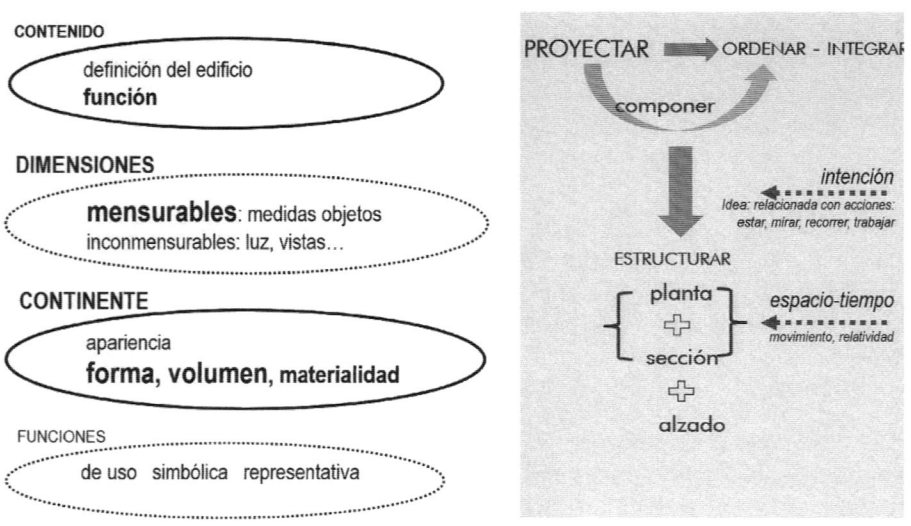

Sobre el proyecto

hormigón armado, que G. Momo construyó también en el Vaticano. La biología no es disciplina "vital" o mágica. Está escrita en clave química, y por tanto matemática, racional y geométrica. Del ADN se conocía su composición química, pero hasta que no se conoció su geometría, su algoritmo, su estructura, su arquitectura esencial, no se rompieron los límites entre física, química, biología y matemáticas. La ciencia aún discute hasta dónde la miseria de renta y la pobreza familiar son absorbidas por el ADN. que a su vez marca las generaciones posteriores». p. 123.

«Si Plantas, Secciones o Alzados nacen de una "idea previa" —de un prejuicio, de un Tipo establecido, de una composición artística por muy dinámica e irreverente que esta sea—, no puede hablarse de una obra moderna. Será sólo una ocurrencia adanista, arbitraria y esteticista de baja calidad», p. 314.

«La Modernidad señala, que sin fiel estructura, la forma es basura», p. 462.

«Modernidad significa cierta intensa feminización de la vida, de la sociedad: en el sentido de refinamiento, de limpieza y de elegancia. Porque la Humanidad ha podido comprobar que –ante el gran fracso ético, estético y epistémico del Patriarcado– ser mujer es, por el contrario, lo más importante, noble y limpio que hoy se puede ser en el Planeta. Por ello tantas mujeres están amenazadas por el solo hecho de serlo; porque la barbarie ignorante y criminal de una sociedad Patriarcal y Propietal significa por ejemplo feminicidios sin fin, crímenes sexuales, crímenes 'pasionales', crímenes 'de honor' y discriminación de género. Tal es la aún no erradicada lacra antiestética y criminal. La marea machuna de testosterona podrida, está inyectada por la innoble ideología dominante desde el Poder Patriarcal y Propietal en manos del 1% de la población mundial», p. 696.

ALGUNAS COSAS QUE IMPULSARON LOS CAMBIOS EN EL PROYECTO DE ARQUITECTURA DURANTE EL SIGLO XX Y QUE MODIFICAN NUESTRA RELACIÓN CON ELLAS Y SU APRENDIZAJE-ENSEÑANZA EN LO QUE LLEVAMOS DE SIGLO XXI

- Los nuevos materiales: hormigón y acero.
- El petróleo como materia prima.
- Las nuevas energías: gas y electricidad; petróleo. Las energías renovables en la actualidad.
- La industrialización: producción en serie, masiva.
- La fotografía y el cine: nueva forma de reproducir y representar la realidad.
- Las expresiones artísticas de principios del siglo XX: cubismo, neoplasticismo...
- Las teorías científicas: la evolución de la especie, la relatividad, la robótica, la inteligencia artificial.
- La guerra y el control del territorio mediante la fotografía aérea y mediante las tecnologías digitales.

- La investigación aeroespacial.
- Las filosofías contemporáneas.
- Los fractales.
- La informática como herramienta de trabajo.
- La digitalización de los textos y los gráficos.
- Los buscadores digitales y el mapeo del planeta: el viaje virtual.
- Los repositorios científicos.
- Las revistas de acceso abierto.
- El blog.
- Las plataformas de imágenes.
- Las plataformas de vídeo.
- El concepto de sociedad líquida —o gaseosa— frente a la sólida.
- El feminismo.
- La perspectiva de género.
- La incertidumbre.

Sobre la composición

Las reglas y las normas de composición se reinventan, supeditadas a una intención —teoría— conforme al tiempo. Siempre responden a relaciones duales, a la sistematización y a un sistema. Del mismo modo que las composiciones pictóricas y gráficas, poseen un carácter interpretativo, simbólico, lírico, reflexivo y/o descriptivo, la composición arquitectónica puede adoptar un cariz emocional y sensitivo, atendiendo a la dimensión simbólica, representativa y artística.

Como símbolo, en el manejo de sus elementos cabe la manipulación de los sentimientos y los comportamientos tanto individuales como sociales. Como hecho representativo, traslada la imagen de una institución, un colectivo o un individuo a la sociedad. Como arte plástica sus elementos procuran un escenario para la vida a través de sugerencias líricas y la interpretación sensible del espacio.

No obstante, frente a la naturaleza emocional y sensitiva de la composición arquitectónica, o al menos, en paralelo a ella, se sitúa su naturaleza humanista. En esta, las dimensiones señaladas se trasladan a un segundo plano para centrarse en la dimensión relacional entre el objeto y las personas y entre el objeto y contexto. Unas relaciones que integran a las personas como usuarias, recogen funciones concretas y abstractas, consideran la superficie disponible para con todo ello construir un volumen material.

En la consideración humanista interviene la técnica proyectual como fundamento de trabajo. En ella se integran las herramientas de composición pictórica y gráfica, junto con otras propiamente arquitectónicas, como las dimensiones o la escala del objeto, por ejemplo.

Sobre el proyecto

Programa y lugar están en el germen de todo proyecto, pero necesitan apoyarse en las dimensiones mensurables, las medidas numéricas y en las inconmensurables, como la luz y las vistas, así como en la función de uso, en la simbólica —apariencia sensible de una intención de habitar o de estar— y en la representativa —muestra lo que algo o alguien es—.

El proyecto otorga a un contenido —función del edificio— un continente cuya apariencia responde a una forma —un volumen, una materialidad— y se ajusta a las dimensiones señaladas.

Al proyectar se ordena e integran las diversas partes y elementos aplicando los mecanismos de composición. En ese sentido, componer equivale a dar estructura formal al objeto para definir el espacio interior, la planta y la sección.

En el tránsito de la composición a la estructura aparece la intención, una idea relacionada con acciones: estar, mirar, recorrer, trabajar... A la estructura plasmada en la planta y la sección se incorpora, además, el binomio espacio-tiempo, el movimiento, que proporciona una imagen cambiante. También se introducen los conceptos de *relatividad* y *dinamismo* en el alzado moderno, frente a la estaticidad del proyecto no moderno.

Sobre los objetos arquitectónicos y las referencias

La crítica y la Academia categorizan los objetos en su ámbito disciplinar. En la arquitectura señalan aquellos de interés frente a los comunes, los ordinarios, los corrientes. Las publicaciones, mayormente las revistas profesionales, recogen aquellos proyectos y obras que se califican como «excelentes». Es sano mantener una cierta distancia con respecto a ellos, dejando que el tiempo sancione los valores que comunican al margen de tendencias formales y/o estilísticas. Cuando estudiaba nos decían que la arquitectura carece de modas, que es permanente. Siendo cierto, tendemos a confundirla con la llamada arquitectura de autor, una entelequia. También con la arquitectura del poder.

Desde el punto de vista del proyecto, el valor que asignamos a un objeto no tiene por qué coincidir con el disciplinar. Construimos nuestras propias referencias, entre las que pueden estar o no los mitos de nuestra época. Nos alimentamos del estudio de lo que antecede y de lo que sucede alrededor, pero también de nuestro estar en el mundo. Por este motivo, la objetividad debe entenderse como una aspiración. La neutralidad no existe, ni siquiera en el lenguaje verbal. Pero sí la coherencia, lograda como criterio, y la razón, como orden y método. Esos términos, *coherencia*, *criterio*, *razón*, *orden* y *método* sustituyen al *bonito*, *feo*, *me gusta*, *no me gusta*. Permiten distinguir lo que es un postureo de lo sustancial. Identifican al objeto que responde a una concepción espacial de aquel que es una suma de gestos.

Final 1 vídeo

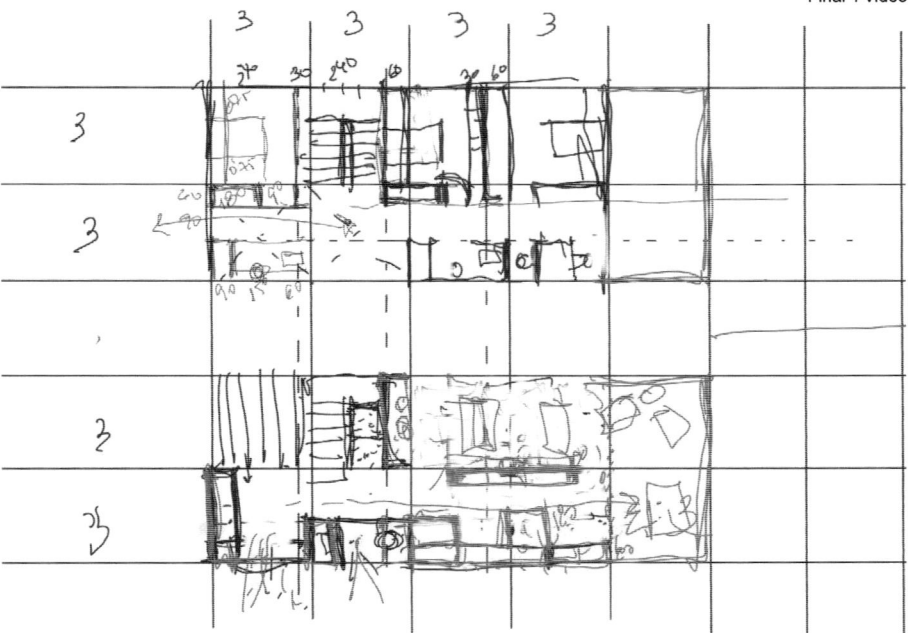

Final 2 vídeo

Proyectando